美國法制的實務與運作

楊崇森 著

五南圖書出版公司 印行

羅序

　　欣聞楊崇森教授新作《遨遊美國法》即將面世，遵囑作序，得以先睹為快，拜讀了部分內容，深感這確實是值得一讀的力作。

　　楊崇森教授是著名法學家，知名律師。他學術功底深厚，學業精湛，著述頗豐。楊教授研究領域頗廣，對民法、刑法、行政法皆有涉獵，理論與實務並重，尤其擅長信託法、知識產權法（智慧財產權法）、仲裁法、英美法、司法制度等，是一個學術多面手。楊教授曾任中興大學法律系主任、法律研究所所長，在臺大、政大、東吳、文化、輔仁、東海等大學都曾兼任教授。榮獲臺北大學名譽教授，現任臺灣銘傳大學講座教授，臺灣信託協會創會理事長楊教授早年留美，在紐約大學先後拿到比較法碩士（M.C.J.）、法學碩士（LL.M.）和法理學博士（J.S.D.）學位，基本功扎實。後又多次赴美考察、訪學，在美國哈佛大學、哥倫比亞大學做訪問學者。曾獲美國學術團體理事會（American Council of Learned Societies）及富布賴特（Fulbright）基金會資助赴美考察研究仲裁制度、信託法、專利法、電腦法等。他對美國法造詣較深，對其實際運作方面也有著深刻的體認。

　　楊教授是我的老朋友、老學友。我與楊教授相識，始於 1984-1985 年間在美國哥倫比亞大學訪學的那段時光。當時一些教授和留學生多次向我推介過楊崇森教授，我們見過幾次面，彼此都感覺到很親切。我們年紀相仿，又都從事法學研究，共同的中華文化背景使我們更親近，大有他鄉遇故知的感覺。當時給我的印象是他很有才華，有學養，為人謙和，對學術很有熱忱，是一位非常勤奮的學者。自那時起，我們相識相知，屈指一

算，至今有 30 年了。1995 年 5 月，我曾率北大知識產權教授代表團（包含若干位任兼職教授的政府實際部門負責人）赴臺北就兩岸知識產權交流合作問題進行研討，又一次見到楊教授。當時會期很緊湊，只有兩天時間，開會之餘，我又急於去書店找書，匆匆忙忙，也沒時間多談，現在想來頗為遺憾。但我還是一直關注這位元老朋友的學術動態和成就。

多年來楊教授筆耕不輟，常有大作問世。楊教授這套《遨遊美國法》，洋洋灑灑三大本，約 60 萬言，對美國法做了詳盡闡述，是他多年來潛心學術研究的精華之作，傾注了其心血。我粗粗拜讀之後有幾點感受，一是感慨作者知識面廣博，美國法內容龐雜，全面瞭解尚且不易，寫出專業著作更是難上加難；二是內容精深，對所涉獵的每個問題都追本溯源，從理論到實踐做解析，兼做比較；三是形式活潑、內容風趣，可讀性很強。這次結集出版，既是其個人的大事，也是學術界的盛事。我熱切希望楊教授方便的時候來大陸走走看看，講學訪問，我們可以繼續神聊。

羅豪才[1]
二〇一四年三月十八日
副院長

---

[1] 按羅氏爲北京大學法學教授、中國人權研究會會長、原中國最高人民法院。

王序

　　大陸法系與英弄法系都源自羅馬法，日後由於各地政治、經濟及社會的歷史環境變遷，風貌目錄殊異。我國現行法制屬於大陸法系，與美國所屬之英美法系不同。隨著全球化愈加普及，兩大法律體系的交流愈加密切，大陸法系地區繼受英美法或受其影響的面向也與日俱增，如商品製造人責任、動產交易、消費者保護、智慧財產權、信託、公平交易、隱私權、程序正義、商事法等法律，不勝枚舉。面對兩大法系交融的現況，現在法律人必須同時掌握兩者，方足以因應現代社會急劇變動的現況。但英美法卷帙浩繁，爬梳不易，不但適合國人研讀中文書籍奇缺，即予讀者通盤清晰概念之英文書籍亦不多見，致對研習或理解英美法制之人多視為畏途，不易問津。

　　本書作者楊崇森教授，是我臺大法律系學長，在美國紐約大學先後取得比較法碩士、法學碩士及法理學博士，又得聯合國技術協助獎補金、美國學術聯合會（American Council of Learned Society）與佛爾布來特（Fulbright）基金會獎助，數度赴美在哈佛與哥大及各地研究考察，對美國法之研究瞭解極深。本人與楊兄自哈佛大學相識數十年，不但在司法行政部民法修正小組同事，又是財政部與法務部信託法起草小組共事，他是著作權法、信託法、仲裁法……等許多新興領域的開拓者，孜孜不倦，數十年如一日，教學研究成果豐碩，產官學資歷完整。曾任中興大學法律系所主任、臺大、政大等兼任教授；擔任財政部信託法起草人，參與多項修法案，如憲法、公平交易法、仲裁法、著作權法、商標法、專利法等；同時創立律師事務所，提供工商企業法律服務。由於實務經驗豐富，因此，

　　此部美國法專論書與坊間英美法書籍不同，立論兼具理論與實務，凝聚其畢生所學所思精粹，收錄面向多元，內容與時俱進，是瞭解美國法不可不讀的重要鉅作。

　　本專論依不同專題分為三冊，分別為：美國法之源流與民刑法之運作，美國工商法律的理論與實際，以及美國法制的實務與運用等等，立論架構完備，包括歷史淵源、體系概念與組織結構等不同面向，同時比較美國法與大陸法異同；內容撰寫翔實，旁徵博引，考證嚴謹，附錄完備，展現其建構學說理論一絲不苟的謹慎求真。另一方面，全書又以深入淺出方式，從臺灣經驗出發，選取相關判例，寫來生動多姿，極富動態。論證剖析鉅細靡遺，議題處理游刃有餘，文字駕馭精鍊純熟，顯見其長年浸淫實業界大開大闔的雄厚實力。例如英美法書籍罕見之困難問題，諸如英美不動產物權制度、restrictive convenant、刑法上通謀（conspiracy）、民事訴訟制度、法院之友書狀等皆不厭其詳，深入分析，使人對英美法實際運用甚至美國社會實況有了鮮明印象，至為難得。該部書不僅可為法律人案頭書，同時可為相關專業人士參考。凡欲瞭解與研究英美法制與社會之人士，皆不可錯失，為相當值得一讀的精采著作。值茲該書付梓前夕，欣喜之餘，爰特鄭重推介。

王澤鑑

2014 年 3 月 20 日

新版序

　　作者十餘年前所著《遨遊美國法》一書（臺北大學資助）共三冊自發行以來，由於行文生動活潑，富於可讀性外，更因內容旁徵博引，考證嚴謹，深入淺出，理論與實務兼顧，頗得各方好評。惜近年出版商華藝公司人事時有更迭，致舊著未能增補更新。著者有鑒及此，為加強服務讀者起見，於出版契約期滿後，除將舊著第一冊《美國法之源流與民刑法之運作》選其中較為習見，且考試或實務上常遇到課題，加上近年所新撰美國契約法，稅法、信託法、伊斯蘭法系等文章合併成為一冊，致內容更加新穎實用，且更切合社會大眾需求。書名亦改為《美國法理論與實務析論》。至於原第三冊《美國法制的實務與運作》由於可供我國現行法參考之處頗多，爰將舊著各則附錄刪除，英文原文增列中文譯文，統計數字盡力更新外，內容亦比原著更見精練，書名則依仍其舊，不再更張。二書均交由五南圖書重新發行。

　　此次二本新書之完成，除感謝原序所揭各親友之支援與鼓勵外，尚應感謝諸高足，包括月旦裁判時報陳建宏主編、司法院蔡炯燉副院長、日月光企業汪渡村行政長、最高法院鄧振球法官等人之協助或鼓勵；此次則承陳逢源、李佩昌諸律師之襄助，與五南圖書劉靜芬副總編輯與林佳瑩編輯之協力，誌此謹致謝忱。

楊崇森識於臺北

2023 年 12 月 16 日

自序

　　英美法與我大陸法不同，影響我國法制日益加深。坊間固有不少英美法書籍，但多重於抽象原則或具體案例之介紹，或過於抽象，或過於瑣碎，均不免枯燥難懂，讀後對其法制實際運作可能甚為懵然。

　　作者早年公費留美，在紐約大學攻讀英美法，獲得三個學位，且先後獲聯合國技術協助獎補金、美國學術團體聯合會、佛爾布萊特基金會等獎助多次赴美考察，並在哈佛、哥倫比亞等大學研修。本書係作者將歷年研究英美法部分心得，大幅增補更新，加上多篇最近英美法現狀之力作，匯集而成。本書包羅範圍甚廣，舉凡英美法系之發展，與大陸法系之對比、法律教育、律師考試、法律人之工作、司法組織、訴訟制度與程序、法曹活動與公會，各種重要法律領域，包括工商、侵權行為、住居、親屬、刑法、甚至對英美法中特別困難之民事訴訟制度，不動產物權、信託，營業秘密、商務仲裁、如何討債，如何強制執行等。都不厭其詳，作較深入之介紹與探討，尤注重動態的研究，且常與我國相關制度作比較，更附上英美法律諺語，內容極為豐富，非一般英美法書籍可比。同時對英國若干重要制度，諸如大律師與小律師、陪審制度之現狀。等亦加介紹，或作為附錄。不限於理論，尤注重實際運用之描繪，兼具深度與廣度，如此固然使寫作之困難度加深，但可提高讀者閱讀之興趣，且可對整個美國法制運作有深一層之體會，不致有霧裡看花或見樹不見林之憾，而對有研究之學者亦能加強其對英美法精神與實際運作之瞭解。惟因本書所涉至廣，資料蒐集不易，加以英美法用語常苦無適當中文表達，況美國各州法律出入極大，爬梳尤其困難，疏漏舛誤之處，尚望讀者指正。

　　本書之成，蒙好友羅豪才主席與王澤鑑大法官賜序，臺北大學列為大學出版社第一本專書，倍感榮幸。又承許多親友，包括吾友丘宏達教授、陳建宏先生、法務部司法官法院林輝煌院長、臺灣高等法院鄧振球庭長、銘傳大學汪渡村院長等高足、臺北大學法學院徐慧怡院長、中華民國仲裁協會王志興秘書長、家姐楊詠熙、內子潘毓瑩、小女楊肇寧等之鼓勵協助，黃婉柔小姐協助打字，在此併誌謝忱。

楊崇森[1] 識於臺北

2014 年 5 月 14 日

---

1 ◎本書作者其他重要著作：
1. 德國民法（合譯並注釋）（台大法律學研究所印行，1965，本人負責繼承編）。
2. 著作權之保護（正中書局，1977）。
3. 信託與投資（正中書局，1977）。
4. 美國統一商法典及其譯註（合譯，臺灣銀行經濟研究室印行，1979）。
5. 財團法人制度之研究（行政院研究發展考核委員會，1981）。
6. 美國法制研究（漢苑出版社，1983）。
7. 著作權法論叢（華欣出版社，1983）。
8. 商務仲裁之理論與實際（中央文物供應社，1984）。
9. Copyright 與 Trade Secrets ─ 為 Mitchell A. Silk 主編 Taiwan Trade & Investment Law 一書中之兩章（Oxford University Press, 1994）。
10. 著作剽竊之研究（教育部委託研究報告，1998）。
11. 如何鼓勵企業從事文化活動（行政院文建會研究報告，1999）。
12. 仲裁法新論（合著）（中華民國仲裁協會，1999）。
13. 專利法之理論與應用（三民書局，2003 年初版，2021 年修訂五版）。
14. 信託法原理與實用（三民書局，2010）。
15. 信託業務與應用（三民書局，2010）。
16. 遨遊美國法 ── 美國法之理論與實際運用（三冊）（臺北大學與華藝學術出版社，2014）。
17. 新老殘遊記──一個法律人的世界遊蹤（方集出版社，2018）。
18. 進階法學英文：從比較台美法律講起（五南圖書，2023）。

目　錄　▶▶▶ Contents

美國法律教育與法律職業

美國政治與社會制度的一大特色是社會重視法律，整個制度主要建立在法治基礎之上。從事法律工作之人特多，且法律人多位居產業與政府決策或執行人之地位，影響力龐大，此種情形爲其他國家所無法比擬[1]。該國法律教育與法律職業在觀念與作法上可供我國借鏡之處頗多。本章之目的在分析美國法律教育與法律職業之源流、內容、特色、現狀及發展趨勢。

壹、美國法律教育之特色

美國之法律教育與大陸法系國家不同，亦與英國有異，在世界上獨樹一幟。從歷史上言，最早美國教育訓練法律人之機構是律師公會而非大學。固然歐陸自 12 世紀開始在大多數大學設法律系，嗣後一直訓練大陸法系成爲律師、法官及法學者的法律人；但在美國殖民地情形不同，沿用英國訓練法律職業人員的方法。按歐洲第一所大學，即波羅那（Bologna）大學，是以12 世紀波羅那地方註釋學派四個有名法律學者所建立的法律學院爲基礎，使波羅那大學成爲中世紀其他法律學院的典型。當時雖然法律學生普遍去別國學院留學，但英國情形不同，因爲英國人排斥羅馬法，牛津劍橋大學也不認爲英國普通法值得研習，它只含在寺院法等課程內，而且只爲了研究哲學與歷史。在英國法律人是由法律人自己訓練出來，不需受大學教育，因此大學不訓練律師。律師的訓練是由倫敦的律師職業團體的四所律師學院（the Inns of Court）辦理，執業資格係基於一種學徒制，由學子在一個執業律師

---

[1]　EDITORS OF ENCYCLOPAEDIA BRITANNICA, LAW IN AMERICA-HOW AND WHY IT WORKS 221 (1979).

事務所或所謂「律師樓」（chambers），學（稱為 read）法律數年，並且住在「Inns of Court」，讓他們與有經驗的道長社交與實習、模擬法庭及聽演講來吸收法律知識。換言之，法律的職業訓練在英國不像歐陸，不視為學術訓練，而重視實務訓練。

英國律師公會訓練法律人之角色傳到新獨立美國各州。在 19 世紀學習法律及執業之主要方法在各州是不同方式之學徒制，及由法律職業所舉辦與大學無關，包羅廣泛之口頭與書面律師考試。

美國大學辦理法律人教育為時較晚，雖然哈佛大學在 1636 年立案，但直到 1817 年才設法科。最早美國法學院是由律師設立，在 19 世紀大多數私立與公立大學逐漸設立自己的法學院。換言之，在 19 世紀末期前，美國法學院並不普遍。大多數人進入法律職業係由自修法律（例如傑佛遜、林肯、最高法院院長馬歇爾都由此途徑成為法律人），即多在有經驗律師監督下獨立學習或做學徒；通常念古典法律書，諸如 Edward Coke 之《英國法總論》（*Institutes of the Laws of England*）及 William Blackstone 之《英國法釋義》（*Commentaries on the Laws of England*）。在南北戰爭後由於該國工商日益發達，社會對法律人需求增加，法學院才重要起來[2]。

現代美國法律教育不但在高等教育體系中居於特殊的地位，而且與其他國家相較，亦具有許多特色。在其他國家法律教育被認為通才教育（liberal education）之一環，大學法律學系與其他學系相同，均招收高中畢業生，但在美國大學傳授法律教育之單位稱為法學院（law school）[3]，這是屬於研究所階段的教育，必須先在大學修習其他科系畢業之後，始能入學。這種獨特的制度為 1829 年史多雷（Joseph Story）氏改組哈佛大學法學院時所開創，

---

[2] Neubauer & Meinhold, Judicial Process, Law, Courts and Politics in the United States 138 (2007); Burnham, Introduction to the Law and Legal System of the United States 127 (2006). 按美國自學徒制度變種派生出來之獨立法學院，最有名的是 1784 年至 1833 年存在的 Litchfield Law School。參照 Farnsworth, An Introduction to the Legal System of the United States 16 (1963). 美國大學正式設立法律系，直到 18 世紀下半期才開始。第一個授予法學士學位的大學是 1793 年的 William and Mary College。

[3] 各州之中，法學院似以加州、紐約兩州為數最多，俄亥俄、麻薩諸塞州次之。

其後美國法學院聯合會（Association of American Law School）更於 1905 年規定：各法學院須授與 3 年法學教育，學生在入學前並須已受有 3 年大學教育。但事實上今日美國各大學法學院學生多於入學前已經大學畢業，取得文學士（B.A.）或理學士（B.S.）學位。在另一方面，這些法學院學生在法學院本身言，還是大學本科學生（undergraduate student），因為在法學院修畢 3 年本科教育，取得 J.D. 即 Juris Doctor 或 doctor of laws 後，如擬繼續深造，還可進入研究部，攻讀法學碩士（LL.M. 即 master of laws）及法理學博士（doctor of Juridical Science，簡稱 J.S.D. 或 S.J.D.）[4]，至於 LL.D. 乃名譽法學博士，不可不察[5]。說起這 J.D. 學位，本來法學院畢業取得的學位是法學士（LL.B. 即 Bachelor of Laws），但因鑑於法學院學生入學前都已取得文學士或理學士學位，又須再讀 3 年始能取得法學士學位，比他系學生多花 3 年，為了使法律學位與大學學位加以區別，並強調法律之專業或大學學士後之性質，因此大約在 50 年前特仿醫學院醫學博士（M.D.）制度的旨趣，授與其畢業生法律博士（J.D.）學位，以代原法學士（LL.B.），使畢業生能獲得高薪工作機會[6]，因為美國政府及工商界，對博士、碩士、學士的起薪與升遷不同，與我國一樣，頗重視學位。現在大多數法學院已將法學士改為法律博士，並且還可以追溯既往，以前的畢業生繳一定費用後，可以換發法律博士的證書。不過法律博士是職業學位，而非學術學位，不需撰寫博士論文，所以美國教育界統計博士人數時，不將這種「博士」算入。

4　學位可授予學生優良（with honors 或 cum laude），或極優（with high honors 或 summa cum laude）。除了第一個職業學位 J.D. 外，許多法學院對英美法系國家之法律人進一步深造，授予法學碩士學位（Master of Laws (LL.M.)）。攻讀 J.S.D. 之人除須修滿一定學分且成績優良外，須提學位論文，經教授組博士委員會口試通過。攻讀 J.S.D. 或 S.J.D. 的人通常想教法律。參照 Farnsworth, supra note 2, at 17. 美國法學院只有少數學生念碩士以上學位，即法學教師亦然。教師為了教書或取得大學職位保障（tenure），只須 J.D. 學位即可。在 2005 年法學院畢業生中只有百分之二點二在全時讀碩士以上學位。在 2000 年約 6,000 人修碩士學位，只有 3,500 人取得。同一年授予 S.J.D. 的只有 50 人。參照 Burnham, supra note 2, at 132; Hay, Introduction to United States Law 223 n.16 (1976).

5　Farnsworth, supra note 2, at 17. 當然有些大學法學院也授與一些特殊學位，諸如對來自非英美法系國家之法律人，授予比較法碩士（Master of Comparative Jurisprudence，簡稱 M.C.J. 或 Master of Comparative Law，簡稱 M.C.L.）。

6　Hay, supra note 4, at 223 n.16.

　　其次美國法學教育是職業教育，與一般大陸法系國家不同，主要目的在造就律師。而且法律教育較注意理由和政策，而非理論之命題及白紙黑字的規則[7]。法學教授如同法官，亦往往自有數年執業或在政府擔任法律工作經驗之人中羅致[8]。法學院教員通常待遇較其他各系爲優，且與我國不同，其專任教員可於課餘爲公司機關甚至律師事務所擔任諮詢或顧問性工作，或接受委託從事某種研究計畫之研究，因爲他們認爲輕度之實務工作（practice），對於教學有所幫助，但外務不可過多，致影響教學工作。法學院學生在申請入學前往往被要求參加全國性的法學院入學測驗（Law School Admission Test, LSAT）[9]，此項考試是性向測驗，測驗考生的興趣能力是否適於研究法律，而獲准入法學院攻讀之人，多半爲成績優良之大學畢業生[10]。在法學院課程方面，於 3 年修業期間，除若干法律哲學、比較法與法律史等課程外，幾乎全部講授實定法（positive law）課程[11]，尤其偏重工

---

[7]　von Mehren & Murray, Law in the United States 253 (2007).

[8]　美國與許多大陸法系國家不同，在各種不同法律工作之間流動性甚大。自私人執業至政府工作或自此二者之一去教法律；或自法學院教法律改行，去執律師業或爲政府工作，均有可能。參照 Hay, supra note 4, at 220, 224 n.27. 其他各學系教員原則上須取得哲學博士或其他博士學位，但充任法學院教員之資格不須皆取得法理學博士（J.S.D.）或法學碩士（L.L.M.）學位，如其他本科成績優異，撰寫有論文（paper）發表，可認爲富有研究潛力與才能者，雖僅取得 LL.B. 或 J.D. 亦可充任。據云哥倫比亞、哈佛、耶魯法學院有博士學位的教師占三分之一弱。法學院大多數教師是專任（full time），除了助理教授（assistant professor）、副教授（associate professor）、教授外，往往尚有講座（endowed chairs）教授，由資深卓越之教授擔任，通常除正規薪俸外，另有榮譽與加給（來自捐款之收益）。講座用捐助人或要紀念之人之姓名稱之，例如 John Cecil Smith Professor of Law。此外許多法學院還聘請實務家擔任專門科目（如專利法）或夜間部兼任教師。兼職教師或教特別課程之律師通常用講師（instructor, lecturer）或兼任教授（adjunct professor）名義。參照 Farnsworth, supra note 2, at 30; Hay, supra note 4, at 219, 222 n.13, 14, 223, 16.

[9]　法學院是否發給入學許可，主要視申請之人大學平均成績及 LSAT 成績而定。LAST 1 年 4 次在許多城市舉行，評估考生閱讀與口頭推理技巧，考試分爲 5 部分，各 35 分鐘。有些學生自己準備，也有人上補習班，有些人二者都來。參照 Neubauer & Meinhold, supra note 2, at 135; Hay, supra note 4, at 218. 在 1960 及 1970 年代，許多人以爲法律可實現改變社會之理想，致申請法學院入學許可之人如潮水湧進，但今日由於法學院畢業生不易謀職，致申請案減少，但仍競爭激烈。參照 Burnham, supra note 2, at 129.

[10]　由於美國社會普遍重視法律人才，法律人才出路頗佳，所以有些人於取得其他部門之博士學位（Ph.D.）後，再繼續入法學院攻讀法律。

[11]　法學院第 1 年課程幾乎都是必修，如民訴（Civil Procedure）、契約法（Contracts）、物權（Property）、刑法（Criminal Law）、侵權行爲法（Torts）、憲法（Constitutional Law）及法律寫作（Legal Writing）。二、三年級除了必修一個專題課研究（seminar）及一個職業責

商等實用法律，包括勞工法、反托拉斯法、信託法、國際貿易法、商標法、專利法、稅法等科目，同時又開有專為法律工作者設計的會計學。除一年級外，選修課程雖多，但不開經濟學、社會學、政治學等課程，因被推定學生於進入法學院以前之教育階段（prelegal）已經修過[12]。此外一般法學院還開設訴訟實習之類課程。由於美國是判例法國家，聯邦與各州判例集與年俱增，浩如煙海，聯邦與各州的制定法及其他法律資料亦多如牛毛，變動不居，因此所貴乎法律工作人員者，不在於記憶法律之原則，而在於能利用分析各種法律資料。在此種情形下，「如何發現法律」（how to find the law）變成一門大學問，各法學院往往在一年級開設法律方法（legal method）、法律研究（legal research）或法律書目（legal bibliography）課程，指導學生蒐集研究有關法律文獻的門徑。法學院學生上課時數雖不多，但上課前須自行準備，耗時甚多，所以課業負擔甚為繁重，且學生為研讀法律文獻，須長時間利用圖書館，故須知如何利用資料與圖書館[13]。此外更有許多課外活

任（professional responsibility）課程外，通常都是選修。因此除自己選特殊課程外，不能專門化。學生在第二、三年選修的典型課程可能是商事交易（Commercial Transactions）、商業組織（Commercial Organization）、稅法（Tax Law）、勞工法（Labor Law）、遺囑與信託（Wills and Trusts）、證據法（Evidence）、法律程序（Legal Process）、刑訴（Criminal Procedure）、行政法（Administrative Law）、法律倫理（Legal Ethics）、法律衝突（Conflict of Laws）、國際法（International Law）、環境法（Environmental Law）、反托拉斯法（Antitrust Law）及需要實質研究報告之專題討論課（research seminar）。參照 BURNHAM, supra note 2, at 129-30. 近來法學院課程也有網路法、法律與心靈（law & the mind）之類。當然也有各種實習和實務（clinical& practical）課程（VON MEHREN & MURRAY, op. cit., at 256.）。有人描寫法學院求學經驗是，第一年怕得要死，第二年累得要死，第三年無聊得要死，其描述基本上係屬正確。哈佛大學在 1976-1977 年給法學院新生備忘錄，提到有些對外國學生有點困難，不鼓勵選修之課程如下：會計學（accounting）、公司理財（corporate finance）、強制執行（debtors' & creditors's rights）、資產計畫（estate planning）、保險法（insurance law）、勞工法（labor law）、證券交易法（securities regulation）、商務計畫（business planning）、破產法（bankruptcy reorganization & rehabilitation）。又提到美國法學院所教行政法及勞工法與外國同名課程內容不同，例如行政法注重程序超過實體規則。

12 由於英美法系與大陸法系不同，英美法與我國等大陸法系國家之課程分類、名稱、內容、方法都有相當出入，同時其課程分化程度極高，例如我國之「債篇各論」在美國則分化為買賣法、代理法、保證法、不動產租賃法、合夥法等範疇。而且即使課程名目類似，其內涵亦多出入。

13 美國因為是聯邦制度，加以又是判例法國家，除聯邦外，50 州各有其自己法制，法律文獻極多，且又複雜，其管理非一般圖書館管理人員所能勝任，所以法學院圖書館自成一系統，並且要由有法學士或法律博士再拿到圖書館碩士的人主持，館長通常有法學教授資格，有時也

動，例如成績特優之學生往往被邀參加各該校之法學評論（Law Review，為美國最具學術性之法學期刊）的編輯工作 [14]。二年級生暑假往往在大城市律師事務所打工。名校三年級生在畢業前往往有律師事務所合夥人來校面談，邀請看中之學生於畢業後加入其事務所工作 [15]。

　　美國法學院的教學方法與我國不同，主要採用案例研究法（case method）。此種方法為前哈佛法學院院長藍得爾（Landell）在 1871 年所倡導。他反對傳統講解方式（lecture），而用蘇格拉底式問答（Socratic）方法教法律，以為上訴法院判決才是普通法（common law）系統下法律科學的真正資料，因此主張選擇英美法院顯示法律原則、具有主導性之判決（leading cases）或上訴審法院判決，編為教材，上課時提問題要學生回答及討論，以代替傳統由教師唱獨腳戲之演講。

　　在此方法之下，學生於上課前須閱讀一些案件，就各該案的事實（fact）、兩造的爭點（issue）、法院之判決及其理由（holding）作成摘要（brief）。上課時教師很少發表正式的講演，而提出各式各樣追根究柢的問

開「研究方法」、法律書目之類課程。中等法學院圖書總數在 10 萬冊以上，每年增加率約3,000 至 5,000 冊，預算在美金 10 萬元以上（不包括人事費用，但包括被偷或被毀圖書補購費用，通常 1 年在 5,000 元以上）。最大的法學院如哈佛，藏書達 100 萬冊以上，耶魯與哥倫比亞至少有 40 萬冊以上。參照丘宏達、楊崇森，美國的法律教育與法律職業，收錄於李本京主編，美國研究論文集，頁 187 以下，淡江學院，1977 年。法律圖書館將學生經常參考的書籍或法學名著，另闢藏書處，只能在館內閱讀，不准外借（on reserve）。法律圖書館開放時間特別長，幾乎至深夜。

[14] 美國最老的 law review 是哈佛出版的。它是由學生在 1877 年成立。今日幾乎所有法學院都有類似出版品。許多法學院有刊登所有法律領域文章的旗艦雜誌（flagship journal），通常稱為校名 +Law Review（例如 *Harvard Law Review*）或校名 +Law Journal（法律雜誌）（例如 *Yale Law Journal*），許多法學院甚至有一個或數個法律特定領域的專門法律期刊，例如《哈佛法律與技術雜誌》（*Harvard Journal of Law & Technology*）、哥倫比亞大學之《哥倫比亞法律與社會問題》（*Colombia Law & Social Problems*）。幾乎所有 law review 皆由學生編輯，不受系方控制。主要文章由學生編輯法律學者與法律專家投稿，而且包含學生作品，通常針對一個法律領域或集中討論最近判決或新立法。它們一直是最重要的美國法律專業期刊（VON MEHREN & MURRAY, op. cit., at 260.）。擔任法律評論編輯（根據成績或寫作競爭或二者）職務之所以重要，有三點理由：一、由於取決於成績或寫作競爭，擔任編輯工作表示該生學術表現良好；二、雇主有時喜歡用這種人；三、使學生有法律研究與編輯歷練，常可在刊物登載該生重要研究成果。

[15] BERMANED, TALKS ON AMERICAN LAW 198, 200 (1972); PORTO, MAY IT PLEASE THE COURT 78 (2009).

題（probing questions），使學生嚴密地分析該案判決，並與類似案件作比較。教師設法引起學生熱烈討論，而參加討論的學生須對各該案有充分準備，不但瞭解法院如何推理，且須加以批判。因不但各州對類似問題可能採取相反的立場，而且即使同一法院亦可能前後見解不一。此種個案教學方式當初在哈佛曾引起學生反彈，上課及選修人數銳減[16]。因學生需細心閱讀指定案件，並在教室答覆教師有關問題。對案例教學法之批評大略如下：

一、在教學法方面，個案研究法與學生以前經驗不同，需要獨立與批判性思考，學生負擔重；此方法只研酌法院判決之邏輯，而忽略立法、行政規章及社會政治對法律之影響。

二、在內容方面，批評者以為法學院致力使學生通過律師考試，致忽略了法律與法律職業在公共政策方面扮演之角色；注重技術性細節課程，而就法律對政治與社會之影響注意不足。

三、亦有人作相反批評，以為法學院通常雖訓練學生俾便從事專門職業，但注重法律之理論與抽象層面，忽略了執業之實際現實面[17]。

也有人批評法律學院一部分是職業學校（trade school），一部分是人文研究部課程。不過法學院是一種混合體，難於因應不同需求與期望，因此法學院可能繼續受人批評過於實際或過於理論[18]。

雖然時至今日，仍有這些怨言[19]，但今日美國所有法學院仍採用此種案例研究法。各法律主科均編有案例教科書（casebook），即使以制定法為

---

[16] Porto, supra note 15, at 70.

[17] Neubauer & Meinhold, supra note 2, at 137; Porto, supra note 15, at 70 et seq. 關於個案研究法之缺點與批評，亦可參照 Harno, Legal Education in the United States 137 (1953)。又例如 Seymour 氏以為：1. 雖然上訴法院裁判反映法律原則，但它們只是法律實務一小部分，法學院省略了執行法律業務最重要部分，即蒐集事實、談判與當事人之關係。未教導學生制度何以如此及其改進之道。更未教導清楚表達觀念之基本寫作與公開演講之技巧；2. 法學院對社會問題之興趣大多缺乏組織與協調。對重大影響法律業務與司法行政之社會力，包括居住、貧窮、福利、衛生服務、教育等問題未廣泛探討。參照 Seymour, Why Justice Fails 10 et seq. (1973).

[18] Porto, supra note 13, at 76.

[19] Id. at 70.

中心之科目還是一樣 [20]。在此種情形下，學生雖不易獲得法律原理的精確知識，但其重點在使學生瞭解解釋法律不是一成不變，而培養其洞察法律問題如何發生，以及律師、法庭及立法機關如何設法解決的能力，透過個案的研究，使學生瞭解如何運用法律的有關材料，不斷地把法律原則與具體事實相結合，並預計社會政策或實際運用對於法律原則之影響力 [21]。換言之，個案研究法可培養學生職業技巧，並發展其分析、推理及表達之能力（powers of analysis, reason and expression），又可促進其運用法律原則的能力。這對法學院學生而言，遠比灌輸單純法律原則的百科全書式的知識更為重要 [22]。惟案例教學法如過分強調，亦難免支離破碎，不易對該科有全盤的認識，且有將法律與其他相關學科游離孤立之弊。而且近年來這種方法已不如過去之受重視，而往往用問題教學法（problem method）予以補充。即由教師預先發給學生具體法律問題，命其自行查閱研究有關法規、判例或其他文獻，尋求答案，上課時由教師為討論的主持人（discussion leader），把一個法律問題當作一個有機體來研究，以濟個案教學法之窮。此外還開設專題討論（seminar）課程。而且今日教科書內容豐富，編輯人還常提供自己的評論及詮釋。事實上現代許多教科書實際上是未出版之論說書 [23]。

---

[20] 後來案例教科書（casebook）內容也改良，除法院判例外，還包括設問、編者對有關問題之介紹與分析、問題與評論、與研究問題有關之法律論文、法規、書狀格式、鄰近學科之有關論文等資訊。

[21] "The rules and principles of case-law have never been treated as final truths, but as working hypotheses, continually retested in those great laboratories of the law, the courts of justice. Every new case is an experiment... The principles themselves are continually retested; for if the rules derived from a principle do not works well, the principle itself must ultimately be reexamined." SMITH, JURISPRUDENCE 21 (1909). (cited from VON MEHREN, THE CIVIL LAW SYSTEM 832, n.48 [1957]).

[22] 方麥倫（VON MEHREN）教授以為，在德國、法國法律教育對決策過程政策與事實考慮之重要性較不注意。此一部分係因大陸法系法律教育重視講演。講演傾向於分析一般原則，由此自演繹推理之過程導出具體案件之結果。而講演方法較少機會與誘因對個別判決之事實背景作完全之探究。參照 VON MEHREN, op. cit., at 832。完全依賴討論法，會使學生不確定，甚至不知重要之法律原則、實踐及制度。且可能在第一年以後使學生和教師同樣生厭。由於此等及其他理由，近幾十年來個案法受歡迎程度已經降低，尤其在第二、三年。例如可能用問題法來補充或取代個案法。但傳統講演法也已某程度重獲以往受歡迎之程度（VON MEHREN & MURRAY, op. cit., at 258.）。

[23] VON MEHREN & MURRAY, op. cit., at 257.

　　除上述課程及活動外，為彌補課堂教育之不足，使理論與實務配合起見，三年級學生須參加假法庭實習（moot court），在律師監督指導下，直接與有法律問題之平民當事人打交道，提供法律意見、撰寫文件、提起訴訟。大多數州法律甚至准許學生代理當事人在法院出庭辯護。此種教育措施稱為臨床法律教育（clinical legal education），在教育功能上頗值注意[24]。

　　美國法學院考試方法亦與我國不同，教師常提出複雜假設性事實之論文題，往往是灰色地帶（borderline case），問學生如何處理，提出支持之理由，或問學生如何為一造當事人辯護，或對當事人如何建議；重點在分析與推理，而非「正確」之結論[25]。學生答案須分析事實，指出涉及哪些法律爭點、適用何種法律原則、自各方面分析問題如何解決、說出法院應達到之結論。此外近年來也愈來愈採在家作答（take-home examination）方式，學生須在一定小時或日期內繳卷；當然也有用所謂客觀考題方式，即用多重選擇題與是非題。學生考卷儘可能匿名，且由教師自己評分[26]。

貳、美國法律教育之現狀與變遷

一、現狀

　　今日美國有 200 多所法學院，大學有的設有法學院，有的沒有。而且反映美國聯邦國家政府組織型態，美國並無國立大學，因此並無國立法學院。各級教育基本上一向是州或私人（尤其在美國東部）之責任。現行聯邦之控制基本上只是間接透過補助款（grands-in-aid）而已。但由於法律教育自聯邦政府接受比較小的財政補助，以致此種間接聯邦控制方式相對較不重

---

[24] Neubauer & Meinhold, supra note 2, at 138.

[25] Farnsworth, supra note 2, at 19.

[26] Burnham, supra note 2, at 131; Hay, supra note 4, at 218 et seq. 考試是書面，不似歐陸有些國家有面試（口頭考試）。通常問題要求學生自律師、法官或起草法律之立法者立場（看問題怎樣出）來分析處理數套複雜的事實，很少出論文題。過去數十年來評分方式有許多改變。有些法學院過去成績用數字表示，但今日大多法學院用文字取代數字。有些甚至只打及格與不及格。今日很少法學院學生不及格（von Mehren & Murray, op. cit., at 260-61.）。

要 [27] 。

　　由於缺少中央控制，加上私立大學，諸如芝加哥、哥倫比亞、哈佛、史丹佛及耶魯等有名法學院各有特色，因此各校在課程與教學作法上有些歧異。爲了確保法學院最低水準，美國法曹協會（American Bar Association，簡稱 ABA）設有基本條件。該協會由美國教育部（U.S. Department of Education）承認爲全國法學院評鑑認可機構 [28] 。該協會訂有最低評鑑標準，包括教授專業資格、教員與學生人數比例、法律圖書館存書量及必修課程。獲得該協會認可之法學院法律學位之人，可參加任何州所辦律師考試，而未通過之法學院畢業生只能在法學院所在地的那一州應考 [29] 。現今共有 200 所法學院通過該協會認可（accredited）。其中 194 所是完全合格，有 6 所是暫時（provisional）通過。大約有三分之一協會評鑑合格之法學院及幾乎所有獨立法學院設有夜間課程（program）；教師常與日間不同，由兼任的執業律師，提供實務經驗。

　　美國法學院很少重視所在地那一州的法律，而重視全國一般法律。如此雖使學生較難準備律師考試，但卻有助於不想在當州執業之學生。美國許多出版商還出版將各法律領域內容作有系統的介紹，稱爲綱要（outlines），好的綱要備受學生歡迎，雖然一些教授不鼓勵使用。

　　大約 20 所法學院一直被認爲美國最有名氣的法學院。許多著名全國性法學院是附屬於私立有名大學，如芝加哥、哥倫比亞、康乃爾、杜克、哈佛、紐約、西北、史丹佛及耶魯。但名單上也有州立大學，如密西根、維吉尼亞、德克薩斯、加州大學柏克萊、伊利諾、明尼蘇達、北加州、華盛頓及威斯康辛。最有名法學院是由 *U.S. New and World Report* 雜誌社加以排

---

[27] VON MEHREN & MURRAY, OP. CIT., at 253.

[28] 在 1900 年美國最有名的 32 所法學院組織美國法學院協會（Association of American Law Schools，簡稱 AALS）與美國法曹協會合作，提升法學院水準。HAY, supra note 4, at 217.

[29] 法學院未經本州或美國法曹協會通過的，似以加州爲多。此種畢業生雖可申請加入加州律師公會，但未必能參加別州的律師考試。加州也是第一個准許遠距離法律教育（上網及通信）學生參加律師考試的州。

名[30]。

二、法律教育之新趨勢

(一) 提供聯合學位暨開設傳統忽視之科目或訓練

近年來鑑於傳統法學院課程偏重法律課程，其他行為科學或社會科學之訓練難免不足，為加強科際整合，使畢業生具備多方面研究能力起見，若干美國大學法學院與其他院系合作，開辦聯合學位計畫（joint degree program），如哈佛大學及紐約大學法學院學生可以4年時間（取代5年）同時修習法學博士與工商管理碩士（J.D. 與 M.B.A.）[31]。規模大的法學院則多設有研究部（graduate division），研究部課程有的大學與大學本科相同，如哈佛、哥倫比亞；有的則另開許多專業科目或專題研究，如紐約大學。另一重要改變是開設傳統法律學院所忽視之科目或學術訓練，例如若干法學院已開設娛樂法（Entertainment Law）、國際人權（International Human Rights）之類傳統法律學院不開之新課程[32]。

(二) 臨床教育（clinical education）之重視

為了因應上述批評，自1960年代導入法律診所（clinic），這是自醫學院診所借來的用語與概念。許多法學院已成立診所（clinical）訓練計畫（program）方案，提供理論與實務間之教育橋樑，法學院成立法律事務所，學生在教師監督指導下，在民刑案件代理低收入之當事人，處理任何正式律師要作的事務並學習如何執業，包括解答問題、起草文件、在大多數州提起法律訴訟，甚至在法院辯護。此種法學院的診所數目不斷增加中[33]。

---

30 NEUBAUER & MEINHOLD, supra note 2, at 138-39.

31 HAY, supra note 4, at 221.

32 PORTO, supra note 13, at 75 et seq.

33 BURNHAM, supra note 2, at 138. 法學院學費昂貴，因判例及制定法彙編所費不貲，而學生必備之法律教科書通常洋裝厚重一巨冊，訂價亦高。許多法學院學生為了支付法學院學費，以學生貸款方式負債。依據 *National Law Journal* 之報導，百分之四十法學院畢業生積欠學生貸

　　又一些法學院已增開增進學生律師實務技巧之課程，最常用之型態是模擬或玩角色課程（simulation or role-play course），提供現實模擬問題，要學生擔當實際律師角色。學生須用課程所學實務技巧解決問題。例如在審理辯護（trial advocacy）課程，學生須自模擬案件檔案中，經由訊問模擬證人、提出文件及其他附件（exhibits），向模擬（mock）法官與陪審團提出證據。此外法學院也開類似課程，教學生面談、諮詢、談判、預審訴訟技巧及仲裁技巧[34]。

(三) 學費昂貴與貸款豁免計畫

　　法學院本來學費昂貴[35]，近年來更上漲，學生大約百分之八十仰賴教育貸款。3 年教育費用可高達 15 萬美元，法學院之學費成爲學生一大挑戰。學生畢業時所負龐大債務限制了職業之選擇，以致最近法學院畢業生常接受薪水較高的律師事務所工作，而放棄擔任檢察官或公設辯護人的公益性工作（pro bono work）機會。好在有些好的法學院對接受低薪公益工作之畢業生，模仿醫學院辦法，提供所謂免除債務辦法（loan forgiveness program），如新律師同意在政府工作，則免除其貸款債務[36]。

(四) 公益工作之重視

　　美國許多法學院已規定由學生從事公益工作（pro bono work）作爲畢業要件之一，除使學生保持理想外，還可與律師建立關係，對畢業後找工作有幫助。美國法曹協會每年頒獎給有傑出公共服務計畫（program）的法學

款未還，人數比醫學、工程及商學院要多。學生貸款債務與其他大多數債務，包括賭博債不同，通常在破產程序並不消滅。近年來法學院畢業生就業市場較以前黯淡，年輕法律人薪水較預期爲低（Damian L. Halstad, *The Tao of Litigation*, 19 J of the Legal Profession 93, [1994-95].）。

[34] BURNHAM, supra note 2, at 138.

[35] JACOB, BLANKENBURG, KRITZER, PROVINE & SANDERS, COURTS, LAW & POLITICS IN COMPARATIVE PERSPECTIVE 24 (1994).

[36] PORTO, supra note 15, at 78.

院，參與的學生感覺他們可改變世界。又如紐奧爾良州的杜蘭大學法學院近年規定學生至少要替不同群體做公益工作 20 小時才能畢業[37]。

(五) 職業倫理課程之重視

由於尼克森總統與多數高級僚屬乃法律人，水門醜聞事件重創了美國公眾對法律職業之形象，也引起社會重新關切法學院法律倫理與法律責任教導不夠充分。所以該案發生後，美國法曹協會也要求所有合格法學院學生加修一門職業責任的倫理課程。因欲藉此顯示法律職業可以自己管自己，並希望避免聯邦政府對法律職業直接規範[38]。

參、美國的法律職業

一、美國法律職業之重要

在美國法律人是一種受人尊敬的職業，自立國以來，法律職業在社會上政治上一直居於領導地位。在立法機關與行政部門居要職，且常在商業機構擔任關鍵地位[39]。在獨立運動中，不少領袖是律師，獨立宣言 56 個簽名代表中，有 25 人是律師，在憲法會議（Constitutional Convention）55 名代表中，31 人是法律人[40]。美國開國元勳及歷史上許多名人，政治家如傑佛遜（Thomas Jefferson）、亞當斯（John Adams）、林肯，法官如馬歇爾（John Marshall）、史多雷（Joseph Story）、翟約翰（John Jay）等都是法律人出身[41]；在美國 43 個總統中，有 25 人是法律人[42]，這是美國社會的一種特色。

---

[37] THE PUBLISHER OF THE AMERICAN LAWYER, LIFE-LIBERTY-LAW SCHOOL 35-36, 42 (2002).

[38] HAY, supra note 4, at 224 n.29.

[39] JACOB, BLANKENBURG, KRITZER, PROVINE & SANDERS, supra note 35, at 18.

[40] Lambeth, *The Lawyers Who Signed the Declaration of Independence*, 62 ABA JOURNAL, 869 (1976); ILLIOT, OPPORTUNITIES IN A LAW CAREER 14 (1969).

[41] CARP & STIDHAM, JUDICIAL PROCESS IN AMERICA 94 (1993).

[42] VON MEHREN & MURRAY, op. cit., at 263.

在 1970 年美國總統、副總統、四名內閣閣員、三分之二參議員、過半數眾議員都是修習法律出身，法律學院是最熱門學院，僅次於醫學院。在柯林頓總統期間，內閣最初有三分之二閣員由法律人擔任[43]。

二、美國法律人就業之型態

據統計今日在美國大約有百分之七十四的法律人是私人執業、百分之八擔任公司內部律師（in-house counsel）、百分之八在聯邦、州及地方政府工作、百分之三當法官、百分之一教書、百分之一公益執業律師[44]。

三、美國律師

(一) 特色

美國律師的職務沒有明確的劃分，所以與英國不同，沒有大律師（barrister）與小律師（solicitor）之別。律師活動範圍之廣泛與社會對其服務之需要，在世界各國首屈一指。他們可以充任其當事人之公司董事，可自行經商或擔任公職。即使轉任法官、政府官吏、私人企業職員或法學教授，仍屬律師之一員（member of the bar），且可隨時離開此等職務重操律師職務，而無後顧之憂[45]，美國民主政治能上軌道，這不能不說是其原因之一。美國是聯邦國家，聯邦與各州法令併行，法制極為複雜，判例法汗牛充棟，其解釋變動不已，故非一般民眾所能親近，即使一般制定法無論內容與數量亦皆龐雜繁複異常，非專門研習人員無法瞭解，其中何者優先適用，何者已被廢棄，殊費思量，其法律制度之複雜，遠非大陸法系國家可仰賴簡潔明白之法典可比，加以美國政府行政立法司法各部門業務與法律有密切關聯，皆須借重法律人才始能勝任愉快。民間各種交易亦在涉及複雜之法令，若非法

---

[43] Jacob, Blankenburg, Kritzer, Provine & Sanders, supra note 35, at 27.

[44] Burnham, supra note 2, at 142.

[45] Farnsworth, supra note 2, at 23.

律家協助難免發生問題。尤其近一世紀以來，美國政府對人民或企業經濟與社會事務之干涉與介入日益增加，其結果不但政府機構對法律人才之需要較過去更形殷切，同時民間企業更須借重律師以更多時間為其當事人處理有關法律事務，以免出了紕漏（例如廠商如被認定有違反反托拉斯法行為，可被罰好幾億美元）。銀行、保險公司等大公司往往設有法律部門，僱用專任（fulltime）律師，稱為 corporate 或 in-house counsel [46]。

　　在此種情形下，無怪乎法律人才之需要比他國迫切，從而其人數亦極龐大，高居全球第一位，且日益增加。

　　談到美國的法律職業，在法官、律師、行政官員、法學教師各種出路之間流通性甚大[47]。首先須談到法官，美國法官與大陸法系國家不同，威望高，能吸引許多最有才華的法律人才。法官多由律師而來，亦有由政府或教授轉業，不論委派或民選，多與政治上活躍分子有淵源，否則不可能脫穎而出。又法院即使不實施司法審查之權力，亦在制定政策過程扮演重要角色[48]。美國法上大人物大都是傑出法官。美國不似許多外國有職業法官（career judiciary）制度，年輕法學院畢業生有志當法官，並無固定途徑可循[49]。

　　美國律師之執業係屬各州管轄，在執業前須經律師考試及格，這點與我國在律師高等考試以外，過去尚可因擔任若干公職或教職達一定年限取得律師資格不同。美國律師考試亦由各州自行辦理，不似我國乃考試院主辦全國性專門職業高考中的一類科，全國有統一性考試。在美國大多數州規定此項考試須取得法律學位之人始能應考。由於美國司法制度與大陸法系國家不同，不是採職業法官制度（carrier system），法官係自有經驗之律師（含政府官員及法學教授）中選拔，只有律師考試（bar examination），別無所謂

---

46 HAZARD, LAW IN A CHANGING AMERICA 111 (1968).
47 美國法律職業另一特色是許多法律人生涯中有一段服公職，常在公職與私人執業之間移動（VON MEHREN & MURRAY, op. cit., at 264.）。
48 JACOB, BLANKENBURG, KRITZER, PROVINE & SANDERS, supra note 35, at 18.
49 FARNSWORTH, supra note 2, at 23.

司法官考試，所以與我國不同。一般而論，美國律師考試並不甚難，各州每年錄取人數雖有出入，通常約半數至三分之二的應考人可以通過[50]。有些地區民間有專門幫助應考人應付考試的補習班（稱為 cram course，自數週至數月不等），與我國過去有一段時間律師考試只有百分之一或百分之二的人通過不同。

英美法系傳統上任何人自己可在法庭為自己辯護，但今日法律與司法程序極為複雜，以致除了最簡易案件外，訴訟當事人不能自行出庭處理，而須由律師代理。何況在所謂「對立」（adversary）制度下，律師有責任對法院以有力之方法為當事人出庭辯解（present），以致律師成為美國司法系統不可缺少的一環。

在美國准許律師之執業（取得執照）與其他管理係由各州管轄。例如一個人可說屬於紐約州的律師（of the New York bar），但不可說屬於美國的律師，因美國並沒有 the American bar。同樣美國並無聯邦或全國性機構核准律師取得執業資格。美國法曹協會只是一個非官方、自願性的全國性團體，成員 37 萬人來自各州。也有許多其他法曹協會，通常係在法律專業領域存在。

任何被核准加入一州律師公會之人，法律上可在該州從事任何法律業務。不過實際上律師今日早已有某程度專業化，且愈來愈專業。

准予在甲州執業之人只有在乙州被准加入公會（admitted），或乙州承認甲州原來執業（admission）之下，才能在乙州執業。有些州相互承認（reciprocity）。不過一州有時會准許一個別州的律師基於一些特殊理由代表特定案件在該州法院出庭。

在聯邦最高法院執業，須在各州最高法院或華盛頓特區上級法院執業 5 年才可入會執業[51]。

---

[50] 即使法律人不打算出庭，亦須通過律師考試，因如無執照而提供法律意見，在各州乃犯罪行為。關於美國現今律師考試詳情，可參照本書第二章。至美國早期律師考試之詳情，可參照楊崇森，美國的律師考試，朝陽大學法律評論，第 42 卷第 4 期，頁 2-6，1976 年 4 月。

[51] HAY, supra note 4, at 219-20.

(二) 律師業務內容

　　先就私人執業而言，依照他們處理事務之分量觀之，律師大部分時間係在寫字間工作，而與我國一般律師事務係以辦理訴訟案件或出庭爲大宗不同，訴訟案件之處理只占他們工作之少部分，此種工作泰半係出庭辯護（advocacy）[52]。今日美國訴訟案件以汽車肇禍事件占大宗，商業上之糾紛、遺囑、家事問題次之。由於美國工商發達，交易額龐大，大小企業及廠商從事交易時，爲了達到高度效率，避免違法或日後發生紛爭，往往事先委託律師協助處理，所以代客解決疑難、計畫和提供意見（counseling）及爲大小企業草擬文件、計畫書和契約（drafting）占了非常重要的部分。有時律師也代表當事人與關係人舉行談判及調解爭端，以避免涉訟，同時也往往充任企業的顧問、計畫人及居間協商之人（advisors, planers and negotiators），參與企業政策的擬定，所以雖然本身沒有很大經濟力量，但在安排並運用經濟力量上，頗具影響力。在律師事務中，有些是高度專門性，例如勞工法、公司法、反托拉斯法、專利法、稅法等。另外房地產過戶（conveyancing）、家庭問題、遺囑及信託〔有時稱爲資產或遺產規劃（estate planning）〕也是經常受理的業務。在大都市地方，法律工作更專業化，大規模的聯合法律事務所（law firm）應運而生。此種事務所係合夥組織，由數名乃至數十名合夥人（partners，相當於老闆）與人數更多的領薪水的律師（associates）組成，規模宏大，分工細密，組織操作儼如大公司，大的事務所律師人數有多達數百人者。由於大事務所人才集中，且工作專門化，與同業競爭上居於較有利地位，所以目前美國律師日益趨於組織大聯合事務所[53]。同時由於法律日益繁複，無人能通曉所有部門，

---

[52] BURNHAM, supra note 2, at 142.

[53] 大型事務所的律師收入比其他律師高很多，且資深合夥人也常進入政府與政治圈內。當同一政黨當政時，經常擔任政府的職位，且常被賦予特別職務，例如總統的特別顧問，或特別檢察官，且大事務所的律師，在法律職業內部也有巨大的影響力。由於高薪與社會地位，吸引了許多有名法學院的優秀畢業生加入工作。1990 年以後數年間，受經濟衰退衝擊，許多事務所減少僱用新的受僱律師（associate），遣散生產力不足的受僱律師、甚至合夥人，甚至破產。近年美國景氣雖逐漸好轉，但影響到合夥人須能爲事務所招徠新的業務。一些事務所在

於是律師業務不能不趨於專精,分工異常細密,有所謂勞工律師(labor lawyer)、公司律師(corporate lawyer)、專利律師(patent lawyer)、稅務律師(tax lawyer)、收取債權之律師(collection lawyer)、出庭律師(trial lawyer)、民權律師(civil right lawyer)、反托拉斯律師(anti-trust lawyer)等之分。為期讀者對美國律師工作瞭解起見,以下擬就今日較為專門的幾個領域加以介紹:

1. 公司法

這方面律師有的單獨執業,有的在事務所專辦公司實務,有的在特定公司法律部門(legal department)工作。工作包括對公司之組織與財務、政策或活動是否合法、股票與公司債之發行、公司稅捐、股東之權利、董事會之權限等問題提供諮詢意見與協助。又公司之營業行為,申請營業執照及與其他公司之關係等,有無違背反托拉斯法等問題,亦由其提出諮詢意見。

此種律師須與公司之管理人員一樣瞭解公司之組織與營運。有時須代理公司與公司之受僱人從事勞工談判(labor negotiations),處理公司廣告、價格或國際貿易之法律事務等。

2. 稅法

稅法案件在我國今日雖多屬會計師辦理之業務,但在美國則係律師專門業務之一環。近數十年來,美國稅務法令愈益嚴密,內容日益複雜,任何法律交易在在牽涉稅負問題,而稅法又逐年修改,解釋令又多,形成極為專門之分野。由於其重要性與複雜性非法學出身難於窺知,所以不但在法學院為重要課程[54],且分化為律師之一種專門領域。稅務問題尚涉及會計學問,所以律師如欲成為稅法專家,須具有會計學之基礎。由於稅法種類與名目不斷增加,規定日益繁複,且因達到當事人希望之商業結果可能有數種途徑,各

合夥人與受僱律師之間創設了「資深受僱律師」之職稱,合夥人職位變成更為不易。又一般公司為節省開支,也使用自己的內部(in-house)律師,甚至就個案委請不同事務所處理。參照 Burnham, supra note 2, at 146-47.

[54] 紐約大學法學院研究部之稅法部門(tax program)所開稅法課程非常完整,在美國各法學院中最負盛名。參照 Hay, supra note 4, at 223 n. 16.

有不同稅務結果。工商機構或資本家需要專門律師爲他們設法在合法範圍內減輕稅賦，協助評估各種達到目的之方法在各種稅捐之可能影響，並告知可能之風險，所以此方面專家之前途日益看好。

　　現今美國稅務律師大多數非常專業，幾乎只做有關稅務工作。稅務律師通常有 J.D. 學位外，有正式研究所攻讀典型稅法之全時 1 年或兼時 3 年，取得 LL.M. in Taxation 學位。大多數大城市至少有一個法學院提供兼職（part-time）研究所稅法課程。大多數企業與大法律事務所有單獨處理稅務之部門。在一個有 200 名律師之事務所，有 20 名稅務律師之稅務部門並不稀奇。大的會計師事務所亦有龐大稅務部門，有稅務會計師與稅務律師工作[55]。

3. 遺囑驗證（probate law）

　　與我國不同，在美國法之下不似我國民間對遺產之繼承，承認被繼承人享有大幅度之遺囑自由，而社會上又流行生前以遺囑處分遺產之習尚，同時法律復規定遺囑於被繼承人死後須先向遺囑認證法院（probate court）請求認證，俟法院確定其爲眞正後，始可分配遺產，以致此方面法律事務較我國繁複多多，諸如遺囑與遺產提供法律意見與協助，撰擬遺囑與踐履遺產管理有關法律服務，包括遺產稅、遺產之分配、對遺囑否認其眞正、代理遺產管理人與遺囑執行人、爲未成年人或心神不健全之人指定監護人以及指定受託人執行信託條款等。由於今日遺產稅稅率甚高，爲了合法降低死後遺產稅等稅賦與避免遺囑驗證之煩，近年來已發展一套新興的專門學問，即所謂遺產規劃（estate planning）[56]，由律師斟酌遺產稅、贈與稅、保險以及信託條款等因素，精心設計一套計畫，有效實現其當事人於死後處分其財產之意願，更爲此種律師增加不少業務。

4. 專利律師

　　專利律師是通常律師再通過專利律師考試（patent bar examination），

---

[55] BURNHAM, supra note 2, at 663.

[56] 參照 STEPHENSON ESTATES AND TRUSTS 313 (1965)；楊崇森，信託法原理與實務，頁 9 以下，三民，2010 年；楊崇森，信託業務與應用，頁 199 以下，三民，2010 年。

乃法律職業統一性之例外，與專利代理人不同[57]。專利律師之工作包括撰擬及申請實施專利權，提出侵害專利權之訴、處理專利權買賣及專利授權（license）等。亦常處理有關商標、著作權及營業秘密之案件。專利律師之工作往往涉及複雜之工程及技術，故須有工程、化學或電機等專門之訓練與知識。由於今日科學發展日新月益，此種業務在社會上愈益重要。

5. 勞工法

　　美國高度工業化結果，勞工與雇主間法律關係形成專門領域，有些工會與許多職業工會及工業機構僱用專門研究勞工關係之律師，此種律師不但具有勞工法素養，且熟悉勞資間之談判（negotiation）及訂定團體協約（collective bargaining agreements）之技巧，熟悉勞動條件之法令規章，於勞資爭議時代理當事人出席法院，在不正勞動行為（unfair labor practice）或確認某一工會為受僱人談判之合法代表等場合，代理當事人出席國家勞工關係局（National Labor Relations Board），協助集體談判（collective bargaining），對罷工或其他勞工不平慣行提供建言、處理勞工補償（與職務有關傷害的行政救濟）及僱用差別待遇、團體協約下之不滿陳訴及不斷增加的違法解僱（wrongful discharge）。在美國許多勞資爭議由仲裁解決，所以此種律師須熟悉仲裁程序，勞資爭議如經仲裁成立，可避免工人罷工或雇主關閉工廠，所以勞工法律師對於防止產業停頓與維持勞資和諧關係，有重大貢獻。為避免利益衝突及律師性向關係可分為資方律師或工會律師[58]。

6. 出庭律師

　　過去美國律師與我國一樣，兼辦出庭與撰擬文件等內外工作，所以並無專辦出庭業務之律師。但近來由於業務日益分化以及車禍等損害賠償案件大量增加[59]，產生了專門從事出庭工作之律師（trial lawyers）。其中有人專

---

[57] 專利代理人乃非律師，但在專利局及上訴部有權撰擬、呈遞與辯護專利申請案之人，但他不能提供法律意見或在法院出庭。

[58] Burnham, supra note 2, at 143.

[59] Elliot, Opportunities in a Law Career 14 (1969).

門在人身傷害損害賠償（personal injury actions）訴訟代理原告，有人專門
替大公司特別是辦理汽車責任保險之保險公司辯護（稱爲辯護律師 defense
lawyer）。這些出庭律師須熟悉開庭之訴訟程序，具有提出證據及對陪審團
有效辯論之技巧，甚至具有能設法說服對造而使案件和解之能力，同時對法
醫學亦須有相當素養。

7. 行政法

　　行政法專門之律師主要處理規律或監督特定活動領域之政府各部門
（agencies, departments, boards and commissions）之職能、管轄及程序。此
等機構職權異常龐大，往往有權頒發或取消營業執照或許可，與法院一樣舉
行審理並下判決，且對其管轄範圍內之事務訂頒各種規章。過去數十年來由
於政府對私人經濟事務介入與干預之程度日益加深，在聯邦、州及地方各級
政府之行政機構（administrative agencies）無論數量與權限均日益增加[60]。
因此這領域的律師代理當事人出席該機構之審理（hearings），提出證據
並爲當事人辯護，提出申請書，於適當時期向法院申請司法審查（judicial
review），由法院決定該行政機構之決定或行動是否適當。

8. 人身傷害案件

　　處理此類案件的事務所有不是原告事務所（plaintiff's firms），就是被
告事務所（defense firms）的傾向，看通常代理哪一方當事人而定。雖然大
多是小型事務所，但有一些被告事務所是中型甚至大型，因爲被告是保險公
司[61]。美國法律准許律師以成功報酬（contingent fee）方式計酬，即收取對
造賠償當事人之一定此例作爲律師費，使無資力之當事人能在人身傷害案件
得到律師協助[62]。

---

[60] 在美國除了舊日的州際通商委員會（Interstate Commerce Commission）、交通委員會（Tariff
　　Commission）、聯邦關稅委員會（Federal Tariff Commission）外，後來又新設了證券交易
　　委員會（Securities and Exchange Commission）、民航局（Civil Aeronauties Board）、聯邦
　　通訊委員會（Federal Communication Commission）、國家勞動關係委員會（National Labor
　　Relations Board）、聯邦電力委員會（Federal Power Commission）及其他許多機構。

[61] BURNHAM, supra note 2, at 143.

[62] FARNSWORTH, supra note 2, at 33.

9. 刑法

在大多數「街坊犯罪」（street crime），欠缺資力之被告雖可由公設辯護人代理，但大多數不合條件而需找私人律師。又白領犯罪，即侵占、逃稅、違法貨幣交易及販毒洗錢的被告有資力請律師。美國許多律師不欲處理刑事案件，理由是這些案件使人沒有胃口或律師費不高。這些刑事律師大多做過檢察官或公設辯護人，許多律師往往由於替被告辯護成功而聲名大噪。

10. 公司內部律師（in-house counsel）

所謂公司內部律師是公司法律部門的律師。由於有執業，須加入該州律師公會。主管通常稱爲總顧問（general counsel），常又是公司的副總經理。公司內部律師與辦理公司法事務所（corporate firm）的律師相似，處理公司法律事務，包括起草文件與處理訴訟事務。雖然許多公司法務部門只有一些律師（例如小銀行或醫院可能只有一名或兩名），但有些有很多人。在1988 年美國電話電報公司（AT&T）的法律部律師人數多達 500 人以上。

近年來公司爲減低開支，增加僱用公司內部律師，而減少使用外面律師，尤其在訴訟方面。不過在一些領域仍經常交由外面律師處理，包含國際法律事務（尤其歐盟工作）、專利與商標、環保爭議、勞工法、公司併購、破產與反托拉斯案件 [63]。

11. 服公職

美國法律職業另一個重要工作領域是在政府各種機關服務。聯邦、州和地方政府各部門大多僱有法律人才。例如在 1962 年聯邦司法部僱有1,600 名以上律師，紐約市政府法律部僱有 300 人以上律師 [64]，另外有人還在聯邦與地方政府擔任檢察官。聯邦檢察官（U.S. at torrney）及其助手由總統委派，受司法部管轄。州檢察官有時稱爲 district attorney，通常由各郡民選，不受州檢察長控制 [65]。此外環境保護局（Environmental Protection

---

[63] BURNHAM, supra note 2, at 149.

[64] FARNSWORTH, supra note 2, at 27. 按該書出版已久，今日絕不止此數。

[65] 關於美國檢察官，可參照本書第五章。

Agency）、聯邦貿易委員會、國稅局、證券交易委員會、國家勞工局也有較多律師，甚至中央情報局都僱有不少[66]。

在政府機構服務的律師一般多從事法律工作，但也有若干被選舉或任命負責高級行政工作。美國律師在政治上一直居於領導地位。據統計，自立國以來，200 年內，律師占聯邦上院議員的三分之二，半數的眾議員，一半至三分之二的州長[67]，歷任總統有三分之二係由律師出身[68]，市長、國際活動與外交事務之主要代表亦多由律師出任。

12. 私人一般執業

私人一般執業（general practice）大多處理一般公民生活上法律問題，包含離婚、住宅用不動產交易、遺囑與信託、個人傷害訴訟、消費者爭議、欠債或破產。也涉及小廠商商事法爭議與刑事案件[69]，尤其交通案件之輕罪代當事人出庭。不過小型事務所也常有專門化傾向。

(三) 法曹協會的影響力

在美國各種職業團體的影響力很大，在法律職業更是如此。1870 年紐約市法曹協會（the Association of the Bar of the City of New York）成立，目的在對抗地方政府貪腐，樹立了日後法曹協會之模式，直到今日仍為美國最活躍與最有影響力之協會。到了 1923 年美國每州與屬地都已有法曹協會成立，其目的包括改革與統一法律、改進司法行政、提升法律教育、維護職業水準、提供會員進修、增加法律服務之利用、提供圖書設施等。在 1878 年第一個且最重要之全國性組織，即美國法曹協會仿紐約市協會成立。其目標之一係調整整體法曹協會之活動，但並非真正州或地方組織的聯盟。現今大

---

[66] BURNHAM, supra note 2, at 151.

[67] FARNSWORTH, supra note 2, at 28.

[68] ELLIOT, supra note 51, at 17; 楊崇森，美國法制研究，頁 15，漢苑出版社，1977 年。

[69] 美國人往往不知法律執業之多樣性，因對律師之印象多自電視刑事案件之法庭辯護而來。事實上大部分律師處理民事而非刑事工作，且花大部分時間在事務所完成和解，而非在法庭與對造戰鬥。參照 PORTO, supra note 13, at 82.

多數州有所謂強制加入之法曹協會（integrated bar），需所有律師加入州法曹協會，目的在改進律師與當事人關係之紀律。法曹協會有倫理規範（Code of Professional Responsibility）來規範律師的職業行為，如有違反，視情節輕重，可受警告、暫時停業或永久除名之處分[70]。

美國法曹協會由全國各地之律師、法官、法學教授及其他法律工作人員組成，其組織之嚴密，活動範圍之廣泛，影響力之深遠，不啻美國法律職業之總部。由於美國乃聯邦國家，聯邦與各州權限劃分甚為嚴格，各州之立法、司法、法律教育等非聯邦政府所能過問，而上述美國法曹協會可謂全國法律職業總部，舉凡全國司法行政之革新、各州法律之統一、法律教育水準之提高、立法事業之推動等，無一不由其透過各種管道努力策動，對於美國民主法治社會之建立，厥功至偉，不可等閒視之[71]。

肆、美國法律職業之變遷

一、律師人數與結構之變遷

在 1960 年全美律師約 28 萬 6,000 人，在 1987 年增至約 69 萬人。在 2007 年更增至 114 萬 3,358 人（含法官）[72]。

過去法律職業幾乎是白人男士的天下。在 19 世紀後 25 年，婦女在許多州被禁止擔任律師。哥倫比亞大學法學院到 1927 年，哈佛大學法學院直至 1950 年才收女生。1950 年女性法律人只占全體法律人百分之二點五；1960 年在所有律師中，只有百分之三點五是婦女，且只有百分之一是黑人。後來

---

[70] CALVI & COLMAN, AMERICAN LAW AND LEGAL SYSTEMS 38 (2000). 過去律師違反紀律係由州上級法院處理，參照 Farnsworth, supra note 2, at 31. 在律師公會之「倫理及專業行為基準」（standards of ethics and professional conduct）中最使外人困擾之問題是：准許律師為任何被告之犯罪辯護。美國法曹協會有一規範（canon）規定：「律師為犯罪被告辯護，不問對被告犯罪其個人意見如何。」理由是：「否則無辜之人，即只在嫌疑氛圍之被害人可能被否認正當之辯護。」參照 EDITORS OF ENCYCLOPAEDIA BRITANNICA, supra note 1, at 223.

[71] 美國律師公會除了全國性與各州地方性之一般公會外，許多地方尚有按會員專長而劃分的各種特殊公會組織，如 The Patent Bar, The Massachusetts Trial Lawyers Association 等。

[72] Porto, supra note 13, at 73.

法學院女生人數大增，女性律師在 1987 年增至百分之十四，在 2000 年增
至百分之二十七。由於 2003-2004 年法學院女生已占百分之四十九，故女性
律師人數繼續成長。在黑人方面，在南北戰爭後有許多人在華府的霍華德
（Howard）大學法學院攻讀法律[73]。

過去少數民族與婦女在法律職業覓職與升遷受到歧視，惟近年已愈來愈
好轉，主要因為國會通過民權法律（Civil Right Act of 1964），禁止私人機
構與廠商基於種族、性別或族裔在僱用、升遷或工作條件上差別待遇，且賦
予控告違法僱用人與受領金錢賠償之權利[74]。

二、法律執業性質之變化

在過去 10 至 20 年，美國法律執業之性質也起了巨大變化。

(一) 聯合律師事務所之勃興

聯合律師事務所在 20 世紀後期迅速成長，在 1949 年僱用超過 50 名律
師之事務所只有 5 家。到了 1989 年增至 287 家以上。到了 2000 年，250
名以上律師的事務所有 150 家以上，其中 57 家律師人數超過 500 人，且有
7 家 1,000 人以上[75]。傳統事務所結構是一般合夥，但目前也有有限合夥、
職業服務公司（professional service corporation）及有限責任公司（limited
liability companies）[76]之型態。

---

[73] Id. at 72.

[74] BURNHAM, supra note 2, at 157. 又美國於 1994 年通過「禁止對婦女施暴法」（Violence Against
Women Act）。

[75] Id. at 145. 按今日最大的律師事務所可能是總部設在芝加哥的 Baker & McKenzie（在 2005 年
有 3,309 名律師分布世界各地。次大事務所可能是總部設在俄亥俄州克利夫蘭的 Jones, Day,
Reaves & Pogue，律師人數超過 1,600 人。大型事務所有專辦稅法、反托拉斯法、不動產法、
訴訟、銀行法、智慧財產權及勞工法的部門。當事人包含最有錢的與最有名的公司，起草商
業交易文件及訴訟。參照 Porto, supra note 13, at 73. 按聯合事務所成長原因包括：1. 專業化；
2. 因應不斷多樣化公司當事人之需要；3. 大事務所有利於成長；4. 可利用屬下工作擴大合夥
收入。參照 ABEL, AMERICAN LAWYERS 235 (1989).

[76] VON MEHREN & MURRAY, op. cit., at 265.

(二) 私人公益律師與私人公益團體的抬頭

在美國有不少律師獻身公益工作，為私人公益團體工作的民權律師最先使用「試驗案件」（test case）方式協助解決弱勢人們的問題[77]，在 1950 年代首先為了對種族隔離抗爭而提起。在這些團體中最突出的是「全國有色人種促進會法律辯護與教育基金會」（NAACP Legal Defense and Education Fund）。利用試驗案件最有名的機構是全美民權同盟（American Civil Liberties Union, ACLU，在 1924 年成立），有 5,000 名以上志工律師，25 萬名主要是非法律人的會員；在全美有許多辦公室，代表民權爭點，且在有關的具體方案工作。過去 50 年來，在無數憲法上權利爭議的案件，ACLU 或以一造律師的身分，或以所謂「法庭之友」（amicus curiae）的身分在最高法院與聯邦下級與州法院出庭[78]。

其他公益團體有獅子會（Sierra Club）與自然資源保護會（Natural Resources Defense Council）為環境大業而奮鬥。也有為婦女權利、消費者保護、殘障、教育、大眾媒體、醫療、兒童權利與福利等而組織的團體。過去大多數公益法律事務所代理自由派（liberal）或左派（left）的觀點，但近年來成立了不同政治理念的團體。例如山區各州法律基金會（Mountain States Legal Foundation）（保護「自由企業」），華盛頓法律基金會（Washington Legal Foundation）、太平洋法律基金會（Pacific Legal Foundation）[79]、環境保護法基金會（Conservation Law Foundation）或司法研究所（Institute for Justice）等，提起訴訟係為了特定公共政策目的或推動某種理念，而非為了謀生[80]。

---

[77] BURNHAM, supra note 2, at 155.

[78] 關於試驗案件及法庭之友之介紹，參照本書第三章。

[79] BURNHAM, supra note 2, at 156.

[80] PORTO, supra note 13, at 73. 即使大型法律事務所，也有所謂公益合夥律師（pro bono partner）統轄手下辦理公益案件，對律師從事公益案件之成敗與有錢工作之成敗同等評價。

(三) 律師廣告之放寬與專業之表示

1. 在 20 世紀以前，律師廣告不受限制。後來由於職業的控制加強，爲維護法律職業的尊嚴，禁止律師作廣告。只能在辦公室建物掛招牌，及在電話簿刊登。但在 1977 年 Bates v. State Bar of Arizona (433 U.S.350 [1977]) 一案，最高法院認爲廣告可對消費者提供法律服務的資訊，受到憲法增修第 1 條的保護。今日法律服務廣告，至少對中產收入之人已產生顯著競爭[81]。

2. 美國有些律師事實上是若干領域之專家，但過去各州除了商標專利或海商法外、禁止律師廣告他是某領域的專家[82]。後來最高法院在 Peel v. Attorney Registration and Disciplinary Comm. of Illinois (496 U.S. 91 [1990]) 一案，認爲依憲法增修第 1 條自由言論的保護規定，州不可禁止律師作眞實的專門廣告。受到此案的影響，許多州法曹協會已在不同領域對律師的專業加以證明[83]。

(四) 執業限制之放寬與外人競爭之威脅

傳統上律師必須是美國公民，但在 Application of Griffiths (413 U.S.717 [1973]) 一案，法院宣告只因非美國公民而排除其執業，違反憲法增修第 14 條平等保護條款[84]。又過去州要求律師須爲該州住民或在該州有永久辦公處作爲加入律師公會的條件。但在 Supreme Court of New Hampshire v. Piper (470 U.S. 274 [1985]) 等案，法院宣告乃屬違憲。現美國有 10 個州准許 ABA 通過之法學院 LL.M. 學位之外國畢業生參加律師考試[85]。

其次有些國家非律師可從事許多活動，例如在英國，會計師可處理稅務

---

81 BURNHAM, supra note 2, at 140-41.

82 最高法院院長柏格（Warren Burger）凤即主張律師專業應有證明機制，參照 EDITORS OF ENCYCLOPAEDIA BRITANNICA, supra note 1, at 234.

83 HAY, supra note 4, at 220; BURNHAM, supra note 2, at 141.

84 HAY, supra note 4, at 223, n.17.

85 參照 BURNHAM, supra note 2, at 132-33.

事件，不動產經紀人（real estate agent）可處理財產移轉案件；但在美國只有律師才能在法院辯護稅務案件，在一些州只有律師才能完成不動產交易。又過去律師公會遊說制定法律禁止擅自執行法律業務（unauthorized practice of law），緊縮取得律師證照之要件，限制人們進入該職業。為了保持高收費，定最低收費標準與禁止廣告以限制競爭。晚近若干行業興起，例如會計師在稅務事務、不動產產權保險公司（title company）在土地買賣，以及信託公司在資產工作，產生了是否應屬於律師業務或律師是否專業或勝任之問題[86]。

　　此外現在美國法律職業之市場也受到外人競爭的威脅。例如協議離婚、收養、改名及寫遺囑，基本上只要填正確表格，在法庭提出文件獲得法官簽名即可。為協助公民從事這些例行性法律工作，非律師往往出版手冊、印表格及提供意見，律師公會欲加以制止[87]。但在 1975 年 Goldfarb 一案（Goldfarb v. Virginia State Bar, 421 U.S. 773 (1975)）法院認為反托拉斯法也適用於律師[88]。

(五) 業務過失訴訟之增加

　　過去醫師常成為業務過失訴訟（malpractice suits）之被告，近年來當事人控告律師業務過失之案件增加，許多律師購買保險，以免對當事人賠償因各種原因所產生之損失，包括重要文件由於助理不慎丟棄、在審理期日未出庭致訴訟失敗，以及自己怠於實施注意義務所生之損失[89]。

(六) 法律服務保險（預付法律服務方案）及團體折扣之施行

　　預付法律服務方案基本上是法律服務支出的一種保險。在一些國家雖

---

[86]　EDITORS OF ENCYCLOPAEDIA BRITANNICA, supra note 1, at 226.
[87]　NEUBAUER & MEINHOLD, supra note 2, at 145-46.
[88]　BURNHAM, supra note 2, at 140.
[89]　READER'S DIGEST, YOU AND THE LAW 732 (1973).

很平常，但美國近年在保險公司，消費者團體及律師公會合作下，成長神速。參加預付方案之利益是可免費得到法律諮詢服務利用團體方案（group plan）的折扣優惠。

　　預付方案通常由工會或雇主提供，一些信用卡公司也提供予信用卡持有人，但要付小額月費。又美國電話電報公司（AT&T）亦對員工提供自名單中挑選律師，由保險方案經理人支付律師預先訂定的費用，正如保險公司支付醫師一樣，使無力負擔律師費之員工亦能獲得律師服務[90]。

　　雖然法律保險常與醫療保險相比，但其成長不可相提並論，因一般人對其需要不似醫療保險來得殷切[91]。

　　另外美國近年有所謂團體折扣優惠方案（group discount plan），參加人可以優惠價格獲得律師的服務。例如美國勞工總會工業總公會（AFL-CIO）即有優惠之法律服務方案（Union Privilege Legal Services Plan），對會員提供律師優惠服務[92]。

(七) 美國是否律師過多

　　在 1900 年美國律師約有 10 萬人，到 1950 年增加一倍，約 20 萬人；在 2005 年有 110 萬 4,716 人，即平均每 270 人中，就有 1 名。現每年有 4 萬多名新律師出現。人數之多，高居世界第一位；據說占世界律師總人數三分之一[93]。

　　1991 年美國「總統競爭力委員會」（President's Council of Competitiveness）報告指出，美國律師過多，在 1 萬人人口中有 28 名律師，比率大大超過德國 1 萬人中 11 名律師、英國 1 萬人中 8 名，日本 1 萬人中

---

[90] PORTO, supra note 15, at 87; BURNHAM, supra note 2, at 148-49.
[91] CARP & STIDHAM, supra note 35, at 107. 他指出法律保險有兩種。第一種是整群人參加，如工會。另一種是個人加入。有些方案當事人可選一名或一群指定之律師；有的方案則可選任任何律師，但通常涵蓋律師費之數目，設有門檻。工會在組織此種保險，較為活躍。
[92] BURNHAM, supra note 2, at 148-49.
[93] PORTO, supra note 13, at 82.

1 名；致近年來美國律師是否過多，成爲各方矚目之問題[94]。在美國幾乎任何大學畢業生有意成爲律師，可進入法學院攻讀 3 年後變成律師。這種自由放任市場作法，與別國不同。在日本辯護士（律師）數目有嚴格控制，且一直保持很低，必須參加三合一的所謂司法試驗[95]，3 萬人中大約只有 700 人及格。同樣在英國只有 1,000 名想當大律師的人，每年進入英國大律師學院（British Bar School），且大律師總數大約只有 6,000 人。

有人擔心律師過多會助長不必要的訴訟，及律師花無用時間讓有錢當事人付費[96]。當然數字比較，會因各人對律師之定義或標準不同而有出入，且跨越不同文化之比較更爲困難。不過須注意律師在美國當事人對立主義制度下負較大責任，且辦理許多大陸法系國家糾問制度下調查人員、治安法官（magistrate）或法官的工作，因此在英美不免律師較多，而法官人數則較少[97]。

(八) 律師之進修

美國大多數州對執業律師有進修法律教育（continuing legal education）之機制。按紐約市之法律執業學院（Practicing Law Institute）是這方面最早的先驅，美國法學協會（American Law Institute）與美國法曹協會及美國司法學社（American Judicature Society）繼之[98]。今日除了 11 個州外，

---

[94] BURNHAM, supra note 2, at 142. 又美國前副總統奎爾（Dan Quayle）曾問「美國眞的需要全球百分之七十的律師嗎？」參照 NEUBAUER & MEINHOLD, supra note 2, at 156.

[95] 關於日本的司法考試詳情，可參照楊崇森，日本司法考試制度，法學叢刊，第 40 期，頁 102-05，1965 年 10 月。

[96] NEUBAUER & MEINHOLD, supra note 2, at 156. 按過去美國有些律師爭取業務，被議爲「追逐救護車」（ambulance chasing）。

[97] BURNHAM, supra note 2, at 142.

[98] 按法律執業學院（Practicing Law Institute）是非營利法人，常舉辦短期進修課程及出版相關實務書籍。美國法律協會（American Law Institute）係於 1923 年設立之民間團體，目的在克服美國法律之不確定性與複雜性。由大約 1,500 名有名的律師、法官、法律教師從事編撰美國法整編（Restatement of the Law）、擬訂統一與模範法及辦理教育方案等，貢獻甚大。至於美國司法學社（American Judicature Society）係於 1913 年設立的著名民間團體，目的在促進美國司法行政之革新。參照 FARNSWORTH, supra note 2, at 31-33; HAY, supra note 4, at 220, 224 n.28.

各州當局已強制律師受一定數量進修教育，有 22 個州有所謂「過渡教育」（transition education）規定，使新律師自法學院進入執業能夠適應，不過時間大多不超過 3 天。也有分散在 3 年期中來配合執業律師的忙碌日程。

　　也有人提議律師之進修方式回歸往日法學院後的學徒訓練，以確保律師具有更佳執業之能力，但多被認為不切實際而未採納。只有佛蒙特與德拉瓦二州需要某種學徒訓練（apprenticeship）。德拉瓦州的學徒訓練更為廣泛，是唯一必須在加入公會前完成，且須 6 個月以上在法庭旁聽數個程序及完成各種律師工作，自撰擬審判法院的申請（motion）到製作遺囑或信託文件。不過試過學徒訓練的其他數州，已經以參加法律教育進修計畫加以取代[99]。

伍、結論

　　我國雖係大陸法系國家，但近年來相關制度或觀念作法有形無形受美國法制影響極大，包括：

一、社會一般人權觀念加強、個人自我與權利意識提升，各種奇特訴訟亦屢見不鮮。惟民眾民主意識雖大為提高，但守法觀念仍未同步升級，青少年尤其如此。致社會開放之餘，亂象亦復不少。

二、社會對法律職業較前重視，法律人擔任政府或企業決策人員較前增加。

三、大學法科課程比傳統多元化、實用化、新穎化、國際化；往往開設經濟法、國際貿易法、稅法、勞工法、智慧財產權法、仲裁法、信託法等多彩多樣，不一而足。法學授課方式亦較過去活潑，可惜法律實務訓練不足，學生參與平民法律扶助之程度遠不如美國。又稅法在法律系所所占質量不足，稅法內容與美國相比，仍頗簡陋，政策鼓勵規定顯有不足；無怪乎賦稅機關往往著重稅收，稅務人權之呼聲時有所聞，有待朝野努力。

四、漸注重判例與法律動態面之研究。

---

[99] BURNHAM, supra note 2, at 139.

五、大學法科與國家考試命題漸活潑化，不再限定以往論文式考題。

六、律師考試將採三合一，甚至可看六法全書，放寬錄取名額。

七、法律系升格為法律學院，法律系有學士後碩士，即法碩乙學位。

八、仲裁制度之利用漸趨普遍。

九、法院專庭之開設、民刑事法之修改、違法證據之不採。

十、律師對公益及平民法律扶助工作較前重視。

十一、律師公會功能之強化與律師自覺自治呼聲提高。

十二、行政法院改採兩審制。

十三、法律實務界與學術界交流漸多。

十四、律師與法官兩種職業之間漸有交流，但學者出任高層法官之限制仍屬
　　　過嚴。

Chapter 2

美國律師考試制度之探討 ——兼論我國相關考試制度 之改進

壹、前言

　　美國與我國等一般大陸法系國家不同，不採職業法官制度，法官一般係自資深優秀之律師中選拔，所以與我國不同，並無司法官考試，只有律師考試（bar examination）。換言之，在美國欲執行律師業務之人，必須考取律師考試，然後始取得律師之資格。美國之律師考試不似我國係全國性之統一考試，而係由各州自行辦理。最早是德拉瓦州於 1763 年舉行律師考試，不久別州跟進。主辦機構與政府司法部門有關，因為美國律師被認為係法院之人員（officers of the court）。有時此機構是一州的最高級法院或中間上訴法院，有些州是由統一或全員的律師公會或其單位主辦。各州有其特有之考試規則，且為了處理有關考試之庶務，多設置考試委員會，通常由委員（bar examiner）5、6 名所組成，其人選由各州最高法院指派。在全國有所謂全國律師考試委員會議（National Conference of Bar Examiners），為律師考試之全國性組織，各州委員會可透過該組織就有關舉辦考試之各種問題，尤其命題、評分、考試結果等互相交換情報，該會議刊行 *The Bar Examiner* 雜誌，登載許多有關考試之消息與論說 [1]。

---

[1] 楊崇森，美國法制研究，頁 134，漢苑出版社，1976 年。在美國大多數州與屬地至少考 2 天，有些考 3 天。通常包括：1. 論文式問題；2. 多州標準化考試。論文式問題測驗考生對本州法律（通常如遺囑、信託各州不同之科目）。有些州採用由全國律師考試委員會議自 1988

貳、紐約州的律師考試

一、概要

在美國近 30 年來要擔任律師之人，原則上需通過各州律師考試及全國統一的多州律師考試（Multistate Bar Examination, MBE）[2]。由於紐約爲美國金融中心，全美與世界各國重要公司與機構雲集，全國大型律師事務所幾乎皆以紐約爲總部，故法學院畢業生大多以考紐約州律師考試爲目標，且該州律師考試在美國各州中很難通過。因此以下擬以紐約州律師考試爲例，介紹美國律師考試之詳情，不過考試細節歷年可能有若干變動，讀者必須留意。

在紐約州律師考試由該州法律考試委員會（Board of Law Examiners）辦理，該會僱有法律助理作幕僚，且有行政與佐理人員在其執行秘書（executive secretary）指揮下工作。

紐約州律師考試 1 年分 2 次舉行，通常在 2 月與 7 月的最後一個星期二與星期三，在紐約市、紐約州的首府奧爾巴尼（Albany）與水牛城（可能也在別處）不同測驗中心舉行，考試分兩部分，連續 2 天。第 1 天考紐約州所出之紐約部分考試，第 2 天考由全國律師考試委員會議（National Conference of Bar Examiners, NCBE）所出之多州律師考試（Multistate Bar Examination, MBE），換言之，紐約州部分在星期二舉行，而多州律師考試在星期三舉行。這種多州律師考試制度近 30 年來爲各州所採，爲全國統一題目。

年開始所設計的多州論文式測驗，有些州自己出題，也有些州自己出題與使用 MEE 二者。
參照 General Requirements for Admission (http://en.wikipedia.org/wiki/Admission_to_the_bar_in_the_United_States).

[2] 由於律師考試時間壓力與題目極多，在美國幾乎每個法學院畢業生在參加律師考試前都會去針對律師考試的補習班補習，課程稱爲 Bar Review Course，密集溫習相關科目重點，並以模擬方式測驗。時間多爲 7 週，每週上課 5 到 6 天，每天 3 至 4 小時，由教師面授或用錄影帶，以增進解答考題之技巧，加強分析、推理方法及論文寫作表達能力。這種課程對於律師考試中該州的法律部分特別有用。因爲大多數較好的法學院只教學生法律的一般原理與概念，而非傳授他們某特定州的法律。
又關於日本的司法考試之詳情，可參照楊崇森，日本司法考試制度，法學叢刊，第 10 卷第 1 期，1965 年 10 月。

二、考試資格

報考紐約州律師考試之應考人所受之法律教育須滿足下列任一條件：

(一) 在法律學院（Law school）念完法律：通常要求是在一立案（approved）法律學院修畢規定 3 年全時（full-time）或 4 年兼時（part-time）課程畢業，所謂立案之法律學院須係一個：

1. 由美國法曹協會（American Bar Association, ABA）立案或美國法學院協會（Association of American Law Schools）之會員，或由紐約州教育廳（New York State Education Department）登記與通過之法律學院。

2. 其學習課程需符合最高法院有關下列事項之相關規則規定，諸如：關於每學期所修學分數、在學校當地居住之週數、上課期間長度、筆試及格之最低標準及有關實習之類課程。

(二) 法律學院與法律事務所實習之併計：雖未自合格法律學院畢業，若二者合計須相當 4 年以上，且在法律事務所學習期間之前，須至少有一學年修習全時課程或兼時課程者亦可報考。在此段法律事務所學習期間，應考人須連續受僱為正規法律書記，在本州合法執業律師指導監督下，在正常上班時間真正從事法律事務所實務工作，且須自律師就立案法律學院被教之通常科目接受指導。要監督此種法律事務所學習之律師，在開始此項指導前，須向最高法院書記官長呈送書記開始學習證書。

(三) 在外國學法律：在外國念法律之應考人可於提供下列證明後，參加紐約州律師考試：

1. 在該國之法律學院完成實質上等於美國立案法律學院畢業生所需 3 年全時（full-time）或 4 年兼時（part-time）課程。

2. 應考人修習法律之國家之法律學係基於英國普通法，且應考人所完成法律計畫與課程實質上與美國立案法律學院所提供法律教育相當。應考人已成功在美國一個立案法律學院之專業法律課程修畢全時或兼時

24 學分以上。

不過近年來報考資格已略有改變,有如下述:

應考人參加紐約州律師考試,需具備下列四種條件之一:

(一) 自美國法曹協會通過有案之美國法律學院取得 J.D. 學位。課程至少修 80 學分,包括專業法律課程 60 以上學分,至少居住 75 週,兼時則至少居住 105 週。

(二) 在美國法曹協會通過有案之法律學院念法律,至少一學年,連同在紐約州律師事務所監督下研習法律共 4 年。

(三) 自美國別州任何一個法律學院取得 J.D. 學位,且在申請參加紐約州律師考試前 7 年已在該州執業 5 年。

(四) 在以英國普通法為基礎之外國立案之法學院研讀,其計畫與課程與美國立案之法律學院相當。

參、紐約州律師考試之詳情

一、律師考試本身

(一) 紐約州考試部分

第一天考試考紐約州部分,該部分有 6 個論文題(現改為 5 個,詳如下述)與 50 個選擇題及 1 個多州作業測驗(Multistate Performance Test,簡稱 MPT),由全國律師考試官會議(National Conference of Bar Examiners)所出。考試分為兩節,上午自 9 時考至 12 時 15 分,需在 3 小時 15 分鐘內完成 3 個論文題與 50 個選擇題。委員會估計每論文題花 40 分鐘作答,每選擇題花 1.5 分鐘作答。下午從 1 時半開始至 4 時半結束,應考人需在 3 小時內完成剩下的 2 個論文題與多州作業測驗,雖然時間由應考人自由分配,但委員會建議用 40 分鐘解答每個論文題,而用 90 分鐘解答 MPT 測驗。

紐約州部分包括程序法與實體法,可能考多州律師考試所考的 6 個領域,包括契約法、憲法、刑法、證據法、不動產法與侵權行為法

（包括制定法上無過失保險規定）。此外可能考到商業關係（Business Relationships）、法律衝突、紐約州憲法、刑事訴訟法、親屬法、救濟法（remedies）、紐約州與聯邦民事審判權與程序、職業責任〔職業責任一科係涵蓋在下述多州執業責任考試（Multistate Professional Responsibility Examination）內〕、信託、遺囑與遺產（包括遺產稅）、統一商法第二、三與九各章。一道論文式考試可能涉及不止一科之問題。除了涉及聯邦法之問題外，紐約論文與選擇題係以紐約州法律為根據。

　　選擇題成績按答對問題的數目計算，故需解答所有問題，因時間極為有限，每題平均只能花 1.5 分鐘，需有效利用時間，儘快一步步切實答題，但不可慌張草率，致犧牲答案的正確性。如覺問題太難，可先答下一個問題。5 題論文題與 MPT 是依照事先訂好的計分公式來計算成績。所有答案紙集中起來用機器計分，而不問應考人在那一州應考。每個應考人的成績有兩種，第一種是初步的成績（raw scores），按答對的數字計算，但如考試比以前困難或容易時，則將分數往上或往下調整，稱為最後成績（scaled score），目的在求公平，希望應考人不至由於考試太難或太容易而占了便宜或吃了虧。紐約州多項選擇題要求應考人自四個答案中選出正確答案（其中只有一個正確）。在正確答案以外之任何答案，不另給分，但答錯亦不扣分。

　　各個論文題之目的在測驗應考人分析特定事實，找出涉及之爭點與適用之法律原則，且由此推理出健全的結論之能力。答案應表現出認識由素材事實所呈現之爭點，討論所適用之法律原則，說明達到結論之理由。該考試委員會建議在答案之開頭，即說出結論，然後進行分析與推理。答案應簡明清晰，以所呈現之特定爭點為限，不應畫蛇添足，提到無關之資訊。在對論文題評分時，對於爭點與所涉法律原則如能好好推理分析，即使最後結論可能不正確，亦會得到優惠。

(二) 多州律師考試部分

　　考試第二天，爲多州律師考試部分，共出 200 個選擇題，考試問題包括法律學院通常修的 6 個基本科目，即：憲法、契約法、刑法、證據法、不動產法與侵權行爲法。由全國律師考試委員會議出題，全國 48 個州與華府係在同一日舉行，分配予 MBE 之時間共 6 小時，分爲兩節，每節考 100 個問題 [3]，時間各 3 小時，即早上 9 時開始至 12 時，及下午 1 時半開始至 4 時半。在 200 個試題中，契約法與侵權行爲法各爲 34 題（以前各爲 40 題）；憲法、刑法、不動產法與證據法各爲 33 題（以前各爲 30 題）。各問題之首是事實，其後爲 4 個答案供應考人選擇，應考人須選出其中最適當之答案。只有最適當之答案才計分，如答錯不另扣分。自 2007 年 2 月律師考試開始，多州律師考試調整爲 190 題，分布在下列領域：憲法、契約法、刑法與程序法、證據法、不動產法與侵權行爲法。其中契約法與侵權行爲法各占 33 題，憲法、刑法與程序法、證據法與不動產法各占 31 題。此外還有 10 個題目不計成績。

　　除了在試題另有指示外，所有 MBE 考題須按一般公認之見解作答，而非按在紐約州可能採用之任何不同地區之見解。證據法之考題基本上以聯邦證據規則（Federal Rules of Evidence）爲準。

　　考試由 6 個委員（由全國律師考試委員、法學教授與執業律師所構成），用各該科著名論說書、Hornbook（是 West Publishing Co. 出版一套不同科目的法學理論教科書）及法律整編（Restatement）作爲出題的基礎，

3　多州律師考試考題樣本（一題）
　　當保森在餐廳吃飯，被一塊食物卡在喉嚨而開始休克時，老實是醫生，坐在鄰近飯桌，雖然立即施以醫學上的注意，可有效排除保森喉嚨的異物，但他不欲捲入，故未提供任何協助。保森由於未獲得立即醫學上注意，因缺氧腦部受到嚴重損害。
　　如保森對其損害向老實請求賠償時，保森能否勝利？
　　(A) 可以，如該州免除醫生急救之醫療過失責任的話。
　　(B) 可以，如有老實經驗之訓練與知識之合理謹慎之人救援保森的話。
　　(C) 不可，因爲老實對保森的情況不負責任。
　　(D) 不可，除非老實知道保森會相當確定受到嚴重損害。

設計命題並且加以審閱。許多問題需要分析從一種事實狀況所發生法律關係或要應考人以辯護人的立場加以分析。有些問題要求應考人就某種交易如何做更有效的安排，提出解釋或建議或起草文件。大多問題需要應用傳統接受的規則與法院的見解（holding），有些問題需要應考人瞭解相關趨勢與近來發展，例如在侵權行為法，應考人應該知道政府、公益與家庭免責以及在產品責任方面侵權行為理論的發展。除在特定問題另有指示外，應考人不應該斟酌各州的法律。

由於各州律師考試在全國各州同一天舉行[4]，故應考人可在星期四參加別州舉辦的論文或當地考題部分的律師考試[5]。他可選在紐約州多州律師考試同一天，在別州參加多州律師考試部分，此時別州的多州律師考試成績會與他在前一天紐約州考試部分合併，正如他在紐約州參加全部考試一樣[6]。

(三) 多州作業測驗（Multistate Performance Test, MPT）

這是一種全國性考試，目的在模擬未來擔任律師可能面臨的真實生活的法律工作。此種測驗首先於 1997 年舉行，今日已在 33 州列入考試。在紐約州近年才開始實施，以取代過去律師考試 6 個論文題中的一題[7]，時間限 90 分鐘，是實務技巧的考試，內容包含法律分析、事實分析、問題解決、倫理難題解決、律師撰寫文件之組織與表達。應考人需利用考試委員

4　多州律師考試自 1972 年開始實施。

5　如安排適當，且經相關律師考試委員會准許，應考人可在 3 天期間參加 2 個州的律師考試。相關的一個州需在禮拜二辦理其當地律師考試，而另一州需在星期四辦理其當地律師考試。應考人在星期二在第一個州參加當地律師考試，在星期三考任何一州的多州律師考試，在星期四在第二個州參加當地律師考試，惟需透過相關兩州律師考試委員會作安排。有些州接受另一州應考人所參加較早的另一州律師考試所得到多州律師考試分數之移轉。參照 National Conference of Bar Examiners, 1985 MBE Information Booklet, Multistate Bar Examination, p. 2.

6　http://www.nybarexam.org/barexam.htm, p. 5 (revised 2005/4). 最新情況，可參照 http://www.ncbexiorg/multistate-tests/mbe (revised 2012/7/2).

7　New York State Bar Association, The Practice of Law in New York State, An Introduction for Newly -- Admitted Attorneys, p. 22 (revised 2002/10). 該測驗是由 NCBE 一個委員會研發作業（performance）測驗之專家所起草，然後由外部專家測試分析後，由使用此測驗之州律師考試委員會審閱，然後再由起草委員會修改，其中各試題有一個評分指南。這 MPT 都是於律師考試單獨一天舉行，尤其於 MBE 前一天，亦即於 MEE 同日舉行，時間為 90 分鐘。

會發給的資料，完成指定的撰寫工作。要求的工作內容寫在律師的備忘錄（memorandum）上，可能要求應考人撰寫訴訟案件之摘要（brief）、申請理由狀（motion）、撰寫有說服力的備忘錄、遺囑、起訴狀、契約條文、和解建議、法律意見、證人詰問計畫、終結辯論或其他法律文件。考題也可能涉及某種倫理上的爭點。考試當局會發給應考人一份檔案及一個「圖書館」。檔案裡面有一件案件所有事實的文件資料，例如與證人訪談、證言、開庭或辯論庭等之筆錄、訴狀、通信、當事人擁有的文件、契約、報紙上文章、病歷、警察報告、律師所做的筆記等各種相關與不相關的資料。應考人必須瀏覽相關事實，而事實有時模糊不清、不完整，甚至彼此矛盾。如同在律師實務，當事人或上級監督律師對案件的版本可能不完全或不可靠。當事實矛盾或欠缺時，應考人必須注意到，且需指出發現其他事實的來源。所謂「圖書館」包含案件、制定法、規章，其中有些可能與指定的撰寫作業無關。應考人需從「圖書館」摘下需要分析的問題與撰寫作業所根據的法律原則。MPT 不是實體法的測驗，而且問題可能牽涉許多不同領域，不過「圖書館」的資料足夠提供應考人撰寫之用。

　　這種考試要求應考人：

1. 從詳細事實中整理釐清相關與不相關的事實。

2. 為相關法律原則分析制定法、判例及行政資料。

3. 用類似解決當事人實際問題的方式，將相關法律應用到相關的事實。

4. 如果涉及倫理上難題時，篩檢出來加以解決。

5. 用書面有效加以表達。

6. 在有限時間內，完成律師撰擬作業 [8]。

---

[8]　書面考試部分占總分百分之五十，其中論文式考試占百分之四十，多州作業考試占百分之十，紐約州選擇題占百分之十，多州律師考試占百分之四十。參照 http://www.nybarexam.org/barexam.htm (revised 2005/4)。總分在 650-669 之間之應考人論文題之答案由原來閱卷人以外之人重閱，將 2 人所打成績平均，作為各論文題最後分數。然後再計算各應考人最後成績（scaled score），對此最後分數不可不服。考試及格分數為最後總分（scaled score）660 分。如未達此分數，需在以後考試重新考全部考試。律師考試結果僅以及格與否（pass/fail）書面在同一日郵寄通知所有應考人。全部及格名單同日登在網站及紐約法律雜誌網站。在委員會通知不及格之日後 30 日內，總分在 665 以下之應考人，可付費向委員會領取一套他自己的

二、多州執業責任考試

　　應考人除了在紐約州通過紐約州律師考試外，還需參加所謂「多州職業責任考試」（Multistate Professional Responsibility Examination, MPRE），始能在該州加入律師公會執業。換言之，通過律師考試，而欲在紐約州執行律師業務者，在由考試委員會向該州地方法院上訴部證明應考人律師考試及格前，需參加此種多州執業責任考試。它是由全國律師考試官會議主辦，首先在 1980 年 3 月實施，現在在大多數州已成為律師執業之要件，主要係因擔心應考人對法律倫理知識不足而設。MPRE 考律師職業責任部門問題，共有 50 個多重選擇題。該考試由 7 人委員會在全國律師考試委員會議指導下起草考題[9]，主要以美國法曹協會職業責任法（ABA Code of Professional Responsibility）與職業行為模範規則（Model Rules of Professional Conduct）為範圍，過去亦有少部分考美國法曹協會司法行為法（ABA Code of Judicial Conduct）。每問題在最後變成 50 個考題之一前，經過嚴格評估程序。考題大致可分為四類：

1. 某種行為是否使律師受懲戒。
2. 某種行為是否符合律師水準。
3. 某種行為在執業上是否適宜。

論文題答案，甚至論文題及水準以上應考人答案之樣本。在放榜後 60 日內，委員會也在 web site 刊登論文題與多州作業考試之概要（synopsis），連同水準以上分數之應考人樣本答案。

[9]　多州律師責任考試題目之樣本（一題）

當事人是律師的新當事人，請律師寫信推薦他的外甥加入律師公會。當事人告訴律師他並沒有直接接觸外甥，但他的姊姊（外甥之母）向當事人保證外甥勤勉誠實。

下述哪一種（或哪些種）行為對律師是正當的？

1. 基於當事人之保證而寫信。
2. 如律師對外甥並無不利資訊，基於當事人之保證寫信。
3. 只有在律師獨立調查瞭解外甥合格之後寫信。
A. 只有 3。
B. 1 與 2，而非 3。
C. 1 與 3，而非 2。
D. 1、2 與 3。
（正確答案為 A）

4. 某種行為是否使律師對當事人因該行為所致之損害負責 [10]。

此種考試可在律師考試之前或之後參加，但需在通過紐約州律師考試（以實際考試日為準）之前或以後 3 年內，因此需在通過律師考試 3 年內考上此項考試，否則需重考律師考試。此項考試每年 3 次，分別在 3 月、8 月及 11 月舉行。在紐約州考試及格分數目前是 85 分。

三、品格調查

在通過律師考試與各州執業責任考試後，由考試委員會向應考人居住或工作之州地方法院（Supreme Court）[11] 的 4 個庭（Department）之一庭的上訴部（Appelate Division）所指派的「品德與適格委員會」（Committee on Character and Fitness）證明該人已考上律師考試，由該委員會調查應考人之品德與一般適格，再經委員會與應考人面談通過後，由該委員會向該法院上訴部推薦准許應考人在該州執行業務。應考人需向上訴部呈遞加入律師公會申請書，連同有信譽瞭解應考人之數人出具應考人有適合擔任律師之良好品德與資格之具結書（affidavit）。每個應考人與該委員會面談後，經法院批准，由該上訴部一個庭為應考人主持正式宣誓加入律師公會的儀式。換言之，美國新律師職業並無像一些國家需要經過實習或試署（referendariat）階段 [12]。

肆、統一律師考試（Uniform Bar Examination, UBE）

美國的全國律師考試委員會議（the National Conference of Bar Examiners, NCBE）近年又研發了一種全國統一的律師考試，稱為統一律師

---

[10] BAR/BRI Digest (1984-85), p. 2, Publisher's Note; New York Bar & California Bar FAQs, http://www.clt.co.uk/American-bar-faqs#15 (revised 2012/12).

[11] 在美國聯邦與各州最上級法院通例稱為 Supreme Court，只有紐約州例外，最高法院稱為「上訴法院」（Court of Appeals），而稱為 Supreme Court 的法院只是相當於地方法院，此點需加注意。

[12] Von Mehren & Murray, op. cit., at 262.

考試（Uniform Bar Examination, UBE）。它只由 MBE、MEE 及 MPT 組成，成績可跨越州際有效。這是今後美國律師考試的新動向，有自各州各辦考試進而向全國單一考試變遷之趨勢，值得我們注意。各州如改採統一考試如此大幅變動，在大多數州需經該州高層法院批准。密蘇里州首先於 2011年 2 月舉行此種統一律師考試，阿拉巴馬、亞利桑那、科羅拉多、愛達荷、內不拉斯加、華盛頓、北達科他亦相繼跟進，惟大型法律市場的加州、紐約、德拉瓦等州則持保留態度。擔心採用此種考試之理由，包括採用後考不到本州法問題，以及賦予 NCBE 在律師發證過程更大權力等。目前所有州考生需經本州的律師考試，因此學生在有工作要約前，常需決定在什麼地方報考律師考試。採用全國考試後，可對負債且面臨緊縮市場的法律畢業生有利。對消費者言，當一次考試涉及多數州時，開支也比較省。在此種統一律師考試，各州對當州律師考試可選擇使用 3 種多州測驗。UBE 考 2 天，包括 2 道 MPT 與 6 道 MEE 論文式題目及 MBE。UBE 在 2 月與 7 月最後一個星期二與星期三舉行，MPT 與 MEE 部分則在星期二，MBE 在星期三舉行。考生用一般法律原則應考，不考各州特殊法律。各州對 MPT 與 MEE 評分，而 NCBE 則打 MBE 分數。當然，另有複雜難解情況由換算及所占比例標出總成績之辦法 [13]。

伍、美國律師考試對我國之啓示

由上所述，可見美國律師考試制度頗爲複雜，除本州法考試部分外，還包括全國統一的多州律師考試，考試科目還涵蓋執業律師責任部分，而且紐約州考試除有論文式問題外，與多州律師考試都利用選擇題方式，此外又有律師文書撰寫考試，用好幾種不同方式多方測驗應考人理解與應用法律的能力，制度之設計相當周延。此外選擇題數目極多，時間緊迫，非理解與嫻熟

[13] http://www.usatoday.com/news/nation/2009-11-22-bar-exam_N.htm; http://barreciprocity.com/barexam-mbe-transfer/.

相關法律原則，無法應付。惟考試之負擔雖繁重緊張，但並非過於嚴苛。參加過國內與美國律師考試的人，多表示美國律師考試重推理分析，可合理評估應考人素質，與國內律師與司法官考試偏重記憶不同，較為合理公平，且富於創意與特色。反觀我國律師與司法官考試多年來雖有若干改進，但仍頗受各界詬病，認為不能真正測出應考人程度。依據筆者淺見，美國律師考試制度設計可供我國借鏡之處頗多，包括以下各點：

一、不能出過重記憶或機械性題目，宜重推理與分析。

二、考題宜多且分散到應考科目各處，始能測出應考人瞭解法律之程度。如題目過少，或過於集中，不夠分散，則應考人可能投機僥倖，有的可能碰到有準備題目而得高分，有的只因一少部分未看而慘遭淘汰，有欠公平。

三、法律是有機體，法律問題彼此互相牽連（包括實體法與程序法亦屬如此），不能截然分割，所以考試科目各自孤立之作法似宜打破，而宜設法超過各科界限，包含牽涉數個領域之題目。

四、試題或評分不宜以命題人個人獨特研究心得（見解）或新近之著作作為出題對象或評分標準，計分應以一般見解或通說為準。

五、即使應考人答案之結論與命題人或閱卷委員不同，只要充分推理分析相關爭點與闡述相關法律理論或原則，即應獲得高分。

六、各科在總成績中所占比重不宜一視同仁，在學校所修學分較多或內容分量較重的科目，例如民法，宜調整提高在考試成績中所占比重（或加權）。

七、出題不宜超出大學畢業生通常學習之範圍或程度，避免考過於實務性或過於冷僻艱深之問題（例如法院法律問題座談會研討之問題），甚至避免以時事或新聞事件出題，以免過苛。

八、美國律師考試除按初步成績外，尚斟酌考題之難易加以調整，此點似亦可供我國考政當局參考。

九、應考人品格調查辦法亦值吾人重視。

美國民事訴訟制度之特色與對我國之啓示

　　美國民事訴訟制度至爲精彩，不但饒有特色，更有不少值得我國民事訴訟制度反省或借鏡之處，惜國人有關英美法研究文獻雖多，但此方面之研究似絕無僅有，誠屬遺憾，當然美國民事訴訟法異常複雜，亦其主因。鑑於此種眞空有待塡補，爰以通常民事訴訟程序爲中心，加以析述[1]，希望喚起國人對英美民事訴訟制度之重視與興趣，將其優點加以參探，以期對正義之實現有所助益。

壹、美國民事訴訟法簡史

　　在大陸法系國家，民刑訴訟法係由國家立法機關制定，但在美國則不同。英美民事訴訟法如同英美實體法，大體爲法官所創造。在 1848 年以前英美兩國立法機關基本上放手讓法官訂定與修正處理法院事務之規則，後來兩國由於大眾對司法不滿[2]，要求正義（justice）的伸張，要快速廉價，且易於瞭解。因此紐約州議會制定了民事訴訟法典（Code of Civil Procedure），在某程度上將司法慣例法典化，並引進不少革新，以致美國大多數州與英國

1　此外美國尚有種種特別程序，諸如：人身保護令（writ of habeas corpus）、mandamus、prohibition 以及只有若干有限管轄權之法院（limited jurisdiction）之程序，限於篇幅，不一一敘述。

2　例如英國文豪狄更斯（Charles Dickens）即在其有名小說 *Bleak House*（1852 年）對英國民事訴訟與司法制度之嚴格形式化及稽延大加抨擊。參照 Neubauer & Meinhold, Judicial Process: Law, Courts and Politics in the United States 346 (2007). 又參照 tn.wikipedia.org/wiki/Bleak_House.

不久也由議會以上述紐約法典爲範本，訂頒民事訴訟法典。但到了 1920 年代，發現立法機關制定的法典過於累贅、冗長、欠缺彈性、不能因應社會之變遷，且民刑訴訟法規具有高度的技術性，與其由國會以法律的方式加以規定，不如委諸司法部門，自己立法，較能因應裁判之實際需要，增進司法之效能。因此產生將訴訟規則制定權回歸法院之運動。於是美國聯邦國會在 1934 年決定自己不擔當制定民事訴訟法的任務，而授權聯邦最高法院制定。

最高法院由著名律師、法官與法學教授組成顧問委員會起草，並徵詢全國法曹之意見，制定了「聯邦民事訴訟規則」（Federal Rules of Civil Procedure, FRCP，以下簡稱「規則」），目的在對各個訴訟案件能夠做公正迅速與不昂貴的裁判[3]，於 1938 年經國會通過，對過去民事訴訟法做了很大的變革。例如大幅度放寬證據開示及當事人合併、增加集體訴訟（class action）等規定。該規則經數次修正施行至今，現共有 86 條。至各州的民事訴訟規則[4]雖有出入，但大多與「聯邦民事訴訟規則」類似，幾乎有一半的州一字不改加以採用，其他州實質上加以繼受[5]。

貳、美國民事訴訟法之定位

一、公法爭議亦適用民事訴訟法規定

在美國法律制度下，公法爭議〔諸如某種法律是否違憲、政府官員某種行爲是否合法、對行政機構（administrative and regulatory agencies）[6]

---

[3]　KARLEN & ARSEL, CIVIL LITIGATION IN TURKEY, at 9 et seq. (1957).

[4]　例如紐約州民事訴訟規則稱爲 Civil Practice Law & Rules，簡稱 CPLR。

[5]　BURNHAM, INTRODUCTION TO THE LAW AND LEGAL SYSTEM OF THE UNITED STATES, at 221 (1999). 又應注意者，在美國州法院處理大多數通常訴訟與許多中間複雜案件，偶爾處理大而複雜之訴訟案件；反之，聯邦法院則處理大部分複雜案件及少部分通常訴訟案件。換言之，各州之審判法院處理案件較同一州之聯邦地方法院多得多，不過聯邦法院案件之複雜性比州法院爲高。參照 HAZARD & TARUFFO, AMERICAN CIVIL PROCEDURE, 48 (1993).

[6]　所謂行政機構，諸如州際通商委員會（Interstate Commerce Commission, ICC）、聯邦貿易委員會（Federal Trade Commission, FTC）等，不勝枚舉。惟 ICC 近年已被撤銷，改由地上交通運輸委員會（Surface Transportation Board）管轄。參照 http://en.wikipedia.org/wiki/Interstate_

行使公權力所生法律爭議〕之訴訟亦受民事訴訟法之規範，此亦其制度特色之一。按在大多數國家，尤其大陸法系國家，公權力行使所產生之法律爭議（即公法爭議或訴訟），通常由具有行政或憲法問題管轄權之特別法院循特別程序解決，但在美國，這些問題原則上也與私人與私人之間通常民事訴訟一樣，由有管轄權之普通法院，依照通常民事訴訟所適用之同一程序加以處理。

　　在美國，對公法爭議通常首先在行政機構內部處理，不服之民眾可對該機關之決定向法院（地方法院或上訴法院）提起上訴〔稱爲行政機構之司法審查（judicial review of administrative agencies）〕，或由當事人對該機構官員提起訴訟而進入法院。因此例如許多有關政府機構種族差別待遇事件、公立醫院或有公家提供資金之墮胎事件，及警察對人犯逮捕之處理等問題，都可以通常民事訴訟之方式提出，以致民事訴訟變成爲民眾伸張社會、政治與經濟上正義之手段，而法院亦成爲這些爭議的立即（有時爲最後）之仲裁人[7]。此點與我國行政爭訟與民事訴訟分屬不同系統，由不同程序法規範之情形，大異其趣。其結果對民眾之觀感及民眾權益之照顧言，自以美國作法較爲周延[8]。

二、美國民事訴訟與刑事訴訟制度之差異

　　在美國，民事訴訟比刑事訴訟涵蓋更寬廣之法律事務，其與刑事訴訟制度有若干不同。一般而論，除了若干重要例外之外，民事訴訟所適用之當事人對立主義亦適用於刑事訴訟。其主要差異：

　　第一是在民事訴訟，當事人須有所謂「地位或適格」（standing），意指起訴之人對爭端之結果須有個人利害關係，若當事人間並無眞正爭議，則

Commerce_Commission (revised 2012/12).

[7] HAZARD & TARUFFO, op. cit., at 29, 59 et seq.

[8] 我國近年來行政爭訟之制度雖已有不少變革，包括行政法院改採二級二審制、修改行政訴訟法等，但是否確能一洗過去「駁回法院」之譏，因官方與民間並無實證調查報告出現，致改革效果如何，尚有待觀察。

法院並無真正案件需要審判。

　　第二在民事案件，證據須達到「有相當優勢之證據」（preponderance of the evidence），而非刑事案件比較嚴格之「已無合理之疑慮」（beyond a reasonable doubt）之標準。所謂有相當優勢之證據通常係指有充分證據克服疑問或揣測，即明白表示民事訴訟比起刑事訴訟需要較少之證據。

　　第三個差異是：在刑事訴訟廣泛強調的正當程序（due process）之保障，有不少在民事訴訟並無適用餘地，例如民事訴訟當事人任何一造不能享有在美國憲法上由律師辯護之保障。又民事訴訟當事人不受聯邦憲法增修第5條禁止蒙受刑事追訴（self-incrimination）之保障，即原告、被告均可強制在審理庭應訊與作證。又聯邦憲法增修第7條規定：民事案件「系爭標的價值超過20美元」之訴訟，雖保障人民有受陪審團審判之權利[9]，但在刑事案件，除非被告積極放棄陪審，否則原則上由陪審團審判；反之，在民事案件，當事人須及時聲請陪審，始由陪審團審判（規則38）。故在人民接受陪審審判方面，亦有差異。

三、民事訴訟規則由最高法院訂定

　　如上所述，美國許多法院有所謂規則制定權（rule-making power），該國過去訴訟法規一度係由議會制定，但效果不如理想。基於此種歷史上的原因，所以後來在聯邦方面，由國會委任聯邦最高法院按其授權制定法（the Rules Enabling Act）制定聯邦民事訴訟規則，規範聯邦地方法院民事訴訟之程序[10]。現在不但民事訴訟，而且聯邦刑事訴訟規則（Federal Rules of Criminal Procedures）也是聯邦最高法院實施此項權力的結果。這種規則往往除訴訟程序外，還包含證據法則、法院內部事務之處理，以及有關律師執

9　雖然此一條文未宣告對各州也有適用，但大多數州都有類似此種憲法上的保障規定。參照 CARP & STIDHAM, JUDICIAL PROCESS IN AMERICA 200 (1993). 又在大多情形，陪審審判係由原告在起訴狀及被告在答辯狀聲請。參照 BURNHAM, op. cit., at 234.

10　關於上訴審法院民事訴訟之程序，美國於 1967 年另頒行有聯邦上訴訴訟規則（U.S. Ferderal Rules of Appellate Procedure）。

行業務等規定 [11]。該聯邦民事訴訟規則時常基於「聯邦司法會議」（Judicial Conference of the United States，爲聯邦司法系統內部制定政策之機構）之建議加以修正。雖然聯邦法院對涉及各州法律之案件，應適用各州之實體法作爲裁判之依據，但幾乎一直以該規則作爲程序之依據，並先後經多次修正。2006 年之修正主要針對證據開示（discovery），目的在使法院與訴訟當事人易於處理電子化之紀錄（electronic records）[12]。

參、美國民事訴訟之基本特色

一、當事人對立主義

美國民事訴訟採當事人對立主義（adversary system），當事人有蒐集證據與呈現案件之法律與事實（present the case）之責任，包括提出攻擊與防禦；法官在主持案件進行方面，只擔當次要與消極之角色，確認或駁斥當事人之主張。換言之，開庭時以一問與一答方式進行，兩造律師在複雜證據法則下不時提出異議（objection），須由法官加以裁定；在另一方面，法官須保持消極角色，且確保兩造能充分展示他們的主張版本。

(一) 當事人對立主義之主要批評如下

1. 由於受當事人控制之結果，訴訟程序複雜，且進行速度緩慢。
2. 由於律師準備安排證人作證之結果，可能使證人對不實事項作證。對造雖可進行交互詰問，但可能不是有充分準備證人之對手。於是對造覺得須儘可能攻擊證人之可信度（credibility），以致把證人變爲「名譽屠宰

---

[11] 第二次大戰之後，日本亦模仿美國此項制度，由憲法賦予其最高法院規則制定權，其意似欲其最高法院以法院規則方式予以立法，不過由於其民事訴訟法仍然有效，新的刑事訴訟法又頒布施行，實際上法院規則（日文：裁判所規則）變成了此等訴訟法之施行細則，以致此種權力亦流於訴訟細則的制定權而已（參照吾妻光俊等，戰後法律體制的動向，頁 109，同文館，1957 年）。

[12] http://en.wikipedia.org/wiki/Federal_Rules_of_Civil_Procedure (revised 2012/12).

場」（slaughterhouse of reputations）宰割之對象 [13]。

3. 在此主義下，由於當事人有權控制訴訟進行之結果，固然使當事人不能不大力進行訴訟，增加裁判者斟酌之資訊數量，他方也使資源不足之一造避免訴訟，或於訴訟終結前不得不和解了事 [14]。

4. 按在當事人一造比對造擁有較優勢之資源時，會造成訴訟上之不平等。此雖為所有法律制度下普遍發生之現象，但在當事人對立主義下，資源之不對等會使問題更加嚴重。雖然當事人有權自己進行訴訟，但無律師代理之一造，更可能在當事人對立主義下輸了官司。因此在當事人對立主義下，擁有功力較優之律師與支持訴訟資源（許多調查人員與鑑定人）之當事人，無疑更可能在爭鬥中居於上風 [15]。而且由於在美國勝訴一造不能向對造請求律師費，使得資力較差之當事人更為不利。所幸在民事訴訟證據開示制度，使當事人在審理前取得大部分對造證據，以致經驗較差之律師也較易對抗財力較大或才幹較強的律師。雖然較有力之對手可利用證據開示與其他程序方法來消耗或增加資源較少之對造訴訟費用，但為了防止此種流弊，美國近來已修正證據開示制度，及對濫用法院資源於此等目的之行為加以制裁。

(二) 晚近當事人對立主義之改革

美國晚近已作了不少努力，來限制過度之當事人對立主義，使訴訟較有效率。在聯邦方面，包括：

---

[13] BURNHAM, op. cit., at 112.

[14] 在民事案件，除影響到未成年人或其他需要特別保護之人外，易於走上和解之路。在美國當事人有絕對權利，隨時以可接受之條件和解。1992 年美國 75 個最大郡（counties）所有民事侵權行為案件中，百分之七十五係經由和解或自動撤回而結案。附帶一提，刑事案件有罪判決中，有百分之九十二係來自承認有罪（guilty plea）之結果。在刑事訴訟，當政府為一造當事人時，檢察官可能以「無論如何要贏」（win at all cost）之態度，卯足全力想為其當事人贏得該案，並科被告最高可能之有罪判決（參照 BURNHAM, op. cit., at 115 et seq.）。

[15] 在美國有人說：「一個人可得到何種正義，要看他有多少錢。」（What kind of justice a person gets depends on how much money he has.）。參照 Griffins v. Illinois, 351 U.S. 12, 18 n.16 (1956).

1. 限制過度之證據開示（discovery）。
2. 修改審理前之程序，鼓勵法官以較積極態度處理案件。
3. 對於在訴訟上主張無根據之律師，予以嚴屬制裁。
4. 加重助理法官（magistrate judges）之責任，使他更注意將訴訟納入正軌。

　　在以上措施中，許多是晚近一般主張對法官作較多管理之部分，此外也提倡在訴訟外解決爭議之制度，例如以仲裁方式解決爭議[16]。

二、集中審理主義

　　在美國民事訴訟係採集中審理主義，在審理庭應為之訴訟行為頗多，耗費不少時間，在性質上必須集中辯論、集中審理，以免一再延展期日。亦即審理庭為單一程序，與準備程序不同，在可能範圍內，必須連續不中斷。在言詞辯論後，隨即判決，不能拖延，以免陪審團與法官對案情及證據印象模糊。尤其陪審案件，為保持陪審團裁決之公正，陪審員必須在調查證據時始終在場，且在下裁決前，儘量與外界隔離。如因證人人數多或爭點複雜，當天不能終結時，原則上在翌日繼續進行，這也是美國民事訴訟必須集中審理之理由[17]。

　　反之，在我國不採集中審理主義，由於在審理庭之前準備程序有許多次開庭，案件有充分機會在事實與法律方面準備，不需要將所有證據一齊提出，而可零星提出，因此我國與美國民事訴訟制度有很大差異。

三、一切問題多由司法解決（訴訟泛濫）

(一) 好訟的社會

　　在美國獨立之初，法國政論家 Alexis de Tocqueville 曾有名言：「在

---

[16] BURNHAM, op. cit., at 116 et seq.; 又關於美國仲裁制度之詳情，可參照楊崇森，美國法制研究，頁 71 以下，漢苑出版社，1976 年；楊崇森，英美商務仲裁制度，司法行政部，1973 年。

[17] KARLEN & ARSEL, op. cit., at 69. 集中審理制度另一特色是稽延問題發生在審理前，而非在審理階段，參照 VON MEHREN & MURRY, op. cit., at 175.

美國任何政治問題遲早都會變成司法問題。」（There is hardly a political question in the United States which does not sooner or later turn into a judicial one.）。盎格魯薩克遜民族原爲世界上有名之好訟民族，美國過去私下解決不了的事件，近年來往往尋求由法院加以解決，甚至變成訴訟氾濫之現象[18]，近年來每年有2,000萬件民事訴訟進入法院[19]，以致產生許多副作用，包括訴訟衍生訴訟、法院積案甚多、稽延嚴重，影響司法品質；此外責任保險費率變成過高，許多公司爲了保證產品安全，需提高貨品售價等，而爲人所詬病[20]。例如：

1. 在科羅拉多州，有人告其父母要求賠償35萬美元，主張父母提供家庭生活與心理照料不足，犯了「父母之業務過失」。

2. 華盛頓州 Gonzaga 大學法學院一名女生因平均成績不良被退學後，告學校要求頒給法律學位或賠償 11 萬美元；聲稱鑑於她大學成績與性向測驗分數平平，該法學院入學許可部門老早應該告知她法學院畢業機會甚微[21]。

(二) 利益團體喜歡利用訴訟解決社會問題

在美國社會，利益團體一直扮演重要之角色。它們近幾十年來固然努力影響立法與行政部門的決策，但也常向法院設法推動它們的政策目標。事實上有些團體發覺司法部門比起立法與行政部門，比較同情與較能接受它們的訴求。對欲在國會或州議會從事強力遊說，但對欠缺經濟資源之利益團體來說，雇 1 名律師找出若干憲法或制定法上條文，作爲一件訴訟案件的基礎，

---

[18] NEUBAUER & MEINHOLD, op. cit., at 311. 關於美國訴訟氾濫之現象，可參照 Liebman, The Litigious Society 4 (1983)；又參照楊崇森，美國法理論與實務析論，第十一章〈美國的社會與法律〉。又聯邦民事訴訟規則第 11 條（Rule 11）已禁止提出無謂（frivolous）之訴訟，在 1983 年更賦予聯邦審判法院對違反此規定之人科以制裁（罰金），參照 CARP & STIDHAM, op. cit., at 15.

[19] NEUBAUER & MEINHOLD, op. cit., at 311.

[20] 有些觀察家謂：「美國人的大消遣不是棒球或橄欖球，而是向法院告人。」參照 READER'S DIGEST, READER'S DIGEST CONSUMER ADVISER: AN ACTION GUIDE TO YOUR RIGHTS 353 (1984).

[21] CARP & STIDHAM, op. cit., at 15.

比向立法部門游說簡單得多。會員不多的小團體，由於欠缺對議員與政府官員施以足夠壓力的政治籌碼，所以近來往往轉向法院求助[22]。

(三) 有法院之友書狀制度對司法發揮某程度之政策影響

在大陸法系國家，包含我國，法院在原則上並不關切特定案件裁判在社會上發生之結果或影響，而且法院並不對所有各種不合正義或社會不正之行為加以救濟，因為認為救濟社會不正措施，主要是其他政府部門，即立法或行政機關之責任[23]。但在美國上級法院往往關切判決對社會之影響，同時有所謂「法院之友」書狀制度。即利益團體雖非訴訟當事人，如經當事人或法院許可，可向法院呈送所謂「『法院之友』書狀」（amicus curiae "friend of the court" briefs），來補充雙方當事人之辯論意旨，支持法院准許或駁回上訴。

此種「法院之友」書狀是利益團體接觸或介入訴訟最簡單且廉價之方法，且幾乎都是在上級法庭審理涉及政策之訴訟時提出。他們常提出不同觀點或主要當事人不願強調之立場，而對法院提出對該案所生法律爭點之廣泛觀點。法院之友比起提出試驗案件（test case）花費較少，但效力亦隨之較弱。在美國法院之友書狀之頻度一直在增加。例如墮胎案件在 1973 年在最高法院辯論時，此種書狀有 47 件，正反兩派都有。1989 年在 Webster v. Reproductive Health Services (109 S.Ct.3040 [1989]) 墮胎一案，此種書狀更有 78 件之多。有時此種書狀不是在加強當事人一方之辯論理由，而是提出他們對該案應如何裁判之看法。提出書狀不限於有力人士、大的律師事務所與大公司。在 1982 年，公民團體、企業、工會、企業團體或職業團體提出此種書狀超過百分之四十[24]。各級政府亦可不經許可，向法院提出此種書狀，其中尤以聯邦司法部之律師長（Solicitor General）扮演最重要之角

---

[22] CARP & STIDHAM, op. cit., at 109.

[23] HAZARD & TARUFFO, op. cit., at ix.

[24] NEUBAUER & MEINHOLD, op. cit., at 229.

色，且最受最高法院重視，有時最高法院甚至邀請他提出此種書狀，值得注意[25]。

肆、起訴較為簡易

一、訴訟之開始

在探討美國民事案件起訴簡易之細節前，有必要先就民事訴訟如何開始加以說明。在美國民事訴訟係由原告向法院提出告訴狀（complaint）而開始，法院發傳票（summons）予對造（被告），命其對起訴狀提出答辯，否則下缺席判決（judgment by default）。起訴狀須附上傳票，俾將請求之內容通知被告。被告有一定答辯時間，通常為 30 天。在美國訴訟文書之送達較我國困難，須遵守一定方式，很少用到現代交通方法，諸如郵政，而須將傳票親自送達於被告，或在特定案件送達於被告家裡適當年齡與判斷力之人（someone of suitable age and discretion）或在報紙上公告[26]。最常見方法為將傳票親自送達於法院所在州內被告所在之處所。此方法實際上不易辦到，特別當被告試圖避免被控告之情形為然。至於送達通常係由一個執行官（deputy sheriff）辦理，要付規費。但除被告本身外，任何人均可辦理送達工作。在較大城市甚至有些人以送達為業，稱為傳票送達人（process servers）[27]。

傳票除若干例外之外，在發出州以外地方，不生效力。故原告須在能找到被告且能送達之處所提告，其結果為有時一件案件在起訴之州的法院以外之法院審理。例如，被告在紐約毆打原告，後回加州家裡，任何由毆打所發

---

[25] CARP & STIDHAM, op. cit., at 113 et seq.; 關於法院之友書狀制度之詳情，又可參照楊崇森，遨遊美國法第一冊，第三章〈美國法制的晚近發展〉。

[26] KARLEN, op. cit., at 25.

[27] 美國過去常發生送達傳票之人實際並未將傳票或訴訟文書送達於對造，被稱為陰溝送達（sewer service），意即把傳票丟到陰溝，導致社會問題，參照 HERBERT SEMMEL, SOCIAL JUSTICE THROUGH LAW-NEW APPROACHS IN THE LAW OF CIVIL PROCEDURE 129 et. seq (1970); 又 EPSTEIN, DEBTOR-CREDITOR LAW 38-39 (1991).

生之民事訴訟須在加州法院訴追，紐約州法院之傳票無用，除非可在該州交與被告，但要等待此機會乃不智之舉。在民事案件並無如同刑事案件引渡之程序，不能將被告帶回事實發生之地區受審。於是發生在案件事實發生地之外之地區審理民事案件時，應適用何種法律之問題[28]。

　　原告在起訴狀須明確敘述案由，提出可使法院下原告勝訴裁判之事實。敘述稱為主張（allegations），其通常之結構如下：第一，表明原告與被告；第二，敘述所涉及之交易；第三，造成原告損害之行為之敘述；第四，敘述原告因侵害行為所生之損害之性質與程度；最後是判決之請求。該請求常稱為救濟之聲明（prayer for relief）。在聯邦法院原告還須陳明法院對爭議標的管轄權之基礎。例如，請求係基於聯邦法律之規定而產生，或因當事人乃不同州之公民。起訴狀所載事項須反映原告請求之法律基礎，形成初步斟酌在法律上是否有效並審理之事實基礎。以簡單車禍案件起訴狀為例，其長度可能不超過 2、3 頁。在涉及多個交易或多名當事人之複雜財務案件，起訴狀可能長達 100 頁以上。在基於契約或其他文件之請求，文件之影本須附在起訴狀作為附件。當請求基於某制定法（statute）時，習慣上須引用該法相關法條。

　　被告對原告之起訴狀可提出答辯狀（answer），可能包含自認、否認、抗辯及反訴。原告之起訴狀、被告之答辯狀及原告對被告答辯之答覆（reply）構成所謂訴訟書狀（pleading）。在適當案件原告也可能運用暫時性之救濟（詳如後述）來保障其訴訟。例如，扣押被告之財產或取得暫時禁制令（temporary injunction; restraining order），以防止被告採取任何行動使原告之訴訟破功[29]。

　　由於日後證據開示（discovery）（詳如後述）之結果，可能顯示原告若干主張無法證明，或應可提出其他主張，或追加涉案之其他當事人。在現代美國程序法之下，有甚為寬廣之修正空間，尤其在審理前證據開示（pretrial

---

[28] 聯邦民事訴訟規則 4。

[29] FARNSWORTH, AN INTRODUCTION TO THE LEGAL SYSTEM OF THE UNITED STATES 100 (1963).

discovery）所透露之新資訊為然。因此 pleading 代表審理時要斟酌經由證據開示所產生之資訊來確定之事實爭點。當然 pleading 也提出法律上爭點，尤其當一方當事人主張新的法律理論（legal theory）時為然。如原告未作出相當有說服力之案件（aprima facie case）時，則被告可申請法官駁回起訴（稱為 motion to dismiss complaint），不過准許之情形頗為罕見。同理如被告不能提出相當具有說服力的論述來駁斥原告主張時，則原告可申請法官下簡易判決（summary judgment）[30]。如原告起訴狀經得起對造之防禦，且該案未在審理前和解時，則原告可請求法院書記官長將該案列入等待審理名單（稱為 calendar 或 docket），通常需 1 年左右[31]。

二、法院裁判費低廉

在我國民事訴訟原告須向法院預繳裁判費，此項裁判費原則上係按訴訟標的之金額或價額計算，為數不貲。依民事訴訟法規定，其費率過去基本上在地方法院為訴訟標的金額或價額百分之一點一，在高等法院及最高法院為訴訟標的金額或價額百分之一點五。訴訟標的愈大，則原告訴訟費用負擔亦愈大。其實訴訟案件法院之工作負擔與訴訟標的金（價）額未必成正比，我國如此規定，非但有失公平，更甚者，常見受到委屈之當事人因不堪負荷鉅額裁判費，致被摒諸法院門外，放棄使用訴訟制度，對於當事人財產權與訴訟權之保障自欠周延。2003 年民事訴訟法修正，雖號稱為貫徹憲法保障人民之平等權、財產權及訴訟權之精神，改為分級累退計費之方式，將訴訟標的金（價）額超過新臺幣 10 萬元之部分，分五級遞減其裁判費徵收比例（第77 條之 13），但降低幅度極為有限，實質上與修正前無甚差異，不能發揮減輕原告負擔之效果。

反觀美國民事訴訟花費，主要是律師費用昂貴，法院向原告收取之裁判費用（court fee）甚為低廉，只是象徵性，因為基於伸張正義之理由，

---

[30] CALVI & COLEMAN, op. cit., at 80, 82.

[31] FARNSWORTH, op. cit., at 102.

不可太昂貴，以免阻斷民眾利用法院之門之故[32]。在聯邦法院方面，聯邦地方法院遞狀費（filing fee）為美金 350 元[33]。在各州法院系統方面，以紐約州為例，依近來網路所載資訊，向該州紐約地方法院（Supreme Court）遞狀費（filing fee）因項目而不同，取得案號（obtaining index number）為美金 210 元（CPLR8018(a)(1), (3)），登記爭點（note of issue）為美金 30 元（CPLR8020(a)）。如需呈請司法介入，則要 95 元，請求陪審審判要 65 元，通知上訴費為 65 元（CPLR8022(a)），向該院上訴部（Appellate Division）上訴（filing of the record）需 315 元。又紐約市民事、地方法院、市法院（NYC Civil, District Court, City Court）之小額請求案件（small claim）標的金額在美金 1,000 元以下者，遞狀費只需 15 元，在 1,000 元以上者，只需 20 元[34]。又美國裁判費之特色為不問訴訟標的金額多少，費用一律，對於無力支付高額訴訟費用之原告較為有利，此點值得我國決策與司法當局之參考。

依據 1987 年美國律師著作所載，通常在有一般管轄權之法院遞狀費（filing fee）在美金 60 元左右，送達費（送達被告起訴狀與出庭傳票）如由掛號送達，大約需美金 5 元，如由於被告逃避受領送達，而需私人送達人（process server）時，送達費可能高達數百美元。要求證人出席取證（deposition）做筆錄或審理庭之費用係由各州與聯邦制定法訂定，約 30 美元，加上旅費（如係外州證人，則為數可觀）。如案件需要專家證人（鑑定人）出庭時，則通常按時間付費，其費率出入甚大；如鑑定需相當時間（諸如對損害需提鑑定意見）可能需數千美元，專家證人之報酬與費用（旅

---

[32] HAZARD & TARUFFO, op. cit., at 98. 又依 2010 年 5 月 14 報導，美國南卡羅來納州議會投票否決法院增加民事遞狀費之議案，一些議會民主黨議員以為，提高遞狀費會阻斷民眾利用法院之門，認為法院遞狀費應該由州預算挹注，而非提高費用。可見彼邦對民眾開放訴訟之路重視之一斑。參照 http://thestate.com/2010/05/14/1285818/sc-politics-today.html (revised 2012/12). 又參考施智謀，司法社會任務──訴訟費用之減徵，中央日報，1990 年 3 月 15 日，第二版。

[33] http://www.us courts.gov/Common/FAQS.aspx (revised 2012/12); Title 28, U.S. Code, Section 1914.

[34] http://www.nycourts.gov/forms/index.shtml (revised 2012/12). 這些數字日後不免會變動。本書辛苦將它們列出，只是讓讀者有簡單概念而已。

費等）由當事人支付。取證（deposition）費用可能亦耗費不少。此種費用是付給法院速記員（court reporter），由他將取證過程之問題與答案逐句記錄，並提供律師一份繕本（transcript）。其他尚有雜支，諸如影印費、電話費與律師之旅費。這些支出之數字，因訴訟種類與證人所在地而有出入。如一案有數千件文獻，則影印費用當頗為可觀[35]。

三、起訴地位（standing to sue）之認定較寬

依據美國法，向法院提起民事訴訟，需原告對該訴訟有起訴之地位或立場（standing to sue 類似我國當事人適格）。美國第九巡迴法院法官 Trask 說：「地位（standing）乃某當事人個人對該訴訟結果，是否有足夠理由使法院受理之利害關係（sufficient personal stake）。」依據美國許多法院判例，原告對訴訟結果所需之利害關係，通常須有財產上之利益，但並不以此為限，故其意義與我國民事訴訟法上之「當事人適格」固甚相近，但其條件與範圍比我國更為寬廣。例如一個納稅人可否以國會授權之 program 違憲為理由提起訴訟？在 Massachusetts v. Mellon (262 U.S. 447, 43 S. Ct, 597, 67 L. Ed. 1078 [1923]) 一案，最高法院認為不可，因為原告在該訴訟擁有之利益過於遙遠（remote），故欠缺起訴之立場。但過了 45 年，最高法院在 Flast v. Cohen (392 U.S. 83, 88 S. Ct. 1942, 20 L.Ed. 2d 947 [1968]) 一案，則判認原告可以提起訴訟。今日非營利機構可否控告污染環境之人，或甚至控告政府來保護環境？聯邦法院大多數判例認為此等原告有立場提起告訴[36]，此點與我國法相較，寬鬆許多，無怪在美國許多熱心公益之人或團體能積極提起訴訟，影響政府之政策，不至於有無力感之嘆。

---

[35] 參照 Rubin, Mavel & Kmse, Collecting on a Chinese Debt: Use of the United States Judicial System by Non-U.S. Persons（楊崇森摘譯，國人如何在美國追蹤債務人及追索債務，政大法學評論，第 35 期，頁 277 以下，1987 年 6 月）。對此問題有較詳細之描述，甚為難得，惟由於該文出版至今又經過若干時日，所提數字難免有所調整。因英美法律書對訴訟費用問題極難看到有關敘述，且其訴訟費用各地法院收取標準不一，更無如我國以立法（如前民事訴訟費用法或今日訂在民事訴訟法內）加以訂定，對其標準或具體費用之資訊極難找到。

[36] GREEN, BASIC CIVIL PROCEDURE 67 et seq. (1972).

四、有成功報酬制度與法律扶助制度使平民易於利用訴訟

(一) 有成功報酬制度使無資力之原告可以提起訴訟

我國訴訟費用負擔甚重，如訴訟標的大者，當事人往往無力支付，且擔心賠了夫人又折兵，往往放棄訴訟或忍氣吞聲，或另訴諸法律以外之方法，其結果不免增加社會之亂源與怨懟之氣。反觀美國有所謂成功報酬（contingent fee）制度，即律師同意只在他的當事人勝訴時收取報酬，此報酬一般為所獲得金錢之百分之三十至四十，若他敗訴，則當事人只須支付法院費用（court fee）及進行訴訟所支出的其他費用[37]，此種情形多見於律師代車禍之類侵權行為（personal injury）被害人（原告）所提之訴訟。由於此種成功報酬制度，使得許多無力負擔訴訟費用之原告，也能有機會向法院提起訴訟，保障自己的權利。

(二) 有平民法律扶助等制度，便於無資力之原告提起訴訟

美國聯邦政府自 1964 年起，對貧民法律服務提供資金，又預付法律保險（prepaid legal insurance）及其他計畫，近年來已有不少成長，而且成功報酬（contingent fee）對本來無力請律師之當事人，成為獲致好律師處理人

---

[37] CALVI & COLEMAN, AMERICAN LAW AND LEGAL SYSTEM 79 (2000). 美國律師報酬制度和世界上別處作法不同而有數個特色。在訴訟案件不採英國和德國律師費由敗訴一造負擔之習慣。依美國規則，除了一些行政性質之一些下級法院費用外，由各造負擔自己訴訟費用。在一些案件，成功挑戰政府行為合法性之訴訟當事人，可請求對造賠償法院通過的合理法律費用。此原則已擴張至若干種純粹私人請求，諸如若干僱用差別待遇之請求。因如敗訴之一方須支付對造律師費，則可能阻礙無甚資力之原告提起有理由之訴訟。在美國訴訟，律師對勝訴結果之沈重責任，及律師費缺乏費率表或限制潛在費用之習慣，也有助於維持律師費由委任之當事人負擔之慣例（參照 VON MEHREN & MURRAY, op cit., at 268.）。其次，美國律師費大多由律師和當事人議定，美國不用許多歐陸國家使用之費率表。成功報酬（contingent fee）制度是律師費契約自由之極端結果。此種安排在各州都是合法，但在大多數州受到嚴格規範，各案應付報酬額是否過分不合理，受到法院審查（參照 VON MEHREN & MURRAY, op. cit., at 268-69.）。按成功報酬乃美國法之一特色，在歐洲、英國、加拿大為法律所禁止。反對此種制度之根據：1. 對當事人不公平，因勝訴所獲之賠償中，付給律師的報酬占相當高比例；2. 律師之報酬可能意外與真正所投下時間與技術不成比例；3. 贏得大筆錢之可能使律師從事不正手段爭取業務。參照 NEUBAUER & MEINHOLD, op. cit., at 160.

身傷害民事案件之有力誘因[38]。此外，在一些州與聯邦法律特別授權法官可命敗訴一造負擔勝訴一造之律師費。例如民權訴訟（civil right claim）、消費者保護訴訟、救濟證券市場操縱之訴訟及保護環境之訴訟等[39]。

五、有集體訴訟制度使訴訟標的小額之多數被害人便於獲得救濟

其次在美國有一種非常便利之制度，歷史上自衡平法院傳來，稱為集體訴訟（class action），在聯邦民事訴訟規則定有規範此種訴訟之典型條文（第 23 條）[40]。即一個人經法院允准，可為自己（稱為團體代表，class representative）及所有類似處境的別人〔on behalf of himself and all other similarly situated，即所謂「集體之成員」（class member）〕向法院提起單一訴訟，法院審理後所下判決拘束團體所有成員，而免除許多個別或分開訴訟之需要；訴訟所獲得之賠償金歸屬於整個團體，而擔當所有工作及花費來遂行該請求之原告之律師，則自法院考慮整個團體所得利益後所裁定賠償數額中，獲得律師費之報償。此種集體訴訟常在有關政策之公共議題訴訟利用，諸如民權問題（黑白合校、選舉等）、性別歧視、性騷擾案件與政策有關之私人訴訟，被成千成萬居於類似處境之人（例如公司股東因董事等人經營不當受到損害之情形）加以利用。此外，亦用在產品製造人責任，要求賠償製造瑕疵產品，及股東告公司操縱股票價格之案件[41]。在美國歷史上最大產品製造人責任和解案件之一是被害婦女與胸部注入物（implant）製造商

---

[38] BURNHAM, op. cit., at 117.

[39] BURNHAM, op. cit., at 240; HAZARD & TARUFFO, op. cit., at 97.

[40] 集體訴訟需由法官批准（certification），法官在下批准裁定前，應認定：1. 團體人數眾多，不能提當事人合併（joinder）之訴。又請求有共同法律或事實上爭點，性質亦屬相近；2. 被指名為原告之人會充分代表未列名團體成員之利益，否則判決對未列名之成員欠缺拘束力；3. 在請求金錢賠償時，通常需通知各成員，讓他可退出團體，自己提起訴訟。參照 BURNHAM, op. cit., at 226.

[41] 在美國 1966 年集體訴訟引進不久，導致為數眾多，史無前例的訴訟，並引起社會激烈爭辯。反對者聲稱集體訴訟乃「合法敲詐」、「破壞性機械」，而支持者則稱譽為「有史以來在社會上最有用救濟方法之一」、「英國大憲章以來最偉大之社會改革」或「一個阻過江洋大盜掠奪窮人的利器」。

間所成立之 42.5 億和解金。又羅賓公司（A.H. Robins Company）為使用該公司產銷之子宮內裝置（Dalkon Shield）受傷的婦女所成立之 23 億信託基金[42]。

(一) 集體訴訟之優點

1. 可使不便起訴之人能利用法院，有助於正義之實現

　　在集體訴訟，因法院判決拘束所有成員，訴訟之負擔與利益由許多人分擔或分享，此種訴訟型態對許多人在個別訴訟因標的小、起訴不合經濟之案件，提供了訴諸法律的機會。例如在環境污染案件，通常只在有人的人身或財產受到嚴重損害時，才會考慮起訴。但環境污染案件通常是一大票人受到影響，所花社會成本雖高，但個人基本上只受到有限的損害，不值得花錢委任律師提起訴訟，而此種障礙只有透過大家把金錢集中才能夠克服，使律師有足夠利益，在經濟上合適甚至有利可圖，而集體訴訟則可填補此種需要。

2. 可嚇阻侵害人

　　通常被害人或因請求的數額太小，不值得起訴，或因不知可獲得賠償，或因欠缺聘用律師的財力，或因與被告關係不尋常（例如被告是他們的雇主或債權人），致無法尋求司法救濟，而集體訴訟另一大作用是包括的成員範圍大，可使通常人數龐大不能獲得賠償的被害人獲得救濟。即使請求的標的較大，可由個人單獨提起訴訟，但集體訴訟可提供較單獨訴訟有效處理爭端的方式。此外如法院能對通常要分開訴訟的問題同時解決，則法院、當事人及律師都可節省勞費。

3. 有助於政策改變之實現

　　在若干訴訟案件，可能由於利用集體訴訟使法官注意力集中在比較寬廣的爭點。因此想要發動公眾遊說行動之人，可提起這種訴訟，以喚起大眾的

---

[42] http://www.enotes.com/salem-history/h-robins-must-compensate-women-injured-by-dalkon (revised 2012/12).

注意，而有助於政策改變的早日實現[43]。

4. 集體訴訟可使大多數受影響的公民能以整體利用法院。

(二) 集體訴訟之缺點

1. 集體訴訟比通常訴訟準備耗時較久，開庭時間也較長，對所有關係人都非常昂貴與耗費時間，在美國若干集體訴訟花 10 年或更久才能解決。一家被告廠商對一個原告起訴請求賠償 100 元可能不擔心，但如有 1 萬人站在原告這邊提起訴訟，則因關係重大，感受當然不同。

2. 在集體訴訟被告比通常訴訟有更多攻擊方法，可辯稱該集體並未合法組成，或集體的代表資格不合，以及一大堆法院在眞正能處理訴訟實體問題前，須花好幾年才能處理之程序事項。

3. 集體訴訟對法院與當事人一樣，增加不少額外負擔。法官可能需扮演比較積極的角色，以確保集體訴訟之適當進行，以及團體代表能保障團體未出庭成員的利益。這種責任與所需的漫長期間可能對法院造成重大負荷，而且可能被用來作爲限制此種訴訟範圍的理由。

4. 集體訴訟的社會成本可能相當高昂，因爲此種訴訟可能擴張廠商責任的範圍，增加額外保險的負荷，而這些增加的成本最後可能轉嫁到消費者身上。

六、有先例原則或試驗案件制度，可減少訟源

在美國法有所謂先例原則（doctrine of precedent），基本上可照顧到類

---

[43] JOHN SWAIGEN ed., ENVIRONMENTAL RIGHTS IN CANADA 39 (1981). 當然集體訴訟亦有可能成爲小題大作的訴訟（frivolous lawsuits）之手段，包括醫療過失訴訟。集體訴訟由和解解決之比例比一般案件高。事實上集體訴訟經過審理與判決，乃例外而非原則。惟在集體訴訟，和解應經法院認爲對所有成員公平，才可准許。在集體訴訟，代理集體之律師有決定性聲音。被告可能有與原告律師合謀從事和解之誘因。爲糾正其濫用，美國訂有「私人證券訴訟改革法」（Private Securities Litigation Reform Act of 1995），對集體訴訟訂下較高門檻（參照 VON MEHREN & MURRAY, op. cit., at 194 et seq.）。

似案情，即法院的判決構成先例，嗣後同級或下級法院須受其見解之拘束，因此律師不用再對各類似個案一一提起獨立訴訟。由於判決出版並廣泛流通，以致律師可預測好多狀況會被法院以類似方式處理[44]。

　　但在我國缺少先例原則，只有最高法院特別挑選的該院判決才成爲判例。而且在美國法之下，當事人又可能向法院提起所謂「試驗案件」（test case），即針對一種事實先提訴訟，揣測法院對類似案情所持之見解，以後可適用於數百或數千個類似事件，只須主動承認其拘束力，而不必再經許多訴訟。

　　由於美國法院只在特定案件下判決時，才能發揮政策制定的作用，因此利益團體爲了達到其追求之政策目標，常就適當案件向法院提起訴訟，或對他人所提之案件，主導訴訟並提供所需之資源。最有名之案例是 Brown v. Board of Education 一案[45]。該案雖然由 Linda Brown 之父母控告堪薩斯州 Topeka 地方教育局，希望其女兒能進入黑白不隔離之公立學校就讀，當時全國有色人種促進會（The National Association for the Advancement of Colored People，簡稱 NAACP）提供法律協助與金錢，讓原告從地方法院一路打到最高法院。結果 Brown 勝訴，但由於最高法院判決公立學校種族隔離乃違反聯邦憲法增修第 14 條之公平保護條款，所以 NAACP 更獲得廣大的勝利。一向以防衛憲法上人權相關規定（Bill of Rights）之美國民權聯盟（the American Civil Liberties Union）乃該國最有名支持透過法院訴訟來達到提升民權目的之機構。但在我國並無試驗案件制度，各種問題原則上須按個案，再經漫長與昂貴的訴訟來處理。

---

[44] KARLEN & ARSEL, op. cit., at 40; Hazard & Taruffo, op. cit., at 39.
[45] Brown v. Board of Education, 347 U.S. 483 (1954).

伍、請求權與當事人合併（joinder）之規定寬鬆，便於當事人起訴與符合訴訟經濟

一、請求權等合併（joinder）之規定寬鬆

美國法通例，原告可在單一民事訴訟對被告提出許多請求（惟需該法院有管轄權），即使這些請求之間並無關聯。又提起訴訟、反訴、交互訴訟或第三人訴訟之當事人，可將其對對造所有之請求加以合併（規則 18(a)）。不論人數多少，如其法律救濟有共通性或連帶具有權利，或係由於同一或一連串交易或事件（如不止一次車禍）發生，或許多當事人涉及一連環反應或事件，而所有之人具有共通之法律或事實問題時，可加入（join）單一訴訟作為共同原告。例如所有在單一事故受傷之人可在單一訴訟主張他們的請求。又如一家數口在車禍受傷，可在訴訟上合併來告肇事之人。由於一個共同詐欺陰謀行為之多數被害人亦同。又任何數目之人可在同一訴訟被結合作為被告，如有共同之訴因（cause of action）或來自同一或一連串之交易或事件，且如在該訴訟會發生他們所共同之任何法律或事實問題時亦同；其規定頗為寬鬆[46]。例如，原告之損害係由一連串侵權行為所引起時，可將所有涉及之加害人列為被告，併在同一訴訟，請求賠償損害。譬如原告在車禍受傷後，又被醫師誤診，傷勢擴大，在美國法之下，可對肇事之司機、車主、醫院及醫療人員提起同一訴訟[47]。通常原告可依據所謂任意合併（permissive joinder）之規定，將對他的侵權損害可能負責之人合併列為被告[48]。利用此種被告合併制度的優點是：可使原告利用單一證據開示（discovery）程序來發現證據，而且可在同一審理庭提出所有主張。此外，不同被告在單一訴訟中可能彼此責備，增加原告勝訴的機會；同時原告也可避免如對各被告分別提起訴訟，各被告把責任推卸到別人身上，最後所有被告都逃避責任，得不

---

[46] KARLEN & ARSEL, op. cit., at 38.
[47] HAZARD & TARUFFO, op. cit., at 150 et seq.
[48] 規則 18；規則 20。

到賠償[49]。但缺點是：如在共同詐欺陰謀之被害人中，有經驗老到之商人與單純之小市民，他們如與有過失時，其效果在各人有所不同，此時不宜併在同一訴訟。又被告中有人如原告事後對他另案起訴，可能在本案中對原告作比較有利證言時，以不將該人列入同一案件被告爲宜[50]。

二、有 impleader（第三人訴訟或第三人被告）制度

美國有所謂第三人訴訟，third-party practice；或第三人被告，third-party defendant（impleader）制度，使當事人（原則爲被告）可在同一訴訟中，控告具有一定相關關係之第三人，將其列爲被告，帶進訴訟，成爲訴訟之當事人，併案處理，以增加訴訟經濟或減少裁判之歧異。惟其規定極爲繁複，由於篇幅所限，只能擇要析述。例如被顧客控告產品瑕疵之零售商，可將產品之製造商、供應商或加工商帶進訴訟，作爲第三人被告（third-party defendant）。例如 A 向 B 商店購買蛋糕，由於蛋糕內有死蟑螂，受到損害。A 可告 B 違反默示瑕疵擔保（implied warranty），而 B 可告麵包製造商 C，把 C 帶進同一訴訟，而請求法院：如 A 自 B 獲得賠償，則 B 可向 C 求償。此第三人被告制度，主要適用於默示或明示免責與求償（indemnity）條款、保證、擔保等領域。又如原告 A 將挖地工作交被告 B 承攬，B 交給次承攬人 C 執行，因 C 工作有瑕疵，導致 A 之地基受損。如 C 依法須補償 B 支付予 A 之賠償金時，承攬人 B 可加告次承攬人 C，即控告 C，將 C 帶進同一案作爲被告，來分擔賠償責任。另一常見的例子是：被告對保險公司之求償請求。例如 B 在 C 保險公司投有責任險，B 在 A 對其所提賠償訴訟中，可加告 C 公司來負擔賠償責任[51]。

---

[49] HAZARD & TARUFFO, op. cit., at 151.

[50] Id. at 151 et seq.

[51] 規則 14；GLANNON, CIVIL PROCEDUNE, EXAMPLES & EXPLANATIONS 150 (1987). 但如 A 告警察 B 毆傷 A，B 聲稱找錯人了，不是 B 而是 C 毆打的，此時 B 不能 implead C，因 B 不能主張 C 對他負責。B 可抗辯 A 應告 C 而非 B，但 B 無權用 C 來取代 B。因該聯邦民事訴訟規則不准 B 建議新的標的，不過在被告能將責任轉嫁與被加告之當事人時，准許被告帶進他們自己的標的而已。參照 GLANNON, op. cit., at 150 et seq.

　　此外，許多侵權行為之案件亦然。例如 A 告 B 在馬球比賽所受傷害之賠償，B 認為 C 在騎馬時亦有過失。在傳統共同侵權行為人分配責任之規則下，如 B 能證明 C 也有過失，則 B 於賠償 A 後，可向 C 求償 B 所支付 A 賠償金之一半。但因 B 如另案告 C，有不少缺點與顧慮。在美國法下，B 可依聯邦民事訴訟規則第 14 條（Rule 14）加告 C 作為被告，來達到求償之目的[52]。

　　該第三人被告亦可對第三人原告提起反訴，且亦可依規則第 14 條，將其他人加入訴訟。該規則也准許原告與第三人被告彼此請求，如同主請求一樣，如這些請求係來自同一交易或事件時；不過法院有裁量權，可拒絕受理此種之請求[53]。按有利於准許第三人訴訟（impleader）之因素，包括可一起聽取相關請求，能較有效率與避免重複訴訟或判決之不一致；而駁回此種請求之因素，則包括可能導致不當之稽延，使主訴訟之爭點趨於複雜，帶進同情被告之第三人對原告有潛在不利等。在若干案件法院可能將主訴訟（main suit）及第三人訴訟以不同審理庭予以分開[54]。在我國民事訴訟法，雖有第三人參加訴訟，但參加只是一種權利，且基於參加人之主動，不是出於被告之強制，因此與 impleader 之制度相去甚遠。可見 impleader 制度之設計與構想極為實際，且富創意。由於美國法相關規定及其應用極為複雜，為使讀者易於明瞭起見，茲再將上述 impleader 等相關制度之運用，以文字與圖表綜合敘述（以下所稱規則係指聯邦民事訴訟規則）如次：

(一) A 告 B 承攬工作有瑕疵。

(二) B 可於同一訴訟，告次承攬人 C 工作有瑕疵【規則 14(a)】。

---

[52] 第三人訴訟（impleader claim）在訴狀送達及其他方面與原始起訴一樣看待。被告作為第三人原告（third party plaintiff），須對被加告之第三人被告提出告訴狀並送達。該第三人被告須答辯，即可同樣選擇答辯，或聲請法院駁回其請求（move to dismiss）。參照 GLANNON, op. cit., at 151.

[53] 決定第三人被告可否 implead 之標準，是他能否被原告列為原始被告，或他是否作為主被告之擔保人、保證人、保險人而負責。不過 impleader 是任意性而非強制性，任由被告選擇，且是否准許由法院加以裁量。參照 GLANNON, op. cit., at 152.

[54] Id. at 158.

(三) A 與 C 可彼此請求，如同 A 對 B 之主請求一樣，如其請求係來自同一交易或事件時。

(四) C 於被 implead 後，也可 implead 可能對他負債之非交易當事人 D【規則 14(5)】。

(五) A 可 implead 與 A 一起簽承攬契約之 A"【規則 14(b)】。

(六) B 可對 A 反訴請求給付承攬費用。

(七) B 與 C 可互提反訴。

(八) C 可對 B 主張反訴，例如轉包契約之報酬【規則 14(b)】。

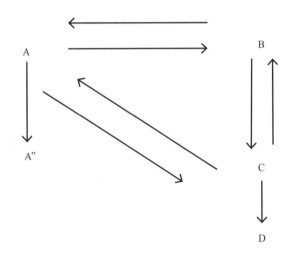

　　不過須注意下列各點：

(一) C 對 A 主張之請求並非漫無限制，C 不可將無關事務導入訴訟，以免訴訟變成過於複雜，難以處理。依【規則 14(d)】，其對原告 A 之請求須符合【規則 20】所定同一交易或事件（occurrence）之標準。

(二) A 對 C 不可提出與本件無關之工程有瑕疵，以免訴訟變成難以處理。

(三) 法院有裁量權，可拒絕受理 impleader 之請求[55]。

---

[55] 參照 GLANNON, op. cit., at 152.

三、承認交互訴訟制度，使被告可於同一訴訟對共同被告追究責任

　　美國法尚有一種特殊制度，而爲我國與大陸法系國家所無，即所謂交互訴訟（cross-claim）。這是一造對同案另一當事人（例如一被告對一共同被告或一原告對一共同原告）所提之請求，惟須來自與原始訴訟標的同一之交易或事件。即純粹用來作爲對案件同一邊之共同當事人主張救濟之方法；如被告對原告，則不能利用此種方式。例如，A 告 B 與 C 請求賠償因車禍所受之損害，如 B 也因該車禍受到損害，且以爲事故是出於 C 之過失時，則B 就其損害不必對 C 另外提起訴訟，而可在同一訴訟提起，將對 C 之請求帶進同一訴訟，合併處理，稱爲交互訴訟（cross-claim）[56]。惟須注意：交互訴訟與上述第三人訴訟不同，因前者乃由一個被告對同案另一共同被告所提起，而後者則係被告將尚未列爲被告之第三人列爲被告。其所以准許在主訴訟主張此等請求，係由於在主訴訟與交互訴訟之事實係屬同一，合併處理可促進訴訟經濟與裁判之一致。茲將交互訴訟圖解如下：

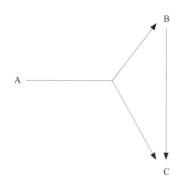

---

[56] 參照該聯邦民事訴訟規則 13(g)。此訴訟與反訴（counter-claim）有別，不可混淆，因爲它是由一個被告對一共同被告（據說亦可在原告之間、被告之間甚至第三人被告之間提起），而非對對造所提起。但該規則規定此二訴訟之合併是任意性，B 亦可另外起訴告 C。即 A 可依規則 20(a)，將 B 與 C 合併作爲被告，而 B 可依規則 13(g)，對 C 提起交互訴訟。

陸、採證方面之特色

一、當事人須發掘證據，證據開示機制發達，便於當事人舉證

(一) 在美國爲了進行民事訴訟，兩造須發掘證據，於是有證據開示（或發現 discovery）機制之發達

所謂證據開示乃蒐集或發現事實之程序，當事人雙方都有權取得在對方占有下之資訊，使訴訟結果係基於案件之眞正事實而非律師之技巧。尤其在複雜案件，常須廣泛調查，找出可能之證人，詢問並邀他作證。在商事交易所生之訴訟，須篩選當事人之檔案，找出相關文件，如需專家證言，尙須物色適格與有力的專家。爲了迎接審理庭，凡圖表、地圖、表解或會計報表摘要，如果是有用，須在律師指導下製作出來。律師對對造從事預審證據開示，包括自潛在的證人（包括對造）取得證言，找出並調查對造持有之相關文件。在複雜商事訴訟，須檢閱並分析數千頁此種文件。證據開示可能需律師數週或數月之努力，有時在審理庭前，耗時數年之久 [57]。

在審理庭，律師負責爲當事人提出證據，攻擊對造的證據，並對法院與陪審團作辯護。法官原則上只須觀察，並對律師就對造之表述（presentation）所提出之異議（objection），加以裁示（rule）而已。

(二) 在美國證據開示之機制有下列各種

1. 證言（deposition），即於證人宣誓後加以訊問，並將其證言逐句記錄下來。
2. 檢查對造或第三人所持有之文件與其他物品。
3. 檢查身體狀況有爭議之人之身體或心理。
4. 請求對造自認。

其中證言與檢查文件乃最常用之機制。

---

[57] HAZARD & TARUFFO, op. cit., at 88.

二、律師可在審理庭前訊問證人以取得證言

　　美國民事訴訟由於採取集中審理主義，在審理庭（trial）前不需法官出庭，而可由律師以口頭訊問對造或證人，此種制度與我國大爲不同，值得注意。其程序包含向證人問問題，要他回答。欲開示（取證）之一方律師通常不需法院許可，可逕以書面要求對造及證人出席 [58]。該請求須載明訊問（或取得證言）之時間、地點，通常在該律師事務所內行之。證人不但由發動訊問與需要資訊的律師發問，且更由對造律師予以交互訊問。所有問話與回答以速記記錄（近來可錄影）下來，然後轉換成打字的書面，再由證人簽名。證人正如在審理庭被法官傳喚出庭一樣，用傳票（subpoena）強制出席。律師之問話通常頗爲詳盡與尖銳，取證耗時 3 至 4 小時並不罕見，致筆錄（transcript）往往長達數百頁（在今日證據開示，亦可用錄影或其他電子方法記錄）[59]。有些證言之取得（訊問）歷時需數日、甚至數週之久。所有主要證人的證言都要取下，包括雙方當事人與公司之高級職員、所有重要獨立之證人等。如文件涉及系爭交易時，證人會被就文件深入詰問。當對證人取證時，常發生爭議或衝突，通常沒有法院官員在場立即解決爭議，此時雙方律師常會以協商解決爭議，或保留爭議由法院日後予以解決。有時反對提問題之當事人，例如對於對造尋求有特權之資訊（詳如後述），會指示證人不要回答。在極端的情形，異議之當事人會停止答話，把爭議問題留給日後磋商或呈報法院處理 [60]。

　　律師可在審理庭前訊問證人，此種訊問的目的有二：

---

[58] 一造律師最多只能請求 10 名個人或機構代表出席答覆問題，且最多 1 天 7 小時（參照規則 30(d)）。又順便一提，依照作者 1968 年，在紐約大律師事務所打工跑法院親身觀察之經驗，法官一些裁定可由律師製作打好，再送去給法官閱後簽名而生效。此種措施可節省法院不少資源。

[59] CALVI & COLEMAN, op. cit., at 81.

[60] 在大多數案件，證據開示之進行已變成定型化，未發生什麼事故。例如在小城市訴訟案件之開示，或彼此經常碰頭律師之間通常只偶然發生爭議。由全國性大法律事務所所爲大規模訴訟通常較嚴格遵守規則，惟對規則之解釋較常發生意見衝突。參照 HAZARD & TARUFFO, op. cit., at 119 et seq. 又 JONATHAN HARR 氏在所著有名法律小說 A CIVIL ACTION 119 et. seq (1996)，對取得證人證言之經過，亦有非常詳細與生動之描繪。

(一) 保全證據，以免證人由於他日死亡、疾病，離開該州，或因其他合理
　　 理由，無法在舉行審理庭時出庭。

(二) 讓雙方當事人爲審理庭充分作準備。

　　 其中尤以第二種理由更是取得證言最常見之理由。一方當事人可利用
此種程序，在審理庭前預先深入瞭解他想用與對造要用的證據。在一些州
對這種技巧之充分利用，尤其是當證人不是當事人之場合，設有限制。不
過現今趨勢是賦予雙方當事人更多的空間，只有訊問須受所謂證據關聯性
（relevancy）的限制，以及對被傳取證之人不可予以不必要與不合理的爲難
或騷擾（harassment）。

　　 被請求開示之一造如認爲請求開示不適當時，可申請法院發出「保護
令」（protective order）。如經法院准許，則可對特定項目不揭露，或只在
一定時間與地點揭露，或揭露只限於一定方法。

　　 由於證據開示大都不在法官監督下進行，爲避免開示被濫用與逸脫原來
目的，該聯邦規則已加以若干修正。此外助理法官（稱爲 magistrate judge，
爲在法官監督下位階較低之司法官員）人數與權力之增加，對此問題之解決
亦有幫助。事實上現在所有開示事務首先係由助理法官處理[61]，因他們比地
方法院法官較有時間來監督開示之程序[62]。

三、美國法有不作證或不透露特權之特殊制度，且範圍甚廣

　　 美國法下證據開示之範圍甚廣，即使尋求之資訊或文件在審理時不可作
爲證據，如可合理認爲可導引出可採用之證據時，仍可尋求。對此關聯性原
則之唯一絕對例外，乃是受「特權」（privilege）保護之資訊，即不可尋求
在某特殊關係之過程中祕密提供之資訊[63]。

---

[61] 聯邦助理法官之人選由法律人與非法律人所組成之小組過濾後，提名單由法官決定。許多州
　　一審法院有 magistrate，其職責與聯邦助理法官相近，有時稱爲 commissioner 或 referee，其
　　詳可參照 BURNHAM, op. cit., at 181.

[62] BURNHAM, op. cit., at 231.

[63] 其他對開示之請求尚有二種異議可提出：

美國法上有數種免於提供證言或證據之特權，其主要者如下：

(一) 禁止使自己蒙受刑事追訴之特權（privilege against self-incrimination）

即如其答覆，可能使答話之人受到刑事訴追時，可拒絕答覆，此種特權無論在民事與刑事案件均可主張[64]。

(二) 律師與當事人間之特權

對訴訟影響最大的特權關係是律師與當事人間之關係，即律師可拒絕透露當事人與他之間之祕密通話。此特權包括非當事人與其律師之間以及當事人與當事人律師之間之祕密通話。因律師如可被迫透露當事人所告知的一切談話，則當事人需斟酌那些可告知律師，那些須保密，其結果會迫使當事人成為自己的律師[65]。

(三) 律師之「工作成果特權」（work-product privilege）或「工作成果免責」（work-product immunity）

即律師可拒絕透露由律師或當事人為準備訴訟所書寫之備忘錄，例如律師與證人之訪談筆記，除了特殊情形外，不為對造請求證據開示之對象[66]。

---

　　1. 所尋求之資訊與訴訟標的完全無關。

　　2. 請求過於苛酷（但只有當負擔過苛，或可自其他方式得到資訊時為限）。

[64] 在我國法下，另一種人可拒絕作證，即他們之財務、名譽或職業由於作證會受到傷害，或有受刑事追訴之危險時，可拒絕作證。此種特權比起美國法所承認之「避免使自己受到刑事追訴之特權」（privilege against self-incrimination）更為廣泛，因美國只限於受到刑事訴追之可能。參照 KARLEN & ARSEL, op. cit., at 99.

[65] NEUBAUER & MEINHOLD, op. cit., at 350.

[66] 律師之工作成果包括許多律師準備審理庭所產生之資料，諸如對證人面談（interview）該案事實與適用法律之分析，證人與準備審理庭之筆記，對案件之長處與弱點之觀察與印象。因如准許此種資料之開示，則未免不公，且妨礙審理之準備。但若干工作成果之資料，如對造非經「過於艱辛」（undue hardship），無法自其他來源獲得時，不在此限。例如被告律師在事故發生後，立即發現與訪問某目擊證人，此時該證人之敘述由於是工作成果，不可由原告開示，且原告仍可由開示該證人取得同樣資訊之故。但如原告律師後來才接辦該案，且證人由原告開示後，由於時間經過，已無法回憶事件之詳情時，則被告可能須給原告該證人之書面陳述。

(四) 醫師與病人間之特權

即醫師可拒絕透露病人與他之間在診斷過程之談話。但當訴訟當事人以自己之身體狀況作為訴訟之爭點時，例如在人身傷害訴訟，則不適用此特權。

除上述各種特權外，還有比較不常被援用之其他特權，例如在聯邦政府享有國家安全（national security）或國家機密（state secrets）之特權；有一些州賦予會計師與當事人之間談話之特權。此外還有傳教士與告解人間之特權（priest-penitent privilege），但在民事訴訟很少援用到此種特權。因證據開示之範圍甚廣，所以被請求作證之人往往引用各種特權，作為逃避作證或提供證據之理由[67]。

此外即使並無特權，營業祕密與其他祕密商業資訊可向聲請法院頒發保護令而免於開示，但若直接與訴訟有關者，則不能完全免於開示。又即使須向對造透露，亦可用此保護令，防止對造在訴訟外予以透露（規則26(c)）。

四、當事人蒐集資訊可以書面訊問單（interrogatories）要求對造答覆

由於原告負擔舉證責任，故在起訴前需盡力蒐集證據。但「舉證之所在，敗訴之所在」。況事實上證據可能多僅握在被告一方手中，因此原告舉證困難，訴請法院救濟，頗為艱辛。在我國民事訴訟法下對原告極為不利，因我民事訴訟法雖有當事人可聲請命他造提出文書之規定（第342條），但若不知他造有何文書，試問如何聲請？又我民事訴訟法雖有證據保全之規定，但需「證據有滅失或礙難使用之虞，或經他造同意」（第368條），條件嚴格，況法官往往不准原告請求。隨著社會情況之變遷，尤其公害、產品製造及醫療事故、航空事故等類現代紛爭型態與日俱增，原告如何發現被告手中證據更有問題。反之書面訊問單是美國民事訴訟制度之

---

[67] HAZARD, op. cit., at 115 et. seq.

特色，對於當事人雙方，尤其原告瞭解事實與掌握證據助益甚大。即要開示之當事人可先以書面訊問單（interrogatories）送達予訴訟之對造〔與規則 31 之證言（deposition）之書面訊問類似〕，但不可對當事人以外之人提出。對造於收到書面訊問單後，除非提出異議，否則應於宣誓後對各個問題（interrogatory），（通常於諮詢律師後）以書面逐一詳盡答覆。如其提出異議，則應敘述理由，以代答覆 [68]。

書面訊問單在欲瞭解對造所持有證據之詳細情形時，頗為有用。在日後審理庭，訊問單可用於任何目的，不問蒐集實體證據或非難（impeach）對造當事人證言，方法較為簡單，花費亦較少，但其缺點是比起證言（deposition）不易取得資訊。因在證言，問話之人對作證之人不清楚之答話，可立即緊迫盯人，一路追問下去；但書面訊問單經由對造律師過濾後，可能想出答覆方法，儘量少提供有用資訊之故 [69]。

如他造不照一造證據開示之要求辦理，法官可強制該當事人遵守，此時可擬制該案件一造主張之事實已經成立，或駁回該訴因（cause of action），或下缺席裁判 [70]。

五、當事人可檢查對造占有下之文件與物品

除了口頭訊問之外，在美國雙方當事人還可檢查在對造持有下之文件或物品，這種程序既可在口頭訊問過程中附帶進行，也可在完全公開的程序進行。此時可對相關文件或物品加以影印、照相等。其目的是使雙方當事人在審理庭前能好好準備。

關於文件之提出，也由欲發現證據之一造當事人請求而開始。該請求須描述欲尋求之文件之種類，答覆之一造當事人須將其持有合於此描述之所有文件交給對造。為了防止對造逃避，要求之描述會巧妙地詳細與無所不包。

---

[68] 一造當事人可要求他造回答 25 個問題。參照規則 33(c)。

[69] BURNHAM, op. cit., at 228.

[70] CARP & STIDHAM, op. cit., at 203.

答覆之一造可對請求範圍過廣加以異議，但仍須提出與爭議相關之文件。惟交付文件只能對對造請求（規則 34），且常與訊問單（interrogatories）一起使用。即對對造要求交付文件，然後要求附上影本。但向非當事人索取文件，應發傳票，連同「錄取證詞」（deposition），或分開發。提出文件在大案件可能卷帙浩繁，汗牛充棟，將此種文件實質整合成爲有用資訊，本身就是一種學問。

　　在許多案件，當事人有強烈作弊的誘惑，以致證據之開示工作充滿不信賴與擔心作弊之氣氛，尤以標的牽涉重大利益時爲然。律師可能迂迴地建議他的當事人將相關文件銷毀或放錯地方，或以詭辯式解釋該系爭文件不在對造請求範圍之列。不過證據之開示如被發現作弊，則法官可命其補償無辜之一造因發現對造不正行爲所支出之費用，又針對該案關鍵之爭點，可視爲對作弊之一造不利。惟此乃極端情形，發現作弊之案件實際上並不常見[71]。

　　請求對造提出文件之要求如範圍過於廣泛，可由法院裁定（ruling）加以限制。又在取證時，對證人加以騷擾（harassment）之行爲，亦可由類似裁定（ruling）加以限制。在證據開示程序兩造變成惡劣對立之情形，法院可指派一個特別官員作爲仲裁人（referee），且法院亦有權對濫用開示之一方課以金錢制裁，包括命其支付被害當事人所花不必要之律師費。

六、當事人可要求對造檢查身心

　　此種命令是要求一造當事人由對造所挑選之醫師檢查，來證明該造之身體狀況。此種檢查只有在取得法院特殊許可下，始可爲之。法院只有在某當事人身體或心理狀況眞正有爭議，且有檢查正當理由時才會准許（參照規則35(a)）。最常見請求係人身傷害（車禍）案件，被告想透過獨立之檢查來證明原告傷害之程度。

　　該程序要求原告須到被告指定之專家（通常爲醫師）處，作專業檢查。

---

[71] Hazard & Taruffo, op. cit., at 119.

檢查人須給原告檢查報告一份，而原告須提供同一狀況過去所有病歷予被告。惟此種身心檢查之命令只能適用於當事人，不可用來認定當事人以外證人之身心狀況，不問此種資訊如何有用[72]。

七、當事人可請求他造自認

請求自認乃一造以書面請求對造承認證據開示所顯示基本上無爭執之一定事實為真實（聯邦民事訴訟規則 36）。通常是在運用所有其他證據開示方法，發現該案事實之後加以使用。例如，要求對造承認某文書上的簽名是真正，或對特定事實加以承認。在對造答話所獲得之自認，對被承認之事項在該訴訟是結論性的（conclusive）證明，但在其他案件則無此效力。如對造拒絕承認，而問話的那造在審理庭證明該事實屬實時，則舉證之費用由被問之一造負擔。若對造對請求自認不答覆時，被認為承認要求自認之事項。對於雖非真正有爭議，但需要複雜證據證明之事實，此種機制發揮了很大效用[73]。

八、證據法則有差異

(一) 英美法上證據規則的目的是用來排除若干種證據，即針對特定種類證據之可採性（admissibility）而設；而大陸法證據原則是不讓或不准特定之人作證，即針對證人之適格性（competency）與特權，而非針對特定種類證據之可採性（admissibility）而設[74]。

(二) 美國證據法有 2 個重要的原則，即傳聞證據（hearsay）之原則與「意見」（opinion）之原則。傳聞證據之原則禁止由於釋明法庭外之某人

---

[72] BURNHAM, op. cit., at 228.

[73] HAZARD & TARUFFO, op. cit., at 117.

[74] KARLEN & ARSEL, op. cit., at 83. 英美法傳統上有所謂「詐欺防止法」（Statute of Frauds），對若干交易例如不動產，規定要作成書面，但英國最近幾乎已經廢止。又美國法有所謂「排除口頭證據之原則」（parole evidence rule），即針對一個書面文件的內容，不能以與該文件作成之同時或以前所作的口頭合意作為證明，加以變更或推翻。

說它是事實來證明某事實，理由是法庭外的敘述是在無機會以交互詰問來測驗其正確性之情況下說出。例如，某證人只聽到有人敘述系爭之交易或文件，則不准他在法庭詳述其經過。但如他親自看到該文書或交易，則他可說明他看到與聽到什麼，此時不受傳聞證據原則之限制[75]。所謂「意見」之原則，基本上（有不少例外）禁止證人敘述其意見（opinion）而非事實（fact）。證人可描述他自己感官所覺察的事實，例如目擊車禍的行人不能提出駕駛人有過失或須負責之類意見，但可詳述看到什麼與聽到什麼[76]。

(三) 在理論上，英美法官有權查問其他證據，但因該權力之行使，可能會干擾律師之權利，或不當偏袒一方當事人，致其判決有被上級審法院廢棄之危險，所以英美法官很少行使[77]。

(四) 證人之出庭基本上美國與我國採取相同方法，即由當事人一造私人邀請他來，或發傳票（美國稱為 subpoena）通知到庭。美國民事案件證人通常在作證前可留在法庭內，他們只在特別要求與釋明正當理由時，才被請出法庭外（不過在刑事案件，為了防止串供，證人要在法庭外，直到作證時才入內）。當傳證人進入法庭時，詰問是由律師行之，且又分為直接詰問（由要求傳喚證人之那方律師發問）與交互詰問（由對造律師發問）。審理時不要求證人在證言之筆錄上簽名，證言是逐句準確地以速記記下，直至開庭結束後才變成筆錄。

(五) 在我國民事案件需有多少證據，法律並無明確規定，此與美國不同。美國民事案件，通常的公式是「有相當優勢之證據」（a fair

---

[75] KARLEN & ARSEL, op. cit., at 95.

[76] 這些與其他類似證據規則之執行係由法官在審理時透過一造律師對他造律師提出的異議加以裁定之方法。這是法官在審理時主要的任務。雖然有這些規則的限制，但基本上任何有個人資訊而有助於法院解決爭議者，不問是否當事人，皆可將其所知向法官說出來。參照 KARLEN & ARSEL, op. cit., at 95.

[77] 法官的重要職責只是當律師對證據提出異議時加以裁定。即使由法官在律師已經詰問與交互詰問一個證人後，問一些別的問題，也可能不小心透露法官的意見，而提供了判決被上級審廢棄的理由。且無論法官問什麼問題，同樣受到律師詰問問題所適用相同證據規則的挑戰。KARLEN & ARSEL, op. cit., at 86 et Seq.

preponderance of the evidence），在刑事案件原則爲「已無合理疑慮的
證據」（proof beyond a reasonable doubt）。此種差異可能是由於在美
國有陪審團審理，須對非法律人解釋所需證據之分量之故[78]。

(六)由於上訴審法院判決審核審判法院（下級審）之判決係基於申請
　　（motions），且案件在上訴審不由陪審團審理，其結果對證據證明力
　　之評估，在美國已經發展出相當多的判例法。

　　當上訴審法院對准許或駁回「申請依指示裁決」（motions for directed
verdicts）、「申請重新審判」（motions for new trials）及「申請不理裁決
逕行判決」（motions for judgment not withstanding the verdict）。在判決評
估時，常對不同種類證據之證明力與價值明白表示意見。而且美國上訴法院
對證據可採性（admissibility）之判決，也常提到他們對證據證明力之看法。
例如傳聞證據被認爲較弱之證據，而第一手觀察到的則認爲較強證據，以致
在美國律師與審判法院法官在就證據之強弱實施裁量權時，比起我國有較多
指引可循[79]，且法院所下之判決亦較有可預測性[80]。

(七) 較重視當事人意圖之證據

　　Hazard 與 Taruffo 教授以爲美國法與大陸法系另一個主要差異，是較重
視當事人之意圖（intent）。大陸法系國家傾向於依結果，而非依當事人之
意圖來認定行爲之法律效果，而美國法對各種交易—商事、財政、消費者訴
訟與家庭財產之處分，較重視當事人之意圖，以致在美國訴訟較常需要蒐集
意圖的證據。在美國商事交易之訴訟，當事人常不厭其詳，尋覓業務上之通
信與檔案，以便尋求公司職員已知的某種事實或應知悉該事實之證據。在大
陸法訴訟，此種證據大多被法院認爲無關，且認爲努力取得私人業務檔案，

---

[78] 不過事實上在英美法，這些公式即使經數世紀努力去下定義，仍一直是模糊不清，也許除了
　　要求事實方面之審判人（即陪審團）在刑事案件比民事案件需要更高度的注意外，實際上似
　　沒有太大作用。參照 KARLEN & ARSEL, op. cit., at 88.

[79] 參照 KARLEN & ARSEL, op. cit., at 89.

[80] 參照 KARLEN & ARSEL, op. cit., at 146.

用在民事案件，會侵害隱私。又美國法往往認爲當事人之知悉與意圖之情況證據頗爲重要，而大陸法則認爲這種證據不足置信，且通常屬於次要性質[81]。

九、證人資格與出席之限制較爲寬鬆

(一) 當事人可在自己案件作證

美國與我國證據最明顯對比係在口頭證據方面。在英美一些人由於利害關係不能作證之作法已被廢止很久，因此當事人通常可在他們自己案件作證[82]，而且幾乎都被期待如此做。同理，對訴訟利害關係較爲疏遠的人亦可作證，且常作證。英美法院有信心經由交互詰問、察言觀色（demeanor）及其他可信度的測驗，可辨識證言之眞僞。又證人與當事人利害關係並非絕對性，只是在判斷證言之可信度時，爲斟酌因素之一而已[83]。親屬關係在美國民事訴訟亦無特殊地位，在大多數州裡，甚至當事人的配偶亦可在民事案件爲他方配偶作證，不論有利或不利。因爲正如當事人一樣，法律以爲交互詰問、宣誓及相關程序可評估利害關係對證言可信度之影響[84]。

反之，在許多大陸法系國家，證據法不准原告與被告作證。我國過去當事人亦被禁止作證，有最高法院判決可稽。其理論根據無非是當事人對本身結果有利害關係，如准其作證，其證言難免偏頗[85]。

---

[81] 此二教授以爲似此情形反映不同法系國家社會價值觀之不同，且以爲美國法此種態度有利於教育程度較低之人，控告教育程度較高之人（消費者告出賣人亦同），因受較高教育之人較留心有關證據之法律原則，安排他們的交易行爲。也許更反映出美國對陪審團在面臨相衝突之證據時，發現眞實與分辨好人與壞人之能力有信心。參照 HAZARD & TARUFFO, op. cit., at 85.

[82] FARNSWORTH, op. cit., at 103. 雖然此種排除當事人作證人之原則，會使現代美國人驚訝，但直到 19 世紀是英美普通法上的規則。參照 KARLEN, & ARSEL, op. cit., at 83.

[83] 參照 KARLEN & ARSEL, op. cit., at 98-90.

[84] 參照 KARLEN & ARSEL, op. cit., at 98. 由於證人之證言未必可靠，對造之律師可用以下方法非難證人：1. 顯示有偏見；2. 用過去不一致之陳述來反駁；3. 證明其覺察力不足；4. 用以前的證據對證人之誠實加以懷疑（參照 CALVI & COLEMAN, op. cit., at 105.）。

[85] 72 年度台上字第 455 號判決。新修正民事訴訟法第 367 條之 1，鑑於當事人通常爲最知悉紛爭事實之人，最有可能提供案情資料，協助法官發現眞實，故增列「法院認爲必要時，得依職權訊問當事人……」之規定，但實效如何尚待觀察。

但美國法准許利害關係人爲他自己案件作證人。例如兩車相撞，二駕駛均受傷，各駕駛人可以他方過失爲理由，請求賠償損害之案件。在美國法之下，雙方都可以作證人。又如某人主張因吃了有污染食物受到傷害，可就事實如何發生作證。

美國法准許當事人作證之原則，不但發揮重大實益，且影響極爲深遠，因有許多種訴訟案件，如無此種規定，則原告會因欠缺證據，無法進行訴訟，更無法獲得法律救濟。例如上述兩車碰撞事件，除了兩人能指出何人有過失外，別無目擊證人。又如消費者因罐頭或冷凍食物、商品與器械產品製造瑕疵之賠償請求，以及各種基於未作成書面之請求案件亦然[86]。在許多國家此類訴訟由於受到言詞不能作爲證據之限制，不能進行訴訟，而使實體法上的權利變成有名無實。在我國證據機制較不發達，尤其欠缺有效之交互詰問制度，當事人以外之利害關係人有拒絕證言之選擇權，如願意作證，則作證不經具結，故不免產生壓抑所需證據與鼓勵僞證之效果[87]。

(二) 證人不能出席審理庭時可以言詞代替

在美國當某證人由於年齡、疾病、在遠地或類似原因不能出庭時，不必法官在場，可在審理前作成書面證言，然後其證言可在審理庭使用[88]。反之在我國證人必須親自出席，如因病不能到庭時，需由法院囑託當地法官訊問。

(三) 律師可與證人接觸

在美國律師可與當事人及其他有利證人祕密磋商在開示與審理時他們

---

[86] 在美國最有名的例子是 1980 年代 Pennzoil Company 控告德士古石油公司（Texaco）對 Pennzoil 要購買蓋第石油公司（Getty Oil Company）之約定予以干擾一案。在該案德士古辯稱 Pennzoil 與蓋第之間談判尚未作成最終書面契約，所以並無契約存在，但法院認爲在法律上以提出口頭契約證明爲已足，而判 Pennzoil 公司勝訴，可獲 100 億美元賠償。

[87] 參照 KARLEN & ARSEL, op. cit., at 90. 大陸法系國家如我國，想像中僞證情形可能不少，可能原因是欠缺如美國般有效交互詰問技巧，及有關宣誓之規則。

[88] 規則 32（FRCP 1975）；PLAIN LANGUAGE LAW, CIVIL JUDICIAL PROCESS (CIVIL PROCEDURE) 80 (1981).

所預期（anticipated）之證言。在這種對話，律師不可勸告證人要作何種證言，因爲可能構成證據之捏造（fabrications of evidence）。不過律師可探求證人之記憶，且如證人不善表達時，可建議證人如何表達事件之經過 [89]。

　　在許多國家不准律師與當事人以外之證人直接接觸，許多批評家認爲美國准許律師訪問證人之作法可能產生證言之錯亂。又准許直接訪問證人之原則乃假定證人只作回憶之敘述，不受作成回憶情形之影響。惟此種假設與當事人對立主義之精神不盡符合，因後者認爲眞相只能在雙方當事人詰問證人下，才可能大白。如規則要求預審前訪問證人，要在法院職員在場下進行，當較爲適當。不過在美國雖不時有此種改革建議，但似尚未成功 [90]。

十、鑑定人由當事人自行物色

　　鑑定人在美國法稱爲專家證人（expert witness），被認爲亦係一種證人，惟鑑定人是特別傳喚到庭，對其專業領域之問題提供意見，而與一般證人只對眞正觀察到的事物作證之情形不同 [91]。又與我國由法院傳喚或委託中立之鑑定人制度不同，美國民事案件之鑑定人幾乎都由當事人自己物色、付費，不無偏袒（partisan）之色彩，且他們在法庭當作證人來作證，其結果常導致所謂「專家戰鬥」（battle of experts）。

　　要成爲鑑定人，須具有特定領域之專業知識，而且此知識通常須在公開法庭證實（established）。兩造當事人所提鑑定人常提出相衝突的意見，如有此種情形發生時，最後須由陪審團決定哪一個意見較爲正確。此點與我國不同，因我國鑑定人由法院指派，當事人雖有意見，或不服其鑑定意見，法院亦不理會，法官不願另行指定，致鑑定人之意見左右法官審判之結果，如有失誤或偏頗，比法官誤判更爲嚴重，缺乏救濟之門。

　　案件除了爭點簡單，例如欠債不付外，幾乎常使用專家證人。在人身傷

---

[89]　Hazard & Taruffo, op. cit., at 93.

[90]　Id. at 93.

[91]　Carp & Stidham, op. cit., at 205.

害（personal injury）案件，雙方當事人請醫學專家對受傷性質及復原程度
加以認定。如原告有賺大錢之能力或無金錢收入（如家庭主婦），可能需要
賠償專家對財務損失之尺度作證。在車禍案件，事故之診斷醫生可能解釋狀
況（疤痕、影響之形狀等），並對事故為何發生提出意見。在商事與財政案
件可能僱用會計專家，在環境案件可能找土壤專家，在反托拉斯案件找經濟
分析專家，在業務過失案件找專業同僚，在營造的案件找建築工程師等。在
同一案件可聘一名以上專家，有時不同 project 可能聘許多專家。

　　專家可能不只作為證人，更與辯護人相同，成為訴訟的主角。專家被用
在審理庭擔任證人，不但係著眼於他們的技術能力，而且也借重表達意見之
技巧與效果。審理事實之人，尤其是陪審團，可能被專家證言之清晰、直截
了當與資歷之完整所打動，因此許多案件裁判之結果會受到鑑定人之左右。

　　如一造只僱專家做初步協商，則不須透露專家之姓名與意見。如專家提
供之意見，該造當事人欲在審理庭使用時，則其姓名與意見之實質內容可由
對造請求開示。又當事人一造非經他造同意，不可僱用對造在同一訴訟以前
所聘用之專家。因此一造當事人可能使用有利之專家意見去掩飾另一個專家
不利之意見。

　　在一般實務上，當事人雙方約定相互開示專家的證言，於是雙方可預先
評估在審理庭兩造專家之份量，據以評估究有多少和解可能性[92]。

　　人們對鑑定人的評價，常常看他們法醫學上之技巧，而不大注重他在科
學上之能力（competency）。不過人們已愈來愈察覺到此制度內在之缺點，
現已設法加以匡正。例如紐約市在人身傷害案件，法院已開始指派官方自己
選擇之專家，來補充並糾正當事人所提專家之鑑定意見[93]。

---

[92] 其次在分析其專門領域之特定問題，鑑定人變成熟悉僱他之當事人之法律策略。因此在當事
　　人僱了一名專家後，可能會緊緊監控，不讓該專家與對造有所接觸。當專家提供不利意見
　　時，他的當事人更不願透露。參照 HAZARD & TARUFFO, op. cit., at 121.

[93] 學者以為美國對專家必須據以認定之材料及專家陳述之方法，設有許多複雜規則，在某程度
　　使專家證據產生挫折，但也許是抑制當事人選任鑑定人制度不健康後果所必需。參照 KARLEN
　　& AISEL, op. cit., at 104.

柒、訴訟進行之特色

一、法院不拘泥於法律關係，不受原告請求救濟之限制

(一) 不拘泥於法律關係

在大陸法起訴應基於現行法某些條文，才能提起訴訟，但據 Karlen 教授指出，在美國實務上大爲不同。首先不要求起訴狀表明所根據之法律，事實上在通常民事案件反加禁止。其次且更重要的是有法官強烈造法的傳統[94]。

(二) 不受原告請求救濟之限制

Karlen 教授在比較美國與土耳其民事訴訟時曾指出：現代理論是，如原告所主張事實在任何實體法原則下有任何救濟時，即可獲得賠償，而不問該原則是否與其起訴狀原來所載作爲請求權基礎之原則相同[95]。

在土耳其，法官受原告請求救濟之限制，例如倘他有權請求金錢賠償，卻請求禁止命令（injunctions）時，法院不能准予金錢賠償，而須駁回其請求。同理如原告請求給付金錢 10 萬元，但證明可要求 20 萬元時，法官所能判令支付之數額係以起訴狀要求之額度爲限（按我國民事訴訟法亦與土耳其相似）。但在美國，除非判決是缺席裁判，法院不受原告請求救濟之限制。在有對造之訴訟案件，法院可准許適合所證明事實之任何判決。儘管如此，美國律師習慣於誇大金錢請求金額，其理由是他們至少心理上受到原來請求之拘束[96]。

---

[94] KARLEN & ARSEL, op. cit., at 32.

[95] Id. at 34.

[96] Id. at 36-37. 德國學者亦對德國民事訴訟與美國民事訴訟作比較下，指出德國民事訴訟之特色，而謂：1. 在美國當事人透過廣泛審理前證據開示蒐集許多資訊。但德國無審理前證據開示制度，德國法仰賴提出與證明事實之分配責任之詳盡制度，只給當事人有限權利請求對造提供資訊。當事人不需提供大量公司內部檔案，公司董事與重要職員亦不受對造律師於取證時潛在敵意之詢問；2. 在美國訴訟，請求之說明可以基於圍繞請求之事實之模糊觀念，而可以最結論性用語來表達。相關事實與請求之救濟可由審理前證據開示程序來建立。反之，在

又在美國實務上並無規定或習慣要求證據在起訴狀加以特定。他們預料證據在審理前不須透露，或最早在開示程序或預審會議時透露[97]。

(三) 訴訟稽延問題

在美國訴訟稽延問題亦值得注意。在我國因不採集中審理主義，因此案件第一次開庭基本上並無稽延，如有稽延，似來自繼續延展或更換法官或更新審判；而在美國通常一旦審理開始後固無稽延，但在提起訴訟與開始審理間常有非常長的稽延，有時可能長達3年到5年[98]。故過去曾有法諺「遲到之正義，乃正義之否定」（Justice delayed, justice denied.）。

二、律師主導訴訟進行，法官角色消極

民事訴訟在美國主要由當事人之辯護人提出攻擊與防禦，在主持案件進行方面，法官只擔任比較次要與消極之角色。理論上雙方當事人負提出法律與事實之全責，法官只須確認或駁斥當事人之主張。因此美國制度被稱為當事人對立主義（adversary system）。辯護人擔當指揮（conduct）訴訟之主要任務。原告辯護人決定起訴狀基礎之法律理論，主持開示、於審理時提出證據，被告律師亦擔當類似責任。

德國原告須正確指定請求之救濟。且請求之說明應就相關事實作完全與正確之敘述。此外通常也須說明原告擬依據之證據及敘述請求依據之法律原則。如法院認為請求說明不充分，案件可能於對造提出抗辯說明前駁回；3. 不下過高賠償裁判：在美國原告常要求多於實際損害額，即三倍或懲罰性損害賠償，但德國則只能判給真正損害額，且原告需按嚴格規定證明；4. 費用：在美國訴訟費用比較低廉，通常勝訴當事人不能請求對造賠償律師費。德國專業行為規則禁止成功報酬之安排，此種契約法律上無效。法院裁判費與法定律師費按事件標的價額而定，敗訴一方負擔。參照 REUTZEL, WEGEN &WILSKE, COMMERCIAL DISPUTE RESOLUTION IN GERMANY 1 et seq. (2005). 該書對德國民商事訴訟情形亦有詳盡描述。

[97] 此現象至少有一部分可由早期所謂司法競技理論（sporting theory）予以說明。依照該競技理論，審理被認為鬥智，而非公正的真相與正義的追求。故對造可被意料之外的證據加以突襲。此種態度曾被美國法曹界領袖，諸如范德堡（Arthur T. Vanderbilt）與龐德（Roscoe Pound，為美國法律社會學派之巨擘，曾任哈佛大學法學院院長，抗戰勝利後，曾應我政府之邀，擔任司法行政部顧問）所嚴屬批評，但現今對強制律師在審理前透露他們不需要的證據的努力仍有反動。參照 KARLEN & ARSEL, op. cit., at 35.

[98] CARP & STIGHAM, op. cit., at 207.

選擇法律理論本身常是複雜工作，因聯邦與州制定法、判例法與憲法都可能對特定案件有適用。有時原告須在聯邦與州法院選為訴訟之法庭地之間作戰略性考慮。

在預審階段，法官只在一造要求他作裁定（ruling）時才注意案件，然後只下某種裁定而不須說明理由。當然也有比較積極過問的法官，只要是不擔當辯護人之角色，可對其參與之性質與程度，實施「健全的司法裁量權」（sound judicial discretion）；裁判因法官在審理庭處理不當，只有在極端情形（例如裁判使人完全困惑，或辯護人被剝奪陳述之機會），才會被上級法院廢棄。

在美國制度下，法官通常不開發該案之法律理論，只對當事人所提爭執加以答覆。法官不闡明潛在之相關證據，只監視當事人證據之提示。他不主導證人之主詰問及交互詰問，最多只在辯護人詰問完結後，問一些補充性問題而已。法官通常不尋求蒐集更多證據之可能性，如證據在法律上不足，法官會對有舉證責任之那一造為不利之裁定。

值得注意者，聯邦證據規則（Federal Rules of Evidence）第 706 條已准許聯邦地院法官指定專家來協助他裁判訴訟案件。依據聯邦司法中心（Federal Judicial Center）最近的調查，發現大約在 5 個法官中有 1 人已依照此種規則授權指定 1 名專家協助。其中大約一半法官指定 1 名專家在 1 次以上。如就案件種類而論，最常需要專家協助的是專利案件，其次是產品責任與反托拉斯案件[99]。

三、藐視法庭之機制有利於事實之發現或所命義務之履行

在美國法官下了積極與消極之禁制令時，有非常有效的制裁做後盾。即拒絕遵守之被告被下禁制令之法官以簡易程序審理後，如不遵守，且仍拒絕履行時，可依藐視法庭程序（contempt proceeding）[100]，將被告監禁，直到

---

[99] CARP & STIDHAM, op. cit., at 205.
[100] KARLEN & ARSEL, op. cit., at 119. 在我國過去亦有人在報端討論為維護法庭程序，建議採用英美

他願意遵守為止。如常言所說：「他在口袋裡有監牢的鎖鑰」，因為一旦他表明願意遵守，固然被釋放，但在此之前，他須關在牢裡。惟藐視法庭只是一種強制手法，並非處罰之方法。

對上述藐視法庭程序（contempt procedure）有補充作用的，還有法院可命他人去作被告被命令之行為，如同被告自己履行一樣，有同一效力。例如，被告拒絕履行不動產契據（deed）（即不過戶）時，可由法院官員為之，或以法院裁定（decree）本身視為已有過戶（conveyance）之事實。

請求法院科對造藐視法庭制裁之人，須請求法院發「釋明理由之命令」（order to show cause），亦可由法院依職權發給對造，要求他解釋何以他不應認為藐視法庭。法庭審酌是否違反命令（order）等是否科以制裁之程序，稱為「釋明原因之開庭」（show cause hearing），除了預審開示，法院只在例外情形准許外，其進行如同通常審理庭。通常此種開庭（hearing）會使對造自願停止違反該命令之行為。如程序為刑事藐視，則申請人須證明對造之違反乃出於故意，證明標準與刑事案件相同（超過合理疑慮），如被科徒刑，則被告有由陪審審判之權利，但在民事藐視程序，通常並無陪審審判之權利[101]。

四、禁制令（injunction）除定暫時狀態外，尚有終局救濟，發揮莫大作用

(一) 英美法上之禁制令（injunction）在民事訴訟扮演非常重要角色

該制度原為衡平法上之救濟方法[102]；國內有人譯為禁制令者，但語意過狹，因其應用對象與態樣非常廣泛，遠較我國法假扣押與假處分多彩多姿，極富彈性，且不以定暫時狀態為限，在我國法苦無與其意涵及作用相當

之藐視法庭制度，惟響應似不熱烈。

[101] Hazard & Taruffo, op. cit., at 203.

[102] 在衡平法上訴訟最初訴狀常稱為 petition，而非 complaint；而法院所下判決常稱為 decree，而非 judgment。參照 Burnham, op. cit., at 238.

之用語或制度。因爲它是原告申請法院命被告爲一定行爲（或一系列行爲）或不爲一定行爲，而與損害賠償之判決不同，法院可在許多不同種類的案件，下禁制之命令，其應用非常廣泛，以下姑舉數例以概其餘：

1. 土地所有人之土地一再受鄰地流水泛濫或空氣污染或牲畜闖入時，可請求賦予此種救濟。
2. 營業秘密被盜用或契約上權利被干擾之人，可尋求此種救濟。
3. 政府機構可請求對私人頒發此種命令，例如該人有違反環保法令之污染行爲或發行違反證券法令之證券。
4. 私人可申請對政府機構或官員頒發此種命令，例如出版商可聲請法院對政府妨害言論自由之法令，或私人請求對行政機關（即獨立行政機構）之措施，進行司法審查。

(二) 聲請禁制令（injunction），與其他訴訟案件不同之處，在於下列

1. 不經陪審。
2. 可在完全調查證據之前，頒發暫時禁制令（temporary injunctive relief）。
3. 法官裁量權範圍極大。

　　禁制令可分爲預備性或暫時性之救濟（preliminary injunction; temporary injunctive relief）[103] 與終局救濟（final relief）兩種，因此與我國假處分只是定暫時狀態之一時處分大爲不同，而終局之救濟對於被害人所發揮之救濟作用更爲寬廣，不可忽視；此點我國法似更欠缺，無法比擬。在終局救濟可附以特定與非常限制性之條件，亦可命被告爲一部金錢賠償與一部矯正措施。

4. 可命在不確定期間或有限期間內執行。
5. 可命被告連續提出證明履行法院命令之報告。

---

[103] 在「暫時性之救濟」（preliminary injunction）中，法院可能先頒發「暫時性禁制令」（temporary restraining order，簡稱 TRO），並可酌情命聲請人提供適當擔保（規則 65）。例如在離婚案件，法院可頒發「暫時性禁制令」，命有暴力之虞之人不可接近其妻。「暫時性禁制令」頒發後，如有必要可再頒發暫時性之救濟。換言之，暫時性之救濟爲暫時性禁制令之擴充。

6. 在衡平法上救濟之訴訟，如敗訴一造拒不履行法院命令時，則構成藐視法庭，可被罰金或監禁。

7. 亦可派一名司法輔助官員來監督被告之履行。

8. 不是一成不變，而可在嗣後配合情事之變遷予以修改。

9. 這些不同的救濟內容，基本上屬於審判法院（第一審）法官之裁量，上訴法院只有在原審有濫用裁量權時，才予以變更。

10. 此外更有所謂「機構命令」（institutional decree），例如命公立學校、監獄，醫院或公司之運作應遵照一定之法律要求。美國法院過去曾發出這種命令（decree），糾正學校之種族隔離作法、監獄與醫院環境欠缺安全與衛生及污染。但也由於此種救濟，致法院增加額外工作，在禁制令有效期間中不啻成為該機構之督察[104]，被人譏為擴充法院角色，撈過界什麼都管。在此種機構命令，如被下令之機構之高層肯合作，則救濟公共設施之違法情事當會成功；反之如不合作，則因執行不易，結果通常會繼續法律上鬥爭，且不免使法院之威信遭受挫折。

五、盛行申請（motions），有利案件之速結

與大陸法不同，美國有特殊的 motion 制度。Motion 一詞，在我國民事訴訟法苦無相當之用語或制度。主要似係由當事人針對程序問題向法院提出聲請，但亦可針對實體問題聲請法院為一定行為之裁定（ruling），其應用機會與範圍異常廣泛。首先被告可提出各種 motions 來刪除原告起訴狀所列與爭點無關以及不重要及重複（irrelevant, immaterial & redundant）的部分。此種自起訴狀刪除不重要資料之目的，主要在防止在審理庭時使用，以免對非法律人的陪審團裁決發生不當影響。

此外被告亦可提 motion，要求原告將起訴狀改得更為肯定與確實（definite and certain）[105]。

---

[104] HAZARD & TARUFFO, op. cit., at 159.

[105] KARLEN & ARSEL, op. cit., at 31. 通常提出 motion 請求之當事人，須連同 motion 提出裁定稿（draft

審理前 motion（pretrial motions）雖常因證據開示過程而提起，但幾乎可對該案任何實體或程序方面提出。典型之審理前 motions，可針對法院管轄權與法庭地，爭訟之範圍、審理前程序本身或案件之實體有無理由等提出，分述如次：

(一) 對法院管轄權提出 motions

被告通常在收到起訴狀之後即可提出。例如，法院因該案訴訟標的金額不足，無管轄權不能受理。又如原告基於當事人為不同州公民之理由，向聯邦法院提起之案件，被告可表明原被告乃同一州公民，因此聯邦法院無管轄權。

(二) 法庭地管轄權

除若干訴訟有特殊法庭地規定，諸如不動產訴訟須在不動產所在地提出外，一般訴訟只能向交易發生地或被告住所地之法院提出，而美國法律衝突法（conflict of laws）上所謂「法庭地不適當」（forum non conveniens）[106]之異議，須在送達起訴狀後立即提出，否則該異議視為放棄。

(三) 有關訴訟範圍之 motion

此種 motion，任何一造均可提出，包括：
1. 增列他人為原告或被告。
2. 刪除不應列為當事人之人。

---

order），法官如同意其內容，則在其上簽名及填上日期。法官亦可自己另行起草裁定（參照 Fine, American Legal Systems: A Resource and Reference Guide 102-103 (1997).）。此種由吾人觀之，會覺得奇特但有創意之作法，不但可節省法官時間精力，且可提高司法效率，值得吾入注意與仿效。筆者在 1968 年左右在紐約留學期間曾在律師事務所打工，曾有不少親送律師打好之 motion 給法官，經法官當面核閱認可後簽字的實際經驗，特誌此以供讀者參考。

[106] 即一個原來有管轄權的法院可由於別州或別郡的法院處理該案較為便利，且對該案有較密切之關係，而拒絕對特定案件行使管轄權。

3. 由於證據之開示取得證據，或因情事變遷，增加請求或法律理論。

4. 刪除請求或法律理論。

(四) 關於程序之 motion

此種 motion 當事人任何一造均可提出，包括針對對造做了不正當行為、或不正當拒絕履行程序規則所定之義務。許多有關證據之開示者，例如：

1. 對開示請求未作答覆，或答覆不完全或草率。

2. 開示之請求過苛，或過於模糊不清，或係要求有特權不能提供之資料（privileged material）。

3. 對造拒不出席原定之證據開示。

4. 對造律師有不當行為，例如妨礙接觸證據，或律師有不當利益衝突。

5. 亦可對法官之行為抱怨，例如法官對該案有利益，或熟悉所涉交易而未自動迴避。

(五) 亦可針對案件實體提出 motion

最重要者為「申請因未陳述請求而駁回其訴」（motion to dismiss for failure to state a claim or for judgment on the pleadings）、申請簡易判決（motion for summary judgment），即要求不經審理，立即判請求之一造敗訴[107]。

關於提出 motion 之方式，在審理前階段，通常係連同法律上理由與引證之文獻作成書面。對造如有爭執，則法官於聽言詞辯論後對爭點下決定。但在審理時 motion 通常係以口頭方式為之。

---

[107]HAZARD & TARUFFO, op. cit., at 109 et seq.

六、採用預審會議制度，加速爭議之解決

在美國對證據開示程序加以補充，而與其相輔相成的機制，還有所謂預審會議（pre-trial conference），此制度是比較晚近發展出來，但已愈來愈重要。即在複雜案件，往往於完成證據開示後與審理庭前舉行此種會議，處理各種實質法律問題、開示爭議及其他程序問題。預審會議通常在法官辦公室舉行，雙方律師出席，由法官（有時由助理法官）主持，其作用在過濾證據開示結果所顯示之爭點，嘗試對雙方不爭執之事實達成協議（稱為 stipulations），將爭點縮小與特定，也可將審理時各造要請求傳喚之證人及要調查之書證加以特定，使將來審理庭進行較有效率[108]。

在此會議法官所下之裁定（order），稱為預審裁定（pretrial order），非該裁定所特定之爭點與證據，在審理庭除特殊情形外，不予考慮。許多案件經預審會議後達成和解。事實上有些法官會積極勸諭兩造和解，使案件不必經審理而告解決，對未和解的案件，也可使以後審理庭進行順暢。

預審會議在聯邦法院是正規程序，但在有些州法院似在複雜案件舉行[109]。

七、其他方面之差異

(一) 案件之處理

雖然美國憲法保障人民有「受陪審團審判之權利」，但其民事訴訟法廣泛地設有不少障礙。事實上原告之案件可由規則 12(b)(6) 准許法官以原告起訴狀未敘述法律上救濟之請求為理由，下被告勝訴之判決（enter judgment for the defendant）。

---

[108] 雖然法院深度涉及預審會議，可能被批評為侵犯當事人程序上權利，但一般認為此乃為了有秩序處理涉及多數當事人與爭點所需，何況法院此種角色在英美以外大多數國家法律制度下乃通常作法。參照 HAZARD & TARUFFO, op. cit., at 122.

[109] KARLEN & ARSEL, op. cit., at 64. 關於預審會議之實際運作情形，在本書第八章〈美國預審制度〉舉出極其生動有趣之實際案例，並有詳盡之描述，讀者幸勿等閒視之。

　　如原告案件通過規則 12(b)(6) 救濟之法律請求（legal claim for relief）之挑戰，法官基於「簡易判決之申請」（motion for summary judgment），認為並無由陪審團斟酌「主要事實之真正爭點」（no genuine issue of material fact）時，亦不送陪審審判。

　　而且即使在審理庭開始，對陪審團提示證據之後，法官仍可把該案自陪審團取走，或甚至准許陪審團下一裁決後，對陪審團裁決敗訴之一方諭知勝訴之判決 [110]。

　　申請指示裁決（directed verdict motion）（規則 50(a)）與申請簡易判決（summary judgment motion）（規則 56）主要在程序上不同。即申請指示裁決是在審理之中提出，且基於在審理提出之證言與物證作決定。反之，申請簡易判決是在審理前提出，而且基於物證，例如證言（deposition）、訊問單（interrogatories）與宣誓書（affidavit）來下決定 [111]。

　　雖然理論上法官在處理兩種 motion 時，須問相同問題，即：反對該 motion 之當事人，是否已提出足夠證據，使合理之認定之事實之人（fact finder，按即指法官或陪審團）可作有利於該當事人之認定，不過許多法院比起指示裁決，較不欲准許簡易判決。

(二) 其他方面

1. 在大陸法系國家，上訴審之判決，通常不表明合議庭其他法官之協同或少數意見，即使法官之中有人反對評議之結果，亦不透露。因認為法官表示其與法院判決不同立場，乃不合倫理（雖然近來已有變遷），且可能影響判決之確定性。
2. 大陸法系法官要求交出文件、商業紀錄及其他證據或命一造身體或財產接受檢查之權力比英美為弱。且大陸法系之司法救濟幾乎限於對被告財產或第三人可代替之行為執行。

---

[110] 又參照本書第八章。
[111] Id. at 232.

3. 英美法官乃職司法律與衡平法合併系統之權威角色。英美法法官可對行為出於惡意或重大過失之被告，下多重損害賠償及所謂概括損害賠償（general damages，即超過實際能證明之損害額）；但在大陸法則很少如此，民刑事之間界線劃分較為嚴格，而道德上可譴責（即惡意或重大過失）之行為是由刑法而非由私法來制裁。

4. 在英美法一人可因藐視法庭被警告受監禁或罰金之制裁，被強迫為一定行為或不行為，此通常被認為有廣大「屬人」（action in personam）之制裁行為，反之大陸法並無民事藐視法庭之制度，而傾向只有「屬物」的制裁（action in rem）[112]。

八、美國若干特殊判決

(一) 缺席判決（judgment by default）

被告通常在傳票受送達後，如不對訴訟加以爭執時，此際原告不必提出任何證明（如請求是特定數目金錢），或在草草證明後（如請求一些別的救濟），法院可下原告勝訴之判決，當然在判決後原告仍須設法尋覓發現被告財產。

許多討債訴訟往往以取得缺席判決而達到目的。很多被告從未收到法院文書或開庭通知，被法院下缺席判決，以致銀行帳戶被扣押執行[113]。因為債權人為增加缺席判決機會，不送達傳票與起訴狀，而由送達人（process server）出具具結書（affidavit）予法院，宣誓已對指定之被告送達，此種送達之具結書被用作對未出庭抗辯之被告取得缺席判決之基礎[114]。此種送達在美國被稱為「陰溝送達」，釀成社會問題，過去不僅在紐約市，而且在其

---

[112] MERRYMAN, op. cit., at 130.

[113] SEYMOUR. JR., WHY JUSTICE FAILS 192 (1973).

[114] Id. at 198; 又 EPSTEIN, DEBTOR-CREDITOR LAW 38-39 (1991)。雖然美國憲法保障所有公民在法律上平等保護，但法律與司法制度有先天性袒護債權人之偏見（built-in bias），與我國法偏於保護債務人不同。例如許多法學院要求學生修「債權人權利」（Creditors' Rights）課程，而極少提供「債務人權利」（Debtors' Rights）課程。

他大都市亦有發生。

(二) 簡易判決（summary judgment）

　　與「異議」（demurrer）或「申請駁回」（motion to dismiss）之形式類似，而實質上大不同的是「申請簡易判決」（motion for summary judgment）。雖然在訴狀（pleading）上作成技術上正確的爭點，但一方當事人可能覺得這些爭點不存在時，可請求法官觀察由宣誓書（affidavits）、文件、證言等所呈現在訴狀背後的眞正事實，以認定是否有值得舉行正式審理庭的爭點。如法官認爲事實上並無眞正爭點時，可下簡易判決，以節省當事人、證人、律師甚至政府之時間與勞費。尤以在陪審審判之情形，更可避免漫長審理庭之程序[115]。當然在發現爭端不值得舉行審理庭之前，已做了相當多準備工作，包括送達訴訟文書、訴狀及提出「申請」（motions）。在理論上簡易判決可用在任何類型案件，且爭點類型亦無任何嚴格限制，但實際上以在契約案件最爲有用，而且常見。

(三) 自認判決（judgment by confession, cognovit judgment）

　　比缺席判決更低廉、更迅速的是所謂自認判決，例如在本票與租賃契約，在若干州法院依據債權人在書面契約載明債務人同意於其不履行時，無需法院事先通知，即可逕下其敗訴判決之條款，而下債務人敗訴之自認判決。當然此種程序需要被告事先表示同意[116]。

九、宣言判決（declaratory judgment）

　　美國法院另一種與禁制令（injunction）類似，且常一起准許的救濟方法是所謂宣言判決。宣言判決係法院基於一造或兩造當事人之申請，不命當

---

[115] KARLEN & ARSEL, op. cit., at 64.
[116] Withers v. Starace, 22 F. Supp. 773 (Ed. New York 1932); KARLEN & ARSEL, op. cit., at 18.

事人為任何行為，而單純宣示當事人之權利，或表達法院對某法律問題意見之判決。揆其性質，似近於我國之確認之訴或確認判決。

此判決之目的係在任何當事人之權利被否認或損害或有此危險之前，確定與宣示現存之權利或利益，使此判決之申請人之權利、地位及法律關係免於不確定與不安定。惟當事人單純意見之爭議，尚不可申請，而須爭議已存在，或如不決定當事人之權利，可能產生此爭議時，始可申請宣言判決。

通常宣言判決是用來確定：契約、地契（deeds）、遺囑或其他書面文件之解釋，或某制定法、市自治法規或其他政府規章之解釋[117]。據云最常見被下宣言判決之案件是某被保險人主張所受損失係在保險單承保範圍內，但保險公司請求確認依該保險單，該人並無此種請求權。此種爭點通常可由被保險人對保險公司訴請金錢訴訟加以解決，但如被保險人未提告訴，而保險公司希望解決爭議時，則宣言判決係取得裁判之適當方法。又宣言判決亦用於請求宣告法律或慣例違憲，而不需下禁止命令（injunctive relief）之情形。因此如原告主張某城市有法規違憲，但對原告並無任何需要禁止命令之立即損害時，法院可下宣言判決，宣告該法規違憲，且宣告原告有權從事何種行為。

十、和解程序

通常民事訴訟當事人有自主權，可以和解來終結爭議。但在若干案件，和解須經法院准許，例如未成年人或法律上無行為能力人、若干受託人（fiduciaries）之請求及集體訴訟。和解亦可在證據開示程序開始前、開示中或預審會議中、在審理庭甚至在審理後、上訴完成前隨時成立。但許多法院有加速和解之程序。其一是和解會議由法官主持，有些還要求主持和解會議之法官，如和解不成立時，不可再主持審理[118]。

在一些州也有一種程序，稱為和解期約（settlement offer），在此種程

---

[117] WEBB, PLAIN LANGUAGE LAW, CIVIL JUDICIAL PROCESS (CIVIL PROCEDURE) 88 (1981).
[118] HAZARD & TARUFFO, op. cit., at 123.

序下，一造可在預審階段以一定數額提出一書面和解要約。此要約如被對造接受，則和解成立。如其不然，拒絕一方除非在審理後取得更佳結果，否則須支付要約一方在要約後進行訴訟之費用，包括律師費[119]。由於律師費通常勝訴一方不能請求，因此此種程序成為和解之一種強大誘因。

十一、審理庭之程序

茲按程序之先後，列舉如下：

(一) 開場陳述（opening statement）。

原告先展現（present）他的案件。所謂開場陳述係指原告律師敘述案件之梗概，使陪審團在他提示證據時易於瞭解。

(二) 原告律師請證人證明所提出之物證或其他附件。

(三) 原告律師直接詰問證人。

(四) 被告律師直接詰問證人。

(五) 原告律師再直接詰問其證人，稱為 redirect。

(六) 被告律師再交互詰問原告之證人。

(七) 申請依指示裁決。然後由被告提示證據，其程序與上述原告一樣。

(八) 被告律師直接詰問其證人，提示證物及其他物件。

(九) 原告律師交互詰問被告之證人。

(十) 被告律師再直接詰問（redirect）被告之證人。

(十一) 原告律師再交互詰問（recross）被告之證人。

(十二) 原告律師駁斥（rebuttal）。

(十三) 被告律師對原告之駁斥予以答辯（answer）。

(十四) 兩造律師對陪審團作終結辯論（closing arguments）或作結論（summations）。

(十五) 法官對陪審團作指示（instruction）。

---

[119] 規則 68。不過如要約人乃被告而贏了官司時，不適用此原則。

捌、判決後與上訴審之特色

一、原則一審終結

如敗訴一造認爲法院在審理庭審理時犯了法律上錯誤，及法官拒絕准許重新審理之申請（motion for a new trial）時，則可向上訴法院上訴。也許最常見之上訴理由是法官採用了應排除之證據、拒絕採用應該採用之證據，或對陪審團未予正當之指示。律師對審理時發生之錯誤，如已對法官提起異議時，則爲日後上訴打下基礎。因此種異議列入審理紀錄，可由上級法院加以審查。上級法院裁判可能要求下級審執行原來所下之判決或重新審理（new trial）[120]。

在大陸法系國家當事人通常有上訴之權利，往往有權在上訴審提出新證據。上訴審法官被期待對事實與法律爭點予以再酌，考慮所有證據，並對事實及其意義作獨立之認定，且須在判決充分分析事實與法律之爭點。不服上訴審判決之當事人通常可進一步向上訴審之上級審上訴，但在美國法基本上上訴訟當事人只有權利上訴一次，上訴權須基於制定法或經法院允許。又英美上訴審並無重新審理（new trial）、亦無陪審審判、也不傳證人[121]，上訴法院通常只考慮法律問題[122]，上訴法院之職責不是在發現原審認定事實之錯誤或對陪審團認定之事實加以糾正，而只基於法律上之理由，審查原審法官是否在准許或不准證據之採用或對陪審團作了錯誤指示等方面犯了法律上錯誤。

各州上訴程序有出入（根據各州聯邦上訴程序規則，Federal Rules of Appellate Procedure），上訴人通常須送 25 份上訴理由狀〔即所謂「主要意見書」（principal brief）〕予法院，兩份予各當事人之律師，被上訴人亦需提出相同數量的書狀[123]。

---

[120]CARP & STIDHAM, op. cit., at 207.
[121]FARNSWORTH, AN INTRODUCTION TO THE LEGAL SYSTEM OF THE UNITED STATES 98 (1983).
[122]MERRYMAN, THE CIVIL LAW TRADITIONS 128 (1969).
[123]CALVI & COLEMAN, op. cit., at 88.

二、上訴原則不停止判決之執行

　　與我國法不同，當事人提起上訴，在美國並不當然停止判決的強制執行，因爲法律賦予原審審判法官決定是否停止執行之權。而且值得注意的是：被告如欲停止執行，需提出法官准許之一定金額之擔保（稱爲superhedeas bond），由被告與其保證人擔保於上級審法院維持原判決時，負責支付原判決所定之金額。又上訴法院只有權力審查原審法官的裁定（rulings）有無濫用裁量權而已[124]。

三、勝訴判決自動取得留置權

　　美國法律對於原告在第一審法院勝訴判決，有一特殊的留置權制度即幾乎所有州都對勝訴判決在制定法上賦予債權人（此時稱爲判決債權人judgment creditor）在債務人（此時稱爲判決債務人 judgment debtor）財產上創設一個留置權（此時稱爲留置權 lien、或判決留置權 judgment lien）。此種留置權在債務人有財產，但不足清償所有債權人時特別有用。因有無優先之留置權（原則上按成立時間先後，定其優先順序）對債權人關係重大，可能完全受清償或得不到分文[125]。

　　不過下判決本身不一定就自動創設一個留置權。有些州規定需由財產所在地之郡的書記長（clerk of the county）於判決登記（docketing）後，才產生留置權〔登記之行爲通常由郡書記長在一定簿冊上按債務人姓名登記判決（entry of judgment）〕。

　　判決留置權在債務人所有財產上產生概括的留置權。在有些州，判決留置權之效力及於不動產與動產二者，大多數州則限於不動產，也就是債務人所有之不動產；在需登記的州，則及於各郡已登記判決之債務人所有不動

---

[124] 規則 62，KARLEN & ASEL, op. cit., at 121.

[125] Burroughs, *The Choate Lien Doctrine*, 1963 Duke L.J. 449 (1963); Comment, *Priorities of Creditors under Judgment Creditor's Bills*, 42 Yale L.J. 919 (1933); 又 GREEN, op. cit., at 197; 又 KARLEN & ARSEL, op. cit., at 117.

產上。而且在大多數州裡，此種留置權效力還及於債務人嗣後所獲得之財產。如債務人將該財產出售時，留置權存在於受讓人所取得之不動產上，受讓人的債權人不能就其出售之價金主張權利。不過關於此種留置權對於債務人嗣後所取得財產（after-acquired property）之優先權，其先後順序如何，各州有不同見解。例如：甲乙 2 人先後對債務人丙登記勝訴判決，則對於丙在判決之後所取得之不動產，甲乙 2 人留置權究竟以甲爲優先，還是同一順序，各州有不同作法，而以同一順序占多數。關於如何執行此種判決留置權，各州亦有出入，有些州只有透過取消抵押人回贖權程序（foreclosure proceeding），有些州則需依執行令（a writ of execution）對該財產扣押與出售（levy and sale），有的州可在此二者之間選擇其一 [126]。

美國因係聯邦國家，管理制度複雜，如債權人在甲州雖取得勝訴判決，但被告在該州並無資產時，原告須在可發現被告資產之別州，基於原判決再提起訴訟（sue again on the judgment）。

四、第三審訴訟費用一律與訴訟標的價額無關

在我國第二審判決上訴所得受之利益須逾法定價額，才可上訴第三審。反之在美國上訴第三審與訴訟標的多寡無關，視案件所涉問題之重要性而定。因此雖標的金額小，但攸關公益之案件能夠上訴，且事實上常被終審法院接受，而與我國訴訟標的之金額或價額未達標準，即不能上訴不同，此點美國法自較我國法合理公平。因 10 萬元對貧民言，其價值與意義可能比 1,000 萬元對富人更爲重要，法院更須斟酌。在我國制度下，標的小但影響深遠之案件，可能永遠摒擋於第三審門外，委曲永無平反之日。因此我國法似有參考美國法修改之必要，固不待言 [127]。

---

[126] 參照 Epstein, Debtor-Creditor Law (in a Nutshell) 42 et seq (1991).
[127] 同説，施智謀，司法社會任務——訴訟費用之減徵，中央日報，1990 年 3 月 15 日，第二版。

五、有藐視法庭制度，便於發現債務人財產與強制執行（補助程序 supplementary proceedings）

原告為發現被告之財產，可在下判決後強制執行未成功時，利用此程序。即如原告〔債權人（judgment creditor）〕不能發現被告應受強制執行之財產，但相信被告有能力支付時，如能對法院合理釋明，法官可命被告在所謂「補助程序」（supplementary proceedings）出庭。此時原告可對被告交互詰問，以查出被告的財產與財務情況；如有事實根據，法官可命被告按週或按月支付所命之金錢給付。如被告違背命令，則可認為成立藐視法庭，甚至將他監禁。此種程序雖曾被人攻擊，認為因債務受監禁係屬違憲，但正如民事藐視法庭可科徒刑一節，已被法院支持，認為並不違憲一樣，亦被法院以同一理由予以支持，因被告可隨時讓自己釋放[128]。

換言之，美國法原則上比我國較不保護敗訴之債務人，而有種種機制保護債權人，因此其強制執行程序較我國簡便快速，其強制執行法律遠非我國那麼複雜。

反觀我國債務人往往設法脫產，使債權人債權得不到滿足，以致原告勝訴往往只獲得一紙判決，反賠了訴訟費。強制執行法雖有規定：執行法院得依職權或依聲請命債務人報告財產狀況（第 20 條），其有隱匿、虛偽報告或處分財產等情事，可予以管收（第 22 條）；但此等條文實際上似僅聊備一格，有無確實執行及實效如何不無疑問。尤其遺憾者，朝野關於強制執行之實況迄今似無實證之調查報告。由於法律機制不備，以致不少債權人受到委曲後，不是忍氣吞聲，就是訴諸法外方法討債，於是增加了社會憤懣之氣，助長了黑道之囂張（美國討債公司 collection agency 較受到法律之規範），更構成治安上之問題。

---

[128] Reeves v. Crownshield, 274 N.Y. 74, 8 N.E. 2d283 (1937); GREEN, op. cit., at 197 et seq.; KARLEN & ASEL, op. cit., at 17-18. 關於美國強制執行之詳情，又可參照楊崇森，遨遊美國法第二冊，附錄四〈美國收取債權與預防紛爭之制度〉。

六、上訴審昂貴且非重審

(一) 美國上訴審與我國不同,受到法律與財力之限制,上訴案件數目少(在聯邦最高法院每年約受理 200 多件)。財力限制方面,除非上訴人無資力,否則須向上訴審法院呈遞一套打印好的事實審訴訟紀錄(printed record)與很多套印好的上訴狀[129],讓上級法院各法官閱讀,瞭解上訴人所提問題。上訴狀有時包括整個證言之紀錄(龐大資料,因逐句記錄),及提出書面全套辯論意見,指出原審判決應廢棄或維持之理由,包括引用法院先例。有時除了法律資料外,還包括大量經濟、社會與統計數據。有了律師這些書狀(brief),美國法官可免於沈重之查閱資料(research)工作,有時不啻在律師所提相反意見中選擇[130]。由於律師費與印刷費甚為昂貴,致當事人除非翻案機會多,否則往往放棄上訴。

(二) 第一審審理後之判決,其法律爭點固然受到上訴審之審查,但對事實爭點則審查範圍有限。反之在大陸法系,一審法院判決受到第二審廣泛之重新考慮,對法律與事實之結果是否公正負責[131]。

　　如上訴人上訴勝訴,上訴法院通常將原審法院判決作某種修改,亦可能命舉行再審(new trial)或將案件發回,連同命令修正原下級法院判決。

　　如上訴成功,被上訴人須負擔上訴費用,除非法院另有命令。惟上訴最高法院有限制,因此對大多數訴訟當事人而言,上訴法院第二審裁判後訴訟即告終結。

---

[129] 除非上訴人無資力,以貧困為理由(appeal in forma pauperis)申請上訴審法院准予不印刷上訴文件,改以打字之謄本代替。參照 READER'S DIGEST, You and the Law 128 (1973).

[130] KARLEN & ARSEL, op. cit., at 135-36.

[131] HAZARD & TARUFFO, op. cit., at 125.

(三) 上訴最高法院之方法如下：

1. 依法有權上訴：例如某州法律，如因與某聯邦法律或條約或憲法本身牴觸，被宣告違憲時，則該州可向最高法院上訴，但實際上最高法院可拒絕進一步斟酌案件之實體，而以「欠缺實質聯邦問題」（lack of a substantial federal question）之理由駁回。因什麼構成實質聯邦問題，純由法官加以裁量[132]。

2. 上訴經由「調取審令」（writ of certiorari），即最高法院命下級法院將案件檔案呈送最高法院審閱。

3. 經由「上訴複審簽認」（certification），即下級審對某法律問題裁判前，先呈請最高法院澄清，惟此種方式事實上頗為罕見[133]。

(四) 所有第三審法院意見書完全出版，（不問由官方或私人公司）都是迅速與有系統〔判決連同完全頭註（眉批，headnote）、加上詳細摘要（digest）、索引與所引案件一覽表〕[134]。

美國法院判決書篇幅往往很長，10 頁、15 頁或 25 頁不算稀奇，詳細推理與附上權威之引註（citation）、法規規定與先例。法官自己不必尋找所有權威依據，因大多由律師在書狀提供。

玖、訴訟構造複雜

一、聯邦制使民事訴訟之複雜性加深

美國是聯邦國家，聯邦有聯邦的法律與司法系統，各州有各州的法律與司法系統，致加深了民事訴訟之複雜性。因為不但各州與聯邦法院常常對同一地區有管轄權，而且 50 州之立法與司法制度並行。因此案件之當事人、交易或事件（occurrence）涉及不只 1 州時，法律適用與法院管轄常常發生

---

[132]CALVI & COLEMAN, op. cit., at 90.
[133]Ibid.
[134]KARLEN & ARSEL, op. cit., at 141 et seq.

重疊，而使若干案件之訴訟變成非常複雜。其主要內容如下：

　　第一是屬人的管轄權（personal jurisdiction）之原則。該原則決定哪個法院有權審理特定被告之民事案件。屬人的管轄權通常係基於被告與原告在哪一州提起訴訟在地域上的關係而來。

　　第二是所謂「法庭地不方便」（forum non conveniens）之原則。依此原則，一個原來有管轄權的法院可因別州或別郡處理該案較爲便利，且對該案有較密切之關係，而拒絕對特定案件行使管轄權[135]。

　　第三是各州之間承認別州法院判決之原則，這原則有時依照聯邦憲法條文用語，而稱爲「full faith and credit」（即充分承認之意）。

　　第四是「法律之選擇」（choice of law）問題，即如對某案可適用 2 個州以上的法律時，須決定法院在實體方面應適用何種法律之問題，此部分問題涉及州際法律衝突（conflict of laws），最爲複雜[136]。

　　由於法院管轄常常發生重疊之結果，律師有時想將案件提交可能對其當事人有利之法院審判，或避開較不利之法院。例如，一些同時涉及違反州與聯邦法律的犯罪，通例由聯邦追訴主要違法行爲，而讓州辦理較次要追訴工作。又在民事訴訟，當事人亦可選擇向對他可能有利的法院起訴（稱爲「尋覓有利之法院」，forum shopping）。對於聯邦法院有管轄權之案件，訴訟當事人亦可選擇向那個聯邦法院起訴。例如，石油與天然氣業者，較喜歡在第五巡迴法院訴訟，因該法院歷史上比較支持該種企業。反之，消費者團體較喜歡在哥倫比亞特區上訴法院提起，因該法院歷史上比較支持消費者。此外，過去在專利訴訟方面，對於聯邦地方法院判決之上訴案件，全國 8 個巡迴上訴法院都有管轄權，致當事人也選擇歷史上對他比較同情的上訴法院。後來專利上訴案件改制，新設聯邦巡迴上訴法院（the U.S. Court of Appeals

---

[135]依照該原則，某案即使符合管轄權與法庭地之要件，法院如覺得該案無合法理由在該法院提起訴訟時，可拒絕受理。在實施此裁量權時，法院會考慮對兩造與證人相對不方便之程度、該案與法庭地之接觸、政府審理該案之花費等因素。參照 GREEN, op. cit., at 54.

[136]BURNHAM, op. cit., at 244 et seq.

for the Federal Circuit, CAFC）專門管轄專利上訴案件 [137]。又選擇法院之重
要性可由 Pennzoil 公司爭執德士古（Texaco）石油公司併購蓋弟石油公司
（Getty Oil Company）之訴訟為例。Pennzoil 公司主張德士古石油公司妨礙
它與蓋弟之談判，而向一個德州地方法院控告德士古（Pennzoil v. Texaco,
1985）。德州陪審團同情原告，判給 Pennzoil 龐大的 105 億美金賠償金。
有些專家批評德士古當初不該讓對造在該州法院，而應該在聯邦法院提起訴
訟 [138]。

二、有陪審制度

陪審制度之存在 [139] 對英美民事訴訟之型態有深刻之影響：

(一) 採集中審理主義

在英美民事訴訟，由於採陪審審理，在訴訟過程中，如聽任陪審員或證
人不到，延期開庭或重開，會發生許多不便與費用，故須採集中審理主義，
在特定時間將當事人、律師、法官及陪審員一次集中，解決爭議，致審理庭
之準備與舉行，成為關係人之大事。

反之，在大陸法系國家，由於無陪審審理，故無須採集中審理主義。

---

[137] 楊崇森，專利法理論與應用，頁 30，三民書局。

[138] NEUBAUER & MEINHOLD, op. cit., at 120-21.

[139] 陪審制度在歐洲一度受到法國大革命的鼓舞，為許多大陸法系國家所採用，惟今日除了俄羅
斯與西班牙陪審復活外，多已廢止多時。但即使在大陸法系國家，非法律人參與案件決定之
現象仍頗為普遍。例如，在法國與奧地利在若干刑事案件，准許某種陪審審判。在德國有參
審制，由法律人與非法律人之法官組成混合法庭一起審判。使用非法律人為法官之目的，
在增加觀點之多元性，擴大決策之責任，將正義之常識帶進法律制度裡。但美國與歐洲各
國不同，陪審適用之範圍非但未受限制，反日漸擴大。在 1938 年以前，美國最高法院解釋
陪審審判權利只限於基於傳統普通法之損害賠償訴訟。到了 1940 年至 1980 年期間，經由
一系列判決，陪審審判之權利被擴大到大多數新的制定法上賦予之權利及許多聲請禁制令
（injunction）之案件。同時大多數州法院也擴大陪審審判之對象，尤其在損害賠償案件，以
致除了家事案件、遺產管理及破產案件外，在大多數民事訴訟當事人都可享有陪審審判之權
利。參照 HAZARD & TARUFFO, op. cit., at 207. 按日本已於 2009 年 5 月開始實施陪審制度，值得
注意。

典型之作法是每次開庭所作之訴訟行為多限於某一點，在言詞辯論前，當事人可隨時提出證據與防禦方法，證據調查易流於零星散慢，法院對屢次審理之結果記憶難免淡薄，對於證人、鑑定人之陳述，勘驗之結果，只有仰賴筆錄之記載，尤以法官更迭之情形為然。換言之，民事訴訟實際上乃一連串之開庭及律師與法官之間書狀來往、提出證據，或申請調查證據及法官作決定等。尤其律師欲傳喚之證人或詰問之問題須先提經法官允許，影響在開庭時詰問與證人之回應，不似英美對證人以立即言詞與迅速之詰問與交互詰問之方式為之。由於缺乏集中審理，故難免影響訴訟之迅速與裁判之正確妥適，而英美法下證據開示（discovery，即事先取得對造證人與證物之資訊之程序）與預審會議（即與對造律師與法官過濾爭點）變成無甚必要[140]。

(二) 證據法

英美法與大陸法在證據方面有重大不同，主要是由於採陪審之關係。因為了防止陪審團被不可靠之證據所誤導，故設有許多排除證據之原則，對證據有無證明力，即是否「可採用」（admissibility）加以限制，甚至完全將若干證據排除在外，而不讓陪審員斟酌[141]。

(三) 對陪審制之批評

對陪審制之批評為較欠缺效率、費用高昂、質疑陪審團正確判斷案件之能力。但事實上：

1. 在所有民事案件中，百分之九十不經開庭審理而結案，只有百分之十經過審理，且其中只有一些案件由陪審審判。
2. 且調查顯示：陪審團評議之正確性，可由於增加陪審員社會成分之多元性而增加，比增加其平均教育水準更為重要。

---

[140] 我現行民事訴訟法於民國89、92年大幅修正，已部分擷取英美制度之精神，惟尚未貫徹。
[141] KARLEN & ARSEL, op. cit., at 83; HAZARD & TARUFFO, op. cit., at 132.

3. 上述針對當事人對立主義之改革措施，使陪審審判效率已有提升。

4. 在陪審審理前由法官實施較強力之監督，使當事人對較多爭點達成合意，而留較少爭點由陪審團判斷。

5. 陪審團使用特殊裁決（special verdict），可改進陪審之效率。

6. 審判法官可大力限制提出不必要之證據，甚至可排除有關聯之證據，以防止「不當之延滯、浪費時間及不必要之證據一再提示」〔參照 FRE（聯邦證據規則）403, FRCP 16〕。

7. 由於陪審團之存在，使美國的民事審判在當事人之間，產生稍微平等的結果。因陪審員在有力之公司或州政府與貧窮當事人之間，較可能同情弱者。且事實上較無資力之當事人的律師，也經常利用他們當事人低微社會地位，在陪審審判發揮相當效果。雖然如此，但不容否認：財力之不平等仍然是美國法庭面臨問題之一。無怪乎學者以為：「一個人得到何種正義，取決於他有多少財力。」（What kind of justice a person gets depends on how much money he has.），也許在某程度是美國民事訴訟的真實寫照[142]。

(四) 陪審之實施

1. 陪審團之人數

在美國民事陪審團少於 12 人，且非全體一致之裁決，為聯邦憲法增修第 7 條所許可，且在聯邦與州法院民事案件所常見。各州所定達到勝訴裁決之人數不一，自 12 人一致（9 州）至 6 人陪審團中 5 票（6 州），以及一個 8 人陪審團中之 6 票（有 5 州）不等[143]。

2. 陪審員資格之審查（voir dire）

法院自陪審員名簿中傳喚一群人，在公開法庭查詢他們是否具備陪審員的一般資格，此種程序稱為 voir dire（說實話之意）。原告與被告律師向候

---

[142] BURNHAM, op. cit., at 117.

[143] BURNHAM, op, cit., at 235.

選陪審員詢問一般性與特定問題，包括是否該州公民？能否瞭解英文？他們或其家屬是否因犯罪有人被審判過？他們對該案有無看過任何報導或已形成任何意見？

在進行 voir dire 時，原告與被告有兩種目的，其一是剔除名單上所有有明顯理由，可能對該案不會公正裁判之人。常見的例子是法律規定欠缺擔任陪審員資格之人，或是參與審理之人之朋友或親戚，以及公開承認對該案有強烈成見之人。對此類陪審員之剔除，稱爲「附理由剔除」（challenges for cause），此種剔除之人數不受限制，由法官決定這些剔除是否有效。第二種目的是律師剔除以爲對他當事人可能不利之陪審員，即使並無明顯理由存在，稱爲「不附理由剔除」（peremptory challenge），各造有一定人數可請求法院剔除而不附理由。

問話與剔除之過程一直繼續到所有附理由剔除，以及不附理由剔除人數用光（額滿）或放棄，然後 12 人陪審團（有些州爲 6 人）於焉組成。在一些州也挑選候補陪審員（alternate juror），他們一樣出席審理庭，但只在原始陪審員不能參與程序時，才參與裁決的評議。陪審員一旦選定後，在法官或法院書記官長主持宣誓下就職。

3. 陪審團之角色

陪審團決定事實爭點，法官決定法律爭點，但法律與事實之間界線並不明確，例如陪審團對某一事實爭點之決定是否合理，本身就是法律爭議，而由法官決定[144]。

在陪審員審理之角色可以消極二字形容，其任務是注意聆聽兩造對立律師的演出，然後根據證據下判斷。通常不准問證人或法官任何問題，甚至不能將訴訟程序記筆記。不過這不是出於憲法或制定法的禁止，主要是美國法院傳統習慣使然。因爲當事人對立主義（adversarial）之司法型態，要求律師在審理扮演主要角色，法官與陪審團只擔任冷靜的觀察員。

---

[144]FARNSWORTH, op. cit., at 103.

不過並非美國所有審判法院都遵守此種規範，在晚近許多法官已准許陪審員更積極參與，包括准許陪審員記筆記[145]。但上述例子只是對陪審員消極規則的例外。因有些律師擔心陪審員的問話會使他們精心規劃的審理發生錯亂，而置證據規則於不顧，或將陪審員自中立之觀察員變成某一造的辯護人。雖今日「陪審團自由化」活動尚在實驗階段，但有名公法學者晚近所作數個研究，強烈建議陪審團積極作為的人數超過反對說，甚至一些參與這些研究的律師也承認陪審員若提出問題，可以協助他們發揮他們的演出。因此讓陪審員在審理程序扮演較大角色的運動已日益發展[146]。

4. 法官對陪審團之指示

法官在審理主要功能之一是在兩造結束案件的辯論後、審理結束前，對陪審團做指示（instruction）。惟法官通常不對陪審團溫習整理證據，而將該功能讓辯護人去做。在無陪審團之案件，法官聽取辯護人之辯論，但不須在下裁判前，對證據為概括說明（recapitulate）。

法官雖可在審理開始時，對陪審員之職責做若干指示，但法律上之指示則於該案所有證據提示（presentation）結束後為之，通常是在律師終結辯論（closing arguments）之後。雖然陪審團的任務是評估、考量案件的事實，但法官必須對法律的意義與如何應用法律，指示陪審團。法官指示應包括程序與實體兩種。程序指示諸如何人對不同爭點有舉證責任、何謂「有相當優勢之證據」（preponderance of evidence）、非難（impeach）證據之效果、陪審團如認為某證人做虛偽證言時其效果如何等；在實體指示方面，包含原告之訴因（cause of action）與被告抗辯之法律要件。例如，在人身傷害訴訟，法官之指示應包含過失侵權行為（negligence）、相當因果關係、與有過失等之定義如何，以及如陪審團裁決原告勝訴時，正確評估原告損害之各因素。按許多上訴係以法官對陪審團之指示有錯誤為理由。此項指示是否需

---

[145]CARP & STIDHAM, op. cit., at 178. 關於美國陪審制度的新發展情形，又可參考本書第九章〈美國陪審制度的最新發展〉。

[146]CARP & STIDHAM, op. cit., at 179.

要作成書面，唸給陪審團聽，還是可以口頭指示，實務上有不同作法，但大多數州都採口頭指示之形式。實際上都由律師協助法官草擬指示（通常不在陪審團面前，而在法官辦公室會商）[147]。如法官對陪審團之指示有下列情形時，則犯了判決可廢棄之錯誤（reversible error）：

(1) 怠於包含正當請求之事項。

(2) 將已提出正當異議之不當請求包含在內。

(3) 其他法律之錯誤說明。

法官錯誤之指示通常不構成判決發回之理由，除非律師已提出正當之異議，因錯誤可能出於法官無心之過，如提醒法官注意，有可能更正[148]。

5. 陪審團之評議

陪審團之評議完全隱密，不准外人在場。在評議中可要求法官澄清法律問題，可看證據或審理紀錄之選定部分，不可參考其他文獻，包含法律辭典或法律書刊，亦不可斟酌公開法庭上未提示及採納（admitted）之證據。如能證明陪審團有此行為，則陪審團之裁決可以廢棄。例如在某車禍案件，陪審員擅自去車禍現場巡視，或違反法官告誡，閱讀有關該案新聞報導，則裁決不能維持。又裁決代表陪審員在合理討論、分析與理性決定過程後之協議。如裁決不能成立協議，則法官應宣布「審理無效」（mistrial）。又陪審團不宜由丟骰子或銅板來打破不能成立裁決之僵局。同理，陪審團也不宜下一商數（平均數 quotient）之裁決。在人身傷害案件常有陪審員一致認為被告應對原告賠償，但對其數額有歧見。此時陪審團主席（foreman）可建議各人在紙條上寫上他認為適當之數額，加起來除以 12（人）。如以後陪審員對該平均數同意，則不成問題。但如事先同意受商數約束，則裁決無

---

[147] 法官的指示可以偏袒某一方的方式起草。例如，如被告被控侵占罪，法官偏向無罪，可能予陪審團侵占一詞較狹的法律定義，使得陪審團難於下有罪裁決；同樣如法官傾向判被告有罪，對侵占法律較廣義討論，可能使陪審團易於判他有罪。原來兩造律師都深知法官的指示可能暗示陪審團思索之方向，因此常常在調查證據結束前，各向法官提出他所擬的一套指示，要求法官採他的版本向陪審團宣讀。法官可能選其中一套或另擬一套（也許根據他們提供或過去使用的一套）指示。參照 CARP & STIDHAM, op. cit., at 179，又參照規則 s 51。

[148] GREEN, op. cit., at 168.

效。其理由是由於在紙條上寫不合理數字，會導致由本來無人會同意之商數數字，來控制裁決[149]。

　　關於陪審團之隔離，亦有一提之必要。在英國陪審團早期歷史，陪審員一旦被選上，被庭務員（bailiff）監禁，直到下判決由法官解散爲止。此種慣例，今日除了非常有名之刑事訴訟外，已被放寬。在大多數情形，在他們退庭評議期間，要關起來之習慣也已停止。惟法官仍可在適當案件命加以禁足。通常陪審員在晚上可准回家，在訴訟長期休止期中亦然，惟被命勿與人談論該案或閱讀報紙對該案之報導。在重大或社會關切的案件，可命在當地旅館過夜，避開公衆耳目[150]。

　　如法院預期陪審團不可能在正常法院上班時間協議成立裁決時，可能指示要做一個「密封的裁決」（sealed verdict）。陪審團於裁決成立後，放在封好的信封內交給庭務員（bailiff），以便陪審團回家過夜。不過翌日上午當場向法官提示裁決時，須全體出庭，除非在公開法院內所有陪審員合意，傳統上不能生效。因此如當晚其中有陪審員死亡或改變主意時，則裁決在法律上不能生效。當向法院回報裁決時，書記官長或法官常常逐一要陪審員確認是否同意所唸的裁決（poll the jury），以防錯誤或誤解，且給陪審員最後表示不同意見之機會[151]。

6. 陪審團之裁決

　　陪審團之裁決可分爲概括裁決（general verdict）、連同提具體問題答案之概括裁決（general verdict with interrogations）及特別裁決（special verdict）三種。在概括裁決，陪審團只宣布哪一造勝訴；又如原告勝訴，所給救濟之範圍。在連同提具體答案之概括裁決，除了下一概括裁決外，又須答覆法官所提該案關係重要之若干特定問題。在特殊裁決，陪審團只答覆法官所提特定事實之問題，但不下概括裁決，而由法院依據陪審團答案下終局

---

[149] Bardessono v. Michels, 3 Cal. 3rd 780, 91 Cal. Rptr. 760, 478, p. 2d. 480 (1970); 此點似與我法院組織法法官就數額評議有歧見時，所定之原則不同。又參照 GREEN, op. cit., at 180.

[150] 參照 CARP & STIDHAM, op. cit., at 181；Fredenthal & Miller on Civil Procedure, at 298.

[151] GREEN, op. cit., at 181.

判決。茲分述如下：

(1) 概括裁決

概括裁決之主要優點是簡明，法官不必起草要陪審團答覆特定問題，而主要仰賴陪審員之一般常識。法官與後來上訴法院法官只能假設陪審團已斟酌法官所指示該案之各個層面。故陪審團可撇開法律技術細節（technicalities）與嚴格遵守可能導致不正義之過時法律原則，而自一般證據印象，自由決定該案之結果。

由於英美法有陪審員不得以評議期間發生之事故來攻擊（或非難 impeach）裁決之原則，而強化了陪審團此種「實施正義而置法律於不顧」（to do justice in spite of the law）之權力。由於此等優點，所以大多數案件都用概括裁決。但概括裁決之缺點是可能開啓只根據情緒恣意裁判之門，因陪審員可能無視於過時或不合理應修改之法律原則，且易鼓勵當事人提起法律根據不足之情緒性訴訟，且有無法確知陪審團如何決定特定爭點，致對避免不必要重審沒有助益之弊。

(2) 連同提具體問題答案之概括裁決

此種裁決之優點是具有概括裁決之許多優點，同時由於要求陪審團認定特定事實及綜合印象，使陪審團能正確考慮證據之關鍵部分；尤其在事實較為單純，但含有強烈情緒因素之案件為然。其缺點，第一是不易起草不模稜兩可之問題，當問題是概括性質，例如只問一造是否過失時很簡單，但問詳細事實則相當艱難。由於模稜兩可問題可能導致成功的上訴，許多法院不欲使用。其次是當特定問題之數個答覆彼此不一致或與概括裁決不一致時，會傷害人們對司法程序之信心。如陪審團所下概括裁決與對問題之具體答案矛盾不一時，則以答案而非裁決為準。法院可接受其答案，或依其裁量權要求陪審團重新考慮該裁決與答案，或准許舉行重新審理。又如法官認定理性之人不可能下陪審團所下之裁決時，亦即對問題之一答案與概括裁決矛盾，且又與另一問題之答案不一致時，法院只有命重新審理[152]。

---

[152] 規則 49；又 FRIEDENTHAL & MILLER, op. cit., at 297.

(3) 特別裁決

此種裁決之優點是可指導陪審團要決定之目標，簡化陪審團之任務，尤其在複雜案件，可使陪審員瞭解他們要做什麼，削減陪審團許多錯誤之源頭。特別裁決可消除陪審員基於情緒而做決定，因為此時陪審員不能下綜合裁決，只指出哪一造勝訴。理論上特別裁決優於概括裁決，但其缺點是要法院起草不模稜兩可，且不遺漏該案每一層面的問題[153]，實際上頗多困難。常常一個問題包含潛在的含糊地帶；而且假設有一事實發生爭議，難題可能到要下裁決時才發現。有時陪審團表列問題，要求法官進一步指示，而使法院為難。因此時為了避免暗示哪一造會贏，而以不影響將來陪審團評議之方式來更正某問題。而且問題起草不適當，會導致重新審理。又在特別裁決，亦會發生陪審團答案彼此不一致之情形。

有時法院與當事人對案件某一重要爭點忘了請求陪審，或未解答陪審團提出之任何疑問。對此難題法院之解決方式是認定對方就被忽略之爭點拋棄由陪審團審理之權利，而讓法官自己決定。當然如法官拒絕當事人一造之請求，將可能影響該案結果之某爭點未交付陪審團審理時，此種錯誤可能導致判決之廢棄[154]。

7. 陪審員對裁決之非難

在裁決回報給法官，經法院接受與記錄後，陪審團就被解散。現問題是：陪審員可否舉證表明裁決錯誤或以不正方法達成，來推翻或非難（impeach）原裁決？英美普通法原則是陪審員可提出切結書（affidavits）來改正純粹筆誤（clerical error），但不可以切結書證明陪審團有不正行為來推翻裁決。該原則在古時之理由是，陪審團於宣誓忠實審理案件以後，不准由假裝違反職務來嘲弄所下之裁決。

更實際之理由是：如不如此訂定，一個貪污的陪審員會使全體陪審團工作作廢，有損陪審制度之安定。此外，陪審員犯了不正行為，除非以切結書

---

153 例如包含「原告是否享有他所聲稱被被告侵害之唱片著作權」等數問題。
154 Friedental & Miller, op. cit., at 295.

提出，否則很難證明。現代實務趨勢是將所謂「固有」（inhere）裁決之事項與其他事項加以分別，而非一律嚴格適用普通法原則。換言之，陪審員主觀之不正行爲，例如不同意裁決，或不瞭解或誤解法院之指示，或受到其他陪審員之不正影響，不可提出切結書，而審理時之不正行爲則可提出，例如擅自至現場巡視，與證人交談之類[155]。

8. 法官按陪審團之裁決下判決

如法官提交之問題，係概括裁決時，通常陪審團之裁決係採取一種結論性的形式，例如「我們認爲原告應得 5 萬元美金」，或「我們認爲被告有理」。然後法官幾乎都按裁決下判決，而不須說明或附理由[156]。

如法官不滿裁決時，如後所述，他可將其廢棄（set it aside），並命重新審理（order a new trial）。如他認爲理性之人（reasonable men）無法獲致陪審團的結論時，亦可「不理裁決，改下相反之判決」（enter judgment notwithstanding the verdict）。反之在特別裁決，法官仍有責任將法律應用到所發現之事實，並就哪一造勝訴下結論。如陪審團所下賠償額明顯違反證據時，法官可增加賠償額，稱爲 additur；在賠償額過高之情形，可減少其數額（但有反對說），稱爲 remittitur[157]。

9. 裁判後當事人之救濟方法

在陪審團下裁決後，不服之當事人有許多救濟途徑：

(1)如他認爲法官可能認定理性之人不可能下陪審團所下之裁決，亦即按照在審理所提之事實，及對該案應適用之法律標準，認爲該裁決爲不合理時，則可提起「不理裁決，改下相反之判決」（motion for judgment notwithstanding the verdict）之申請。

(2)如他認爲裁決與證據不符時，亦可申請重新審判（motion for a new trial）。即如法官認同所提證據不能支持陪審團所下裁決時，會准許其申請。

---

[155] GREEN, op. cit., at 182.
[156] HAZARD & TARUFFO, op. cit., at 90.
[157] GREEN, op. cit., at 188-89.

(3)聲請重新審判（motion for new trial）。如在審理庭犯了嚴重之程序上錯誤，包括：①一造當事人或其律師之嚴重不正行為，例如製造騷動或做了重大不公平陳述；②陪審員之不正行為：例如使用個人對事實之知識；③法官之不正行為：諸如發言無節制；④此外尚有外界之干擾，例如一個局外人企圖影響陪審團；此時當事人可申請法官重新審判。如經法官准許，則該案要重新審理，惟只有重大之干擾（disturbance）才能重新審理，在民事訴訟並不常見。此外如法官認為裁決違反證據之比重（against the weight of evidence）時，也會准許重新審判 [158]。當然重新審判亦可能基於許多其他理由，例如所准損害賠償額過巨或明顯不足，發現新證據，及舉證錯誤等 [159]。

(4)如判決有書寫錯誤、發現新證據或由詐欺取得判決時，則敗訴之一方亦可申請免於判決之救濟（motion for relief from judgment）。

拾、結論

從以上所述，可知美國民事訴訟制度異常複雜，雖亦有若干問題，但大體上運作良好，尤其下述數點值得注意：

一、證據開示機制對原告較為有利

現代美國民事訴訟法始於 1938 年採用聯邦民事訴訟規則（Federal Rules of Civil procedure）。過去較古老的普通法與所謂 code-pleading 程序被批評為不公平，原因之一是原告要取得握在涉嫌不法行為人手中的證據欠缺足夠管道。

(一)該聯邦規則將過去對原告之要求作了重大的簡化，且大大擴張一造自對造取得證據之機會。其結果原告基於強烈的懷疑，在取得完全補強

---

[158] HAZARD & TARUFFO, op. cit., at 146.
[159] CARP & STIDHAM, op. cit., at 207.

證據前，即可提起民事訴訟。

(二) 該規則又擴大證據開示（discovery）之範圍，使雙方爲了獲得對造的資訊，在審理庭前詰問證人，包括對造，以發掘各種證據。此種擴大兩造證據開示之結果，大體上對原告比被告爲有利，此點與我國不同。

(三) 加上受到法規准許寬大賠償金及將賠償金一部分給原告律師作爲成功酬金（contingent fee）制度之鼓勵，致證據開示程序受到強力的應用。

(四) 此外有關請求合併（joinder of claims）之規定准許原告基於所有可能法律概念（concepts），同時控告系爭交易所有潛在負責之人。

(五) 又集體訴訟准許一群比較小額請求之人組織起來，對共同對造提出告訴。

(六) 而有關當事人合併（joinder of parties）之規定准許在同一交易蒙受損害之多數原告聯合起來訴追被告[160]。

在該聯邦規則施行經數十年後，專家已覺察到它比起過去訴訟法，改變了原告與被告之間戰略之平衡。現在比較有利於個人對抗公司等團體，也有利於公民對抗政府，以及無產之人對抗有錢或有勢之人。這些制度的安排與運用似可提供我國民事訴訟法與司法制度很多啓示與反省。

二、美國法院已慣於受理非常複雜的訴訟

例如因一家上市公司財務惡化，提起請求賠償損害的案件，原告可能包含公司的債權人、股東、受雇人；被告可能包括公司的銀行、投資顧問、會計師與律師等多人。所涉及之訴訟可能包括下列：

(一) 公司債權人起訴，主張公司資產被挪用，致債務未受清償。

(二) 公司股東起訴，主張公司管理不當，導致投資損失。

(三) 公司員工訴訟，主張退休金權利因公司怠於對退休基金爲必須之支付，致受到損害。

---

[160] HAZARD & TARUFFO, op. cit., at 206.

(四) 對公司之銀行與投資顧問、會計師、律師所提出因過失而導致損失之訴訟。

(五) 在公司董事、高級職員、銀行與投資顧問、會計師、檢查人、律師之間，爲了在這些被告間責任分配問題所提出之交互訴訟（cross claim）。

(六) 因損失保險賠償責任範圍問題，在承保不同被告之數保險公司之間所提出之第三人訴訟（impleader）。

又如飛機失事或石油污染案件，也產生類似複雜的訴訟。因死傷或財產受損失之人控告主要或次要負法律責任之人，包括營運之公司、提供不良零件之供應商、安全責任可能疏忽之政府機構、因作爲或不作爲致擴大損害之第三人等。而且不同責任之保險公司最後也可能就損失如何分配問題成爲次要（後續）訴訟之當事人。此類複雜訴訟美國法院由於制度上有寬鬆的請求權與當事人合併（joinder of claims & parties）制度、可要求調查非常寬廣的各類文件（證據開示），深入地取得所有可能證人的證言、承認成功酬金、寬鬆的計算損害賠償，以及制度上同情不幸被害人，不但不致窮於應付，且能加速處理[161]。

三、我國民事訴訟制度之缺點

依筆者所見，我國民事訴訟制度與美國相較，尚有頗多無法令人滿意之處，例如：

(一) 法院裁判費過高，標的數額大之案件，常嚇阻被害人提起訴訟或放棄上訴，致助長自力救濟或社會怨懟之氣。

(二) 當事人適格之限制過嚴。

(三) 第三審上訴按訴訟標的金額計算，令許多在法律或政策方面關係重大之案件，只因標的金額不夠大，致求助無門。

---

[161] Id. at 155-156.

(四) 除合於一定條件之消費者保護團體及民事訴訟法第 44 條之 2 規定外，集體訴訟實際應用空間甚爲有限，致許多涉及眾多被害人之小額案件無法獲得司法上之救濟。

(五) 有些法官（可能由於養成教育制度關係）常受法條所限，見樹難見林，不易從正義或衡平之立場作出符合具體妥當性之裁判。

(六) 當事人本身原則上不能充任證人。

(七) 證據蒐集困難，且證人常因人情或其他顧慮不願吐實，致難於發現眞實。又當事人申請傳喚之證人，法官常不接受。

(八) 當事人不能遴選鑑定人，且對法院所選鑑定人之人選及鑑定意見不服時，苦無救濟之道。

(九) 開庭訊問筆錄因未採速記，過於簡略，不夠完整詳實，致言詞審理主義有流於書面審理之傾向。

(十) 判決賦予原告救濟之方式有限，不似美國禁制令（injunction）能因應各種複雜情況之需要。

(十一) 美國民事訴訟案件百分之九十以上在審理前和解；反之，我國在自由心證主義之下，法官對證據之取捨與證明力之評估，裁量權過大，致判決結果常因人而異，欠缺可預測性，致不服之當事人一再上訴，又一再發回更審，多年未決。

(十二) 交互詰問之實施效果有限，難以發現眞實。

(十三) 案件往往一再上訴，或發回更審，造成訟累，除裁判費負擔外，當事人不堪時間、律師費與精神之耗費與折磨。

(十四) 人民與行政機關爭訟，在行政救濟程序，審理機構往往偏向政府機構，致被人譏爲駁回法院，人民不易獲得救濟。

(十五) 在強制執行，債權人常難發現債務人之財產，債務人又常有脫產情事，致執行常苦無效果。

總之，希望美國的民事訴訟制度能對我國改進相關制度提供不少借鏡。

法官辦公室
之門

法官

bench

證人席

陪審團
評議室
之門

法官之
書記官

法官之
法律助
理

陪審團席

○ ○
○ ○
○ ○
○ ○
○ ○
○ ○
○ ○

一
排
七
個

可移動之小斜臺

臺子

庭務員
與
其他
安全人員

辯護人席

檢察官或
民事原告席

○ ○

○ ○

欄杆（bar）

旁
聽
席

美國法庭位置圖

美國刑事訴訟制度之探討

美國刑事訴訟制度雖不如民事訴訟複雜，但亦頗爲繁複，牽涉問題甚多，茲分別敘述如下。

壹、美國刑事司法制度之特色

一、刑事司法權責分散

美國爲聯邦國家，司法制度有聯邦與州兩套併行，許多犯罪可能同時違反州與聯邦法律，且各種犯罪之構成要件與所科刑罰，各州亦不相同。美國不似大多數進步工業國家，並無單一防制犯罪之政策，刑事司法之權責分散予聯邦、州及地方政府。在許多地方，市警察、郡官員、州巡邏員（patrols）與聯邦探員（agent）在所謂同一競技場上一起運作〔學者稱此現象爲零碎化（fragmentation）〕[1]。規定犯罪與處罰之大多數法規爲各州議會所制定，但近年來聯邦擴大處罰聯邦法律之應罰行爲[2]。

聯邦與州政府有分立之法院審理犯罪。各級政府有自己一套監獄及處罰措施〔大多數郡自己亦有監獄（jail），但將多數重刑犯送到州監獄執行〕。在州階層更爲細碎，幾乎每郡（county）有自己民選之檢察官與郡執法官（sheriff）。警察之組織亦甚分散，可能爲世界上最欠缺中央集權之國家[3]，

---

[1] JACOB, *Court & Politics in the United States*, in JACOB, BLANKENBURG, KRITZER, PROVINE & SANDERS, COURTS, LAW & POLITICS IN COMPARATIVE PERSPECTIVE 33 et seq. (1994).

[2] 聯邦處罰之犯罪包括：超越州界運送偷竊之車輛、詐欺使用郵政、重要毒品犯罪、組織犯罪、國家安全犯罪、侵害聯邦官員與官署、侵害他人民權等。參照 FARNSWORTH, AN INTRODUCTION TO THE LEGAL SYSTEM OF THE UNITED STATES 149 (1983).

[3] DELMAR KARLEN, ANGLO-AMERICAN CRIMINAL JUSTICE 10 (1967).

除了各州小規模警察機構外，每市與每郡自己也都僱用警察[4]。

二、許多刑事司法關鍵職位由民選產生

美國許多刑事司法關鍵職位出於民選，包括市長、執法官（sheriff，也是郡監獄之首長）、大多數檢察官與許多法官。犯罪問題每逢總統選舉，均成為大眾注目之話題。在選出新市長後，幾乎也更換警察局長。在新檢察長選出後，大多數組長檢察官與許多助理檢察官被更換。此種政治化結果之一是對長期須通盤解決之問題，尋求短線有限之答案，因民選官員需要在下次選舉前（2 或 4 年）有較為立即之表現[5]。

貳、美國刑事訴訟之特色

一、刑事訴訟規則由法院制定

美國刑事訴訟比起民事訴訟受聯邦與州憲法影響的程度，更為深刻。大體上刑事訴訟是規定在制定法（statute）之中，各州規定有很大出入。為了推動各州刑事訴訟法統一運動，美國法律協會（American Law Institute）在 1930 年起草了模範刑事訴訟法典（Model Code of Criminal Procedure），提供各州議會採納，但不很成功。所以後來國會授權聯邦最高法院，按規則制定授權法（the Rules Enabling Act）制定聯邦刑事訴訟規則（Federal Rules of Criminal Procedure），規範聯邦法院之刑事訴訟程序。經該院在 1944 年通過，1946 年生效[6]。惟該規則比起該院制定的聯邦民事訴訟規則（Federal Rules of Civil Procedure）對各州的影響比較少。同時各州刑事訴訟程序不但有異，而且每因犯罪嚴重程度之不同而有所出入。不過其目的與大陸法系

---

[4]　JACOB, supra note 1, at 35.

[5]　Id. at 36-37.

[6]　關於美國最高法院規則制定權之詳情，可參照本書第三章〈美國民事訴訟制度之特色與對我國之啟示〉。

國家之刑事訴訟相同，乃在處罰犯罪，至於犯罪行為所生之損害，只能由被害人另提民事訴訟請求救濟[7]。

二、刑事訴訟採訴訟主義

美國刑事訴訟本質上係採訴訟（accusatory）主義，由檢察官（prosecutor）扮演主要角色，而不似許多大陸法系國家採取由法官扮演主要角色的糾問（inquisitorial）主義，訴訟當事人在一方面有檢察官（民選或官派）集龐大之權力與裁量權，是美國刑事司法一項重要特色，在另一方面，被告（有同等非常強大憲法上的保障）理論上立於平等地位；兩造向法院提出證據，而法官與陪審團則在兩造之間擔任公正中立的仲裁人，基於兩造所提證據來下裁判[8]。

三、刑事訴訟採當事人對立主義

美國刑事訴訟與大陸法系國家不同，採當事人對立（adversary）主義[9]，訴訟當事人有檢察官與被告之對立，但不似民事訴訟雙方當事人有蒐集證據與呈現案件之法律與事實之責任，被告並無證明自己無罪之責任。誠然檢方在準備案件方面，可利用警察之調查資源，而被告則否；但被告有下列優勢以彌補此種不平衡：

(一) 辯方有權傳喚任何他認為擁有相關證據之證人，包括被害人、警察或在檢方陣營之人；但由於憲法增修第 5 條被告有不受牽累之特權，檢方不能強制被告作證、甚至非正式答覆問題。

(二) 憲法要求檢察官對辯方透露所有警察可能發現之被告免責證據。

---

[7] Farnsworth, op. cit., (1963), at 109.

[8] Farnsworth, op. cit., (1983), at 100; Karlen, op. cit., at 19.

[9] Farnsworth, op. cit., 1963 ed. p.109. 認為美國刑事訴訟比民事訴訟更富於對立主義之色彩，但該句於 1983 版刪除。

(三) 被告可自由利用私家偵探，而許多公設辯護人旗下亦有私家調查人員[10]。

由於採用對立主義結果，訴訟進行緩慢繁瑣，與大陸法系國家由法官控制案件進行相比，較欠效率。但此種程序至少為英美法曹所滿意，因認為較能平衡有關人之利益，較能發現真實，並確保最大可能之正義[11]。

惟美國雖強調「法律之前人人平等」（equal justice under the law），但在當事人對立主義之下，資源之強弱往往影響訴訟之結果。為平民被告辯護之公設辯護人由於經驗功力等因素，往往無法與檢察官抗衡。反之，有資源之被告，諸如證券經紀人、股票詐欺、組織犯罪之人或通常犯罪之富人，可聘有才華與經驗之律師，與利用偵探、研究人員、技術專家，獲得更詳盡有力之證據，並提出強有力之辯護策略，此種優勢甚至凌駕因案件負荷重，對個案投下準備之時間精力有限之檢察官之上，致被告資力之有無影響正義之實現[12]。

四、重視程序問題

程序上須踐履正當法律程序（due process of law）為美國法之基本原則，而在刑事訴訟更為重視，且衍生更多問題。正當程序對政府設有嚴格要求，以確保公務員不致濫用權力。違反這些要求，可使有罪判決因未遵守許多技術性的程序要求而被廢棄，不過有時被批評為偏袒被告[13]。美國法所設保障無辜之規定乃世界上最詳盡之一，以致美國刑事訴訟變成非常複雜且愈來愈專門。

---

[10] BURNHAM, INTRODUCTION TO THE LAW AND LEGAL SYSTEM OF THE UNITED STATES. 84, note 14 (2006).

[11] MCINTYRE, CRIMINAL JUSTICE IN THE UNITED STATES 14 (1974).

[12] 最有名例子是審理辛普森（O. J. Simpson）殺害其妻及其妻一名友人之案件。JACOB, supra note 1, at 46.

[13] CALVI & COLEMAN, AMERICAN LAW AND LEGAL SYSTEMS 107 (2000)。有人以為因美國制度認為與其殺不辜，寧失不經。參照 WEINERMAN, PRACTICAL LAW 234 (1978).

五、對陪審員能力之信賴

歐陸基本上未繼續保留在 19 世紀試驗過之陪審制度，英國亦於 1933 年廢止大陪審[14]，小陪審亦不流行，尤其在民事訴訟幾乎已不使用。但美國刑事訴訟信賴陪審員之能力，認定是否犯罪有小陪審，認定是否起訴有大陪審與檢察官二元制度併用。在美國刑事案件被告受陪審審判之權利，爲聯邦憲法第 3 條所保障，憲法增修第 6 條再確認刑事被告受陪審審判之權利。在一些州裡，即使輕微之犯罪，被告亦有由陪審團審理之權利。不過此種受陪審之權利，即使嚴重之犯罪，被告在法律上亦可加以拋棄[15]。

六、檢察官對犯罪之訴追有重大控制權

與許多大陸法系國家法官須調查控告並發現事實不同，在美國犯罪追訴與案件解決之基本責任係由檢察官負擔，而與英國私人可提起刑事追訴不同[16]。檢察官在實務上對案件最後結果有重大控制權，權力龐大，是美國刑事司法一項重要特色。檢察官在預審或大陪審程序前，幾乎有不起訴之完全裁量權，不能迫其追訴，在大陪審又可有效控制程序；在刑事程序開始後，可結案不繼續進行（enter nolle prosequi），且常如此辦理。故美國欠缺正式審核檢察官終止追訴裁量權之機制[17]。不過檢察官怠於履行其職責時，對

---

[14] KARLEN, op. cit., p.149. 小罪並無憲法上受陪審審判之權，只有嚴重之罪（serious offences）才有；如徒刑 6 個月以上屬之。又少年犯罪程序無受陪審審判之權。

[15] Editors of Encyclopaedia Britannica, The U.S. Government, How & Why It Works 158 (1978). 按陪審制度之優劣存廢備受讚美與批評，意見不一。論者由於陪審員未受特別訓練，懷疑陪審團判斷之能力，且認爲陪審團易受辯護律師訴諸感情與魅力之影響。批評家亦曾提議不少改進陪審員素質與增加法官對陪審控制之對策，諸如使用特別裁決程序及恢復法官對證據評論之權力等。不過在美國民刑訴訟仍廣泛使用陪審。實證研究比較陪審決定與法官判決結果，發現兩種認定結果雖有若干差異，但大多決定基本上並無大異。據稱實際上由於有強烈感覺陪審團於判定被告有罪後，會科被告較重刑罰，因此並無太多被告請求陪審。JACOB, supra note 1, at 27.

[16] KARLEN, op. cit., at 19.

[17] Id. at 154-55. 美國檢察官通常由某種政治程序選任，大多數州地方檢察長由當地選民選出，任期 2 至 4 年。在聯邦方面，各司法區（judicial district）聯邦檢察長由總統政治任命，其選任與任期短，意味著美國檢察官有某程度政治敏感而影響其追訴案件之種類及追訴之方式。檢察官決定進行或不進行刑事訴追，並無上訴或司法審查。參照 VON MEHREN & MURRAY,

於社會關切之重大案件，一些州可委派特別檢察官（special prosecutor）提起並進行特定案件之程序[18]。

七、犯罪追訴採國家追訴主義，被害人不能提起自訴

此點美國作法與我國不同。因此刑事判例名稱往往一造是國家或州名，例如 Mapp v. Ohio，或 Miranda v. Arizona 之類。對被害人權益之照顧尚屬不足。

八、犯罪被害人向加害人求償，只能提起獨立民事訴訟，不能提起附帶民事訴訟

美國由於被害人對刑事被告不能提起附帶民訴[19]，對被害人甚爲不便。不過美國民事訴訟法院所課訴訟費低廉，且數額原則一致，不似我國按訴訟標的金額或價額計算，對無甚資力之人，似尚不致造成太大阻礙。

九、採集中審理主義

美國刑事訴訟與我國不同，採集中審理主義[20]，許多程序係爲審理庭（trial）作準備。法官與陪審團在審理庭開始前對案件所有事實並無完整之概要或檔案[21]，檢辯雙方須爲開審理庭作充分與完全之準備。由於準備審判之費用與風險，相關人士避免案件進入審判，且實際上許多案件不經審理庭而中途解決，詳如後述。

Law in the United States 196 (2007); LaFAVE, *The Prosecutor's Discretion in the united States*, The American Journal of Comparative Law 18, 522 et seq. (1970).

[18] Id. at 29.

[19] BURNHAM, op. cit., at 274.

[20] Id. at 85.

[21] 關於集中審理主義在美國之運作，參照本書第三章。

參、美國刑事訴訟與民事訴訟之差異

美國刑事訴訟與民事訴訟類似，但亦有不少差異，包括下列：

一、在選擇陪審團方面，刑事訴訟通常比民事有較多「不附理由剔除」（peremptory challenge）之名額。例如在德州死罪案件，各造有權剔除 15 名，其他重罪可剔除 10 名。

二、檢察官不可強制被告答覆檢察官所提出之「訊問單」（interrogatories）或作證，因憲法增修第 5 條保護被告不使自己受牽累（即不受刑事訴追）。

三、在證據之標準方面，民事訴訟原告要勝訴，須證明他主張之事實版本有「相當優勢之證據」（preponderance of evidence）。但在刑事案件，國家作為原告，須符合比民事較高標準，即「無合理之疑慮」（beyond a reasonable doubt）。換言之，須證明被告犯該罪，乃理性之人（reasonable man）能達到之唯一結論。

四、在各造提出其案件之版本後，辯方可請求法官下指示裁決（directed verdict）[21a]，即請法官指示陪審團下被告無罪之裁決；但檢方不可請求法官指示陪審團下有罪之裁決。

五、在上訴方面，刑事被告可基於審理庭時所犯錯誤，對有罪判決提起上訴；而檢方只能在有限情形，即只能為了澄清法律問題，對無罪判決上訴，換言之，檢察官以為法官作了不正確之法律裁定，用上訴來澄清法律點，供將來參考之用[22]。

肆、美國刑事訴訟各個階段

自 1960 年代開始，聯邦憲法在美國刑事訴訟扮演愈來愈重要角色。幾乎每年不少最高法院判決對刑事訴訟作了基本修正。違反憲法保障會導致特

[21a] 參照本書第三章之說明。
[22] CALVI & COLEMAN, op. cit., at 96.

定證據於審理庭時不能採用（exclusionary rule）。此原則包括由於違反憲法增修第 4、5、6 條規定所取得之證據。包括因不合法搜索結果所得之證據；即使出於自願，在違法搜索期中所作之證言與陳述（declaration）；未有律師在場，在被告與他人一起排隊（line up）讓被害人所作之指認；在警察拘留期中，如無機會讓律師在場，即使自願所作之自認與陳述等[23]。以下擬就美國刑事訴訟各個階段之梗概逐一加以析述。

一、拘捕

在美國刑事訴訟因拘捕（arrest）被告而開始。美國現今大約有 50 萬以上的警察每年做大約 1,400 萬人次的拘捕（交通違規不計在內）。拘捕是國家與被告首次的接觸，也是刑事訴訟程序的開始。拘捕有兩種基本型態，有的有拘票（warrant），有的沒有。拘票通常是由治安法官（justice of peace）〔在大城市由助理法官（magistrate）〕簽發，即於有人告訴後，在認定有拘捕的相當理由（probable cause）後發給。沒有拘票拘捕的情況是被告在警察在場時犯罪（現行犯），或警察有相當理由（probable cause）認定有人犯罪或將要犯罪時為之，這種認定（belief）必須在宣誓過的書面上或證言加以確認。在美國大約有百分之九十五的拘捕是沒有拘票[24]。

在警察沒有拘票而逮捕犯人的場合，因為重罪與輕罪而有不同。當警察有相當理由相信有人犯了重罪時，通常可加以拘捕。

警察不可進入人家拘捕人，除非經其同意或情況急迫[25]。警察有權對住宅破門而入，從事搜索或拘捕，但須先敲門並宣稱乃警察[26]。

---

[23] HAY, AN INTRODUCTION TO U. S. LAW 193 (1976).

[24] CARP & STIDHAM, JUDICIAL PROCESS IN AMERICA 157 (1993)。聯邦調查局（FBI）依特定聯邦法律，也是調查與執法的機關。被告之逮捕可依據犯罪被害人宣誓之告訴（complaint）為之，此告訴人稱為告訴證人（complaining witness）。該告訴狀在治安法官前宣誓後，由治安法官發拘票（arrest warrant）。如在警察前犯罪時，則警察乃告訴證人。如被告尚未在押，向治安法官申請拘票。拘票授權警察將被告拘禁，並帶至治安法官面前。參照 CALVI & COLEMAN, op. cit., at 93.

[25] BURNHAM, op. cit., at 290.

[26] Id. at 289.

警察於管區內執行職務，但對重罪嫌疑犯有權越界緊急拘捕（hot pursuit）[27]。因為美國採聯邦制度，在甲州所簽發的拘票在別州不能生效，如果要在本州邊界以外逮捕逃犯，必須按照類似國際間的引渡程序辦理。在聯邦法院，拘票是由與各州治安法官或助理法官（聯邦準法官 magistrate）相當的 U.S. Commissioner 簽發，此種拘票可在美國任何地方執行。私人通常無權為微罪拘捕他人，但許多地區有些制定法賦予私人拘捕權。諸如店員可扣留所看到在店內偷竊物品之人。惟私人通常對重罪犯人之逮捕權比警官為狹。例如在許多州公民只有在有人事實上犯重罪時，才能為合法拘捕，僅有相當理由（probable cause）尚屬不足[28]。

二、被告有受迅速審判之權利

美國憲法增修第 6 條規定州與聯邦被告有受迅速審判（speedy trial）之權利，惟此非謂審判須迅速進行，而係指審理庭須在起訴後合理期間內進行。聯邦國會於 1974 年通過「迅速審判法」（Speedy Trial Act）（只適用於聯邦法院），准許如政府拘捕被告後 30 日未起訴，或於起訴後過了 70 個工作天未開審理庭時，法官可駁回刑事訴追。但此規定不能擔保訴訟無稽延，因須有檢察官故意稽延之證明，始能駁回[29]。許多州亦有制定法規定須迅速審判，通常在起訴與開始審理之間有 90 或 120 天之限制。如法官認定該州否認了被告迅速審判之權利時，則應駁回該案（dismiss the case with prejudice），嗣後該州不能再追訴被告。但法官很少下此結論，因不欲公眾以為法院係基於法律技術細節（legal technicalities）而不受理刑事案件[30]。

---

27 WEINERMAN, op. cit., at 208.
28 依照英美傳統普通法規定，私人有義務拘捕在他面前犯重罪（felony）或重大破壞治安（dangerous breach of the peace）行為之人，而且如有人事實上犯某罪時，許可私人拘捕他合理的懷疑已經犯了重罪之人。美國有些州制定法，仍然延續這種普通法的原則。但也有不少制定法限制私人逮捕的權利，規定只有在被捕之人確實犯了重罪的情形，才能由私人逮捕。又參照 WEINERMAN, op. cit., at 208.
29 PORTO, MAY IT PLEASE THE COURT 159-60 (2009); BURNHAM, op. cit., at 299.
30 Id. at 159.

三、自認

　　從 1930 年代開始，美國最高法院不採被告在身體或心理受威嚇下所做的自認（confession）。由於過去訊問犯罪嫌疑人之基準不明，該院為了精確起見，訂定了警察訊問犯罪嫌疑人之程序。即警察在訊問犯罪嫌疑人前，須告知他享有下列權利：(一) 有保持沈默之權利；(二) 所說任何話可用來訴追他；(三) 有權由律師在場；(四) 如無資力請律師，可由法院指定之律師協助。此種告知稱為米蘭達警告（Miranda warnings）。

　　此外最高法院將舉證責任自被告（過去他須證明自認非出於自由與自願）移至警察與檢察官負擔。現在檢警須證明已告知被告上開憲法上權利（Miranda v. Arizona, 384 U.S.436 (1966)）[31]。

四、搜索與扣押

　　美國聯邦憲法增修第 4 條規定：「人民之人身、房屋、文件有安全不受不合理搜索與扣押（search and seizure）之權利，不應受侵犯。」依美國法之下，警察欲為有效之搜索，原則上須有合理理由或搜索票（search warrant），或係於合法逮捕之過程中所為。如被告對不合理之搜索與扣押同意時，是為例外。警察於合法逮捕時，可搜索被告，檢查其有無犯罪證據，或任何可助其逃亡之工具（如藏匿之武器）。警察亦可於被告附近（immediate surroundings）搜索同類之物件。又警察如欲搜索房屋，需持有搜索票，但不可能任何情形均先取得搜索票，因往往在時機上來不及。故在情況緊急致不能取得搜索票時，如客觀上合理以為裡面有人受傷嚴重或有此立即危險時，可進入民宅搜索[32]。又警察懷疑有人犯罪攔住汽車時，可移去該車及搜索車內之證據。常見之汽車搜索是因違反交通規章被攔後，看到與交通犯罪無關之其他犯罪證據時，可搜索該車輛。又警察作合法搜索，或在

---

[31] Neubauer & Meinhold, Judicial Process-Law, Courts & Politics in the United States 259 (2007).

[32] Burnham, op. cit., at 285.

有權逗留處所，清楚看到犯罪證據時，可無票進行搜索與扣押。例如有票入屋內搜索殺人兇器，在搜索起居室時，看到毒品袋子，此時可將該袋予以扣押[33]。又在合法拘捕所附隨之搜索，無需搜索票。此種例外係因執法人員需防止被捕人有武器，為保護自己及他人及防止證據被毀而設[34]。

如上所述，不合理之搜索與扣押（unreasonable search and seizure）雖違反憲法增修第 4 條，但何謂不合理之搜索與扣押，傳統上依普通法原則，警察違法搜索〔即無「相當理由」（probable cause）〕所獲得之證據，只要是真正且與犯罪有關，仍可被法院採用。至於警察如何取得證據乃另一問題，基本上違法搜索之司法人員不受司法制裁[35]。

1914 年，聯邦最高法院在 Weeks v. United States, 232 U.S. 383 一案，修改了上述普通法，即採用證據排除之原則（exclusionary rule），禁止法院用聯邦政府官員由違法手段取得之證據追訴聯邦犯罪。但此判決僅能適用於聯邦法院審理之案件。1949 年，最高法院認為憲法增修第 4 條禁止不合理之搜索與扣押之規定，係憲法增修第 14 條所保障之正當法律程序（due process）之一部，因此適用於各州。但各州法院對於不法搜索所得證據可否於審判庭時採用（admissibility）之問題，見解仍不一致。到了 1961 年，最高法院華倫（Warren）院長時期，變更見解，於 Mapp 控 Ohio 一案（367 U.S. 643 (1961)），認定州法院根據不合理搜索與扣押所得之證據而下之有罪判決，係違反憲法增修第 14 條所保障之正當法律程序；即將證據排除之原則擴張到各州，於是非法搜索與扣押所取得之證據，亦不能在州法院使用[36]，其結果對於被告人權有了更有力之保障[37]。

---

[33] Id. at 286-287.

[34] Id at 288.

[35] NEUBAUER & MEINHOLD, op. cit., at 261.

[36] BURNHAM, op. cit., at 299.

[37] 楊崇森，美國法制研究，頁 27。

五、訊問

英美傳統上對警察之訊問犯罪嫌疑人有一限制。普通法上關於證據有一法則，禁止於審判時採用非出於被告自由意志之陳述（involuntary statements）。此種規則並非禁止採用由警察訊問所得之口供，只是被告之口供或陳述不得出於強迫、以強迫相威脅或承諾從寬處理（induced by force, threat of force, or promise of leniency from a person in authority），否則當被認為出於非自願時，不得作為不利於被告之證據。

後來上述原則由於聯邦最高法院所發展的判例法結果受到修正，使得警察訊問所得口供之證明力大受限制，而大有助於被告人權之保障。尤以1964 年之 Escobedo 控 Ellinois 案（378 U.S. 478）與 1966 年 Miranda 控 Arizona，384 U.S. 436（1966）一案，更是此種發展之里程碑。

Escobedo 控 Ellinois 一案，牽涉到聯邦憲法增修第 4 條所保障被告於聯邦法院僱用律師，與憲法增修第 14 條所保障於州法院僱用律師之權利。該案被告為主要犯罪嫌疑人，被逮捕後，警察未告以其有權保持緘默（right to remain silent），被告請求與其所聘且當時在警局之律師談話，又被拒絕。因此聯邦最高法院將該州法院根據被告自白所下之有罪判決予以廢棄。而 Miranda 控 Arizona 一案則對警察之訊問，作更進一步之限制。法院根據聯邦憲法增修第 4 條保障被告不使自己受牽累（self-incrimination）之權利，以及為達法律平等保護之目的，必須對平民賦予與有錢僱用律師的人同等保護之旨趣，而認定當被告於警察拘禁期間，警察從被告取得之任何陳述，不問其係自白（confession）或單純之承認（admission），均不能作為對其不利之證據，除非事先告知被告享有下列權利：即保持緘默、所做之任何陳述，可作為對其不利之證據，以及被告於接受訊問時有權請律師在場，此外如被告無力僱用律師，有權由政府以公費提供律師等，此種告知稱為米蘭達警告，已如上述。

嫌疑人一旦在被問話中或之前，表示要保持緘默時，應停止詰問。如他表示要與律師談話時，則在律師到來前，除他先說話外，不可繼續詰問。一

且他與律師商談後，非有律師在場，不可再開始問話[38]。但嫌疑人可放棄緘默與律師於被詰問時在場之權，惟須出於明知與自願。如警告後，嫌疑人說出入罪的話，乃是默示拋棄[39]。被告如怠於要求僱用律師時，並不構成此權利之拋棄，如檢方欲利用被告所作之任何陳述，則須證明被告在知情之下拋棄保持緘默及僱用律師之權[40]。

　　近年來最高法院對要警告被告，其談話可在審理庭用來不利他前，設了「公共安全」（public safety）之例外。例如警察被人告知強姦犯攜武器進入雜貨店，在店內找到他搜身後，見到該人手槍套是空的，於是沒對他念警告詞，便問他槍在何處並無違法。因當時公共安全受威脅，故用保護性問話係屬合法，且被告受警告之權不如公共安全重要[41]。

六、初次出庭與交保

　　當警察逮捕到犯罪嫌疑犯時，必須儘速（without unnecessary delay，通常為 24 小時內）將其送至司法官員前。如因簽發傳票（summons）而開始訴追時，被告必須被帶至基層司法人員〔其職稱可能是法官（judge）、助理法官（magistrate 或 commissioner），以下只好統稱法官〕面前。此時，法官應告知被告正確罪名（charge）、所有憲法上權利，包括有權聘請律師，且可保持緘默，如可交保，應規定保證金之數額等。如對此案件，法官有管轄權，則可能要求被告對其被控之罪名（charge）答覆是否認罪（plead guilty）。如該案件應由上級法院審理，則可詢問被告是否要舉行預審（preliminary examination）或棄權。於較大城市法院，此種首次出庭（first appearance）通常係由法院之特別部門處理，亦即由在此部門專管此種事務之助理法官處理。

---

38 Burnham, op. cit., at 206.

39 Id. at 295.

40 有些州警察須告知被告該州憲法所定其他權利，諸如有權受迅速裁判及有權與有敵意之證人對質。參照 Carp & Stidham, op. cit., at 161.

41 New York v. Quarles (467 U.S. 649) (1984).

　　當被告被帶至法官面前時，首先考慮之問題是是否將其交保，因即使法官有管轄權處理該案，通常亦不馬上審理，且檢方或被告可能需要時間準備審理庭，或因法院積案多，以致發生在審理以前之交保問題。如法官對該案無管轄權，僅有權預審時，則需將此案件延期，此時亦須交保。於被告為等候審判，或等待出席大陪審以前，以及在大陪審起訴以後，此等場合俱須決定被告應予羈押或交保。關於交保，美國聯邦憲法僅規定，保證金之數額不應過高。多數之州制定法規定除死刑案件外，法官可准交保。但如認為被告有逃亡之虞，或被告在審理前交保期中犯罪時，則可命將被告羈押候審，此稱為防範性羈押（preventive detention）。交保所以充滿爭議，原因之一是常作此種羈押用。

　　其次美國大多數地方，法官不能拒絕被告交保之請求，然此等法律規定並不能阻止其決定超出被告負擔能力之高額保證金（當法官認為被告可能不會出庭時），以致被告往往因無力負擔保證金而被否認了交保之權利。換言之在美國，交保權之存在並無問題，問題在於保證金之數量及性質。法官通常信賴在財政上有實力之保證人之允諾（promise）或保結（bond），其結果在美國發展了一種非常特殊的保證業（bail bond industry）[42]。即有人〔稱為擔保人（bondsman）〕專門替人作保，對被告索取一筆服務費為業。當被告需人作保時，可至此類以保證為業之商人處，與擔保人簽訂填補損失之約定，被告通例須支付擔保人（bail bondsman）保證金百分之十五，以換取擔保人對法院保證被告將來開庭時出庭，並提供財產作為擔保[43]。如被告經傳喚不出庭時，被告應賠償擔保人因此所受之損失。因此如被告有實力提供擔保時，固可覓得擔保人。如被告不出庭，擔保人須向法院繳納保證金，使得擔保人有有力誘因尋覓逃亡之被告，交給法院。但被告如無資力，則往往無法覓保而被羈押。加以美國之法官對保證金數額之訂定，往往依照刻板

---

[42]　KARLEN, op. cit., at 137.

[43]　bail 通常是現金、銀行帳戶、不動產契據或保釋金（bail bond）。保釋金如保險單，擔保之公司認為被告可能出庭，向其收取不可回贖之保險費，然後向法院提出所需之 bond，如被告未出庭，則 bond 全額由法院沒收。參照 PORTO, op. cit., at 153; WEINERMAN, op. cit., at 212-13.

的犯罪分類，以致保證金制度對貧困之被告，發生不合理之結果，很多被告在候審期間本可根據其到庭之允諾（recognizance）而被釋放，然往往由於無力覓保而不能不被羈押。所以交保問題係美國刑事司法上有待解決之一課題。各地已紛紛試行各種改進方案。有的限制保險費或規定保證公司須有執照，或限於有保險公司支持之人 [44]。有的地方有特別的 program（如紐約市曼哈頓的保釋計畫）在有系統調查被告境況後，如其在當地社會有根，不致避不出庭時，可只根據其在指定開審理庭之日出庭之口頭擔保（release on recognizance，簡稱 ROR）予以釋放 [45]，以致近年來美國法院愈來愈用到庭之口頭擔保以取代交保（bail）[46]。

七、預審與起訴（含大陪審）

(一) 預審（preliminary examination）

預審爲美國刑事訴訟之一階段，爲非正式之公開審理，由法官主持，目的在審核警察或檢察官初步訴追之合法性，調查是否有足夠證據使被告接受審判。在預審時，只就被告有罪或無辜作初步調查。此際通常只由控方之證人作證，經此階段後大多數案件被免訴（dismiss），否則由法官斟酌是否准被告交保。在預審時被告可僱用律師。

如預審後，認爲被告嫌疑重大，則由國家提出正式之起訴或控訴（accusation）。美國制度與我國不同，刑事訴訟只採國家訴追主義，不採被害人訴追主義，所以犯罪之被害人，不能如我國現制提起自訴，而必須透過代表國家之檢察官，或大陪審追訴犯罪。

---

[44] KARLEN, op. cit., at 137-38.

[45] CARP & STIDHAM, op. cit., at 162.

[46] WEINERMAN, op. cit., at 212-13. 法官是否交保的決定，可能基於被告前科、該案可能引起公眾注意（publicity）之程度、檢察官之建議、被告交保後之行爲等考慮。

(二) 大陪審

　　美國一半以上之州，起訴係歸大陪審團（grand jury）處理，即由 16 個至 23 個公民祕密聽取證據，於檢察官（district attorney）指導下，對案件予以審查。大陪審的陪審員是從選舉人登記簿上隨機選出。大約有一半州與聯邦採用大陪審來決定起訴被告與否。大陪審服務的期間從 1 個月到 1 年。在歷史上設置大陪審制度有兩種理由，其一是對檢察官制衡，以免利用職務上的權力爲政治或個人的理由來修理無辜的人，其次是確定檢察官已獲得足夠的證據，值得把被告移送法官舉行審理庭的勞費。

　　大陪審程序祕密進行，由多數決來決定。只有檢察官提出證據給大陪審。開庭時被告與其律師都不能出庭，通常不知大陪審是否已審理過案子，或何時審理，被告亦不能提出證據或與證人對質，又證人無權由律師陪同。如大多數陪審員認爲被告犯罪有相當理由（probable cause），就提出起訴（稱爲 indictment 或 true bill，否則不起訴，稱爲 no bill。

　　大陪審的決定大約不到百分之五是不起訴，檢察官多數時候主宰了大陪審程序，大陪審幾乎成爲橡皮圖章，用它制衡檢察官的效果實際上頗爲有限[47]。

　　大陪審此種行動大致與預審法官（治安法官）之預審重複。聯邦及許多州被告可經檢察官同意，拋棄大陪審起訴之權利，正如拋棄預審一樣。於此情形，案件可由檢察官追訴[48]。檢察官訴追時，將控訴之事實寫於書面，此即所謂 information，至大陪審所提出之起訴書則稱爲 indictment。大多數廢除大陪審的州是用預審來決定被告是否有相當理由（probable cause）來開審理庭，在此程序檢察官提出其案件之版本，被告有權交互詰問證人，並提出有利證據。但通常辯方不欲在此階段奮鬥，大多數案件放棄預審。

---

[47] 關於大陪審之詳細職權及運作，可參照本書第十章〈美國大陪審制度之功能與運作〉；又 CARP & STIGHAM, op. cit., at 163-64.

[48] 在 19 世紀美國許多州廢除大陪審，授權使用 information。但即使在保留大陪審的那些州，有一些案件被告可放棄大陪審。參照 EDITORS OF ENCYCLOPAEDIA BRITANNICA, LAW IN AMERICA 109; KARLEN, op. cit., at 150.

如主持預審之法官認定有開審理庭之相當理由或被告放棄預審時，則檢察官須提出起訴書（bill of information），列出要審理之追訴予要舉行審理之法院，期間通常有 2 週[49]。

又關於訴追，不問採 information 或 indictment 之方式，皆依一定之模式進行，即在起訴書上聲稱被告在某特定時間、地點、為某特定犯罪行為，將所違反之法條列出，並對被告符合該條文文字之行為加以描述，美國刑法與規範民事案件之民商法不同，幾乎全根據制定法之條文，不能引據判例法入人於罪[50]。

八、訊問被告是否認罪（arraignment）及認罪協商（plea bargaining 或 plea agreements）

(一) 訊問是否承認所控之罪

在起訴後被告被帶到法官前作 arraignment（即向被告訊問是否承認所控之罪）。arraignment 係美國刑事訴訟之特殊制度，尤其於大城市之檢察官，因案件負荷特重，且無足夠之法庭或法官審理所有被捕人犯，許多案件係以答稱有罪（plead guilty）之方法解決，以致難免發生冤抑不公之結果。

(二) 認罪協商

認罪協商（plea bargaining）更是美國特殊之實務作法，對外國觀察家而言，尤為奇特[51]。詳言之，預審法官之審理或被告之拋棄預審之權利，並不當然導致被起訴之結果，因此問題不但牽涉到起訴是否適宜，且檢方往往與被告討價還價，由被告對較原來所告訴為輕之罪名回答有罪（plead guilty），因檢方可能對原來所控之罪名無充分之證據，或為了免審判之

---

[49] CARP & STIDHAM, op. cit., at 164.

[50] 楊崇森，美國法制研究，頁 30。

[51] HAY, op. cit., at 194.

煩，或爲迅速達成檢察官認爲適當之結果，不能不訴諸此種手法。例如，最高本刑爲 10 年有期徒刑之持械搶劫（armed robbery），如被告願答稱有罪（plead guilty），檢察官則改以應處最高本刑 5 年之普通搶劫罪起訴，故美國社會對此種現象譏謂：「檢察官將手槍吞下。」（The prosecutor swallows the pistol）。

　　我國刑事訴訟法於民國 93 年修正，亦引進美國刑事訴訟法上之認罪協商制度（第 455 條之 2 以下）。所謂認罪協商乃是被告由於承認（plead）有罪（guilty）來交換可能減輕其被告訴之罪名（charge）或刑期之方法。有三種不同型態，即罪名協商（charge bargaining）、訴因協商（count bargaining）及處刑協商（sentence bargaining）。常見之協商是罪名協商，即被告比起原來指控之罪名對較輕之罪名承認有罪，此種協商的效果可能使刑罰得到減輕。例如被控刑度 10 年至 15 年之持械搶劫（armed robbery）之被告，可對單純搶劫而非原來持械搶劫認罪，而使刑度減輕數年。訴因（count）協商是被告對一個或數個指控的犯罪認罪，由檢察官撤回其他所控的罪名。例如被控觸犯 3 個竊盜，被告只對其中 1 個認罪，其餘 2 個控訴被撤回。另一種常見之協商是處刑協商，即被告由於被允諾科以特定刑罰而認罪，例如被允諾科緩刑或不超過多少年之徒刑。許多國家不准使用此種方法強制無辜之人，爲了避免被科重刑而認罪。按美國採用此制度最重要原因是可減輕美國法院的負擔，否則美國法院系統會在壓力下崩潰。在美國，刑事案件百分之九十以上係經由承認有罪（guilty plea）加以處置。在幾乎所有這些案件都有認罪協商，因爲美國法院並無足夠資源或人員來審理所有刑事起訴案件[52]。認罪協商之程序與直接參與之人員因各法院而不同。有些法官是主要參與人，有些則根本拒絕參與，而由檢察官按法官過去習慣來主

---

[52] 美國刑期比別國長，監獄受刑期間亦比任何西方國家（除了南非外）爲長。所以亦有學者以爲認罪協商可能是法院系統能運作，使許多犯人受到處罰，而值得審理之人有機會在法官面前受審之唯一合理途徑。參照 KATZ, ed., LEGAL TRADITION AND SYSTEMS--AN INTERNATIONAL HANDBOOK 423 (1986). 又 WEINERMAN, PRACTICAL LAW 232 (1978). 據稱美國刑事被告百分之九十在接受檢察官認罪協商之要約後認了罪。參照 PORTO, op. cit., at 156.

持。又如何協商，各法院作法也出入很大。有時比較偶然，幾乎在法院走廊協議，反之有些法院已經制度化，被告律師需在檢察官提議協商之書面上簽名。雖然認罪協商程序複雜，因各州而不同，但學者作實證研究後，發現有下列類似性：

1. 最重要考慮因素是犯罪的嚴重性，如所控罪名愈重，則檢方同意協商也愈難。
2. 其次因素是被告的犯罪紀錄，有前科之被告受到讓步程度比較小。
3. 檢方案件之強弱，對被告不利證據愈強，則提議讓步之程度也愈小[53]。

　　如紀錄顯示認罪是出於自願與明智，且徵詢過律師，則通常如被告接到不滿意之科刑，不能作為上訴之理由[54]。

　　認罪協商之作法常受到批評，按此制度之優缺點如次：

1. 對被告之優點

　　(1)待遇比不認罪但被定罪成功後，可能按最高刑度判刑為輕。

　　(2)被告有因個人利害關係或單純社會壓力，不欲案情公開者。此制不經審理，可減少案件公知程度，避免等待開審理庭漫長之煎熬。

2. 對國家及社會之優點

　　(1)確定可將被告定罪，否則不問其犯罪證據多強，不免有被判無罪之可能。

　　(2)檢察官及法官可省大量時間與精神。

　　(3)警官不必出庭作證，有更多時間用於防止及解決犯罪。

3. 缺點

　　(1)可能使犯重罪人輕判，且判重刑常與案件之事實、犯人之矯正需求、社會大力追訴所追求之利益無關。

　　(2)可能對無辜之人施以不當壓力來認罪。研究顯示：在若干州定罪機率愈低，協商愈屬害，因檢方欲自被告取得某種最低限度之自白。

---

53 NEWBAUER & MEINHOLD, op. cit., at 279 et seq.
54 WEINERMAN, op. cit., at 215.

(3)可能被濫用，致科刑過重，因檢察官對被告追訴超過證據之罪名（即更重），希望加強嗣後與辯護律師討價還價之籌碼 [55]。

美國最高法院以爲認罪協商乃被告放棄許多基本權利，包括無罪、無罪推定、陪審審判，以及與證人對質之權利。因此在法院接受被告認罪前，法官應詰問被告，以確保被告瞭解罪名的性質（Boykin v. Alabama，395 U.S. 238 (1969)）、定罪可能之刑罰、瞭解認罪乃放棄接受陪審審判之權利，而且滿意辯護律師的服務，以免認罪出於脅迫。此外認罪須反映被告自己之選擇，並需提出正式法院紀錄，以免事後被告辯稱被迫認罪。若干法院甚至要求對被告不利的證據，要摘要記載在審訊紀錄內。爲了使認罪法制化，最高法院甚至認定被告有撤回所認犯罪之權利（Santoeello v. New York, 404 U.S. 257 (1971)）[56]。

九、被告由律師辯護之權

過去在英國，被告即使願意並有資力僱用律師，在刑事審判亦無權由律師代理。但美國聯邦與州憲法改變此種態度，賦予被告在所有案件僱用律師之權。在死刑案件（capital cases），1932 年在 1 名貧困年輕不識字之被告案件，最高法院認爲如被告沒有免費律師充分代理，乃憲法增修第 14 條保障正當程序（due processes of law）之剝奪。1938 年，同樣見解被擴展到死刑以外之案件，而認定只要被控犯有嚴重罪名，即構成在審判需要律師服務之特別情形。

但自 1930 年代開始，最高法院對此權利採較擴張見解，刑事被告在聯邦案件如無力僱用律師時，可接受法院指定之律師。但州法院採不同規則，只有被控死罪（capital offences）之被告才可接受法院指派之律師。被追訴一般重罪或輕罪之貧困被告並無此種權利（Betts v. Brady, 316 U.S. 455 (1942)）。因此在州法院大多數被告自己須面對繁雜之刑事訴訟，此種情勢

---

[55] CARP & STIDHAM, op. cit., at 168-69.
[56] NEWBAUER & MEINHOLD, op. cit., at 279.

直到 Gideon v. Wainwright, 372 U.S. 335 (1963) 一案才有改變。

該案大大擴張被告由律師辯護之權利。如今所有被追訴重罪（felony）之貧困被告，不論在各州或聯邦法院受審，都有權接受政府付費之律師服務。此權利不限於審理庭，且擴充到刑事訴追過程，包括警察機關之訊問、警察命其排隊讓被害人指認（lineups）及預審（preliminary hearing），甚至在被判罪後被告所提之上訴亦包括在內[57]。

對於貧困無力聘請律師之刑事被告，在 20 世紀以來雖已出現公設辯護人（public defender）制度，由地方或州政府付薪予律師，但美國法院多指定律師（assigned counsel）為其辯護。在全美 3,141 個郡中，有 1,600 個郡以上，即百分之五十二採用此制度。但此制度之缺點是被指定之律師年輕，經驗與功力不足，無法處理繁複之刑事案件。在 Gideon 案之後，愈來愈多法院採用公設辯護人制度。今日美國大多數大城及大多數中間大小的州予以採用，有些州甚至整州由政府對此制度加以資助。此公設辯護人制度之優點是律師較認真辦案，且較有經驗與能力，對防護貧民亦有繼續與一貫性。又涉及通案之爭議較可能由永久性之機構處理。缺點是公設辯護人與法官、檢察官關係過於密切，不能為有力之辯護[58]。

十、審判庭前之 motion（pretrial motion）

在被告受到違法搜索或因警察不當活動而自認，或刑警命數嫌疑人排隊（line-up）給被害人指認（但該命令程序上有瑕疵），致被被害人指認為犯人之情形，被告律師可提出 motion 來排除（surpress）此種證據。不過提出此種 motion 申請的案件不多，且成功機率亦不大[59]。

---

[57] Id. at 159. 即憲法增修第 6 條被告所享由律師代理之權已擴張至第一次上訴。

[58] Id. at 158.

[59] NEWBAUER & MEINHOLD, op. cit., at 261.

十一、預審會議與證據開示

刑事案件與民事類似，被告律師與檢察官及法官將案件基本爭點及可預先合意之事實加以過濾。例如被告如辯稱在殺人案由於心神喪失，辯方可能認同被告殺被害人，但爭執被告心智健全與否問題。審理庭將圍繞該爭點進行，如此等基本原則取得協議，則開始審理 [60] 。

不過在民事案件廣泛之證據開示方式與程序，對刑事案件並不適用，亦即在刑事訴訟，證據開示與民事訴訟不同。在民事訴訟，各造可請求對造作證或答覆訊問單；但在刑事訴訟，檢察官不能強制被告答覆詢問單或作證言，因憲法增修第 5 條保護被告不使自己受牽累。如被告不必證明自己無辜，亦不可迫其協助國家證明對其不利之案件。刑事程序較有利於被告，因國家有資源可使被告定罪，故賦予被告若干優勢 [61] 。但在另一方面，刑事訴訟被告證據開示之範圍與程度顯然不如民事訴訟之被告。

檢察官通常不需將整個檔案交予被告，只需交出所有在他管領下之被告的免責證據 [62] 。例如在民事訴訟常見之取證（deposition），只能於審判庭保全證據之特殊情形命之（刑事訴訟規則 FRCrP 15(a)）。雖然被告憲法上有取得任何免責證據開示之權利，但一般無權獲得檢方手中可能有罪之證據。因此在審理庭開始前，檢方擁有警察調查可能發現之資訊，包括被告可能自願對於警方訊問所作之說明，而辯方只有檢方在預審所提案件之簡略版本。

被告可能須通知檢方依賴若干在審判前需實質調查以便反駁之抗辯，例如不在場或心神喪失之主張，尤其有此必要。被告可能被迫提供筆跡樣本、指紋及血液樣本，以資比對。又辯方如欲證據開示時，可能須提出其計畫在審理庭提出之任何附件或科學分析報告（FRCrP 16(b)）[63] 。

---

60 CALVI & COLEMAN, op. cit., at 95.

61 CALVI & COLEMAN, op. cit., at 96.

62 Brady v. Maryland, 373 U.S. 83 (1963).

63 BURNHAM, op. cit., at 272-73.

十二、證據

刑事案件證據法除若干例外，基本上與民事案件相同，能採用之證據須非「不相干、不重要與無證據能力」（irrelevant, immaterial & incompetent）[64]。

(一) 證據之排除

在 Weeks v. United States（232 U.S. 383 (1914)）一案，最高法院樹立了此證據排除原則（exclusionary rule）。即不但警察違憲搜索與扣押獲得之證據本身，即自違憲獲得證據所發現之其他證據，亦不得在審理庭採用，稱為「毒樹之果實」（the fruit of the poisonous tree）[65]。此原則最初僅適用於聯邦法院案件。在 Mapp v. Ohio 一案，最高法院〔華倫（Warren）院長時期〕將該原則之適用擴展至各州之案件[66]。此原則受到廣泛批評，因法院初衷在消弭警察不法取得不利被告證據之誘因，但此原則實際上無法防止警察不當作法，有許多情形反因技術細節或警察錯誤，讓明顯有罪之人逍遙法外[67]。後來最高法院在較保守之柏格（Burger）與藍吉斯特（Rehnquist）當院長時期，縮小該原則之影響，而發展了不少例外與限制[68]。例如警察違法行為與證據之開示及扣押之間關係薄弱，致稀釋污點時，仍可使用該不法取得之證據[69]。又檢方如能釋明衍生之證據係與來自污點來源無關之獨立來源時，則仍可使用此證據[70]。當被告在審理庭作證，且所說與違法證據不符時，此種證據可在陪審團前用於交互詰問被告之可信度。

---

[64] FARNSWORTH, op. cit., (1983 ed.), at 103.
[65] 依此原則，如樹有毒（即違憲獲得之證據）則該樹木之果實（由於使用違憲證據而來之任何資訊）亦係有毒。例如違憲搜索發現含有描繪其他證據所在地圖之地址簿，則法院不但應排除該地址簿，且亦應排除該簿所繪之其他證據。
[66] CALVI & COLEMAN, op. cit., at 106.
[67] MCINTYRE, op. cit., at 31.
[68] CARP & STIDHAM, op. cit., at 173.
[69] BURNHAM, op. cit., at 300.
[70] Murray v. United States, 487 U.S. 533 (1988).

(二) 審理庭程序與民事訴訟無大不同 [71]

審理時主要爭點之一是證人的可信度（credibility）。關於證人第一個問題是作證的能力（competency）。在英美對造常設法挑剔證人之可信度，稱為非難（impeach）。在非難證人時，所用的主要策略是：1. 顯示他有偏見；2. 用以前他所說不一致的言辭；3. 證明其感知能力不足；4. 提出證人過去引起懷疑其誠實（veracity）的行為證據（例如以前犯過重罪，或在誠實方面，在社區有壞名聲 [72]）。

在鑑定人方面，其能力也有類似的爭點。關於鑑定人有無能力的判斷，有兩點值得注意：

1. 專家作證所提的意見，由於超越陪審員通常經驗之特殊知識、技能、教育、經驗或訓練所形成。

2. 鑑定人是真正的專家，無需受過正式的訓練。

(三) 被告可充證人

開庭時被告可與其律師並坐，自由交談。檢察官與辯護律師著上班服，坐在同一行列 [73]。

被告可坐證人席，為自己作證，如同一般證人，此點與我國法不同，值得注意，但不可強制其作證。且如其怠於作證，不生對其不利之推定，通常檢察官亦不可對此加以評論 [74]。

(四) 不需要作證的特權（privileges）

美國法承認若干種人可不作證，即證人不必透露談話內容的特權。包括律師與當事人、醫生與病人、傳教士與告解之人。關於婚姻特權（marital

---

[71] FARNSWORTH, op. cit., (1983 ed.), at 101.

[72] CALVI & COLEMAN, op. cit., at 105.

[73] FARNSWORTH, op. cit., (1963)., p. 111.

[74] Id. at 111 et seq.

privileges）各州規定不一。有的州認為被告有此特權，防止他的配偶作對他不利的證言，有些州配偶有選擇不作證的特權。政府官員不可透露軍事與國家機密，警察可以拒絕透露告密人姓名，有些州法律准許記者保護（不透露）提供線索的來源[75]。

(五) 證據提示

法官決定證據是否可採（admissibility），當一造提出證言或物證時，對造有機會提出異議（objection），然後提出證據的那一造須說明何以應該採用他所提的證據。如其未及時提出異議，常常對上訴而言，構成異議之拋棄，即此點不可作為上訴之理由[76]。

(六) 證人之保護

美國政府為了保護證人，有非常富於創意的作法，提供證人身體安全及新的姓名及居所，使重大刑事案件之證人免於受到身體傷害與威脅。即國家除保障證人身體安全外，也在審判庭後將證人移居他鄉，給他新的姓名。在證人找到新的工作前，發給小額生活補助，也可能提供所需之其他協助。當證人被移居時，會將他是否犯人告知當地執法機構，俾他們也能對證人加以監督。此種措施，通稱為證人保護計畫（Witness Security Program 或 witsec）。不過此種措施也有一些限制，即證人不可回到原來家鄉，不可接觸以前友人與認識之人，該安排適用於證人以及證人可能受到威脅之親近家屬。符合這些條件之證人已成功受到保護，雖然違反限制條件之證人曾被人殺死過[77]。

1970 年聯邦之「組織犯罪控制法」（Organized Crime Control Act of

---

[75] CALVI & COLEMAN, op. cit., at 106.

[76] CALVI & COLEMAN, op. cit., at 101 et. seq.

[77] 讀者如知悉在此 program 下許多人與美國政府做了避免追訴的磋商後，可能感到驚訝。http://www.wisegeek com/what is the witness protection program.htm; http//www.fear.org/witness (revised 2012/12). 我國之證人保護法似係以美國法為藍本。

1970）中有一條文設立證人保護計畫。依該法檢察長對何人列入該計畫有最後決定權。通常由一個州檢察長建議將證人列入計畫，惟證人本身亦可申請保護。只要證人不再犯罪，該計畫所提供保護之期間爲證人終身。在此計畫下，累犯率大約是百分之十七。一些州亦訂有自己的證人保護計畫。

　　爲了符合此計畫之規定，證人須提供有關嚴重犯罪之重要證據。凡組織犯罪、販毒、恐怖主義案件之證人，如符合規定條件可能受到保護。如證人之生命由於其證言受有危險，則提供保護。通常證人之家屬也在保護之列。由於保護證人極爲昂貴，故死亡之威脅或恐嚇須係重大（substantial）。證人出庭時，可以化裝、隱藏或修改面部特徵，用特殊器材改變形象及聲音等方法以免身分暴露[78]。

(七) 妨害司法罪

　　談到犯罪追訴，尚須一提美國刑法有妨害司法罪，此種罪名爲我國所無，較爲特殊，可見該國重視司法之一斑，值得吾人注意。

　　所謂妨害司法係指由言詞或行爲干擾法庭或法庭官員之正當運作。例如威脅法官、試圖賄賂證人或鼓勵銷毀證據，聯邦與各州皆定爲犯罪（18 U.S.C.A. §§1501-1517）。舉例而言：

1. 柯林頓總統 1998 年在 Paula Jones 一案，對其與實習生李文斯基之關係上作證（宣誓）時因撒謊，被眾院以妨害司法罪彈劾，後來被參院判決無罪。
2. 尼克森總統在 1972 年因掩飾水門案被認爲妨害司法[79]。

---

78 筆者於民國 72 年至 73 年獲美國佛爾布來特研究獎，在美國哥大、紐約等大學研修時，閱紐約時報某日一涉及組織犯罪案件，法院開審理庭訊問證人時，證人面部經有關當局化裝及改變聲音出庭作證。至今事隔多年，印象仍甚深刻。
79 http://www.federalcriminallawyer.us/2011/1/12/federal-law-on-obstructing-justice-a-summary/; http://en.wikipedia.org/WiKi/Impeachment_of_Bill_Clinton (revised 2012/12).

十三、陪審

(一) 陪審團之組成與剔除

　　刑事被告受陪審審判之權利可以拋棄，但事實上棄權的並不多。審判陪審〔有時稱爲小陪審（petit jury），以有別於大陪審（grand jury）〕，係由當地所抽出之 12 個公民所組成。早在任何具體案件發生前，先由法院作成一大堆符合陪審員基本資格之名冊，即必須是公民、識字而且身心健康。作成此種名冊時，不能有系統或故意排除黑人或其他少數民族（且擔任陪審團之族群之比例，須大致等同於該社區之人口百分比）[80]，然後自此名冊中抽籤挑選一些人送至法院，以備將來擔任陪審員之用。當某具體案件需要審判時，將這些陪審團候選人傳來，用抽籤方法自出席人員中挑選一部分，再提出問題以決定其是否適合擔任特定案件之陪審員，此程序稱爲資格審查（voir dire）。其詳細程序爲：先行宣誓後，由雙方律師提出問題，凡任何人與被告或律師之一方有親戚關係，或由大眾傳播工具對該案案情知悉太多而不適格者，可由法官免除其擔任陪審團之職務，稱爲「附理由剔除」（challenge for cause）。然後雙方律師尙可不須具備任何理由，反對若干候選人擔任陪審員，此稱爲「不附理由剔除」，直至將陪審員數目降至 12 人後，全體陪審員始宣誓就職。

(二) 陪審團顧問之利用

　　刑事被告之律師近年來不無聘請社會學家或心理學家擔任顧問，協助挑選陪審團之人選[81]。尤其對媒體上非常有名案件，有的律師透過社會科學家的協助，對陪審員資格審查做了更明智與系統化的利用。即陪審團顧問利用民意調查與「聚焦人士（focus group）」協助律師擬好在選任陪審員時要問的問題，來發現陪審員候選人可能隱藏的偏見，並形成最有利與最不利各

---

[80] Batson v. Kentucky, 476 U.S. 79 (1986).
[81] 參照 Porto, op. cit., at 160.

造當事人之陪審員。被告律師比起檢察官比較常僱用此種審判庭顧問（trial consultant），實務上他想排除可能對當事人不利的陪審員。在數年前足球明星辛普森（O. J. Simpson）被追訴犯罪之案件，辯護律師找了有名的審判庭顧問 Doctor Jo-Ellan Dinitrius 協助，選出對他可能最有利的陪審員，即其著例 [82]。

十四、審理庭

(一) 法官之角色

　　法官在審理庭之角色雖然重要，但比較消極，要扮演公平中立的角色。其主要職責在確認兩造在法律准許範圍內，儘量提出（present）他對案件的說法，如法官之外觀或作法背離公平中立，則其裁判有被上級法院廢棄之危險。開庭時法官不提出任何證據，亦不積極參與證人的詰問；只對檢察官與辯護律師就對方提出證據種類與詰問證人問題所提的各種申請（motion），加以裁定而已。在一些州法官可詰問證人實質的問題，可就兩造所提證據之可信度，對陪審團加以評論；但也有一些州禁止法官有這些行為。不過在對申請（motion）下裁定時，如兩造正反理由大概同等堅強，或法律爭點有很多解釋時，法官個人的背景與價值觀不免會影響其裁判之結果 [83]。

(二) 審理程序

　　陪審員宣誓就職後，首先由檢察官對其所欲提出對被告不利之證據做

---

[82] 雖然設法使陪審團充滿有利於自己被告之陪審員〔美國俗稱「塞滿陪審團」（packing jury）〕之作法並非新聞，但利用專業之陪審顧問則是新近出現的現象。又過去律師只努力設法使陪審團對其當事人有利，但現在則開始僱用外部心理與身體語言之專家。這種陪審顧問的角色任務，在美國電影《失控的陪審員》（*Runaway Jury*）裡有鮮活的描寫。參照 NEWBAUER & MEINHOLD, op. cit., at 384.

[83] CARP & STIDHAM, op. cit., at 177. 又在開審理庭前過度引起社會注意之案件，可能需改變法庭地。

一概括介紹，再由被告律師做開場陳述（opening statement），將其所欲提出之證據，亦作一概括介紹。證據包括物證與證人之證言。物證可包括子彈、彈道試驗、指紋、筆跡、血液與尿液檢驗及其他文件或物品。大多證據是證人之證言，用一問一答方式有秩序地過濾資訊[84]，目的在提出與案件相關之證據，而不要混淆或無關之資訊或違法證據。然後檢察官將其所提第一個證人請來，此人可能為犯罪之被害人，亦可能為執行逮捕該被告之警官，或任何可對此犯罪提供情報之人。旋即由檢察官詰問此證人之所見所聞（稱為 direct examination），再由被告律師詰問該證人，此稱為交互詰問（cross examination），目的在發現該證人證言是否有偏見、不實，或其觀察、記憶或報導是否確實，以削弱控方所提證言之證明力，或使陪審團對其證言之真實性發生質疑。律師可企圖使證人困惑、慌亂、狼狽、失去自制，而提供錯亂矛盾之證言。任何一方所提出之問題可由他方提出異議（objection），此時法官須依照嚴格之證據法則決定其異議是否正當[85]。被告之律師交互詰問（cross examination）完畢後，可再由檢方提出詰問（re-direct examination），辯方（被告律師）再為交互詰問（稱為 re-cross examination）。在第一個證人結束證言後，即由檢察官請第二個證人來，同樣程序周而復始，直到所有控方證人皆由雙方詰問完畢為止。此時被告可提出無罪開釋之聲請（motion for acquittal），即提出下列問題：證據是否充分，而可使理性之人（reasonable men）對被告下有罪的裁決（verdict）。

　　如法官認為犯罪證據不足，即准許此種無罪開釋之聲請，將被告釋放而終結審理。如認為犯罪證據充分，則需繼續進行審理，此時輪到被告辯護律師，他可提出證據。但有形證物較少，大多證據是反駁檢方之辯論。辯方依法不需提任何新的或更多證據或證人。抗辯可只挑剔檢方證據與證人之可

---

[84] 證人通常不能用敘述方式（narrative form）答覆。誘導性問題（leading question）在直接詰問不能提出，但在交互詰問，不但能用，而且需要用。參照 BURNHAM, op. cit., at 97-98.

[85] 異議須敘述理由，例如：「異議，傳聞證據」（objection, hearsay）。法官對正當之異議會說「維持」（sustained）；對不正當異議，會說「駁回」（overruled）。如法官對異議要聽對造反應或雙方爭執時，法官可能請雙方到前面來（approach the bench）。然後雙方靠近法官站著，三方低聲磋商，避免陪審團聽到。參照 BURNHAM, op. cit., at 100.

信度與合法性，不須證明被告之無辜。只須釋明檢方證據並未超越合理疑慮之程度。被告甚至不須就證人席（如他要作證，則與其他證人相同，有被交互詰問之風險）。被告提出其證人時，先由其律師詰問，繼由檢察官交互詰問，其程序與方式與檢察官所提出證人相同。然而在英美被告不得由檢方作為證人，在若干州檢察官不得就被告自己拒絕作證，做任何評論，法官也不能指示陪審團因此對被告做任何不利的推論，此乃強調「被告無義務解釋對其不利之證據」之原則，為聯邦以及各州憲法所保障的「禁止使自己受牽累」（self-incrimination）之權。在被告提出無罪之證據後，被告也有機會再提出命為無罪裁決（directed verdict of acquittal）之聲請，此種聲請大致與檢察官舉證後所做之聲請相同，所不同者為此時所有證據都已呈現在法官面前由其考慮。此時尚須由法官決定所提證據是否充分，足以使理性之人對被告為不利之認定。而且需注意只有被告可以提出 directed verdict 的聲請，而檢察官則不可。英美法僅許可命為無罪之裁決，而不能聲請為科刑之裁決（directed verdict of conviction），這是表明陪審團可以基於任何理由或者不必有任何理由，將被告釋放。

(三) 終結辯論及對陪審團之指示

終結辯論（closing argument）常是審理庭最戲劇化的一幕。因雙方將最有力辯論理由濃縮，企圖對陪審團作最後呼籲。雙方辯論之限制通常對辯護律師較寬，對檢察官則較嚴。有時為冷靜之邏輯分析，有時訴諸情緒與超越本案之價值觀。檢方可能提及一般犯罪問題、社會需要法律與秩序、不可憐憫被告而對被害人無動於衷之類。辯方可能提醒陪審團，人非聖賢，孰能無過，或在自由民主社會犯罪有疑時，應為被告有利之處理之類。檢方可能避免情緒化，因檢察官過去在終結陳述說了偏激的話，致許多陪審團裁決在上訴時被廢棄[86]。

---

[86] CARP & STIDHAM, op. cit., at 176.

最後由法官對陪審團以口頭加以指示（instruction/charge）[87]。主要因為陪審團並非法律人，認事用法有賴法官指示該案適用之法律原則。在英美若干法院法官可對證據簡單加以說明（summary），甚至表明對審判結果所持之看法，但大多數州憲法或制定法規定法官不能對證據評論，只能就法律加以說明，以免侵害陪審團之職權。而且愈來愈多的州這種指示已經標準化，以官方核可的格式為準，以免因案件或法官不同而有所出入，由於陪審員不諳法律，所以法官的指示對陪審團裁決的結果有重大影響。通常被告上訴最主要的理由是攻擊法官做指示時所說的話，所以許多州的制定法規定法官對陪審團的指示要作成書面，以便被告上訴時上訴審審查下級審訴訟程序時，有紀錄可稽。在法官對陪審團的指示中，會告訴陪審團證明有罪的責任是由檢方負擔，被告自始就推定無辜，除非由於舉證的結果認定其犯罪已經沒有合理的疑慮（beyond a reasonable doubt），否則不能宣判其有罪。何謂「已無合理之疑慮」，此用語並無令人滿意之定義，但至少表明陪審團需審慎執行其工作。

(四) 陪審團之評議與裁決

陪審團祕密評議結果，通常為某罪名有罪（guilty）或無罪（not guilty）之概括裁決（general verdict）。陪審員之職權通常只限於認定被告是否有罪，至於如何科刑，則屬法官之職權。但若干州對某些犯罪，陪審團有權建議應處之刑罰或由其科刑，例如對死刑與無期徒刑間之選擇，然此究屬例外而非原則。陪審團評議結果所成立之決定，稱為裁決（verdict），以別於法官之判決（judgment）。依據傳統普通法（common law）原則，陪審團之裁決須經 12 個陪審員全體一致，始能成立。故陪審團之中，如有任何人因疾病或其他緊急事故，在案件審理結束前中途退席時，審理即須停止，而重新審理。如陪審團評議無法達成一致協議時稱為僵局陪審團（hung

---

[87] 指示是念給陪審團聽，但愈來愈多的州准許或要求法官發一份書面予陪審團，以免印象模糊。參照 BURNHAM, op. cit., at 105.

jury），審判需停止而需重新審理。此時檢察官保留以同一罪或較輕罪名重審被告之權，而不違反一事不再理原則；檢察官亦可能以爲重新審理仍難將被告定罪，而撤回告訴[88]。

按傳統上陪審團須有 12 人，且須一致決議，但後來最高法院認爲 12 人之陪審員只是歷史上偶發事故，各州刑事案件陪審團 6 人爲合憲（陪審團至少須有 6 名陪審員）[89]。今日有 33 個州至少在若干種刑事案件准許陪審團少於 12 人。最高法院認爲判罪不必全體一致，且已同意 10 比 2 之票數可判罪，但可能不同意只有 8 比 4 予以判罪。如某州使用 6 人陪審團時，則須全體意見一致[90]。

另外聯邦與許多州，對陪審員不能出席，有補救辦法。即在審理前挑選若干候補陪審員，於開庭時與正式陪審員一起宣誓參加陪審。如正式陪審員中有人發生事故，則由此等候補人遞補，尤以在事先預料到公民審理庭可能持續長時間之案件爲然[91]。

審理庭判罪後之被告，通常得到比自認有罪之人較重刑罰，因法院以爲被告對其行爲無懺悔或負責之意。另一方面接受審理的被告約三分之一被宣告無罪。此表示犯有罪證據較弱之被告，如罪名在審理前未經與檢察官協商而未被撤回時，較可能選擇要經過審理[92]。

十五、刑罰與處刑（sentencing）

(一) 刑罰

美國主要的刑罰是死刑、徒刑（imprisonment）、緩刑（suspension of sentence）與罰金。其他方式之刑罰雖非沒有，但種類很少。罰金通常作爲代替或補充刑罰，甚至與最嚴重犯罪併科（違反交通及輕微違規行爲人，不

88　CALVI & COLEMAN, op. cit., at 96.
89　Williams v. Florida, 399 U.S. 78 (1970).
90　BURNHAM, op. cit., at 304.
91　關於美國陪審制度之新趨勢，可參照本書第九章〈美國陪審制度的最新發展〉。
92　JACOB, supra note 1, at 43.

但在下級法院，而且許多有一般管轄權之審判法院亦常單獨科罰金或與其他刑罰併科）。聯邦憲法增修第 8 條規定：「不可科過度罰金，亦不可科殘酷與不尋常刑罰。」但罰金如未超過法定最高額，不算過度 [93]。緩刑之被告可能附帶受到一些監視 [94]。關於死刑，其存廢有爭議，自 1930 年代開始，漸漸減少宣判死刑，近來愈來愈多州完全或幾乎廢止死刑或事實上不用，但仍有一些州維持死刑。大多數州與聯邦政府對若干犯罪，諸如殺害執法官員處死刑 [95]。在 1976 年，最高法院認為死刑未必是殘酷與不尋常之刑罰，如受正當程序控制，並非違憲。大多數州法，禁止州法院在殺人案件逕科被告死刑，而須由法官與陪審團考慮各種可能加重或減輕犯罪嚴重性之因素 [96]。有些州與聯邦政府使用定期刑（determinate sentencing）對特定犯罪科特定刑罰，但有些州使用不定期刑（indeterminate sentencing），法律對犯罪只訂比較概括之刑罰，而賦予法官選擇與犯罪相當刑罰之裁量權，並定在監徒刑之上限與下限。不定期刑係根據犯罪與犯人之性質，對在監行為良好之犯人減短刑期作為補償，以策自新。

(二) 判刑

如被告被認定有罪後，法院並無命令重新審理，或被告答稱有罪（plead guilty）時，審判法院之唯一任務即為科刑。惟應注意：在聯邦與大多數的州只由法官來科刑，但有數個州被告可選擇由法官或陪審團科刑。而且在死罪案件（capital case），各州常要求除非由 12 個陪審員做一致的決定（這時需要為了科刑組織一個新的陪審團），否則不可科死刑 [97]。有些州制定法徒刑訂有一定年限，有些州規定上限與下限，授權法官定其宣告刑。法官

---

[93] KARLEN, op. cit., at 199.

[94] MCINTYRE, op. cit., at 35.

[95] KARLEN, op. cit., at 195; PORTO, op. cit., at 171.

[96] Farnsworth, op. cit., (1983 ed.) at 149; BURNHAM, op. cit., at 562; ARBETMAN, MCMAHON, O'BRIEN, STREET LAW--A COURSE IN PRACTICAL LAW (1983), at 89-90.

[97] CARP & STIGHAM, op. cit., at 183.

也有許多代替性的措施，目的在使犯人改過遷善，而且需要犯罪學與社會科學的專業人員協助。通常在科刑前由法院之觀護人（probation officer）先做判決前（pre-sentense）的調查，包括調查犯人之背景或犯罪的嚴重性、繼續從事違法活動的可能性等因素，提出所謂判刑前報告（presentence report），包括適合犯人之刑罰（刑期的長度）及矯正之希望，建議予法官，常影響法官科刑之決定，尤其在使用不定期刑之那些州爲然 [98]。

(三) 量刑基準

歷史上立法部門賦予法官廣大科刑之權力。從 1980 年代開始，自由派認爲量刑過程充滿輕重不一與差別待遇。保守派認爲該程序欠缺嚴密與確定性。雙方都認爲法官權限過大，結果爲了減少量刑差異，以期公平合理起見，有 17 個州已經制定量刑基準（sentencing guidelines），包括自願與強制兩種。前者只是諮詢性質，並無法律強制性，如法官不遵守，不構成上訴理由。後者則由議會授權一個量刑委員會，制定詳細量刑基準，若一旦採用，則法官需要遵守。如不遵守，法官需要解釋其理由，被告與檢察官有權請上訴審法院審核法官的解釋。此強制性基準，可達到比較高司法遵從的比率，有助於減少量刑之差異，在量刑上種族與性別之不同大體上已告減少，不過也使得量刑的嚴屬性爲之增加。在聯邦方面，於 1984 年爲了縮減法官的裁量權，國會設立美國量刑委員會（U.S. Sentencing Commission）[99]，賦予研發聯邦犯人量刑基準，在 1987 年成爲法律。該法律之合法性並經最高法院予以維持（Mistretta v. United States 1989）[100]。

---

[98] 觀護人是有犯罪學、心理學或社會工作背景的專業人員。參照 CARP & STIGHAM, op. cit., at 183.

[99] 聯邦量刑委員會乃政府司法部門之獨立機構，由 1987 年之「量刑改革法」（Sentencing Reform Act）所設置。其主要目的在爲聯邦各法院成立量刑政策與實務，包括對判處聯邦犯罪之犯人刑罰之適當方式與程度訂出詳盡之基準。其工作爲研發、監督與修正量刑基準，不過也提供訓練，對量刑相關問題從事研究，並作爲國會、刑事司法實務家與大眾之資訊來源，評估量刑基準對刑事司法系統之影響，對國會建議刑事實體法及量刑程序之修正、對量刑問題研發措施。

[100] NEWBAUER & MEINHOLD, op. cit., at 295 et seq. 量刑基準是將法官在量刑可能考量的各種因素設定具體數量指標，透過客觀化數字運算，以促進量刑的標準化。在另一方面，所考慮因素比

國會規定法官只有在發現委員會未充分斟酌加重或減輕情事時，才可不按基準科刑[101]。其效果仍有待觀察，但當時引起審判法官許多爭議[102]，覺得其權威與裁量權被國會傷害[103]。

惟法官判刑並不代表定案，因仍受到聯邦與各州假釋法之限制。假釋部（委員會）〔有時總統與州長可能特赦或換刑（commute sentence）〕才決定被告真正服刑之期間[104]。

(四) 被告公權之限制

在一些州一定犯罪之被告於判刑後，可能不能擔任政府職務，取得工作證照亦受限制。幾乎在所有州犯一定罪之人喪失選舉權，尤其重罪與可處長期徒刑之嚴重或不名譽罪為然。在大多數州出獄之犯人需州長特赦，才能恢復選舉權與擔任公職。有些州制定法與規章規定犯罪紀錄可使犯人不能擔任政府職務或取得執業證照[105]。

較全面，包括被告歷史、甚至被告的性格、家庭、生活環境、犯罪嚴重程度、犯罪情節、被害人狀況等許多因素，儘可能使量刑科學化與個別化，因人制宜。參照田心則，美國量刑準則制度的兩點啟示（http://www.procedurallaw.cn/wgf/200807/t20080724_40835.html (revised 2012/12)）。

[101] CARP & STIDHAM, op. cit., at 185.

[102] Id. at 186. 自引進量刑基準後，法官科刑之裁量權變小，檢察官權力增加。尤其規定被告答稱有罪，且讓別人入罪，比堅持由陪審團審理，且面臨超過合理懷疑之證據之被告，在處刑上要輕很多。在聯邦方面，在此基準之下，導致開審理庭之數目大為減少，而認罪協商增加。參照 VON MEHREN & MURRAY, op. cit., at 198.

[103] 在 1987 年與 1989 年之間，大約 150 名聯邦法官裁定判刑基準違憲，量刑委員會之成員與權限違反憲法權力分立之原則。但在 1989 年 1 月最高法院宣布該委員會與基準通過憲法之檢驗。

[104] 美國司法部司法統計局在對 33 個州所作調查，發現判 3 年人犯平均只服刑 17 個月，即刑期之百分之四十五。加州與明尼蘇達州也有不少避免法官量刑歧異之措施。CARP & STIDHAM, op. cit., at 187.

[105] MCINTYRE, op. cit., at 43-44.

十六、異於傳統之刑事處置

(一) 近年來愈來愈重視對某些種犯罪與犯人使用非刑事處置

　　例如在判刑前提供矯正方案，在判罪後命其在指定期間參加某種諮詢與工作訓練或其他社區矯正方案[106]。

(二) 社區服務

　　美國有些州法官可定別的刑罰，諸如社區服務。所謂社區服務，係由法官判被告為社區服務一定時數，以代入獄接受監禁。例如，1985 年民主黨副總統候選人費拉洛之夫房地產經紀人柴卡羅，被人檢舉從事不動產交易行為涉及詐欺，經紐約州法院認定有罪。法官判他不必入獄受刑，但須以其理財技能，提供 150 小時為社區服務，而指定他分別在紐約 3 個為青年人、貧民及精神病患的社會福利機構服務一案，即其著例。按美國此種社區服務制度係 1960 年代首先在加州實施，不久各州競相採用，今日已成為美國刑事司法制度的一種特色。美國各法院法官通常每年還判處數百名人犯（大都為白領犯罪），如柴卡羅之類去從事社區服務工作。此種制度之優點頗多，包括：

1. 此種制度適用對象一般係惡性較為輕微之犯人，但不適用於觸犯重罪、暴力犯罪，諸如強盜及殺人之類人犯。此種強制工作介於短期自由刑與宣判無罪令其逍遙法外之間，一方面處罰輕微，不必監禁，較能保持名譽與自尊心，不致產生短期自由刑之流弊；他方因須強制工作，自由又受到限制，寓處罰於社區服務之中，富有嚇阻之作用，對於惡性不大或犯罪情節輕微之犯人，此種制裁已可收懲罰或教訓之效。
2. 此種制度可免監獄人滿為患，又可節省國家財力人力。
3. 由於犯人被指定為社區工作，較富於建設性而有助於公益。這些人的專

---

[106] Id. at 45.

門知識與技能可以提供非常寶貴的協助[107]。

4. 社區工作制度之適用對象並不以未入獄之人為限，對於假釋之人亦可適用，較單純觀護更可使其懍於對社會之責任，而發揮警惕與教育作用[108]。

十七、緩刑

　　美國監獄擁擠過於嚴重，也成為一個准許緩刑的原因。在美國超過百分之六十判處有罪人犯准予緩刑。典型緩刑之條件包括保有工作、扶養家庭、避開賣酒類地方、定期向緩刑官員報告及過去未犯過法。因緩刑乃司法行為，如違反緩刑條件，法官可予撤銷，並將人犯送監執行。各州與聯邦法律賦予法官廣大決定是否宣告緩刑之裁量權。典型之制定法往往規定如犯人能顯示良好僱用紀錄，堅強家庭約束（tie）、經常上教堂做禮拜、心態穩定、賠償被害人、提供社區服務、接受毒品或酒類治療或所犯係非暴力犯罪等時，則可准予緩刑[109]。不過立法機關常常禁止對犯重大犯罪如殺人、強姦甚至持械強盜之人予以緩刑[110]。

十八、監禁（徒刑）之執行與假釋

　　聯邦法院定讞之人犯在聯邦司法部監獄局（Bureau of Prisons）所轄之監獄（prison）執行，而由州法院定讞在 1 年以上之人犯則在州感化機構（penitentiary）執行。州監獄收容最兇惡人犯，其安全措施通常比郡監獄為嚴[111]。

---

[107]有時法官特別針對犯人之犯罪情節，命被告為適當之社區服務。例如命吐痰之人去打掃公園或馬路；命酒醉之汽車駕駛人到學校對師生說明何以醉酒駕駛是一種犯罪。參照 http://criminal.lawyer.com/Criminal–Law-Basics/Punishment-of-Crime.html (revised 2012/12).

[108]關於美國社區服務制度之詳情，參照楊崇森，遨遊美國法第一冊，附錄四〈微罪不舉可兼採社區服務制〉。

[109]CALVI & COLMAN, op. cit., at 189; BURNHAM, op. cit., at 562.

[110]NEWBAUER & MEINHOLD, op. cit., at 287 et seq.

[111]WEINERMAN, op. cit., at 232.

　　許多州與英國、加拿大相同，已通過性犯罪人登記法（Sex Offenders Registration Act），要求性犯罪定讞之犯人向當地警察機關登記。警察警告社區之個人與團體注意他們社區內有性犯罪犯人，以保護社區住民，尤其兒童，法院一般認為這些法律並未違反犯人憲法上權利[112]。

　　多數犯人在服法官所科刑期一部後釋放，州長、矯治官員（correction officials）與假釋委員會（parole board）在早期釋放犯人方面，扮演重要角色。尤其假釋委員會決定何時釋放人犯，然後監督被假釋人，如被假釋人違規或另犯新罪時，可能要重返監獄，服完剩餘之刑期。由於假釋委員會擁有太大裁量權，受到人們批評，以致近年來若干州之假釋委員會權力發生重大變遷。有15個州已廢除假釋委員會釋放所有人犯的權力，另有5州廢除該部釋放若干暴力犯人之權。又在14個州該委員會只有有限的裁量權，且訂頒假釋明文基準，對提早釋放加以規範。有許多州縮短犯人假釋之期間。不過，美國假釋的人數一直在增加[113]。

十九、再審之申請

　　如陪審團認為被告有罪，其律師可請求重新審理（new trial），其准駁之權在於法官，即由其認定裁決有無違背正義（mischarge of justice）而定。反之，如陪審團裁決被告無罪，則案件即行終了，檢方不得再作訴追之請求，其理由係陪審團應有絕對權力宣判被告無罪，不受法官之干涉，且使被告再度受起訴之危險係不公平。是以被告一旦被宣判無罪，即永遠恢復自由[114]。

---

[112] 例如 http：//www.legislature.mi.gov/documents/mcl/pdf/mcl-act-295-of-1994.pdf (revised 2012/12).

[113] NEWBAUER & MEINHOLD, op. cit., at 284 et seq. 美國各級政府各有自己一套監獄及處罰定讞人犯之代替性措施。且據說美國人犯只有大約四分之一服滿刑期，大多數人犯只服法官所科刑期一部即被假釋。參照 JACOB, op. cit., at 43.

[114] KARLEN, op. cit., at 193. 陪審團實際上可為了任何理由宣告刑事被告無罪釋放，而其決定是終局的，即使事實認定有誤，有時直接違反證據與法官指示之法律，亦不受到挑戰。由於陪審團決定無罪之權力不受限制，以致有時出於偏見或同情，直接違反法官指示之證據與法律，而裁決被告無罪。例如在 Rodney King 一案，一個全部白人陪審團對一名警官毆打一名黑人

二十、上訴

如刑事案件裁決被告無罪，則不能上訴[115]。換言之，與我國刑事訴訟法規定不同，美國檢方上訴的權限頗受限制，聯邦法院與各州法院不得將宣告無罪之下級審判決廢棄。至於陪審團因錯誤而裁決被告無罪，不得作為上訴之理由。惟有罪被告在第一審審判後提起上訴時，則檢方於第二審判決後亦可提起上訴，而不違反一事不再理（double jeopardy）之原則。但此種情形並不多見。由於檢察官事實上很少上訴，以下僅就有罪判決由被告提起上訴的情形加以說明。

(一) 輕微案件（minor cases）

在由非法律人主持審理而且不舉行陪審的下級法院（inferior courts），被告被判有罪後可上訴於其他法院，此時該案件重新審理（trial de novo）。換言之，治安法官判案的案件可由職業法官主持的審判法院重新審理。如被告願意，可由陪審團審理。但如最初由職業法官（大都市地區）審理時，通常上訴審不重新審理，而依照下級審的紀錄審理。

(二) 較嚴重案件

此種案件被告至少有權提起一次上訴，許多州不但有最高法院，而且有中間上訴法院（intermediate appellate court），但被告並不當然享有第三審上訴權利，而由該州最高法院裁量是否受理。同樣聯邦法院案件事實上很難上訴到最高法院，州法院審理的案件如涉及聯邦問題，即州制定法或程序違反聯邦憲法時，可受到聯邦最高法院的審查，但是否受理，由最高法院斟酌。

案件，儘管毆打經過有錄影帶可證，仍裁決警官無罪。參照 VON MEHREN & MURRAY, op. cit., at 201.

[115] JACOB, op. cit., at 28; KARLEN, op. cit., at 209.

如上所述，刑事被告可基於審理庭在審理過程適用或解釋法律錯誤，對有罪判決上訴，但檢方原則上對無罪判決不可上訴。被告上訴須基於程序與法律解釋問題，而非被告有罪或無辜事實之認定。即非基於事實之錯誤，而須出於可廢棄之錯誤，即可能影響法官或陪審團裁決之重大錯誤，例如在審理庭不當採取證據（例如法官准許傳聞證據）、法官對陪審團之指示有瑕疵（或不當）、被告聲稱（plea）有罪非出於自願，或不應讓檢方採用違反憲法上權力之證據[116]。在大多數情形被告不可對刑期長度不服上訴，此點與大多數大陸法系國家不同[117]。在各州與聯邦被告有權對重罪判決提起上訴至少一次。

如被告上訴成功，通常並非即獲自由，而由上訴法院將案件發回下級審重審（new trial）。檢察官須確定原審程序之錯誤，是否在第二次審判可以克服，且是否值得投下時間勞費。雖然媒體暨法律與秩序之鬥士常使上訴審法院將明顯有罪之犯人及定罪基於技術細節（technicalities）加以廢棄，但亦須注意大約所有被告中有百分之九十認罪。此種作法幾乎排除了上訴之可能。其餘被告中有三分之二在審理庭被認定有罪。這些人中只有三分之一上訴，而在上訴被告中，只有約百分之二十有罪判決廢棄。不過在判決被廢棄之被告中，許多人在嗣後審理庭仍被認定有罪。因此有罪判決之人由於可廢棄之法院錯誤，嗣後被釋放者，為數甚少（CARP 氏以為不到百分之一[118]）。

通常被告只能就審理前及審理中爭議之法律問題，而非事實問題，提起上訴。上訴審法院一般不欲廢棄下級審法院判決。有時如被告看來有實質上訴爭點時，則可在上訴判決前命停止執行[119]。如案件涉有聯邦制定法或聯邦憲法上之實質爭點，則被告可將州法院有罪判決上訴至聯邦上訴審法院，包括最高法院。

---

[116] 甚至法官准許檢方作不當之終結辯論（closing argument）亦然。如上級法院認同被告認為審理有重大錯誤之主張時，會准予重審。參照 ABA, You and the Law, p. 501 (Publication International, 1990).

[117] CARP & STIDHAM, op. cit., at 187.

[118] Id. at 188.

[119] WEINERMAN, op. cit., at 233.

二十一、附屬攻擊（collateral attack）

此乃被告在上訴以外廢棄原判決之其他救濟方法。在美國如被告已經透過上述方法救濟仍無效果時，在行政方面可聲請特赦或減刑（clemency）。此外可循下列司法途徑尋求救濟。

(一) 人身保護狀訴訟（habeas corpus）

被告被一個州法院判刑後，可利用州上訴程序。如在州層級上訴沒有成功，則可依聯邦人身保護（Habeas Corpus）程序，請求聯邦法院進一步審查。即等於以聯邦憲法所保障之權利被州剝奪為理由，請聯邦法院重開訴訟程序[120]。但州法院不可發人身保護狀去釋放聯邦法授權下所監禁之人[121]。

這種救濟本來是在未經合法程序被拘禁，或被欠缺管轄權的法院判罪，以致於被拘禁的情況，透過此種救濟來審查拘禁是否合法，但今日在聯邦法院與若干州的法院，可以在被告被有管轄權的法院判罪後，審查其拘禁是否合法，其理論根據是被拘禁之人繼續有權攻擊（challenge）其拘禁之合法性。

(二) 糾正事實錯誤之判決令（coram nobis）

coram nobis 在過去是對於以前法院所下判決，由於紀錄表面的瑕疵不明顯，不能以審判與上訴等通常程序救濟，而用此訴訟廢棄該判決的古老方法。現今使用的目的仍屬相同，而且在沒有擴張上面講的人身保護狀訴訟來救濟侵害憲法上成立的這些州，coram nobis 被擴大利用為人身保護狀訴訟的代用品。

人身保護狀與 coram nobis 以第一審法院為管轄法院，被告需向第一審法院提起，由於被告往往濫用此兩種救濟的結果，產生種種流弊。一個第一

---

[120] CALVI & COLEMAN, op. cit., at 97.
[121] EDITORS OF ENCYCLOPAEDIA, LAW IN AMERICA--HOW AND WHY IT WORKS 115 (1979).

審獨任法官往往必須重新審查已經由上訴法院審判的案件，經審判後又可能發展爲很多新的上訴，與原來訴訟程序同樣複雜與曠日持久，加以尋求此種救濟在時間上與聲請次數上並無限制，以致於使得案件更加複雜，訴訟久懸不決，成爲美國刑事訴訟一項問題[122]。

二十二、犯罪被害人地位之強化

犯罪被害人最初在刑事訴訟扮演重要的角色，後來因爲公權力伸張，由檢察官代表國家追訴犯罪，變成只有證人的地位，被害人地位遠不如被告，而淪爲二等公民。

所幸近年情況改變，興起有利被害人權利之運動，趨勢又漸漸恢復過去情況。一些州已制定法規准許或要求斟酌「被害人影響報告」（victim impact statements）。法院亦有權命被告補償原告損失，作爲所科刑罰之一部[123]。

美國自 2004 年施行「聯邦犯罪被害人權利法」（Federal Crime Victims' Rights Act）起，聯邦犯罪之被害人有權在地方法院對涉及被告之釋放、認罪、量刑或任何假釋訴訟之公開程序，合理提出意見（包括口頭陳述）之權（18 U.S.A. 5377(a)(4)）。

惟美國不似一些國家，沒有一州准許被害人提起附帶民事訴訟。被害人欲請求民事賠償，須另提獨立民事訴訟，不過實際上提起民事訴訟並不多

---

[122] KARLEN, op. cit., at 218. http://en.wikipedia.org/wiki/Coram_nobis.

[123] 犯罪被害人請求被告賠償他的損失，可透過賠償命令（order for restitution）（作爲刑事判刑程序手續之一部），或向國家請求犯罪被害人補償（crime victim compensation）或提起民事訴訟。犯罪被害人國家補償的 program 基本上是由「犯罪被害人基金」（Crime Victim Fund）透過各州撥給被害人。不過據說從國家得到的補償金數額太少，雖然平均上限是美金 3 萬 5,000 元，而實際平均一個被害人的補償給付只有美金 2,450 元。又所謂被害人影響報告係被害人就其因犯罪結果，所受身心及財產損害及發生工作問題等，由被害人或其近親或監護人向法院提出書面（或口頭）報告，供法院量刑或假釋之參考。參照 The Victim in the Criminal Justice System, 2006/6 (Prepared by the Victims Committee, Criminal Justice Section, ABA.); http://meetings.abanet.org/webupload/commupload/CR300000/neusletterpubs/victimsreport.pdf (revised 2012/12); http://www.victimlaw.info/victimlaw/pages/victimsRight.jsp (revised 2012/12).

見，因被告多無可執行之財產 [124] 。

伍、結論

　　美國刑事訴訟由於法系與國情不同關係，異常複雜，但特色頗多，不少已為我國法制或學說所引進，可供我國參採之處，不一而足。例如：

一、認罪協商，但其細節及配套措施似尚未完備，實施結果利弊如何，實證研究似有待加強。

二、我國刑事案件，雖已頒行「證人保護法」，但實務上證人保護似尚不足，有待加強，以免難於發奸摘伏。

三、被告在緩刑期間亦應受司法機關某種監督，不宜完全放任不管，美國作法似可加以參採。

四、社區服務已成為緩起訴（刑事訴訟法第 253 條之 2）及緩刑之條件，似宜擴大使用，以減少短期自由刑之流弊。

五、被害人在訴訟程序上之地位頗為薄弱，有待加強。

六、判決前觀護人調查被告制度，可達刑當其罪之目的，甚有採行價值。

七、假釋方面，我國監獄相關人員權限不無過大之虞，似宜深入檢討。又假釋後如何有效監督假釋人，以免繼續犯罪，亦值得正視。

八、美國性犯罪犯人登記制度值得仿行，以加強社區之防範，避免發生不必要之損害。

九、我國更生保護及刑事政策研究工作似嫌不足，法醫學研究亦然，似均有待強化。

---

[124] BURNHAM, op. cit., at 274-75. 如今美國有 40 個州以上與聯邦法律保護被害人在審理程序出庭與參與的權利。依照最近制定的聯邦「犯罪被害人權利法」（Crime Victims' Rights Act），原則上有權在刑事程序出庭，被害人甚至可以選出自己的律師主張出庭參與刑事程序的權利。現今許多州與聯邦即使犯人沒有捕獲或沒有被起訴，被害人有權在判刑程序用口頭或書面對於「被害人影響報告」（victim impact statement）表示意見。在民事與刑事訴訟程序，法官有權發保護令（protective orders）。保護令多半用在家暴與狗仔跟蹤之案件，近來也擴張到員工與干擾（harassing）對象的廠商。

十、美國採行之量刑基準措施立意甚佳，爲避免法官量刑出入過鉅，值得我
　　國參酌改進。

十一、刑事警察素質與辦案技術及刑事法研究水準似宜提升，他如訊問犯罪
　　　嫌疑人之程序亦宜標準化，或詳定注意要點以便朝野共同遵循。

十二、美國最高法院後來對「毒樹果實」之原則，以判例樹立不少例外，國
　　　人似宜注意，未可奉爲金科玉律。

十三、法院可命被告補償被害人損失作爲刑罰之一部之作法，似值我國參
　　　探。

Chapter 5

美國司法組織之實際運作
及其晚近變革

壹、緒言

美國司法組織極其繁複，尤富特色，在比較法上深有探討之價值，何況近年來對我國法制影響日益加深，實有深入研究之必要。本章係就彼邦司法組織及實際運作之各種層面作動態性之探討，以供改進我國法制及實務之參考。

一、聯邦制

美國司法制度異常複雜，爲世界之冠，其司法組織，由許多各自獨立的系統所組成。依照美國聯邦憲法，除列舉甚廣的權力授予聯邦政府外，所有其他權力保留予各州政府，聯邦與各州政府均有其自己法院系統。今日有 50 州，即 50 個州司法系統，類似各州之獨立法院系統又存在於哥倫比亞特區與波多黎各。此外又有地區性（territorial）法院，設置在維京群島、關島、美屬薩摩亞與馬利亞納群島（National Mariana Islands）。一個司法系統的法院常須適用與解釋另一系統的法律，而且同一案件常有 2 個或 2 個以上司法系統管轄權發生重複或競合。探索美國法律制度繁複之原因似有兩端：一是多重主權存在，造成多重法源與多重司法制度[1]。二是州與聯邦審

---

[1] 由於聯邦政府型態，以致對實體法與程序法發生影響。因各州可自由決定何種行爲構成犯罪及其刑罰，致兩州可能對同一犯罪有不同定義與不同刑罰。又在民事方面在不同州可能離婚法定原因不同，例如內華州離婚規定寬鬆，許多人自外州赴該州設定住所，以便能迅速取得離婚判決。參照 CALVI & COLEMAN, AMERICAN LAW & LEGAL SYSTEM 43 (2000).

判法院同時並存，管轄權大幅重疊。世界上別的聯邦國家不似美國有一套聯邦審判法院與州審判法院同時運作。在其他聯邦國家，原則上審判法院是州法院，聯邦法院只有上訴法院，不致發生哪所法院是管轄法院及原告暨律師策略上斟酌去州或聯邦法院起訴之問題；所有訴訟在州審判法院提起，只有上訴才到聯邦法院。但在美國在審判層級就發生聯邦與州管轄權衝突，例如在紐約州的零售商要告加州製造商商品有瑕疵，有 4 個法院可選擇，即紐約州或加州的審判法院或此二州任何聯邦地院（如超過一定價額）。

二、司法審查（Judicial review）

司法審查是美國法律制度之重要特色，由司法裁判來認定國會立法在憲法上是否有效，亦即法院對立法之合憲性加以裁判，並拒絕執行依其判斷認為違反憲法之立法，稱為「司法審查」（judicial review）。此種制度並非出於聯邦憲法之規定，而係由聯邦最高法院於 1803 年在 Marbury v. Madison 一案所樹立。該最高法院判決 1789 年「司法機關法」（Judiciary Act）部分違憲，因國會已逾越其立法授權（prerogative）。院長馬歇爾（John Marshall）[2] 為大多數法官撰寫意見時，大力主張法院有固有義務去審查立法機關通過之法規，以決定它們是否與憲法相符。他強調如法院不享有此種權力，將使國會通過之法律等於憲法，如此會使憲法變成具文。如憲法要比國會立法更有意義，則須居於立法行為之上，且須在國會之外有獨立審查機制，而在美國聯邦制度下，唯一審查機制就是聯邦法院。雖然 Marbury 案是有爭議的判決，但其司法審查之意旨被接受，成為美國法制上的原則[3]。

司法審查為美國法律制度之重要特色，世界很少法院有此特別權力。美國與一些國家不同，並無與通常法院分開從事司法審查之特別憲法法院，

---

[2]　馬歇爾（John Marshall）在擔任院長前曾任國務卿。按最高法院第一任院長是約翰‧傑伊（John Jay, 1789-1795）。該院歷史上最年輕大法官是史多雷（Joseph Story），上任時才 32 歲。

[3]　按美國歷史上許多強勢總統，包括傑佛遜、傑克遜、林肯及兩羅斯福都曾敵視過最高法院。

任何層級之法院，自最低市法院至聯邦最高法院皆須從事憲法上之司法審查。因此美國司法審查乃分散而非集中制度。其次，法院審查憲法上爭點係在通常訴訟（即具體案件或爭點）發生，不似若干國家，此申請權限於若干官員或法人。第三，司法審查是司法（即法院）作法律上而非政治上決定。雖然有人以為美國憲法上審查不是司法性，而是法院決定法律擬制（fiction）下，小心偽裝之政治功能[4]。不過該最高法院對司法審查之實施設有不少自我限制，包括不處理政治問題及不可審判之問題（non-justiciable equestion）。許多軍事問題、如召集國民兵（militia）與外交政策問題都被該法院解釋為政治問題而不受理[5]。至於各州立法之司法審查，往往在涉及交通與運輸及政黨與總統領導之場合發生。該院在此方面主要引用憲法賦予國會規範州際通商之第 1 條第 8 款，作為國家管制經濟權力之主要理論依據，又常引用憲法增修第 14 條之正當法律程序與平等保護條款，作為保護私人不受政府恣意或壓迫性行為之主要依據。

貳、聯邦法院之組織與運作

一、聯邦法院之管轄權

(一) 在美國人們發生爭執時，常說我要把這椿事告到最高法院去（I'll take this to the Supreme Court），但實際上限制重重，當事人要告到聯邦最高法院，須爭議涉及所謂聯邦案件（a federal case）。美國憲法及國會通過之立法，規定哪些案件可由聯邦法院審理，其他案件則保留由各州法院審理。聯邦法院對不同州公民之間，或美國公民與外國或外國公民之間（diversity of citizenship）的訴訟有管轄權。如甲乙 2 人住不

---

[4]　BURNHAM, INTRODUCTION TO THE LAW AND LEGAL SYSTEM OF THE UNITED STATES 321 (2006).

[5]　關於外交政策爭議，例如在 Goldwater v. Carter, 444 U.S.996 (1979) 一案，美國參議員高華德告總統，聲稱總統未經國會，同意無權終止與臺灣所訂條約。為最高法院駁回，其理由雖不一致，但多數以為未提可裁判之問題（政治問題），因請求法院解決政府平等部門間之爭議。參照 BURNHAM, op. cit., at 329.

同州，訴訟標的在 5 萬美元以上，則可歸聯邦法院審理。聯邦法院在審理這些案件時，適用州而不是聯邦的法律。這種案件幾乎占了四分之一民事案件。在立法當初擔心由州法院對外州當事人有偏見，爲維持公正，所以規定由聯邦法院審理。但時至今日，美國早已成爲集中化與同質性的國家，此種顧慮已屬多餘，這些案件由州法院審理更爲適當。況且此種管轄權規定讓已經沈重的聯邦地方法院增加負荷，因此不少聯邦法院法官與法律家主張刪除或大幅減少聯邦法院對這些案件的管轄權。

(二) 聯邦法院亦覆審（review）各種行政機構（administrative agencies），諸如稅務法院（the Tax Court）、聯邦貿易委員會（the Federal Trade Commission）、全國勞工關係委員會（the National Labor Relations Board）等之處分或決定（decisions）。除了聯邦法院案件外，當案件涉及聯邦問題，且訴訟當事人別無其他救濟方法時，最高法院還可覆審州法官之裁判。

(三) 有些觀察家謂美國人的主要消遣不是棒球或橄欖球，而是告人到法院。在州與地方法院所提訴訟數字，估計每年 1,200 萬件，又在聯邦法院提起數十萬件。依照前聯邦最高法院院長伯格（Burger）之意見，該國陷於幾乎欠缺理性、偏重以訴訟作爲解決所有問題之深淵（plagued "with an almost irrational focus virtually a mania on litigation as a way to solve all problems."）。由於過度依賴法院之結果，產生許多不良副作用，即訴訟滋生訴訟，法院行事曆擁擠不堪。在一些場合，案件多年未經審理，而匆匆審理又會影響司法品質。此外責任保險費率變成過高，且爲了保證產品安全，公司須提高商品售價等 [6]。

---

6 參照 Reader's Digest, Reader's Digest Consumer Adviser-An Action Guide to Your Rights 353 (1984).

二、聯邦地方法院

美國聯邦地方法院至少每州有 1 所（有的多於 1 所，例如加州、紐約州與德克薩斯州各有 4 所），哥倫比亞特區、波多黎各、維京群島、關島、北馬利亞納群島各 1 所（在美國屬地，地方法院可能也負責審理地方與聯邦案件），目前共有 94 所。由於地方法院往往轄區遼闊，有些法院在不同地方或分部開庭。各地方法院法官人數基本上按司法工作分量而定，從懷俄明州 2 人到曼哈頓〔正式名稱爲紐約南區聯邦地方法院（U.S. District Court for the Southern District of New York）〕的 28 人。聯邦地院法官全國共 667 名。近年來地方法院也置有助理法官（magistrate judge）處理案件[7]。法官之下有書記官長、秘書、法律書記、法院記錄員（court reporter）、假釋官、審理前調查官（pretrial service officers）以及聯邦法警（U.S. marshal）等人員協助，較大的法院也置有 1 名公設辯護人。各地院有 1 名檢察長（U.S. Attorney）由總統提名，參議院同意。但他與法官不同，由總統決定去留。這檢察長與其屬下追訴違反聯邦法律的刑事案件，並在民事案件代表聯邦政府（大約占三分之一民事訴訟案件）。

三、聯邦上訴法院

聯邦上訴法院乃中間上訴法院，原來稱爲巡迴上訴法院（Circuit Courts of Appeal），後來改稱爲第 X 巡迴區上訴法院（US Court of Appeal for the x Circuit），全國共分 12 個地域性巡迴區及一個全國性巡迴區。地域性巡迴區係按地區畫分及按數目命名，例如第一巡迴區上訴法院審理緬因、麻薩諸塞、新罕布夏、羅德島及波多黎各等地方法院之上訴案件。唯一全國性巡迴區是 Federal Circuit，1982 年設立，也設在華盛頓特區，審理全國地方法院專利、著作權、商標之上訴案件以及自賠償法院（the Court of Federal Claims）及國際貿易法院（the Court of International Trade）之所有上訴案

---

[7]　BURNHAM, op. cit., at 172.

件。例外是第十二巡迴區即哥倫比亞特區巡迴區，審理華盛頓特區地方法院的民事與刑事上訴案件（約百分之九十）及各聯邦行政機構之上訴案件（每年約 3,000 件以上）。由於許多行政機構（administrative and regulatory bodies）設在華盛頓特區，以致於華盛頓特區上訴法院（D.C. Circuit Court of Appeals）審理非常多這種案件。也由於其判決對這些行政機構發揮制衡作用，該法院被認為全國僅次於聯邦最高法院的第二重要的法院。上訴法院全國共有 179 名法官，由總統提名參議院同意。與地方法院相同，各上訴法院法官人數不同，自 6 人（第一巡迴區）到 28 人（第九巡迴區），視案件數量與複雜性而定。每法院有院長 1 名（按年資），他有 1 名書記官長（circuit executive）協助管理行政事務。每名法官可僱用 3 名法律助理（law clerks），案件審理原則上由 3 名法官組成合議庭[8]，除了正式法官外，可能包括訪問法官（visiting judges，主要來自該巡迴區之地院法官）與資深（senior）法官（退休但仍參與審理）。所有法官可以一起審理案件，或重審（rehear）由一個合議庭已經決定的案件，而以多數決定之。不過全體會議（en banc）審理案件之情形為數不多。聯邦上訴法院在 1960 年只有 68 名法官，現在已經增加到了 179 名。雖然敗訴當事人可以請求最高法院審理該案，但這種申請極少獲准。由於今日聯邦問題之寬廣以及最高法院近年來限制受理案件，以致上訴法院近 30 年來案件增加迅速，對於幾乎所有聯邦訴訟案件不啻成為「終審法院」（courts of last resort），不但比過去更有權

---

[8] 美國上訴法院合議庭（panel）與我國不同，並非固定 3 名法官，而是隨機抽取任意 3 名組成，由其中最資深之法官擔任審判長，亦即無庭別之編制，故只有審判長而無所謂庭長。因各合議庭之組成，隨案不同而變動，合議庭 3 名法官均是案件主辦人，未分受命或陪席，各人均須瞭解案情，訴訟書狀或資料亦須備份送達予各法官。各人均有可能最後撰寫裁判書，如此能真正發揮合議庭精神，而與我國指定 1 名受命法官主辦，包括撰寫裁判書，審判長只管閱卷或指揮辯論庭進行，陪席法官形同虛位，幾乎不閱卷，亦不撰寫裁判書，大異其趣。目前我國司法機關施行庭長任期制，年輕資淺法官固較有提早出頭機會，惟資深法官或已在位庭長們士氣低落，因庭長面對免兼之不確定感，而默默耕耘正在盛年之資深法官常遭人遺忘而無晉升機會。破壞司法倫理，不符人性。……宜建立審判長制，即採美國之「相對資深法官審判長制」，打破庭別，廢除庭長制。參照陳志洋，廢除庭長制建立審判長制—美國司法考察心得，司法周刊，第 1024 期，2001 年 3 月。

力，且能見度也大為提高[9]。

　　聯邦上訴法院法官近年來在處理案件效率方面較有進步，在 2006 年辦結 6 萬 7,582 件。原因有法律助理、技術進步、利用個人電腦、電腦化法律檢索、法官透過電子郵件將判決初稿在法官間流通等。下判決速率進步之另一原因是加強上訴案件之和解。法院有所謂調解官（settlement officers），他們是全職法院職員，與律師會商，在律師提出書狀（briefs）前，試圖成立調解[10]。

　　上訴法院廢棄地方法院判決，須該判決有顯然錯誤；廢棄行政機構（agencies）之處分（ruling），須該處分係專斷或恣意（arbitrary or capricious）或缺乏實質證據支持。

四、聯邦最高法院

　　美國聯邦最高法院為該國最有權力之法院，也是憲法特別明文規定之法院，對整個聯邦法院系統有一般監督責任。有 9 名法官（或譯為大法官），包括 8 名法官（associate justice）與一名院長（chief justice），案件須全體合議審理。原則上只對上訴案件有管轄權，審查各聯邦上訴法院及各州最高法院之判決。但例外對若干案件有原始管轄權，即涉及外國大使案及州為一造當事人之案件，在這些案件原告直接向最高法院提起。上訴案件要到達最高法院，須涉及實質聯邦問題，即州法院對州法解釋違反聯邦制定法或聯邦憲法，即涉及法律原則或憲法爭點，且有深遠之重要性（principles of law or constitutional issues of far-reaching importance）。故如上訴人主張某州最高法院解釋該州婚姻法錯誤，因只涉及州法之解釋，不產生聯邦問題，該院不能受理。

　　如前所述，上訴案件有 3 個途徑到最高法院：1. 上訴複審令（writ of

9　NEUBAUER & MEINHOLD, JUDICIAL PROCESS, LAW, COURTS, AND POLITICS IN THE UNITED STATES 72 (2007); PORTO, MAY IT PLEASE THE COURT-JUDICIAL PROCESSES AND POLITICS IN AMERICA 45 (2009).

10　PORTO, op. cit., at 47.

certification），實際最少看到；2. 上訴令（writ of appeal）；3. 移審令（writ of certiorari），此最爲常見。由於該院對上訴案件受理有裁量權，在決定是否受理某案，該院適用所謂「4 人原則」（rule of four），即須 4 名法官投票同意受理，以致該院只受理很小比例之上訴案。最高法院一年在 5,000 多件申請案（petitions）中，只受理 300 件左右，其中舉行言詞辯論者有 180 件左右，其他不經辯論而下判決。1996 年在 6,695 件申請案中，審判了 158 件，近年急遽下降，在 2014 年在 7,000 件申請案中，只審判了 85 件[11]。

　　由於對上訴案件受理與否有裁量權，該院一年限制處理大約 80 件案。換言之，該院並不擬糾正全國法院判決之錯誤，只是集中時間精力處理當前最迫切最重要之社會與政治爭議或政策問題，而對全國政治與社會發生深遠之影響。例如，種族隔離、少數種族平等待遇、國家與宗教之關係、言論自由、墮胎是否合法、死刑存廢、同性戀人權等，本質上是政策問題，在外國這些係由國會或內閣決定，但在美國卻由最高法院加以判斷，這也是美國司法制度的特色[12]。又歷史上是由總統挑選最高法院法官，但在 2000 年布希與高爾 2 人競選總統，得票相近，最後竟由最高法院法官決定何人當選總統[13]。誠如法國政論家 Alexis de Tocqueville 在 1835 年所說：在美國幾乎沒有政治問題不遲早變成司法問題，此點與其他國家最高法院基本上只決定狹隘的法律爭點不同[14]。通常該院在每年 10 月第一個星期一至 6 月中旬開庭。

---

[11] 參照 BURNHAM, op. cit., at 174. 該院受理案件之原告須付 300 美元之遞狀費（filing fee），准許言詞辯論時，須另付 100 美元。參照 PORTO, op. cit., at 49.

[12] HAZARD & TARUFFO, AMERICAN CIVIL PROCEDURE 51 (1993). 在羅斯福總統當政期間，新政許多立法被最高法院宣告違憲無效，爲了使最高法院同情他改革的大法官居大多數，他於是以提高該院效率爲由，於 1937 年 2 月向國會提出法案，將該院法官名額自 9 人增加爲 15 人，目的在引進更多同情改革的人選，被人稱爲往法院塞自己人計畫（"court-packing" plan）（同時他也提法案，凡該院 70 歲以上法官退休，可領全薪，促使現任法官退休，改補自己人）。上述計畫受到國會內大多數共和黨和不少民主黨人反對，後來因最高法院有些法官態度改變，認爲國家經濟已發展至需要聯邦規範與控制，且也有人退休，致其改組最高法院之計畫已不需要，在 7 月參議院雖未通過所提增員法案，但不久羅斯福有機會提名他第一個大法官，到了 1942 年所有大法官除了 2 人外，都是他所派的人了（www.history.com/thisday-in-history/roosevelt-announces-court-packing-plan）。

[13] Bush v. Gore 2000.

[14] NEUBAUER & MEINHOLD, op. cit., at 74.

開庭對公眾公開。擬在最高法院執業之律師須另向該院申請，並由 1 名已核准在該院執業之律師陪同出庭宣誓，此點較爲特殊。

五、聯邦特別法院

美國有不少特別法院，所有特別法院皆設在華盛頓特區。

(一) 聯邦賠償法院（the Court of Federal Claims）：審理個人與公司控告聯邦政府契約不履行之案件。

(二) 國際貿易法院（the Court of International Trade）：乃審判法院，審理聯邦海關（US Customs Service）因貨物分類及估價判決所生之爭議，及由聯邦商務部與國際貿易委員會所下不正貿易行爲（unfair trade practices）判決之上訴案件。

(三) 軍人上訴法院（the Court of Appeals for the Armed Forces）：乃由文官組成之上訴法院，審理不服軍事法庭有罪判決之上訴案件。

(四) 稅務法院（the Tax Court）：乃審判法院，解決聯邦賦稅低報或多報之爭議。

(五) 退役軍人上訴法院（the Court of Veterans Appeals）：審查退役軍人上訴局（Board of Veterans Appeals）有關退役軍人福利之判決 [15]。

參、司法行政

一、聯邦司法行政機構

過去美國法院由於受到立國精神的影響，在傳統上各法院甚至同一法院內之法官，各自爲政，不但審判業務獨立，而且司法行政亦不受其他機構指揮監督 [16]，其結果不免發生種種流弊。但自 20 世紀中期以來，勵行司法改

---

15 PORTO, op. cit., at 41.
16 最高法院院長塔虎脫（Taft）曾批評此現象而謂「每個法官在各隨其意之制度下，各划各的獨木舟」（"each judge paddled his own canoe" under a "go-as-you-please system"）。參照 AMERICAN BAR ASSOCIATION, THE IMPROVEMENT OF THE ADMINISTRATION OF JUSTICE 11 (1961).

革，設置不少機制，加強管理，分述如次：

(一) 美國司法會議（Judicial Conference of the United States）

美國司法會議乃聯邦司法系統之行政決策機構，由最高法院院長、各上訴法院院長、各巡迴區 1 名地院法官以及國際貿易法院院長所組成。每半年開會 1 次，為期 2 天。由於會議時間短促，不能做太多事情，故大多工作由院長所指定之法官與大約 25 名律師組成之委員會（committee）來做。雖然耗時長，且沒有報酬，由於是地位的象徵，所以不少人樂於擔任。司法會議指揮美國法院行政廳（the Administrative Office of U.S. Courts）掌管司法預算、對國會建議增加法官員額、增加司法人員薪俸以及法院預算。在彈劾聯邦法官時，也扮演重要角色，但最重要工作也許是修改聯邦各種程序規則。最高法院可批准、修改或否決這些建議。通過之建議案送去國會，除國會有相反動作外，在 90 天內就變成法律。

(二) 美國法院行政廳（Administrative Office of U.S. Courts）

從 1870 年到 1939 年，聯邦法院之日常行政事務係由美國司法部掌管，由於司法機構之行政控制操在行政機構手中，產生不少問題。因此在 1939 年之行政廳法（Administrative Office Act of 1939），設立了美國法院行政廳。廳長（director）由最高法院院長指派，對上述美國司法會議提出報告，對國會作為司法會議的代表。該廳遊說與聯絡工作包括提出聯邦司法機構預算，法院規則的修正案、爭取增加法官員額等，也負責分配預算與監督支出[17]。

(三) 聯邦司法中心（Federal Judicial Center）

該中心乃 1967 年成立之聯邦司法行政機構，設有局長（director）、董

---

[17] NEUBAUER & MEINHOLD, op. cit., at 81.

事會，由最高法院院長、行政廳廳長、地方法院、上訴法院以及破產法院法官所組成。主要工作為教育與訓練聯邦司法人員，包括掌管緩刑之官員、法院書記官長、預審服務官（pretrial service officer），例如辦理新派法官講習會。該中心也對許多專題做研究，包括助理工作、測量法院工作負擔之方法、訴訟遲延之原因等。

（四）司法評議會（Judicial Council）

司法評議會乃各司法巡迴區之基本行政單位，後來由國會立法，在1981 年改組，不再由所有巡迴法院法官自動成為評議會會員，而改由票選之法官擔任。此外評議會一半委員由地方法院法官組成，評議會監督地方法院法官工作量與司法調度。評議會處分之主要武器是說服、同僚集體壓力以及對不遵守巡迴區政策之法官公布姓名（publicity）。評議會也被授權調查司法官無能力或不正行為之陳訴案件[18]。

二、法院其他職員

（一）聯邦助理法官（US Magistrate Judges）

1968 年國會通過「聯邦助理法官法」（Federal Magistrates Act of 1968）。聯邦助理法官雖然踐履準司法工作，但非憲法第 3 條所謂之法官。助理法官由地院法官選任，原則需係法律人與州法曹協會會員，全職者任期8 年，兼職者 4 年。可因「適當原因」（good cause）而被免職。在 2004 年此種法官共有全職 487 名與兼職 50 名。其職責範圍甚廣，諸如主持所有刑事案件的預審、輕罪犯人之處刑、監督民事證據之開示、經當事人同意可以主持完全的民事審理。換言之，除重罪犯人的審理與處刑外，其職責幾乎與地院法官相同。在協助地院法官處理日益增加案件上，助理法官之角色愈形

---

[18] Id. at 82.

重要[19]。

(二) 聯邦破產法官（Bankruptcy Judges）

破產案件專屬於聯邦管轄，破產法官原稱為破產官（Bankruptcy Referee），於 1973 年將其升級，並改為新的名稱，附於聯邦地院，由地院法官派任，為期 6 年（後改為由上訴法院派任，為期 4 年）。大多數破產案件（百分之九十七）由無付款能力之消費者申請，其他由大小企業申請。如不服破產法官決定，可上訴至地方法院（作為上訴審）[20]。

(三) 輔助法官

在許多州審判法院有補助官員，稱為 commissioners、referees 及 part-time judges，在一些州，上級法院有稱為 commissioners 的官員協助法官工作。由於訴訟案件不斷增加，法官未能相應增員，所以這些輔助官員更形重要[21]。

(四) 書記官長（the clerk of court）

在法院幕僚中，書記官長是最古老之職位，每個法院無論州或聯邦審判或上訴法院都有書記官長，他有不少屬下。他的辦公室是律師與當事人提出各種書狀之處所（此點與我國不同），保管所有案件之檔案及法院行動之紀錄，所有送去法官之事物須先經他辦公室。這辦公室是法院與律師及公眾主要接觸之所在，是否有效運作，關係法院功能至巨[22]。

---

[19] Id. at 67-68; MEADOR, op. cit., at 66.
[20] NEUBAUER & MEINHOLD, op. cit., at 68; BURNHAM, op. cit., at 184.
[21] MEADOR, op. cit., at 66.
[22] MEADOR, op. cit., at 67.

(五) 準法官（master）或特別準法官（special master）

在英美法系國家，審判法院有一種存在已久的準司法官，稱為 master 或 special master。在美國州與聯邦審判法院用在不同方式。它是典型的兼職，由法院為特定目的在個案任用。執業律師常被任命協助法院處理特別複雜或漫長的事務，例如在複雜財務核算之民事訴訟，法官可能指派 1 名律師擔任準法官（master），辦理核算，並將結果報告法院；在需要許多散居各處證人證言之案件，法院亦可派他主持採證，然後將證言連同事實發現之建議回報。在公法訴訟，可用他協助法官監督命令（decree）之執行。不過準法官之職務究非常態，而是例外，不可取代只有法官能做之司法功能。他們的行動是以建議方式向法官提出，而由法官實施最後之裁判 [23]。

(六) 法律助理（law clerk）

法律助理在 19 世紀末期引進到聯邦最高法院。又在 1920 年代擴張至聯邦上訴法院。不久州最高法院法官也僱用此種助理，後來在州中間上訴法院變成標準化。一些審判法官有法律助理，但大多沒有。所有聯邦地院法官有法律助理。現今所有州與聯邦上訴法院法官 1 人至少有 1 名助理。聯邦最高法院法官每人可用 4 名。聯邦上訴法院法官可用 3 名。大多數州最高法院法官 1 人用 2 名，州中間法院法官原則 1 人用 1 名，但有些更多。

法律助理亦有稱為法律秘書（law secretary）[24]，通常是由法學院新近畢業生擔任，幾乎都是畢業後第一個工作。大多數助理需有在學生主編的法學院期刊工作的經驗。通常助理只做 1 年，也有 2 年，但很少以此為長期工作。法官用助理有不同方式，通例由他作法律研究、寫案件之備忘錄，提出事實與爭點之摘要，加以分析、編纂法官意見初稿，並作為法官之傳聲筒與討論夥伴。此種工作被認為法學院剛出爐畢業生最理想之職業經驗，因如此

---

[23] MEADOR, op. cit., at 65-66.
[24] BURNHAM, op. cit., at 185.

自學界進入現實社會有機會自體制內部見識司法運作之實況。

(七) 法院管理官（court administrator）

　　過去法院一直由法官與書記官長管理，從未設有專業之法院管理官。此種職位是在 20 世紀第三期新出現，現在不論聯邦、州與地方法院已普遍設置此種受過特別訓練的管理人員，使法院行政慢慢現代化。由於美國司法組織複雜，其實際職務內容差異性頗大，也可能因院長而有不同，但基本職責是改進法院運作，避免法官處理非司法性之工作，並提供合格之管理制度。其職位有不同名稱，包括 court executive assistant、court executive officer 及 judicial executive [25]。

三、其他司法措施

(一) 民事案件之法律服務（法律扶助）

　　早在 1880 年代後期，在紐約與芝加哥已有對平民提供法律扶助之法律扶助社（legal aid societies）。在 20 世紀許多大城也跟進。這種機構雖然有些由律師協會主辦，但大多由私人捐助支持，也有與慈善機構合作，此外許多法學院開辦法律扶助診所（legal aid clinics），對窮人提供法律協助，並對法學院學生提供有價值之訓練 [26]。

　　但只靠捐助與和私人律師志願努力，績效尚嫌不足。到了 1964 年詹森總統宣告對貧窮作戰，國會才撥款設立新的同時加強舊的法律扶助團體。法律扶助團體多半辦理離婚、子女監護、社會福利、消費爭議、住居尤其租賃爭議、僱傭爭議。另一類是試驗性案件（test case），尤其集體訴訟。所謂試驗性案件是為了改變法律，為了擴大憲法上及其他重要權利而提起。例

---

[25] http://www.informaworld.com/smpp/content_content=a792043765-db=all-jumptype=rss (revised 2012/12).

[26] CARP & STIDHAM, JUDICIAL PROCESS IN AMERICA 106 (1993).

如，過去有一案建立了在終止社會福利前，須通知與開庭之憲法上權利；另
一案贏得了承租人在出租人怠於對不動產租賃物為必要的修繕時，可停止支
付租金。惟近年來試驗性案件訴訟之頻率已經下降，因美國整體氣氛變成較
為保守，且法院致力於增進日常司法服務之效率。

在 1974 年聯邦政府成立了「法律服務法人」（Legal Services
Corporations），作為管理法律服務計畫之機構，對 1,200 個機構，5,000 名
律師及 2,500 名法務助理（paralegal），撥款 3 億美元。

今日該法律服務法人資助 4,800 名全職律師與 2,000 名法務助理
（paralegal）。地方與非法律服務聯邦資金資助另 2,369 個機構。此外私人
律師也提供志願與較低廉的公益服務（pro bono services）。雖然資金減縮，
但法律服務 program 有律師公會之強力支援，已成為固定之機制[27]。

(二) 在刑事案件代理貧窮被告

刑事被告在面臨坐牢危險的刑事案件，享有憲法增修第 6 條所定由政
府提供律師之權利。政府須指定律師為被告辯護。過去是由法院個案指定律
師辦理。但今日在許多地方，聯邦與州當局建立了「公設辯護人」（public
defenders）制度。對全職律師付薪水，為刑事被告辯護。有些州甚至有專門
處理刑事上訴的辯護人辦公室[28]。

肆、對行政機構之司法審查

聯邦政府在原來 10 個部（department）之外，更設有許多行政機構，
又稱為獨立機構（independent agencies）或準司法機構（quasi-judicial
agencies），為很多委員所組成的合議機構。不但執行職務有相當獨立性，

---

[27] BURNHAM, op. cit., at 15; ENCYCLOPAEDIA BRITANICA, LAW IN AMERICA: HOW AND WHY IT WORKS 228 et
seq. (1979).
[28] BURNHAM, op. cit., at 154-55.

且可擬訂政策、訂定法規，並對違反案件有審判權。亦即除有國會授予之行政權外，又有立法及司法權，集行政、立法、司法於一身，美國學者稱為美國政府的第四部門。這些機構有的存在已久，有的近年才設置，踐履各種行政作用，包括管理公共教育、公共運輸、衛生、稅捐、規範各種財政、商業活動與消費交易，監督並頒發專業與職業人士證照等。這些機構，包括但不限於下列機構：

　　州際通商委員會（Interstate Commerce Commission）

　　聯邦貿易委員會（Federal Trade Commission）

　　聯邦電力委員會（Federal Power Commission）

　　聯邦運輸委員會（Federal Communications Commission）

　　證券管理委員會（Securities and Exchange Commission）

　　民航局（Civil Aeronautics Board）

　　勞工關係局（National Labor Relations Board）[29]

　　國會常授予行政部門各機構解釋制定法之廣大權限。聯邦政府對所有行政程序之規範是定在「行政程序法」（Administrative Procedure Act，最初在 1946 年通過）。當行政機構欲制定某種規章時，須先在聯邦法規登記簿（Federal Register）登出告示，使民眾及利害關係人有提出書面或口頭評論以參與決定之機會。一旦規章生效後，又須在聯邦法規登記簿刊登。各機構一套完整規章每年刊登在聯邦法規大全（Code of Federal Regulations，簡稱 CFR）上[30]。許多行政機構內部有法庭，因此有權制定規章、調查、監督之

---

[29] LAW IN ACTION, at 67 et seq.; WRIGHT PATMAN, OUR AMERICAN GOVERNMENT & HOW IT WORKS 358 (1968); http://en.wikipedia.org/wiki/Interstate_Commerce_Commission (revised 2012/12).

[30] 美國在 1936 年以前，並無官方出版聯邦機構之法規存在，而且這些機構不需將它們的規章向大眾公布。由於無法確定自然人或公司某一行為是否為某些聯邦機構所禁止，以致產生許多混亂。事實上發生聯邦政府追訴某一家公司違反行政規章案（Panama Refining Co. v. Ryan, 293 U.S. 388 (1935)），該案到了聯邦最高法院後，司法部長才發覺所依據行政規章已經廢止了。全國報紙與政府反對者批評以不存在之法律追訴百姓。由於公憤導致 1935 年制定了聯邦法規登記法（Federal Register Act），該法設置了「聯邦法規登記簿」（Federal Register）作為每日刊登行政與行政法規之公報。行政規章與法規如要在法律上生效，應公布在聯邦法規登記簿（Federal Register）上。1937 年該法修正，創立了聯邦法規大全（Code of Federal Regulations），將有效之規章以引得過之標題連同條文加以編纂。參照 Note, *The Federal*

機構，可能也有裁判該機構與受其規範的私人之間爭議的法庭。這些法庭主持的官員稱爲「行政法官」（administrative law judges）[31]。他們接受人證與物證，斟酌並解決法律上爭議，典型的案件是由機構的檢察官（prosecutor）代表該機構提起。在涉及重大利益的案件，牽涉的私人由律師代理出庭。這些機構有固定的程序規則與慣例，所以這些法庭實際上也是廣義的法庭。只是它們的判決可以由當事人在通常民事法院予以挑戰，這種挑戰程序通常稱爲行政機構處分（action）的司法審查（judicial review）。一般以行政機構爲被告，以民事訴訟方式提起。由於對行政處分之司法審查，使得法院今日比過去成爲更重要的政治機構。

　　司法審查的具體程序要看規範特定行政機構的制定法如何規定。司法審查程序的上訴審查一般按通常民事訴訟上訴同一管道辦理，因此對在第一審州法院開始的司法審查程序不服，可向該州中間上訴法院，最後向該州最高法院上訴。在聯邦法院系統的司法審查程序也循平行的管道進行。

　　當法院審查某行政處分時，基本任務通常是依據行政機構程序的紀錄，審查原機構是否遵守正確之程序，即原處分是否有實質之證據支持，而很少注意到處分之實體。因此在民事審查程序，法院不接受當事人提出新證據及對事實爭點的審查，只限於認定行政法庭決定的結果是否有合理的證據支持。因此如證據不足或未滿足程序要求時，法院通常將案件發回原機構更爲處理，不過關於法律的爭點，法院可重新斟酌。因此如法院認爲行政法庭關於其權限或爭議實體的制定法（statute）解釋錯誤時，可不受拘束，而按自己解釋來下判決。

　　行政法庭與法院雖可撤銷違法處分、准許上訴、宣布法律、科罰金及准許賠償損害，但不能命政府依特定方式爲行爲。惟法院在適當情形，可對政

Register and the Code of Federal Regulations--A Reappraisal, 80 Harv. L. Rev., 439 (1966). 按聯邦法規登記簿分爲 50 部門（TITLE），每季發行一次，每卷每年更新一次，每年出版大約 8 萬多頁。又可參考 THE EDITORS OF ENCYCLOPAEDIA BRITANNICA, LAW IN AMERICA, HOW AND WHY IT WORKS 70-72 (1979).

[31] 聯邦行政法官須係律師，並通過聯邦人事行政局（US Office of Personnel Management）主辦競爭激烈之考試。

府官員命禁制處分（injunction）、爲特定履行（specific performance）及具體命履行某法律上義務（writ of mandamus）[32]。

　　聯邦地方法院在若干情形（當行政機構的行動違反聯邦憲法或規範州職能的聯邦立法時），有權審查州行政機構的決定，但州法院無權審查聯邦行政機構所做的決定[33]。

伍、各州司法系統之組織與運作

　　州法院是美國第一線裁判機構，案件除憲法與法律明文指定由聯邦法院管轄外，原則上都歸各州法院管轄，因此這些法院與一般人民關係較爲密切，且處理案件數目壓倒聯邦法院。每年 50 州審判法院收到民刑案件超過 2,900 萬件，而聯邦審判法院不到 30 萬件。亦即州法院案件爲聯邦法院的一百倍。州法院法官約 2 萬 7,000 多人，遠多於聯邦審判法院法官 1,000 多一點。對多數民眾言，主要法院是州法院，但聯邦法院許多工作對全國政府之運作發生影響[34]。

　　刑事案件占州法院大部分工作，因依美國政府組織，基本秩序之維持是州而非聯邦之職責。因此普通犯罪由州法院管轄，包括殺人（如甘酒迪總統被暗殺）、強姦、強盜、竊盜、侵占、傷害等。至輕罪與交通違規則由州有限管轄權之法院[35]追訴。民事案件對典型公民或公司之法律爭議，包括侵權行爲、財產、契約不履行、離婚、子女監護、商業活動等乃州法院之工作。又州行政規章所生之爭議亦由州法院解決。雖然州法院主要處理州法律所定之案件，但愈來愈處理涉及聯邦法律之問題[36]。尤其在刑事訴追方面，

---

[32] THE ENCYCLOPAEDIA BRITANICCA, op. cit., at 72.

[33] HAZARD & TARUFFO, AMERICAN CIVIL PROCEDURE 58 et seq. (1993).

[34] 原 13 州在美國獨立前，即有自己憲法及法院系統。參照 DANIEL JOHN MEADOR, AMERICAN COURTS (West) 13 (1991).

[35] 有限管轄權之法院之意義，見下一頁。

[36] MEADOR, op. cit., at 20-21. 當一個州法院審理涉及聯邦法律之案件時，它在某意義上係作爲聯邦法院行動，而其對聯邦法律之判決可由聯邦最高法院加以審查。

因聯邦最高法院對憲法增修第 14 條之正當法律程序及平等法律保護擴大解釋之結果，州法院也審理不少聯邦問題之案件。

在一個州案件，當一造當事人根據聯邦憲法、條約或國會法律主張，且如有適用這些法源時，則州法院須加以解釋並賦予其效力。原告訴訟可能依據聯邦制定法或憲法，甚至在某些場合直接依據聯邦憲法主張請求權（常對州官員與機構主張違反憲法增修第 14 條）。雖然州法院民事案件大多數由法院所在那一州法律所產生，但州法院可審理依據別州及外國法律發生之案件，如紐約州法院可審理在加州或德國法發生之案件。

一、州下級法院

在大多數州第一審法院分為兩級，上級稱為有一般管轄權之法院（court of general jurisdiction）。所謂有一般管轄權之法院係指原則上審理任何種類民刑案件之法院，其名稱各州不一，或稱為 circuit court、superior court、county court 或 district court。在一般管轄權法院之下一級法院，稱為有限管轄權之法院（court of limited jurisdiction）。所謂有限管轄權之法院係指只處理一定性質或領域案件之法院〔例如管轄較小機動事輛犯罪之交通法庭（traffic court）〕，或一定金額之訴訟〔如小額賠償法院（small claims court）〕。各州通常由此種法院處理輕罪及較輕微少年犯罪案件。又有限管轄權之法院，未必表示此種法院業務限於小規模事務或比較不重要案件，例如遺囑驗證法院（probate court）管理數百萬美元遺產；家事法院（family court）處理離婚、子女監護與扶養[37]。

在州法院每年提起之案件，大約有四分之三是由只有有限管轄權之法院審理。在這種法院除了外觀之外，缺少當事人對立主義，被告很少有律師代理，也很少舉行審理庭，常常以極快速度下判決，訴訟程序常不記錄，致上訴常重新審理（稱為 trial de novo），成為司法改革家改革的中心目標。下級法院常常是歸地方管理，而不是州司法組織的一部。又可分述如下：

---

[37] MEADOR, op. cit., at 13.

(一) 治安法院（justice of the peace courts）

在鄉村地區，下級法院歷史上稱爲治安法院，法官通常稱爲治安法官（justice of the peace，簡稱 JP），係淵源於 14 世紀英國市鎮人口少與對外連繫不便的時期，發展 JP 之目的乃在以簡便快速方式處理案件。過去大多數 JP 是兼職之非法律人，在其營業所前面開庭，不過今日 JP（薪資低，常是非法律人）已比較專業化，在法院或另一辦公廳開庭，而且今日許多 JP 已被所謂 magistrate（相當助理法官）所取代。

(二) 市法院（municipal courts）

市法院是在城市地區與 JP 相當之法院。在市法院被告，只出庭一次。大多數被告係被控違反交通法規，或輕微之輕罪（misdemeanor）。被告在第一次開庭往往就聲稱有罪，而且很少舉行審理庭，一般沒有律師代理，犯罪輕微，法院處理速度快速，儼如生產線。市法院受大城市政府機制的影響，實際上宛如科刑機構，很少被告辯稱無辜。法官很少科被告監禁，大多數判處罰金了事[38]。

(三) 少年法院（juvenile courts）

今日各州都設有少年法院，在有些州它是具有一般管轄權審判法院的一個部門，由通常法官輪辦少年案件；有的是完全獨立的法院，由專門法官辦理；也有這兩種之混合。在有些大城市係由家事法院處理家事關係案件及少年案件。少年法院受理案件之種類，各地出入甚大，基本上可分爲下列三類：

1. 少年非行（delinquency）：乃違反刑法，如成年人觸犯刑法，則成立犯罪之行爲，包括偷竊、販賣或持有毒品以及刑事毀損財產。非行少年可緩刑或送少年矯正機構，監禁時間可能超過成年人。

---

[38] NEUBAUER & MEINHOLD, op. cit., at 105-106.

2. 身分犯罪（status offenses）：乃指牽涉只有少年觸犯之違法行為，包括逃家、逃學、持有酒類，違反宵禁等。此類少年與非行少年一樣，可送少年矯正機構。

3. 少年被害人（child victim）：乃涉及被父母忽略（neglect）或有待扶養（dependency）之兒童或少年。換言之，少年本身並無過失，包括被虐待，被父母遺棄、未受適當教育或醫療照顧，此類兒童不能送少年機構。法院須命施以社會服務，交寄養家庭（foster home），或集體家庭照顧（group home care）或施以醫療或心理照顧。過去由於少年法院之理念是協助而非處罰少年犯，不適用成年犯之正當法律程序之保障，且程序亦較行政性而非對立性，案件處理強調非正式和隱私。但到了 1960 年代在 In re Gault 一案，最高法院認為憲法增修第 14 條正當程序之規定亦適用於少年法院程序，以致改變了少年法院許多傳統特色，並在一些方面類似刑事法庭[39]。

(四) 小額賠償法院

在 1960 年代初期，當局因感治安法官法院（Justice of the Peace Courts）已經過時，需有一種法院准許民眾不必請律師可自行出庭進行訴訟，而推動設立了小額賠償法院（small claims court），後來推廣至各州。其名稱可能因各州而不同，稱為 county court 或 magistrate court。訴訟標的限額各地不同，大多數州通常標的金額須在 1 萬 5,000 美元以下。起訴通常只須填表格，通常判決不能上訴。催收例行小額金錢債務成為此等法院之大部工作，又房屋遷讓與出租人承租人間爭議亦同[40]。

以紐約市小額賠償法院為例：紐約市民事法院（New York City Civil Court）除民事部（Civil division）、住宅部（Housing Part）外，尚有小額賠償部門（Small Claims Part），用簡單、迅速、低廉與非正式方式進行訴

---

[39] NEUBAUER & MEINHOLD, op. cit., at 107-08.
[40] 不過有些小額賠償法院已變成不少銀行或討債公司常常利用討債之手段了。

訟，原告可不用律師，請求對造金錢支付。原被兩造亦可請律師，但非必要；如雙方有律師，則案件可能移送法院正常部門處理。管轄權限於 5,000美元以下之金錢請求，如超過此數目，則須在該法院民事部或不同法院提起。又如請求金額超過 5,000 美元時，不能為了符合此限制而分割為 2 個或多個請求，以符合此限制。即不可提一個 5,000 元訴訟，另一個 1,500 元訴訟，以便獲得 6,500 元賠償。受理案件係以金錢為限，例如不能請求修理有瑕疵物品或精神上痛苦之賠償。最常見案件為：

1. 汽車或其他動產、不動產與人身之損害。
2. 怠於提供適當修理服務之貨物。
3. 怠於返還押租金、擔保金或借款。
4. 怠於支付服務、薪資、保險金、租金、佣金、貨款。
5. 不履行租約、契約。
6. 丟掉行李、財產。
7. 支票退票。

　　該法院在夜間開庭，以免多數人因起訴不能上班。但也有在日間開庭，以方便夜間不能出庭之人。大多案件由志願仲裁人審決，但任何一造可要求由一名民事法庭法官審理。若由仲裁人審理，不能上訴；若由法官審理，則可上訴。但很少案件上訴，因上訴可能須請律師，上訴人又須向法院速記官購買繕打好的審判紀錄，而不值得上訴。在紐約州 62 郡每郡至少設有一所小額賠償法院。在紐約市 5 個區，至少每區設有一所。紐約市的小額賠償法院為紐約市民事法院之一部。請求 1,000 美元以下案件，遞狀費為15 美元，超過 1,000 元，則遞狀費為 20 美元 [41]。

(五) 所謂「煙毒法院」（drug court）

　　美國若干州有限管轄權法院近年來有重要創新，稱為解決問題之司法

---

[41] 參照 http://www.nycourts.gov/courts/nyc/smallclaIims/general.shtml (revised 2012/12).

（problem-solving justice）[42]，最成功最有名之例子是煙毒法院[43]。

按自 1980 年代中期開始，美國各地煙毒案件增加，在東部若干城市甚至增加一倍。歷任總統於是宣布對煙毒開戰（war on drugs），每年逮捕150 萬以上犯人。在 1989 年首先在佛羅里達州 Miami-Dade 郡出現第一個煙毒法院，以特殊醫療模式代替傳統之監禁，以減少犯人再犯。由於成效良好，其他地方紛紛跟進。今日全美約有 2,400 個以上法院有如此機制在運作，協助非暴力犯人復原成為有用公民，每年有 12 萬人在此種法院接受矯治[44]。用加強司法監視、強制煙毒檢驗、提高制裁與治療、勒戒等方式，由法官、檢方、辯護律師、執法人員、心理醫生、社會服務、醫療社區共同合作，除藥物矯治外，更提供不同服務，包括教育、住居、就業訓練、就業諮詢、就業介紹。但犯人須放棄審理權利，接受醫藥矯治（可能長達一年）、同意經常與不定時驗尿、常出庭（可能每週）報告矯治進展情形與遵守法院命令。如通過上述考驗，通常可對其撤回追訴。但如不通過，則須執行預定之徒刑。由於成功且節省公帑，此等解決問題之司法將來可望更加普通[45]。

二、各州最高法院

各州之終審法院通稱為 state supreme court，各州所使用名稱不一[46]。法官人數從 5 人至 9 人不等，通常為 7 人。大多數這種法院與中間上訴法院不同，由所有法官合議審理所有案件，雖然有一些法院對若干案件採輪流合議（rotating panel）方式，但在大多數州，像聯邦最高法院一樣，有裁量管轄

---

[42] 解決問題之司法除煙毒法院外，尚有家暴法院（domestic violence court）為被害人提供服務，使她們離開施暴之人，安全與獨立生活。又有社區法院（community court）為娼妓提供服務，目的在協助她們找到更安全更建設性之工作。

[43] 參照 PORTO, op. cit., at 31. 又此處所謂法院（court）諒係法院有此專門機制或單位之意，但因美國文獻用法院字樣，作者只好從之。

[44] NEUBAUER & MEINHOLD, op. cit., at 117-20; http://en.wikipedia.org/wiki/Drug_. Court (revised 2012/12).

[45] PORTO, op. cit., at 31.

[46] 紐約州（馬利蘭州亦然）最高法院稱為 Court of Appeals，地方法院竟稱為 Supreme Court，甚為奇特，亦常為人誤解。麻州與緬因二州之最高法院稱為 Supreme Judicial Court。

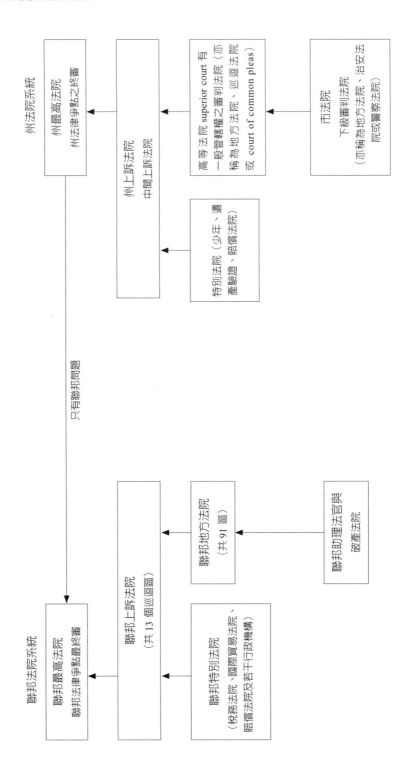

聯邦與州法院系統表

權，選擇少數（可能有較廣泛法律與政治意義）案件審理，不過在沒有中間
上訴法院的州，則無權選擇哪些案件。州最高法院是涉及州法解釋的終審法
院，對不服此法院判決唯一的救濟管道，是向聯邦最高法院上訴，但須涉及
重要聯邦問題，因此事實上只有極少數案件被聯邦最高法院受理。大多數州
最高法院審理之程序與聯邦最高法院大略類似。

陸、州與聯邦法院之關係

一、規則程序方面

在民事方面，聯邦與州審判法院所適用之程序規則基本相同，而且許多
業務亦屬相同；大約四分之一聯邦地院民事案件係基於不同州民管轄權（參
閱本書民訴法部分）之原則而來。換言之它們基本上是各州法律案件。不過
各州法院比起聯邦法院較常處理涉及傳統普通法問題之案件，而聯邦法院則
較多裁判制定法與憲法上問題之案件[47]。

又當訴因係由州法產生時，聯邦法院適用各州實體法（例如契約法、侵
權行為法）及聯邦程序法[48]。

二、州與聯邦法院彼此常有互動關係

州與聯邦法院常有互動關係，其一例為不同州公民之民事案件，可由聯
邦法院管轄[49]。其次刑事案件在州法院被判罪之被告，可以在審理前或審理
中以被剝奪聯邦憲法所保障之權利為理由，上訴至聯邦最高法院。又被執行
之刑事被告亦可能向聯邦地方法院聲請人身保護令，來審查該案，挑戰州法

---

[47] MEADOR, op. cit., at 36-37.
[48] Erie R. Co. v. Tompkins, 304 U.S. 64 (1938), 稱為 Erie rule。
[49] 例如一個紐約州的原告可在州或聯邦法院告一個加州的被告。如原告在紐約州的州法院提
告，則被告可將該案移轉予紐約州一個聯邦法院處理。聯邦法院然後按紐約州法律審理。因
紐約州的聯邦法院須在不同州公民案件適用州法律。如地院法官不清楚紐約州法律，則可將
問題諮詢紐約州最高法院，在答覆前暫停訴訟之進行。參照 PORTO, op. cit., at 54.

院的有罪判決。不過二種法院之互動仍有所限制。其一是所謂「先占」之原則（doctrine of preemption），即禁止州法院對聯邦國會已賦予聯邦法院專屬管轄之案件，諸如破產、反托拉斯、印第安條約等案件加以審理；只有聯邦法院才能審理此等案件。不過近年來州與聯邦法院在發展更密切更佳合作關係上已有進展，州法官與聯邦法官之間已增加非正式互動。34 個州有司法評議會（judicial council），使州法官與聯邦法官能討論雙方共同關心之議題，而且此種合作將來可望加強 [50]。

柒、法官之任免、待遇、懲戒、訓練及退休

一、緒說

美國的法官除少數下級法院（inferior courts），例如治安法官（justice of the peace）外，皆須有律師資格，他們多半由執業律師中選拔，間有自政府公職或法學教授中選任。由於與我國等大陸法系國家不同，不採職業法官制度，所以上級法院法官不必自下級法院晉升。美國法官社會地位極高，可謂為法律職業之頂點，甚至大學法學教授亦以充任法官為榮，加以司法權優越，待遇優厚 [51]，所以能吸引許多該國最卓越的法律人才。美國法律史上許多赫赫有名的人物，例如 Cardozo、Holmes、Marshall、Learned Hand 都是有名的法官。由於法官乃自律師中選拔，所以法官與律師之間往往有一體的感覺，能夠彼此尊重而不致有對立的情形 [52]。由於法官來自民間，所以其人生與社會的體驗甚為豐富，往往有許多卓越的判決出現。

美國法院傳統上解釋應用法律常自社會政策的背景來考慮。往往審級

---

[50] PORTO, op. cit., at 54 et seq.

[51] 美國法官之待遇一般比行政首長為優。參照楊崇森，美國法官之任免、訓練及待遇，法學叢刊，第 37 期，頁 65 以下，1965 年 1 月。

[52] 所以日本戰後仿效美國法律制度，大力倡導法曹一元化的論調，並據以從事種種司法改革，包括提高法曹地位與資格、法曹一體感之養成、律師與檢察官制度之改變、司法考試一元化等。參照田中英夫，司法制度，ジュリスト六百號記念特集日本法と英米法の六十年，頁 182 以下，有斐閣，1975 年。

愈高的法院，其判決愈是如此，而不致囿於法律的文字，機械的適用解釋法律，使法律富於彈性與適用性，這可說是美國法律的特色，亦是美國法律不易精通之原因。由於美國基本上是判例法國家，法官有創造法律之機能（law-making function），許多重要法律原則都是由法院所樹立，所以英美法上許多功臣往往是法官，而與大陸法系國家立法者與法學教授對於法律之形成或解釋具有舉足輕重之情形不同。所以如果有人說立法者與法學教授是大陸法系國家之功臣，則英美法官可謂為英美法系之英雄了 [53]，特別是聯邦最高法院的幾名法官，由於具有解釋憲法與法令之司法審查等權力，乃美國政治上最具有影響力之人物，其哲學思想與性格如何，對於美國法律之解釋或創造影響甚大，值得吾人注意。

二、法官之選任

(一) 美國法官任用之特色

美國法官任用之特色有二。其一為自其他法律職業轉任法官，且擁有相當年限之專業經驗。其次進入司法界擔任法官，基本上不採由下而上之升遷制。此點不但與大陸法系國家不同，而且與英國亦異。按英國法官雖也由有經驗之實務家即大律師（barrister）轉任，但通例大律師進入司法界，須自下級審法院做起，如表現良好，可升至高等法院（High Court），然後可能升至上訴法院（Court of Appeal），甚至到最高法院（House of Lords）。換

---

[53] 參照 Von Mehren, The Civil Law System (1975), p. 843. 又楊崇森，美國司法制度概觀—兼論我國司法制度之刷新，法令月刊，1976 年 4 月。MERRYMAN 教授指出：大陸法系法官是公務員，採職業法官制或升遷制。很少自旁邊進入司法界。教授及執業律師很難成為上級審法官。……法官之純粹形象是作為立法者設計及建立之機械的操作人。他的功能是機械性的。大陸法的有名人物不是法官（誰知道大陸法法官之名字？）而是立法者（優帝、拿破崙）及學者（Gaius、Irnerius、Bartolus、Mancini、Domat、Pothier、Savigny 及許多其他 19、20 世紀歐洲及拉丁美洲法學者）。大陸法系法官不像英美法官，不是文化上的英雄或父親式人物。他的形象是履踐重要，但基本上非創造性之功能。又法院判決方面，大陸法系上級審法院判決常是合議性質，通常不揭載少數意見。其結果雖然大陸法系法官和英美法系法官之功能在表面上相似，但實際角色有實質不同（MERRYMAN, THE CIVIL LAW TRADITION 36-38 (1969).）。

言之高等法院法官必定擔任過下級審法院法官；上訴法院法官必定擔任過高等法院法官，而最高法院法官必曾擔任過上訴法院法官[54]，亦即英國法官兼具大陸法系升遷制與美國自有經驗律師中選拔之特色[55]。但美國法官背景比英國與大陸法系多樣化，除了州有限管轄權之法院由一些非法律人擔任法官之少數例外，所有美國法官都讀法律出身及有證照執行律師業務。許多法官曾經擔任律師、公司或協會之顧問、州或聯邦政府檢察官或政府機關顧問，有的是法學教授，但為數不多；有許多法官過去在政治上活躍，常擔任立法者，競選經理人或黨派委員會委員或主席。

另一個美國司法界之特色是人們可擔任任何層級法院之法官。可以一開始便成為最高法院、最基層法院或中間法院之法官，並無固定模式。換言之，從未擔任過法官之律師可一舉成為州或聯邦最高法院或中間上訴法院或審判法院法官。其次美國並無法官升遷制度，且美國律師、法官或政治人物，並不認為此升遷制度適合美國（只有維吉尼亞州傳統上有由審判法官升至上訴法院之例外）[56]。

美國法官之結構近年亦有革命性變化，過去法官幾乎是白人男性新教徒之天下，女性與少數族裔極難成為法官。但在 2005 年 1 月 1 日聯邦法官中有百分之二十四是女性，百分之十一是非洲裔美國人，百分之七是西班牙裔；而州法官在 1973 年非洲裔美國人只比百分之一多些，但在 1980 年代中期已增至百分之三點八[57]。

(二) 聯邦法官之選任

1. 聯邦法院法官由總統提名

聯邦法院法官之資格在憲法與法律並無規定，此點甚為特別[58]。在總統

---

[54] Elliott & Quinn, English Legal System p. 152 et seq. (2012).

[55] MEADOR, op. cit., at 54-55.

[56] MEADOR, op. cit., at 56.

[57] NEUBAUER & MEINHOLD, op. cit., at 194.

[58] HENRY J. ABRAHAM, JUSTICES & PRESIDENTS 41 (1974).

提名過程中，司法部部長與司法部法律政策司司長及白宮幕僚是選任聯邦法官過程中，行政部門主要參與者。當地方法院或上訴法院法官出缺時，白宮與司法部人員考慮候選人名單之對象，係州法院法官、執業律師、州與聯邦政府法律人、法律學院教授。至於上訴法院法官則考慮已在地方法院擔任法官之人。名單人選之來源有許多管道，包括總統、白宮幕僚、司法部官員、參議員、眾議員、州長、州與地方政黨官員、州與地方法曹協會、要被考慮之個人及其親友同僚等 [59] 。

2. 參議員對聯邦法官任命的影響力

聯邦憲法規定參議院有權建議及同意法官人選。過去美國有不成文的傳統，稱爲「參議員禮遇」（senatorial courtesy），從 1789 年華盛頓總統開始，准許參議員影響總統對法官的任命權，即與總統同一政黨的參議員可宣稱他個人不接受（同意）總統提名與該參議員同一州的法官人選，而別州的參議員也會附和該參議員的意見，因此當某參議員對提名的法官人選反對時，常常會使被提名人不能通過參議院的審查。反之，如該州的參議員同意被提名人，就可以通過參議院的審查，在參議院是由司法委員會（Judiciary Committee）審核總統提名的人選。但今日參議員對總統提名法官的影響力已經減弱，因最近該委員會已對審查程序加以變更，目的在限制參議員的影響力，不過參議員依然可發揮他的角色。

參議員對上訴法院法官的提名影響力比較小。總統對華盛頓特區法官的提名有最大的行動自由，因該地區並無參議員 [60] 。

3. 美國法曹協會

美國法曹協會的聯邦司法常設委員會（Standing Committee on Federal Judiciary）在聯邦法院法官選任過程也有特殊的地位，雖然沒有憲法或制定法的依據，但總統在提名法官前會諮詢該委員會，而參議院司法委員會也照

---

59 PORTO, op. cit., at 119.

60 NEUBAUER & MEINHOLD, op. cit., at 177 et seq.

例在同意前徵詢該委員會的意見 [61]。

4. 參院行使同意權

　　當總統提出提名人後，先由參院司法委員會審查投票，如經投票通過，則送由參院全體委員投票，須過半數才通過。當司法委員會收到提名後，發藍色單子（blue slips）予被提名人那一州 2 名參議員。如其中有 1 人在單子上寫反對，則不必舉行聽證會，該被提名人即胎死腹中。如 2 人都寫不反對，則定期舉行聽證會。不過上述參議員禮遇不適用於上訴法院法官之提名。上訴法院法官出缺時，那個巡迴區每個州參議員通常也會提候選人名單予總統，且通例至少各州有 1 名法官會出任該巡迴區上訴法院法官。但在提名聯邦之上訴法院法官時，總統與司法部較有自由空間，參議員影響力較小。因一個巡迴區管轄不止一個州，法官須向數州物色，並非只自一州遴選，故參議員對缺額之興趣較弱。聯邦最高法院法官之任命乃總統所作一個重要人事決定，因一旦經參議院通過，將加入此發揮重大影響力之機構，且可任職到任命他的總統任滿後許多年。在遴選最高法院法官時，總統有更大自由，但仍須考慮參院觀感，因事實上該院對提名有否決權。又須注意，大約近 30 年來，總統曾提名上訴法院法官為聯邦最高法院法官，但尚未成為固定模式。

　　如司法委員會對總統的法官提名按兵不動，沒有下文時，則該提名案於國會當期終了時也就不了了之。總統須重新提名，除非參議員決議將提名延至下一會期審議。不過總統另有別的方法任命聯邦法院法官，此即所謂休會期中之任命（recess appointment）。因聯邦憲法第 2 條第 2 項准許總統於國會休會期中，不必取得參院同意，自行任命聯邦法院法官；不過被提名人為了繼續留任，須取得下一會期參院之同意 [62]。

---

[61] 雷根總統成立白宮司法部聯合小組，由白宮法律顧問擔任主席，監督法官選任之過程。老布希與柯林頓仍之。近年有別的機構質疑只代表全國一半執業律師的美國法曹協會在選拔聯邦法官，何以有如此影響力。過去自由派批評家鳳即表示該協會過度代表有錢保守之白種男性公司律師。參照 Porto, op. cit., at 119-20. 關於協會之詳細活動，可參照本書第七章。

[62] Porto, op. cit., at 121.

5. 任期

聯邦法官只要行爲端正（good behavior），可終身任職，不過地方法院與上訴法院法官常於 70 歲後接受資深身分（senior status），因如此可領全薪，而不必全時工作。不過最高法院法官年過 70，仍全時工作 [63]。

(三) 州法官之選任

各州法官之選任有下列數種途徑：

1. 民選

美國州法官與聯邦法官不同，大多數初任或留任是基於民選。有 38 個州至少部分法官係由選舉產生。有 21 個州審判法院法官與有 8 個州上訴法院法官一部或全部由政黨選舉。有 19 個州審判法院法官與 14 個州上訴法院法官部分或全部由非政黨選舉產生。

法官候選人在競選活動接受政黨資源，且貼上政黨標籤。即在政黨選舉，候選人姓名與所屬政黨登在選票上，在非政黨選舉則只登姓名。支持法官選舉者，認爲法官作了影響生命自由與財產之重要公共政策，須由選舉對公眾負責。反對民選者則以爲法官應依其法律見解辦案，而非由公眾判斷法官職務之表現；民選方式鼓勵法官不按法律見解，而以符合公眾感情方式辦案，並非所宜。政黨選票使得政黨的領袖利用法官職位來酬庸忠於該黨的人，即使使用超黨派選舉方式，政黨的影響仍然常常存在。而且即使在一半採用超黨派法官選舉的州裡面，政黨仍不免發揮若干作用。

但須注意即使在法官民選的州裡，遇有法官任期未滿出缺（含退休）時，遺缺多半由州長派人遞補，因此仍有不少法官並非由選舉而係由州長派任，來做完別的法官之剩餘任期 [64]。

美國法曹協會之「司法行爲模範法」（Model Code of Judicial Conduct）禁止法官候選人就可能受理之案件或爭點，作出與法官公平裁判

---

[63] Id. at 118.
[64] PORTO, op. cit., at 106; NEUBAUER & MEINHOLD, op. cit., at 184.

任務不符之承諾，也許可算是一種對政治介入法官民選之限制[65]。

2. 任命

在上訴法院法官方面，有 47 個州法官由州長任命，但其方式不一。有 13 個州州長可單獨委派一部或全部，有 3 個州派任要經議會同意。有一個州要經選出的行政評議會（executive council）同意，有 21 個州要自提名委員會所提候選人名單中圈選，有 8 個州從法官提名委員會所提候選人名單圈選，並經議會同意，有 1 個州要自提名委員會所提名單圈選，並經一個選舉產生的行政委員會（executive council）同意。

在審判法院法官方面，44 個州由州長委派部分或全部。其中有 19 個州單獨委派即可。有 1 個州須經選出之行政委員會同意。有 20 個州須自提名委員會所提候選人名單中圈選。有 7 個州須自提名委員會名單中圈選並經議會同意。有 1 個州須從提名委員會名單圈選，並經選出之行政委員會同意[66]。

指派之法官通常任期為 4 至 12 年，期滿可再派任。只有麻州、新罕布夏及羅德島可派任法官終身職。

支持法官民選之人主張法官派任會產生選任程序不能避免之政治考慮。因州長是政治人物，通常會派與他政黨有淵源，且對主要法律爭點，尤其刑事司法爭點見解相同之人。因此以為在派任法官那些州，政治因素影響比民選為低，過於天真。這是真確，即使在州長須自法官提名委員會所提候選人名單中挑選 1 名提名人之情形亦然[67]。

3. 議會選舉（legislative selection）

這是各州最少用之選任法官方法，今日只有南加州與維吉尼亞採用。在南加州由議會任命所有上訴法官及一些審判法官。在維吉尼亞由議會任命上訴法官與審判法官，若有人任期未滿出缺，則由州長派人抵補。

---

[65] PORTO, op. cit., at 106.
[66] Id. at 109.
[67] Id. at 110.

　　議員選任法官因不要求法官面對選民，而保有司法獨立，且要求法官取得議員支持，亦含有政治負責因素。但在現代美國不普遍，因其未能直接對政治負責，亦不注重下述密蘇里計畫之專業資格。亦即對主張政治負責之人言不夠「政治」；對主張專業與司法獨立之人言又太「政治」，故只有少數州採用 [68]。

4. 選任方法之改革——密蘇里計畫（Missouri Bar Plan）

(1) 司法改革家一直呼籲將法院遠離政治，因為他們以為民選法官有三個缺點：

①民選使適任的法律人不想參加競選。

②民選使候選人可能答應以大眾喜歡的方式來辦案。

③選民對候選人法律方面的條件欠缺瞭解。

　　所以提倡所謂「實績選任」（merit selection），也就是超黨派法院計畫（nonpartisan court plan），又稱為密蘇里計畫，這是派任與民選二種方式的混合。

　　原來密蘇里州於 1940 年是第一個採用「實績選任」（merit selection），又稱為「超黨派法院計畫」的州。該計畫包含州長任命、人民投票選舉及公民參與 3 個因素，尤其讓法律人參與。今日在此計畫下，須成立司法任命委員會，由法律人與非法律人組成。委員會提出適任名單（通常 3 至 5 人），然後由州長自此名單中決定最後人選。而且在被提名人擔任短期法官（原則為 1 年）後，尚須參加沒有對手之留任選舉（retention election）。選民要決定之唯一問題是「X 法官應否留任」。如 X 法官得到過半數贊成票，則可做完一任（full term），此後欲續任時，每個任期都要透過另一個沒有對手的留任投票來決定，即針對自己職務表現而競選。1964 年與 1998 年在舉行留任選舉的 10 個州，在 4,588 個法官選舉中，只有 52 名法官沒有留任。即留任率高達百分之九十九。愈來愈多的州進一步

---

68 PORTO, op. cit., at 113.

用司法表現評鑑方案，來協助選民做好深入正確的決定。從 1975 年開始，阿拉斯加州選民在留任選舉前一個月，可以看到現任法官的詳細評鑑報告。評鑑包括法官的法律能力、公正性、人格、性格、努力以及概括的等第。評鑑由律師、陪審員、法院職員及法院觀察家等，在一個超黨派的公民委員會監督之下舉行。這種「實績選任」制度愈來愈受到人們的接受，有 19 個州上訴法院法官及 12 個州至少部分審判法院法官用此方法[69]。即使若干未正式採用的州，有些州州長也用自願實績計畫（voluntary merit plan）來填補臨時法官的空缺[70]。

(2) 密蘇里計畫之實際運作

對該計畫曾有研究報告顯示：政治因素與政治衝突仍舊介入司法提名委員會的選任。密蘇里州的法律人分為原告律師與被告律師，這兩派競將人選送進提名委員會。委員會有些成員也至少以黨派立場來思考與行動。該州州長常常指派政治上支持他們的人做委員會的委員。又非法律人的委員也對應該支持何人提名，向州長或其同僚打聽，州長最後挑了與他行政部門有政治關係的人。總之，密蘇里計畫似乎改變法官任命的政治，減少政黨的影響，更大大增加了法律職業的影響力，但仍不能完全排除政治色彩[71]。

5. 州法官之任期

許多州法官與地方法官有固定任期，4 年或 6 年或 14 年不等，但可續任，亦有終身職者，但為數甚少[72]。

三、法官之待遇

美國與大陸法系國家不同，法官職位尊崇，乃法律人成功之頂峰。聯邦憲法規定聯邦法官應收領薪俸，不得在任期中減少，故受不可減薪之保障。

---

[69] PORTO, op. cit., at 111.
[70] NEUBAUER & MEINHOLD, op. cit., at 188 et seq.
[71] Id. at 190 et seq.
[72] http://www.answerbag.com/q view/137 (revised 2012/12).

依 2010 年 1 月資料，聯邦地院法官年薪爲 17 萬 4,000 美元，上訴法官爲 18 萬 4,500 美元，最高法院法官爲 21 萬 3,900 美元，院長爲 22 萬 3,500 美元[73]。在各州一般管轄權的審判法院法官每年薪水從 8 萬 8,100 美元到 16 萬 3,800 美元；平均數爲 11 萬 2,777 美元（依 National Center for State Courts 2005 年資料），但因議會未隨時調整，尚嫌太低，致近年來不少年輕法官辭職，而擔任收入比較豐厚之私人律師[74]。

又依 2017 年資料，聯邦最高法院院長爲 26 萬 3,300 美元，上訴法官爲 21 萬 7,600 美元，地院法官爲 20 萬 5,100 美元[75]。

四、不適任法官之懲戒或免職

(一) 聯邦

法官基本上須有「司法方面不正行爲」（judicial misconduct），主要指貪污而言。但不適當或行爲奇特，例如因老邁（如有阿茲海默症後）如何處理？尤其無法辦案時又如何？許多州對法官已訂定強制退休年齡，最高法院已經裁定：州法律要求法官在 70 歲退休，並不違反聯邦「僱傭年齡歧視法」（Age Discrimination in Employment Act）。將不適任法官免職之正式程序（recall, election 以及彈劾程序）通常過於繁雜，很少被用到，且這些程序適合針對貪污法官，而不適合於行爲並無不正或老年所致之情況。

在 1980 年國會通過了「司法評議會改革與司法行爲及無能力法」（The Judicial Councils Reform and Judicial Conduct and Disability Act），設立正

---

[73] United States federal judge, http://en.wikipedia.org/wiki/United_States_federal_judge (revised 2012/12).

[74] NEUBAUER & MEINHOLD, op. cit., at 197. 美國聯邦法官人數：最高法院 9 人、上訴法院 179 人、地院 677 人，國際貿易法院 9 人，共 874 人。聯邦法官待遇調整速度，趕不上通貨膨脹率，許多聯邦官員如今待遇比法官高很多。自 1990 年開始，已經有 123 名終身職保障之法官辭職或退休。主要原因爲收入不足，退下去加入律師事務所或擔任仲裁人或公司法律顧問。低待遇影響司法權之獨立，最高法院院長 Roberts 呼籲增加。參照 Federal Judiciary Pay Increase Fact Sheet, http://www.uscourts.gov/Judges and Judgeships/Judicial Compensation/Judicial Pay Increase Fact.aspx (revised 2012/12).

[75] https://www.thepaper.cn/news Detail-forward-3801469.

式對聯邦法官不正行爲（misconduct）陳訴處理之程序。陳訴首先由司法評議會（各巡迴區上訴法院之行政單位）審理。審理結果大多認定並無不正行爲或科以非公開制裁，不過如顯示有嚴重不正行爲之相當證據時，則司法評議會會送書面報告給司法會議（Judicial Conference），司法會議可能建議由參議院對該法官開始彈劾程序[76]。

(二) 各州法官之懲戒與免職

1. 總說

　　正如各州用不同程序選任法官一樣，各州也用不同程序懲戒或免除法官職務。有 46 個州規定州法官因「叛亂、賄賂或其他重大犯罪與輕罪，或從事職務之不正行爲」、因「故意怠忽職務或貪污」、因「涉及不道德之犯罪」，或因「犯了重罪」而受彈劾。如州議會之下院投票要彈劾某一法官，就等於刑事庭之起訴。然後由州議會上院審判。如審判後經上院議員三分之二票要免他職務時，則該法官就被免職，不能在該州服任何公職。

　　不過各州很少用彈劾方式將法官免職，因大多法官行爲不端尚未達到可彈劾之犯罪程度，且因彈劾是大多數州議會擔心會引起分裂與耗時之手續。另一個很少用到之免職方式是所謂議會要求（legislative address）免職，以某種型態存在於 12 個州。在 8 個州如州議會兩院通過決議，請求將某法官免職時，州長可將該法官免職。其中 7 個州須各院三分之二票通過後，州長才要執行。有 8 個州也用罷免投票方式免除法官職務，即提問題問選民某法官應否免職，如大多數選民作正面答覆，則須將該法官免職。不過今日各州很少動用彈劾、議會請求免職或罷免投票等方式免除法官職務，各州有正式行政程序調查法官行爲不端之陳訴。調查結果可能導致免職、非自願退休、停職或申誡。各州通常依據「司法行爲模範法」（Model Code of Judicial

---

[76] 從聯邦地院法官 John Pickering 在 1803 年因心神不穩定與酗酒，被彈劾與定罪（第一個聯邦地院法官被免職）以來，美國只有 5 名地院法官被免職。至上訴法院法官從無被眾院彈劾過，但許多不正行爲與無能力問題非正式地被司法界自己或因法官辭職而解決。參照 Neubauer & Meinhold, op. cit., at 198-200.

Conduct）將不正行為下定義，以特定制定法或憲法條文加以補充[77]。

2. 州司法行為委員會

處理司法官不正行為較可行之方法，乃成立司法行為委員會（State Judicial Conduct Commissions）調查處理。在 1960 年加州首先設置懲戒法官的常設機構後，所有各州都加以仿效，先後成立類似機構。該機構屬於州最高法院，通常由法官、律師與社會賢達（非法律人）所組成。調查司法不正行為之指控，必要時聽證據，基本上調查保密不公開，法官可對陳訴反駁，如指控成立，則建議私下警告、公開譴責（censure），退休或免職。如問題嚴重且繼續時，則通常請該法官自動退休。

五、法官之進修訓練

(一) 簡介

美國法官一般均經律師考試及格，執行律師職務多年，始被任命或選舉，擔任法官，其學驗大致均甚優良，故往昔從未聞有法官訓練之事。惟後來發覺由於法官不熟諳訴訟實務之技術，影響訴訟之稽延，或法官之間對於同類案件判決歧異。因此近半世紀以來美國法曹界對於法官，尤其新任法官或下級審法官之進修訓練，頗為注意，無論聯邦或各州，都在努力進行，但其訓練由官方正式出面主持的似不太多，一般係由若干法官透過法律職業團體策動辦理，且其參加往往係自願的而非強制的，為其特色。

(二) 聯邦法官之進修訓練

據稱聯邦法官之訓練，始於由范特堡氏（Arthur Vanderbilt）所創辦之司法行政學會（Institute of Judicial Administration）於 1956 年在紐約大學法學院所舉辦之討論會。該討論會稱為「上訴法院法官討論會」（Seminar

---

for Appellate Judges），為期 2 週，開此後法官講習之先河，嗣後幾乎每年均有舉辦類似討論會[78]。1970 年代對新派女性聯邦法官亦曾開辦講習。近年來聯邦司法中心（Federal Judicial Center）提供所有聯邦法院法官熟悉講習（orientation）及進修教育。

(三) 州法官之進修訓練

　　各州法院法官進修教育訓練之構想在 1960 年代即已萌芽，此觀念現已被普遍接受。各州對新選出或新委派之法官都有某些講習（orientation）。一般進修課程通常自數天至 3 週不等。各州一半以上及波多黎各要求在任法官參加進修教育課程[79]，因此現今幾乎每名法官經常參加此種訓練。如今除每州有自己司法教育計畫外，尚有下列機構為州法官提供教育計畫：

1. 最重要為「全國州法院中心」（National Center for State Courts），在聯邦最高法院院長柏格（Burger）建議與敦促下在 1971 年成立，使一法院之創新可俾益所有法院。總部在維吉尼亞州威廉斯堡，由 50 州捐助及許多來源之捐贈，對州法院有關技術發展與程序創新提供諮詢意見與協助，蒐集州法院人員與案件之統計資料，作為交換各州法院資訊之交換中心，也對州法院各種問題做研究並出版報告，支援各州法院司法行政之改進。20 多年前與在科羅拉多州丹佛市訓練法院行政人員之法院管理研究所（Institute for Court Management）合併，且增設了特別為法院管理人員設計之教育課程。在 1990 年代初期成立了國際部門，與外國法院合作改進全世界法治，其圖書館有世界最豐富之司法行政資料，該中心之工作與各州最高法院院長會議及各州法院管理人員會議合作[80]。

2. 國會在 1986 年成立「州司法研究所」（State Justice Institute），總部在維吉尼亞州的亞歷山大（Alexandria），作為處理聯邦資助協助各州法院

---

[78] 關於美國法官較早之進修訓練及演進等詳情，可參考楊崇森，美國法官之任免、訓練及待遇，法學叢刊，第 37 期，1965 年 1 月。

[79] http://www.ncsc.org/about-us.aspx (revised 2012/12).

[80] http://www.ncsc.org/About-us//Mission-and-history.aspx (revised 2012/12).

之導管，司法教育乃其資助之一個主要部門。

此外爲州法官（甚至其他司法部門人員）提供教育 program 的尚有下列全國性機構：

1. 全國司法學院（National Judicial College），在內華達州雷諾（Reno）市之內華達大學，1963 年成立。
2. 司法行政學會（Institute of Judicial Administration）爲紐約大學之相關機構。
3. 美國司法教育學院（American Academy of Judicial Education）。
4. 美國法曹協會（American Bar Association）。
5. 美國司法學社（American Judicature Society）。

此外也有一些大學法學院不時爲法官提供短期課程。其中尤以維吉尼亞大學法學院法官研究部之 program 爲最積極。自 1980 年起爲上訴法院法官開課開始，它是由法學院所辦爲法官唯一授予大學學位之課程。至審判法院法官之類似 program 係由內華達大學與全國司法學院（National Judicial College）合辦，惟非由法學院主辦。在華盛頓特區之聯邦司法中心（Federal Judicial Center）是重要聯邦法院支援機構，工作分研究與教育兩部分，有專業人員從事研究及出版聯邦不同層面司法活動之書刊，目的在改進聯邦司法系統，其職員也企劃及辦理聯邦法官及聯邦其他司法人員之教育program [81]。

六、法官之退休

(一) 聯邦法官

聯邦法院任何法官被任命於「行狀良好期間」（during good behavior）爲終身職，但軍事上訴法院（US Court of Military Appeals）及稅務法院（US Tax Court）不包括在內。法官於年滿 65 歲，且於服務 15 年後，或 70 歲於

---

[81] 參照 MEADOR, op. cit., at 70-71.

服務 10 年後，可以退休（參照 U S Code, Title 28, Section 371(c)）。法官亦可不退休，取得資深法官（senior judge 或 senior status）身分，資深法官基本上是半退休狀態，領全薪，對法院提供兼職（part-time）服務，通常占大約每年聯邦法院工作之百分之十五[82]。退休之法官可領全薪，另外加上生活費上漲之調整額〔有一說稱：另有死亡津貼（death benefit），即聯邦法官之寡婦可領年金至其平均最後薪俸之百分之三十七點五，加上對其扶養子女之 360 元。但此年金須由該法官有薪俸支付百分之三，參加司法遺屬年金基金（judicial survivor's annuity fund）。至於殘廢給付（disability benefit），任何年齡，如服務 10 年可領全薪；如服務未達 10 年，則領此數之百分之五十云云，惟本書不知現今有無變動〕。法官退休後，仍保有辦公室，且可被該法院之首長派充其他司法工作[83]。

按在羅斯福總統的頭兩個任期，最高法院法官無人退休，後因他與最高法院法官對國家經濟政策意見相左，導致 1937 年憲法上之大決戰。最後國會對所有聯邦法官以一種改進退休計畫之立法，使最高法院法官較樂於自願退休。亦即，於 1937 年准許聯邦法院法官於年達 70 歲，且司法服務 10 年後或年達 65 歲，服務 15 年後全薪退休。如發生身體殘缺（physical disability），則報酬按該法官司法工作年資之長度計算。雖有上述立法，但 1937 年以後，26 名最高法院法官中，有一半以上超過 70 歲才退休。事實上最高法院歷史上充滿法官顯著衰老，身體惡化之事例[84]。

自 1937 年起，最高法院法官大多於身體不行後，即未再戀棧，Cardozo 與 Murphy 雖比他人生病時期長，但於身體無能力後，留在法院未超過 1 年。近來頗少於衰老後留任多年之原因是：

1. 1937 年退休法之修改，使無私蓄之老年法官樂於有尊嚴的退休。

---

[82] http://www.uscourts.gov/Common/FAQS.aspx (revised 2012/12).

[83] 參照 *The Retirement of Federal Judge*, 51 Har L. Rev., 397 ff. (1938).

[84] 美國大法官 Black（Hugo L. Black）85 歲病重入院，於死前數天發出退休信。John Marshall Harlan 身體欠佳數年，幾乎失明，最後一次上班須重重靠在院長柏格手腕上。William O. Douglas 法官後來左腕及腿幾乎不能轉動，言語不清，服務幾達 37 年，為最高法院歷史上服務最長之人，於 1975 年退休。

2. 同儕之壓力：如由別的法官拜訪較資深之法官，告訴其他的家人一致表示要他退休。

3. 大眾新聞媒體：今日幾乎無法隱瞞法官身心之衰老，且負面之新聞報導，如 Fortas 法官案一樣，使人無法不離職。道格拉斯（Douglas）法官於其病中被記者無情地尾隨，詢問甚至詰問他退休計畫。故憲法在法官行爲良好終身職之保障，對該院制度之健全性，不致如過去那樣發生困擾。但終身職仍常被批評，例如有人主張宜有年齡限制。又美國法曹協會會長 Laurence Walsh 曾謂最高法院應考慮建立告知大眾關於長期生病之法官之程序。該協會前主席 Robert Mesevve 亦謂他同意：如有人對法官之疾病有有效抱怨時，設立特別委員會進行調查，並將其情況告知大眾。即當法官長期生病，不能辦事時，已成爲「合法之公眾關心之事」[85]。

(二) 各州法官

各州皆有法官退休制度，或強制或自願。不少州有強制退休，如紐約、新澤西、德克薩斯。其年齡出入甚多，多規定 70 歲強制退休，如紐約；極少數爲 75 歲，如奧勒岡；72 歲，如內布拉斯加；65 歲，如密西西比。有些州如法官達此退休年齡仍不退休，則以後退休時，其退休利益亦被剝奪或降低。至退休金計算甚爲複雜，最高爲退休時薪俸之全薪，如路易斯安那；其百分之七十五，如麻州；亦有低至百分之三十三，如密蘇里。服務須滿之期間不一，有 10 年（如明尼蘇達）、20 年，甚至高至 35 年，低至 5 年或不加限制；配合其年齡之大小，大者較短，小者較長。自動退休年齡多爲 65 歲，亦有 60 歲或 70 歲者。有些州退休福利（benefit）對所有法官一律相同，不問何種法院，如俄亥俄州，60 歲服務滿 5 年，55 歲服務滿 25 年，任何年齡服務滿 32 年。有些退休福利只限於有紀錄之法院（court of

---

[85] 參照 Atkinson, *Retirement and Death on the United States Supreme Court: From Van Devanter to Douglas*, 45 UMKC L. Rev 1, 1 et seq. (1976).

records）之法官，有些不適用於次要法院（minor court）[86]。

　　美國有法官挑戰密蘇里州強制退休案件。密蘇里州憲法規定，州法官 70 歲強制退休。原告告其違反僱傭年齡歧視法（Age Discrimination in Employment Act）及聯邦憲法增修第 14 條（Gregory v. Ashcroft）[87]。

捌、各州司法之改革

　　過去美國法院由於受到立國精神的影響，在傳統上各法院甚至同一法院內之法官，各自為政，不但審判業務獨立，而且司法行政亦不受其他機構指揮監督[88]。其結果不免發生種種流弊。例如，1 世紀多以來美國各州法院組織與聯邦法院不同，富於多元性（如芝加哥有 550 個獨立法院處理小案）[89]過於複雜，管轄權又常重疊衝突，欠缺效率，不能有效運用司法資源（因法官不能調去積案多的別的法院，因應別法院之需）及不公平（因司法行政不統一），夙為法律改革家龐德與范德堡（Arthur T. Vanderbilt）等人所詬病。美國法曹協會與美國司法學社（American Judicature Society，1913 年成立）長期倡導司法改革。最近政府也承認並支持司法改革，聯邦司法部內之國家司法研究所（The National Institute of Justice）以及半私人性質之全國州法院中心（National Center for State Courts）都要求政府加強介入與領導，從事統一司法行政的工作。近半世紀以來各州屬行法院簡化運動（Simplification of State Court Systems），要把過去亂雜無章、審級過多的法院加以簡化，特別是裁撤或合併治安法院等下級法院（minor court），而建立單一全州性的地方法院系統，賦予一切案件之管轄權，並且把所有法院納入單一行政系統，加強各州最高法院的司法行政監督權，縮

---

[86] 參照 58 Judicature 4 (1974).

[87] http://law.jrank.org/pages/13205/Gregory-v-Ashcroft.html (revised 2012/12).

[88] 最高法院院長塔虎脫（Taft）曾批評此現象而謂「每個法官在各隨其意之制度下，各划各的獨木舟」（"each judge paddled his own canoe" under a "go-as-you-please system"）參照 AMERICAN BAR ASSOCIATION, THE IMPROVEMENT OF THE ADMINISTRATION OF JUSTICE 11 (1961).

[89] CARP & STIDHAM, op. cit., at 54.

減下級法院之職權，同時逐漸設立各法院之行政單位，設法院執行官（court administrator），簡化訴訟規則，改進司法行政等。換言之，目的在將司法行政從地方控制移歸州最高法院集中管理。鬆懈的獨立法官與法院的網路以合一的階層取代[90]。努力的目標如次：

一、簡化法院組織

全州需要有簡單統一的法院組織，尤其次要特別法院（管轄權常常重疊）需要整合成為一個上下階層的法院。換言之，要把各郡之間的差異消除，而以整州類似的法院組織取代。認為法院應有三級系統，頂端是州最高法院，其次案件有必要時，設中間上訴法院，以及單一的審判法院。

二、集中管理

各州最高法院透過法院管理人員領導州法院系統。州法院系統應有權威的層級，地方法院行政官需遵從州中央機構的政策指示，且對州最高法院負責。換言之，由中央化的州機構監督司法與非司法人員的工作。

三、集中制定規則

州最高法院應有權通過統一規則，由該州所有法院遵守。包括懲戒律師的程序，以及處理案件的時限。此外法官可暫時調到其他法院，以減輕案件之堆積及稽延。中央集權化規則制定權將控制從立法機關移到法官與律師。

四、中央化的司法預算

州司法行政官員（須向州最高法院報告）有權為全州司法機關制作單一預算，並直接送給立法機關，消除州長建議司法預算的權力。又下級法院的

---

[90] NEUBAUER & MEINHOLD, op. cit., at 113.

財政需要須依賴最高法院，不能直接向地方民意代表遊說，此預算分配需要
在州的層次而非地方的層次辦理。

五、全州性的財政

　　州法院預算常常全部或一部由地方政府提供，由於法院常常不是地方政
府優先考慮的項目，以致司法預算常有不足，而須由州政府支援必要的法律
服務[91]。

　　各種改革實施至今，成效頗著。到了 20 世紀下半期，州法院的行政革
新大大改變了管理方式。大多數州司法有了中央行政辦公室，由院長授權
執行最高法院的行政政策。許多州也成立司法評議會（judicial council），
作爲法院企畫與政策單位。由它們認定法院系統之需要，提出法院改革政策
與企畫目標及立法之建議。另一重要發展是邁向職員由專業管理人擔任的體
制。法院管理或法院行政官成爲獨立的新職業。到了 1977 年，46 州設有州
法院行政官（court administrators）。也成立了全國性法院行政官的組織，
發展了法院管理機制，成立了司法訓練機構，且得到聯邦政府的補助；使
管理法院之責任由政府行政部門移到司法部門。於是 20 世紀初期法院政治
化、地方主義、舞弊、無能與落伍的特色，已被實質上較有秩序的司法管理
所取代[92]。

玖、美國的檢察官

　　美國檢察官最重要業務爲犯罪訴追。美國不採英國私人訴追之傳統，
檢察官之訴訟代理人色彩比官僚爲濃。大部分犯罪由州訴追，故檢察事務主
要由州檢察機關辦理。檢察官決定起訴不起訴、對取消公訴有相當自由裁量

---

[91] NEUBAUER & MEINHOLD, op. cit., at 109-13.
[92] 參照 Warren, Court Administration as a Tool for Judicial Reform: An International Perspective (2001), http://jeritt.msu.edu/Documents/CATJRProjectPaper.pdf (revised 2012/12).

權，與我國檢察一體原則，即全體居於統一指揮監督關係不同，可以獨自立場行使職權[93]。

一、聯邦檢察官

各地聯邦檢察官（United States Attorney），有時稱為 District Attorney（簡稱 D.A.，相當我國地方法院檢察署檢察長）。聯邦檢察系統與聯邦地方法院的管轄區一致，全國分為 91 區（district）。面積小與人口稀疏的州，每州是 1 區，但大多數州分為 2 區或 2 區以上。聯邦檢察官如同司法部長[94]，由總統提名與參議院同意。該州參議員在選任聯邦檢察官過程中，影響力比聯邦地院法官更大[95]。聯邦檢察官任期為 4 年，但可無限期續派，或由總統免職[96]。當選出不同政黨的總統時，聯邦檢察官辭職，使新總統能自自己政黨選任人選。例如當老布希總統離職時，由他任命的有 77 個聯邦檢察官，柯林頓總統要求並接受他們辭職。

在檢察官之下有許多助理檢察官（assistant U.S. attorney）相當於我國檢察官），小的區只有 1 人，大的區（紐約南區）超過 100 人[97]。由聯邦司法部長委派，但實務上由檢察官選任，報部長批准[98]。其人事決定，通常並非明顯政治性[99]。部長有權將他們免職。

聯邦檢察官只能對違反聯邦刑法之違法行為，提起刑事訴追。典型聯邦刑事案件，包含搶劫聯邦保險的銀行、攻擊聯邦調查員（agent）、在聯邦保留地觸犯刑法、用州際電話線詐欺、違反反托拉斯法、證券買賣詐欺、違反聯邦煙毒（narcotics）法律，持有某些種武器、侵占聯邦資金等。類似案件在不同區處理有不少出入。聯邦檢察官在司法部部長正式監督下，部長可

---

[93] 伊藤正巳，アメリカ法入門，頁 141，日本評論社，1961 年。
[94] 關於美國聯邦司法部之組織與實際運作之詳情，可參照本書第六章。
[95] WASBY, THE SUPREME COURT IN THE FEDERAL JUDICIAL SYSTEM 139 (1994).
[96] CARP & STIDHAM, op. cit., at 100.
[97] Id. at 140.
[98] CARP & STIDHAM, op. cit., at 101.
[99] BURNHAM, op. cit., at 149.

控制政治上敏感案件（例如賄賂高層政府官員之追訴）或民權案件（如警察
毆打民眾），可指示聯邦檢察官是否交付審理[100]。各州與聯邦犯罪有不少
重疊，違反聯邦刑事法在許多場合也構成州刑法之違反行為。過去聯邦檢察
官在這些情形往往尊重各州的調查與追訴。但近年來違反毒品法律之執行已
呈現重大聯邦化現象[101]。

　　由聯邦起訴或應訴之民事訴訟也由聯邦檢察官、助理或由華盛頓特區司
法部的律師處理。人民在許多情形可對聯邦及其官員提起訴訟。法院也有對
不同聯邦行政機構行為的行政訴訟作司法審查，其中以對永久殘廢的勞工的
殘廢保險利益行政訴訟的司法審查，占案件的大宗。此外也有來自與替政府
專案計畫工作的公司間之契約爭議。民事訴訟也有對聯邦政府特定法令規章
或行為的合憲性加以爭執。

二、特別檢察官

　　特別檢察官不是正規檢察官，而是在 1978 年水門事件後，美國民主
黨國會為了抑制總統與其他行政部門高官權力，起草通過了政府倫理法
（the Ethics in Government Act of 1978），設置「特別檢察官」（special
prosecutor）之職務，後來改稱「獨立檢察官」（Independent Counsel）。由
華盛頓特區聯邦上訴法院特別合議庭自政府以外之公正著名法律家中選任，
可由國會或司法部長用之於負責調查聯邦政府及全國總統選舉活動機構高級
職位之人之不法行為。設置此種特別檢察官之目的在避免司法部與被調查官
員之利益糾葛，以期偵查之公正。該檢察官權力龐大，預算無限，且無任期
限制，只能由司法部長基於正當理由，或於任務完成時，由法院特別合議庭
免職。

　　最有名之特別檢察官是原先受任調查白宮與尼克森總統涉及水門醜聞事
件之法學教授柯克（Archibald Cox），因調查太猛，發傳票向尼克森調取

---

[100] WASBY, op. cit., at 140-41.i

[101] BURNHAM, op. cit., at 150.

白宮辦公室錄音帶，尼克森命司法部長黎查遜（Elliot Richardson）將他免職，黎查遜不從而辭職。最後副部長 Robert Bork 將他免職。後來由於最高法院裁決尼克森不能主張行政特權，拒絕交出錄音帶，尼克森終於將錄音帶交予繼任的特別檢察官 Jaworski，最後在國會彈劾壓力下辭職。

後來最有名之獨立檢察官是 Kenneth Starr，他的報告聲稱柯林頓在宣誓就其與白宮實習生李文斯基婚外情作證時說謊，而導致柯林頓總統被彈劾。也有許多人批評，獨立檢察官幾乎具有無限權力，且不對任何人負責，不啻為政府一種第四部門。此職務之合憲性雖於 1988 年為最高法院在 Morrison v. Olson 一案所承認。不過國會不擬更新特別檢察官法，延長其適用期間[102]。

三、州司法部部長

在州政府，如同聯邦政府，司法部部長在法庭內及法庭外代表州。但大多數州司法部部長對州長比起聯邦司法部長對總統享有較為獨立的地位。大多數州司法部部長係由公民普選選出，州長不能將其免職。通常與州長屬於不同政黨[103]。

各州司法部部長在民事訴訟代表該州，且對該州的官員、立法者與機構提出諮詢意見，由此資格，州司法部部長常常有別的方法影響該州的公共政策。此外常由於發布正式司法部部長意見，而實施準司法的功能。他們與聯邦司法部部長不同，不追訴或監督或干涉通常刑事案件的追訴。在大多數州，追訴由獨立於州司法部部長辦公處的地方檢察官來處理。但州司法部長常在調查全州犯罪活動扮演重要角色。他與其屬下可能與地方檢察官密切合作對付特定被告之案件[104]。

---

[102]http://en.wikipedia.org/wiki/Archibald_Cox; http://encyclopedia2.thefreedictionary.com/special+prosecutor; http://en.wikipedia.org/wiki/United_States_Office_of_the_Independent_Counsel (revised 2012/12).

[103]BURNHAM, op. cit., at 152.

[104]CARP & STIDHAM, op. cit., at 104.

四、地方檢察官

在大多數州，檢察官是民選之郡官員，有些州是委派。雖然地方檢察官是以州的名義處理公務，但由某一郡的公民選出及自該郡領薪俸，獨立性強，不受該州司法部部長的監督[105]。各州檢察官地位與性格並不一律，可分為大都市型與農村型[106]；在大都市的地方檢察官工作頗為繁多。助理檢察官大多是法學院新近畢業生，想用此職位獲得審理經驗，有些人想在若干年後成為檢察官或法官[107]。

與民事案件相同，刑事案件百分之九十以上是由兩造協議而解決，即大多由被告對被控罪名予以認罪（plead guilty），通常由認罪協商（plea bargain）之結果而結案。

地方檢察官也負責執行因虐待或疏忽子女致終止親權之訴訟、執行子女扶養裁定之訴訟，及確認生父訴訟。在一些州，檢察官甚至需要在涉及子女之所有離婚案件出庭，以確保子女之利益。在一些地區，檢察官在調查與調解有關商品或服務之消費者與商人間之爭議頗為活躍[108]。

五、市與郡的檢察官

地方檢察官原則上只代表州處理刑事與準刑事案件。因此郡與市需要市檢察官或郡檢察官在涉及違反市法規之民事與刑事案件代表市與郡之利益。在大城市，市檢察官監督下有一個大規模的法律部，不過大多數郡與小城並無足夠法律事務請全職的律師，當需要諮詢或律師出庭時，常僱用私人律師事務所的律師[109]。

---

[105]Burnham, op. cit., at 152.
[106]伊藤正已，アメリカ法入門，頁150以下，日本評論社，1961年。
[107]Carp & Stidham, op. cit., at 101.
[108]Burnham, op. cit., at 152.
[109]Burnham, op. cit., at 153.

拾、美國司法制度之變遷趨勢

一、近年來美國公法訴訟增加不少，在公法訴訟，原告不似傳統民事原告
那樣，請求被告賠償損害，而是請求「結構性之禁制處分」（structural
injunction）[110]，亦即原告主張公共機構，諸如監獄、養老院、學校違反
制定法規定、憲法上權利或行政規章，而要求法院命被告機構改善。
法院試著改變被告將來之行為，而非僅命被告為其過去違法行為賠償原
告。救濟方法可能要求監獄不再檢查犯人之郵件、僱更多醫療人員或要
求大學在 2 年內恢復女性壘球隊之類。例如在肯薩斯市（Kansas City）
學校黑白隔離一案，法官要求被告官員增加財產稅來補助隔離計畫，且
命增加大約 5,000 名受僱人之薪水。
對於此種救濟方法在學者之間產生爭議。有人強烈不贊成只有一般人
員、且資訊有限（例如聯邦法院不對選民負責）之法院，有能力下這些
判決，且懷疑法院所下政策性判決能產生它想產生之社會變遷[111]。其
實法院不能啟動重大社會變遷，也不能一手達到此目的。法院只能影響
社會變遷，即強制官員面對存在已久之問題，使他們如此作為，不必付
重大政治上代價，而使原告主張之新見解能合法化[112]。

二、由於美國近年來民刑案件不斷成長，挑戰美國所有司法系統，致司法
之結構、程序及人員都可能產生進一步變革。不但法官人數繼續增加，
而且專業法官助手數目也可能增加。因此升高民間對司法不當授權予這
些助手之疑慮。又過去所有民事案件適用相同程序〔聯邦民事訴訟規則
（Federal Rules of Civil Procedure）〕，但不少人認為此種作法未必最
公平有效，而宜對不同型態案件訂定不同程序規則。因此在不久之將
來，可能在審判與上訴法院運用不同程序規則及利用創新方式處理案
件。尤其由於在許多不同州起訴，涉及當事人人數龐大之複雜訴訟案件

---

[110] 關於美國禁制處分（injunction）及民事訴訟制度之實際運作之詳情，可參照本書第三章。
[111] PORTO, op. cit., at 294.
[112] PORTO, op. cit., at 313 et seq.

　　（例如民航機失事，可能數百人控告飛機各零件之製造商、政府及機場；又使用有瑕疵產品如藥物致數千人受害；又如大公司或證券商詐欺，無數股東與顧客受損）日增，已促使法院尋求方案來協調整合各訴訟，並將案件併入一個單一法院審理，以避免訴訟產生歧異結果[113]。

三、雖然對立主義仍係美國法院訴訟之主流，但近來審判法官在預審階段已改演較積極之角色來管理訴訟。例如，地方法院法官如今通常可命提出無聊（frivolous）請求抗辯或上訴之當事人，支付對造律師費與法院費用。此等制裁已稍稍降低訟案之數字。由於對純粹對立主義加以相當程度之修正，將案件之進行與形成操在法官手中，從而降低了傳統律師對訴訟之主控。此種發展在聯邦地院尤為顯著[114]。

四、由於訴訟成長之壓力及附隨之耗費及稽延，不但在預審階段導致法院管理之增加，也導致在訴訟以外尋求解決紛爭之方法。結果產生所謂代替訴訟解決爭議方案（Alternative Dispute Resolution，簡稱 ADR）之運動。其一是利用受過訓練之調解人與爭議之當事人會商，以雙方合意之方案解決爭議。另一種型態是仲裁，由第三人（通常多係專家）非正式聽取雙方之辯護，然後下有拘束力之判斷[115]。而且附隨法院之仲裁（court-annexed arbitration）近年來變得很普遍。在此方案之下，由法院自動將一些案件（通常限於一定數額之金錢賠償）交給三個仲裁人組成之小組仲裁。如任何一造當事人對仲裁人判斷不服時，可恢復將案件由法院繼續進行訴訟[116]。

五、在 1990 年國會制定了民事訴訟改革法（Civil Justice Reform Act），要求地方法院設計並執行減少民事訴訟之費用及稽延之方法。依照該法，地方法院之實驗調解與迷你審判（minitrial），可使民事訴訟制度更為

---

[113] MEADOR, op. cit., at 79-82.

[114] PORTO, op. cit., at 44.

[115] 仲裁興起之原因包括：1. 法院案件負荷過重，須疏減訟源；2. 法院並非解決若干種爭議之最佳場所。例如對立之程序不適於解決當事人擬繼續維持關係之爭議，諸如家事、出租人與承租人、學校與學生、商人與顧客等之間的爭議。

[116] MEADOR, op. cit., at 78-80.

低廉。它們也試行簡易陪審審判（summary jury trial）、早期中性評估
（early neutral evaluation）及案件更主動之司法管理。所謂簡易陪審
審判准許當事人以簡易方式將案件提交予「諮詢性陪審團」（advisory
jury），由其下不具拘束力之判決。當事人如願意，可繼續進入正式審
理庭，但諮詢性陪審團之判決可鼓勵當事人和解。早期中性評估之特色
是在審理前階段，當事人與其律師提早出席一個無拘束力之會議，由
一名有經驗律師評估當事人審理庭勝訴希望有多少，這也有助於鼓勵和
解。所謂司法案件管理，包括提早定審理庭期日、要求當事人親自出席
和解會議，或由電話聯絡，減低證據開示所需時間，及在起訴後迅速由
司法介入案件 [117]。

---

[117] Porto, op. cit., at 44. 其他民事訴訟之變革、調解與仲裁重視之詳情，參照本書第三章。此
外參照 Rauma & Stienstra, The Civil Justice Reform Act Expense and Delay Reduction Plans:
A Sourcebook (1995). 載於 www.fjc.gov/public/pdf.nsf/lookup/sourcebk.pdf/$file/sourcebk.pdf.;
http://www.rand.org/pubs/research_briefs/RB9022/index1.html; Evaluating the Civil Justice Reform
Act of 1990. Overview of the CJRA Pilot Program; Wood, Judiciary Reform: Recent Improvements
in Federal Judicial Administration (1995), (digital commons. Wel. American.edu/cgi/viewcontent.
cgi?atrical=1502&conte……. [revised 2012/12]).

美國聯邦司法部之組織與實際運作

壹、綜說

　　為了瞭解美國政府法制實際如何運作，有探討聯邦司法部組織功能之必要，由於國人對此問題尚未見有著述，本章爰特設法加以介述。按美國聯邦司法部（Department of Justice）是聯邦負責執法與司法行政的行政部門，相當於外國的司法部或內政部。首長名稱與其他各部不同，不稱為部長（secretary），而稱為檢察總長（Attorney General）。此部長職位係由總統提名，上議院同意，是內閣的一員。在美國獨立不久，最初這檢察總長職位只是一個兼職的官員，依 1789 年之「司法機構法」（Judiciary Act of 1789）所設置。有一度他對總統與國會提供法律諮詢意見，後來因工作負荷太重，在 1819 年停止[1]。

　　在 1870 年國會通過法律成立新機構即聯邦司法部，由該部監督與在聯邦最高法院進行政府訴訟。由於 1887 年通過州際通商法（Interstate Commerce Act），聯邦政府開始介入各州商業，由司法部執行。在 1884 年聯邦監獄由內政部移歸司法部管轄[2]。

　　今日司法部部長是美國頭號執法官員，主要負責對總統及其他內閣首長提供諮詢意見，在異常重要案件，由他代表美國政府在最高法院出庭辯

1　Wright Patman, Our American Government & How it Works 310 (1968).
2　http://www.sourcewatch.org/index.phtitle=u.s.Department of Justice#History (revised 2012/10).

護[3]。司法部部長之下置有副部長，稱爲 deputy attorney general，協助部長管理部務，必要時代理部長。近幾十年來他已被賦予一項特殊任務，即建立由美國法曹協會通過適任之聯邦司法人員（含聯邦法院法官）及該部政務官之初步候選名單，供總統任命參考之用[4]。副部長之下另有次長（Associate Attorney General），次長之下另有所謂主任秘書（Chief of Staff）。

貳、聯邦總律師長

在次長之下有所謂「總律師長」（solicitor general），這總律師長的任務甚爲特殊，主要是率領下屬代表美國政府在最高法院進行訴訟。對法律人而言，這職位是全國最理想的工作，通常被認爲是法律職業生涯的頂峰。他可以全權決定美國政府在地方法院敗訴之案件中，哪些要上訴到上訴法院、哪些案件政府要請求最高法院審查及決定政府應採取之立場，監督送到最高法院之所有訴狀（briefs）及其他法律文件之制作，且親自到最高法院出庭辯護[5]。

由於對司法與行政兩部門的雙重責任，他有時被人戲稱爲最高法院第10 名法官（該院法官 9 名如前述）。他的辦公室像一個小型法律事務所，當事人是美國政府。屬下有約兩打美國最能幹的律師。3 個擔任這個職務的人後來被任命爲聯邦最高法院法官，許多官員被任命爲美國聯邦上訴法院法官。原則上所有政府機構不服下級法院的裁判（ruling），而欲上訴到上訴法院或最高法院時，須先經過他的同意。因如無此種控制，則最高法院會從不同政府機構，就同一爭點收到不同意見。該辦公室只請求最高法院審核具

3　但在美國歷史上最高法院審理重要之水門事件時，並非由部長出庭辯護。在水門事件期中設置特別檢察官，處理所有闖入民主黨總部之所有指控，並由該特別檢察官在 The United States v. Richard Nixon 一案代表美國政府出庭辯護。參照 PATRICIA C. ACHESON, OUR FEDERAL GOVERNMENT, HOW IT WORKS 111 (1978).

4　ACHESON, op. cit., at 111-12; EDITORS OF ENCYCLOPAEDIA BRITANNICA, THE U.S. GOVERNMENT: HOW AND WHY IT WORKS 86 (1978).

5　ACHESON, op. cit., at 112.

有高度政策意義，與政府有合理法律辯護理由的案件。最高法院也把該辦公室視為顧問，對特別複雜的法律問題請求協助。1 年有 2、30 次以上對當事人並非政府之案件，邀請該辦公室提出「法院之友書狀」（Amicus Curiae brief），提供對聯邦制定法和憲法意義的意見[6]。

參、法律顧問

該部許多工作係由法律顧問完成，他們與其屬員不但是該部顧問，制作有關所有部長之正式意見，而且也協助部長踐履內閣職務。他們也須核閱所有行政規章與宣言（proclamation）是否合法，解決行政各部會有關法律事務之實體上歧見，處理該部有關條約、國際協定及行政協定之工作。

肆、各司

該部現共有八個司：刑事司、民事司、反托拉斯司、環境與自然資源司、民權司、稅務司、司法管理司、國家安全司等，每司之首長按即司長，稱為助理部長（assistant attorney general）。該部不但部長、次長，即許多局處長都是政治任命，此點亦與我國制度不同。在水門案發生後，當時司法部長被判刑，致該部官員品德受到社會質疑，福特總統立即任命 1 名法律學者為部長。此後許多法曹界領袖人物與社會科學者呼籲司法部部長應擺脫政治任命[7]。現將各司工作一一詳述如次。

一、反托拉斯司

反托拉斯司（Antitrust Division）負責執行與提供有關反托拉斯法律與原理之指導，以促進經濟上競爭。聯邦反托拉斯法適用於所有產業與各階

---

[6] NEUBAUER & MEINHOLD, JUDICIAL PROCESS-LAW, COURTS, AND POLITICS IN THE UNITED STATES 457 et seq. (2007)；又關於「法院之友」書狀之詳情，可參照本書第三章。

[7] ACHESON, op. cit., at 109.

層之商業，包括製造、運輸、分配及行銷；禁止限制貿易之各種慣行，諸如訂定價格、可能減少特定市場競爭力之公司合併，以及企圖達到或維持獨占力量之行為，對國家經濟政策發揮重大影響[8]。該司與聯邦貿易委員會（Federal Trade Commission）都管轄反托拉斯案件，共同對企業提供規律性指導。此二機構職責雖有重複，但對民眾對抗違法獨占或限制貿易，提供了雙重之保障。由於此二機構針對相同目標合作，事實上如聯邦貿易委員會所提案件進入最高法院，則反托拉斯司應協助撰擬政府的訴狀，並一起出庭辯論。

　　該司也有權對嚴重與故意違反反托拉斯法之人提起刑事訴訟（可導致龐大罰金與徒刑）。如不適宜提起刑事追訴，則提起民事訴訟，尋求法院禁止他將來違反法律，與要求對過去違反行為之反競爭效果採取救濟之步驟。其次該司也提供企業對反托拉斯之指導，協助企業依法律建構與組織其營運[9]，如此可降低法律行為之不確定性，降低企業遵守法律之成本，節省企業與政府雙方之支出，避免昂貴訴訟之需要。該司職責比其名稱所顯示為多，例如保護消費者追訴因欺騙或損害公眾來自聯邦貿易委員會或食品藥物管理局（Food & Drug Administration）之案件。它也檢討許多政府機構，諸如原子能委員會（Nuclear Regulatory Agency）之政策，以確定該機構與民間之公平競爭能夠維持，此外該司也與外國相關單位合作。

　　在保障美國自由貿易制度，防止發生不正慣行或違法限制貿易方面，該司實在是聯邦政府之看門狗[10]。

　　該司轄有下列各科：競爭政府科、經濟訴訟科、經濟規範科、外國商業科、國家刑事執行科、網路與技術科、電信與媒體科、交通能源與農業科、訴訟一科、訴訟二科、訴訟三科。此外還在下列城市設有分處（field office）：亞特蘭大、芝加哥、克里夫蘭、達拉斯、紐約、費城、舊金山。

8　EDITORS OF ENCYCLOPAEDIA BRITANNICA, op. cit., at 87.

9　為了接受該司指導，企業須請求正式之商業檢討（business review）。

10　ACHESON, op. cit., at 114; http://www.justice.gov/atr/9769a.htm; http://www.justice.gov/atr/about/mission.htm (revised 2012/10).

二、刑事司

刑事司（Criminal Division）除了另行劃歸別司業務外，研發執行並監督所有美國聯邦刑事法律之應用。該司律師訴追許多全國重要犯罪案件，形成並執行刑事政策。該司從事並協調範圍異常廣泛之犯罪調查與追訴。這些犯罪包含從事國際與國內毒品運銷、洗錢系統或組織犯罪；也批准或監視執法之敏感地帶，諸如「證人保護計畫」（Witness Security Program）、使用電子監控等。當然也包括買賣婦女與兒童從事色情行為、電腦犯罪、公務員貪污、恐怖分子、特別追訴二次大戰參加納粹迫害之行為[11]、搶劫銀行、違法賭博、劫機、綁票、敲詐勒索、勞工怠工、欺詐政府、選舉詐欺、偽證、妨礙司法（obstruction of justice）、仿冒與偽造、州際汽車與證券偷竊、槍械與爆裂物違法運輸、毒品、賄賂官員、在公海上犯罪、郵政詐欺等，不勝枚舉。此外該司也負責國際引渡程序及協調所有粉碎組織犯罪團體之活動。它也處理所有國內安全事務，包括恐怖分子活動、內亂、間諜，這些龐大工作是由分布在全國 50 州與各屬地 90 多個聯邦檢察長來執行。

該司也提供聯邦各地檢察官對國會及白宮有關刑事法之意見與指導。該司下轄各科：公共統一科、組織犯罪科、執行工作室、資產沒收與洗錢科、毒品與危險毒物科、國際刑事調查訓練協助方案、海外追訴發展協助與訓練室、詐欺科、電腦犯罪與智財科、人權與特別追訴科、兒童利用與猥褻科等單位。該司原來之反恐怖與反間諜科已在 2005 年因美國「愛國法」（Patriot Act）之再授權，移歸國家安全司管轄[12]。

三、民事司

民事司（Civil Division）業務頗為廣泛，因須處理所有控告美國政府及由美國政府所提之訴訟。由於在美國司法制度下，私法訴訟與行政訴訟不似

---

[11] UNITED STATES GOVERNMENT MANUAL, 2009/2010 260-261 (2009).
[12] ACHESON, op. cit., at 116-17.

我國採雙軌制，二者不加區別，均向普通法院以民事訴訟方式提起，所以民事司業務亦涵蓋民事與行政爭訟兩種，處理案件之種類至為廣泛，業務特別繁劇。該司有權代表美國、各部會、國會議員、內閣官員、其他聯邦受僱人員，其訴訟反映政府活動之多樣性。例如涉及防護對總統行動之挑戰、國家安全爭議、福利計畫、能源政策、商事爭議，消費者保護訴訟等。在商事爭議方面，諸如在所有聯邦保險詐欺請求、營建、採購、服務契約、軍職與文職公務員薪資請求或退休請求、聯邦計畫，包括對法規合憲性之攻擊、對聯邦各部會首長及其他官員所提禁止官方行政措施或處分及對行政裁判及規章之司法審查、移民訴訟、聯邦海事、運送、銀行、保險、討債、各種事故與責任賠償、詐欺、關稅、侵權行為、專利、商標、著作權、外國人財產等，而須在聯邦地方法院、聯邦上訴法院、聯邦賠償法院、各州法院以及外國法院提起訴訟（如涉及美國利益，不問民事或刑事性質，在外國法院訴訟）。該司是該部最大與最忙單位之一。它在外國法院辯護之案件，除了已聘請許多律師外，常仰賴外國律師。該司在防護與執行各種聯邦法規與行動時，面對各種重要政策爭議，且常涉及是否合憲之問題[13]。

四、民權司

民權司（Civil Rights Division）與民事司不同，有較為特定之業務。它的設置是基於 1957 年由國會通過執行在美國禁止有關種族、膚色、性別、宗教或族裔之歧視的法律。由於國會擴充聯邦政府對民權之權力，該司之責任與業務範圍亦隨之快速擴大，且在許多美國民權戰役中扮演重要角色。它要執行所有有關民權之法律，包括投票、公正陪審審判、受教育不受歧視、自由使用所有公共交通設施、公平僱用、住屋、貸款、各州與地方計畫、若干聯邦資助及辦理之計畫、追訴公務員不正行為與販賣人口犯罪等[14]，該司

---

[13] ACHESON, op. cit., at 115; UNITED STATES GOVERNMENT MANUAL, 2009/2010, op. cit., at 257-58.

[14] http://www.justice.gov/crt/activity.php (revised 2012/10); ACHESON, op. cit., at 115; UNITED STATES GOVERNMENT MANUAL, 2009/2010, op. cit., at 258-59.

也調查公民聲稱權利被否認之陳訴案件。司長有權對民權被濫用之案件在聯邦法院提起訴訟。除了法律工作外，該司與社區關係局等機構密切合作。

五、環境與自然資源司

環境與自然資源司（Environment & Natural Resources Division）以前稱為「土地與自然資源司」（Land & Natural Resource Division）[15]。該司之工作係依據大約 150 個聯邦民刑制定法，包括「乾淨空氣法」（Clean Air Act）、「乾淨水法」（Clean Water Act）、「保護瀕臨危險物種法」（Endangered Species Act）等。其任務在執行國家環境法律，以保障全民之健康與環境，享有乾淨之空氣、水及土地、負責美國有關國家自然資源與公有地之保護、使用及發展、野生動物維護及聯邦財產之取得（包含公用徵收）與處分土地之所有事務；追訴聯邦污染與野生動物（含海洋生物）法律之刑事案件、辦理環境（包含濕地）保護與自然資源法律下之訴訟案件[16]。該司處理過去印第安部落控告美國政府，主張他們祖先土地之條約被違反之案件，同時也保衛印第安部落，以免他們的財產及他們的狩獵、捕魚及水域被人侵害。雖然該司已設置多年，但其職責由於近年來通過將自然資源劃入其管轄而大為增加。該局與環境保護局（Environment Protection Agency）密切合作。

六、稅務司

稅務司（Tax Division）之任務是透過民刑訴訟，完全、公平與一致地執行國家稅法，以促進國民遵守稅法與維護對稅制公正之信心[17]。該司致力於涉及徵收賦稅之訴訟，在 14 個民事刑事與上訴科僱用了 350 名律師，而

---

[15] ACHESON, op. cit., at 117.

[16] http://www.justice.gov/enrd/ (revised 2012/10); UNITED STATES GOVERNMENT MANUAL, 2009/2010, op. cit., at 261.

[17] http://www.justice.gov/tax/about_as.htm (revised 2012/10); ACHESON, op. cit., at 117-18; UNITED STATES GOVERNMENT MANUAL, 2009/2010, op. cit., at 262-63.

主要當事人是國稅局。該司大多數工作是來自對稅法涵義之民事爭議。如納稅人與國稅局解釋不同，而被該局挑戰時，須先支付國稅局認定所欠的稅款。這時如納稅人認為政府不對，可控告政府要求退稅。該局常與各地檢察官從事稅務追訴，協助對犯罪宣戰。例如，在 1930 年代有名之黑社會頭子 Al Capone 想自不同執法官員手中溜走，最後由於未付所得稅而被逮到。一些刑事稅務大陪審之偵查與追訴，只由稅務司檢察官進行，其他則由各地檢察官偵辦。該司律師評估國稅局或各聯邦地方檢察署之請求，去發動大陪審調查或追訴稅法之犯罪。該司也處理不同民事稅法訴訟，包括由美國提起撤銷詐欺脫產並向名義人或人頭討債；退稅訴訟、執行欠稅案件之勝訴判決等，不一而足。

七、司法管理司

司法管理司（Justice Management Division）以前稱為經理財務局（Office of Management & Finance），掌管司法部之人事、採購、預算、財務政策與企劃、圖書館等。其任務在支援大約 40 個單位，似囊括我國之秘書室、總務司、人事處及會計處等單位 [18]。

八、國家安全司

國家安全司（National Security Division）係為因應 2005 年「美國改進愛國與再授權法」（USA Patriot Improvement & Reauthorization Act），也是為了實現「美國對抗大規模破壞之情報能力委員會」（WMD Commission, Commission on the Intelligence Capabilities of the US Regarding Weapons of Mass Destruction，又稱為伊拉克情報委員會）2005 年所提報告而設置。換言之，目的在結合司法部刑事司原有之反恐怖主義與反間諜科，連同來自情報局（Office of Intelligence Policy and Review）專精於「國外情

---

[18] 以筆者所知，外國似無我國人事與主計獨立之特殊制度，至少美國與日本即屬如此。

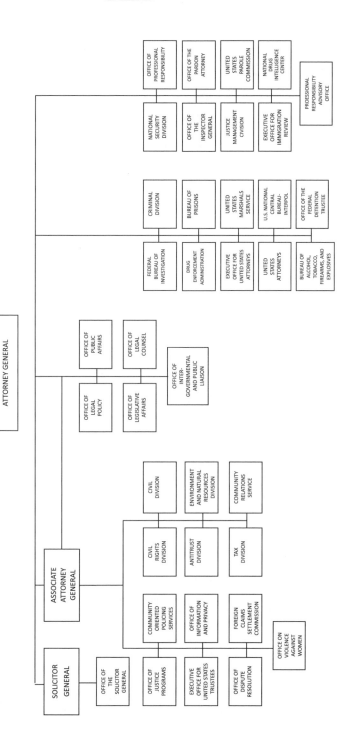

美國司法部組織圖
DEPARTMENT OF JUSTICE

報監視法」（Foreign Intelligence Surveillance Act）之專家，在新司長指揮下合作，處理該部所有國家安全任務。

　　該司對涉及恐怖主義與違反間諜、出口管制及外國間諜登記法之案件，除自己進行訴訟外，也協調各種追訴與刑事偵查。它管理外國情報監視法（Foreign Intelligence Surveillance Act），批准並監督使用電子監視；對國家安全資訊之分類與接觸，提供法律與政策意見。該司結合所有該部國家安全與情報功能於一身，有 3 名副司長都是職業律師，各人監督該司不同部門，不過該司設立後捲入爭議漩渦，因有人提起有關傳統民權被腐蝕之問題 [19] 。

伍、其他單位

一、監獄局

　　監獄局（Federal Bureau of Prisons）之任務在將人犯關在安全、人道及堅固之監獄及以社區為基地之設施之控制環境內，並提供工作及其他自我改進機會，以協助人犯成為守法公民。該局成立於 1930 年。按在 1930 年以前，美國有 7 個聯邦監獄，但各自在地方政策與各典獄長所訂程序下運作及取得資金。1970 年法律指示發展一個依照各人犯之需要，提供監禁及計畫（program）之統一監獄系統。今日所有聯邦人犯必須工作，領取小額工資，其中一部由若干人犯透過所謂「人犯財務責任計畫」（Inmate Financial Responsibility Program），來對犯罪被害人加以補償 [20] 。大約四分之一人犯

---

19 http://www.allgoov.com/Agency /National_Security/Division (revised 2012/10); UNITED STATES GOVERNMENT MANUAL, 2009/2010, op. cit., at 262.
20 該計畫於 1985 年建立，施行於全國，保證犯人在任何聯邦監獄補償被害人履行法院所命之金錢債務。按以前雖已有一些法律賦予犯罪被害人自犯人收取賠償金，但因無法讓執法機關執行，而此計畫改變此種缺陷。自推出以來，已收到好幾百萬美元用於支付被害人。該計畫不但對被害人有利，而且對犯人本身亦有益處，因可得到有利假釋之建議，也能取得改分配新牢房或工作之機會。此外，更有助於人犯表現分數提高，有資格參加以社區為依據之計畫。筆者以為此計畫頗有創意，尤其在保護犯罪被害人民事賠償避免落空起見，大有仿效之價值。參照 http://www.ehow.w.uk/about_6162870_inmate-financial-responsibility-program_html

由「聯邦監獄產業公司」（Federal Prison Industries, Inc.）僱用。該公司由政府設立，生產各種物品與提供服務，自辦公室傢俱至電子電纜組裝物，賣給聯邦政府的顧客。大多數人犯服刑的最後數月在社區矯正中心或所謂「中途之家」（halfway house）[21] 服刑；且常在社區工作，同時準備釋放。在美國有數百個中途之家與監獄局簽約，在其監督下由私人營運。

監獄局總部設在華府，分為九處，對全國聯邦矯正設施與社區資源之全國性網路提供指導、長期企劃、研發設施、形成政策與協調[22]。該局按地理分為六個地區，即費城、安那波利斯、亞特蘭大、達拉斯、堪薩斯、都柏林（在舊金山附近）；每區設有管理處，置有處長，對當區提供技術支援與在場協助。關於獄政另設有一個全國矯正研究所（National Institute of Corrections），總部亦設在華府，對全國各州及地方矯正機構主要透過技術協助、訓練及資訊服務，提供諮詢與援助[23]。美國聯邦人犯至 2008 年止已增至 20 萬人以上。該局也追蹤 2 萬 3,000 多名關在私人管理之監獄的人犯，以及 1 萬 4,000 多名判決關在家裡、社區矯正中心及短期監禁之人犯。該局人員有 3 萬 6,000 名，是司法部人員最多的單位[24]。

二、聯邦調查局

聯邦調查局（Federal Bureau of Investigation）在 1908 年成立，為聯邦犯罪調查機構，也是國內情報機構，對 200 多種聯邦犯罪有調查之管轄權。其任務在保護與防禦美國對抗恐怖分子攻擊與外國情報及間諜之威脅[25]，維護與執行美國刑事法。除了劃歸別的部門例如仿冒外，管轄所有違反聯邦法律之行為，尤其間諜暴動、叛亂、綁票。該局須偵察犯人、追蹤犯人、發現

(revised 2012/10).
21 設置中途之家之目的，在使人犯易於適應自監獄生活到外界自由社會之轉變。
22 http://www.justice.gov/fesc/ (revised 2012/10).
23 http://www.ukcia.org/research/PrisonsQuickFacts.php (revised 2012/10); UNITED STATES GOVERNMENT MANUAL, 2009/2010, op. cit., at 264.
24 http://www.whorunsgov.com/Departments/Justice/AG/DAG/BOP (revised 2012/10).
25 尤其在第二次大戰該局調查人員破獲了許多間諜及怠工陰謀，厥功至偉。

證據、找出證人,不過對涉案之人有罪與否不下判斷,因爲那是法院之職責。該局只在有人違反聯邦法律之情形才介入,如只在某一州邊界之內觸犯,除了間諜、怠工外,則是地方主管機關之職責。爲了完成任務,該局在全美各地都有調查人員在分局或現場辦公室工作,亦即在 21 個大都市有 56個現場辦公室(field office);在較小城市有 400 個以上分支機構(resident agencies)。另有 50 多名稱爲國際官員,以法務專員(legal attachés)名義,在世界各地美國大使館或領事館工作。總部在華府管理整個組織,保存犯罪檔案,並有實驗室做所有與犯罪偵查有關之工作。當前該局之優先任務是保護美國對抗恐怖活動、反情報攻擊與高科技犯罪、打擊官吏貪污、保護民權、打擊國際與國內犯罪組織與企業、毒品、金融犯罪、重大白領犯罪、打擊重大暴力犯罪、提升相關技術,俾成功完成使命等。該局對地方、各州及國際執法機構提供合作服務,包括指紋核對、實驗室檢驗、警察訓練、「全國犯罪資訊中心」(National Crime Information Center)及「全國暴力犯罪分析中心」(National Center for the Analysis of Violent Crimes),在 2010年預算全部大約爲 79 億美元 [26]。

三、社區關係局

社區關係局(Community Relations Service)是該部對因不同種族、膚色、族裔所生的社區衝突與緊張之和事佬,由 1964 年民權法(Civil Rights Act)所設立。它是唯一從事協助各州與地方政府、私人、公共團體與社區團體,預防並解決種族緊張、事故、暴動,並恢復種族安定與和諧之唯一聯邦機構。該局促進研發相互瞭解與和諧,作爲強制、暴動或訴訟之代用品。也協助社區發展當地機制,辦理訓練及其他措施,以防止或減輕種族的緊張,不偏袒爭議當事人任何一方。且在促進不差別待遇之原理時,運用使當事人自己坐下協談之技巧,在履踐此任務時,使用能協助不同種族與文化背

---

[26] http://www.fbi.gov/quickfacts.htm (revised 2012/10); ACHESON, op. cit., at 119; UNITED STATES GOVERNMENT MANUAL, 2009/2010, op. cit., at 263-64.

景之非常熟練之專業調解人 [27]。學者以爲該局如績效卓著，當可逐步減少民權司需要追訴之案件 [28]。

四、毒品執法局

毒品執法局（Drug Enforcement Administration）乃司法部下之執法機構，其工作在鎮壓美國境內毒品之走私與使用。由於美國近半世紀以來毒品之販賣與吸食問題頗爲嚴重，故特設專門機構予以因應。該局在 1973 年成立，乃執行毒品與違禁品法規之首要聯邦機構，也執行聯邦洗錢、大量現金走私之制定法（當交易或走私所涉基金是來自毒品買賣之場合）。該局將涉及種植、生產、走私、配銷、將所得洗錢之組織與成員移送民刑法庭究辦。該局逮捕其成員，沒收毒品，扣押其財產及摧毀這些組織，同時由於創立、管理、支援國內與國際相關執法計畫（該局對毒品的取締是世界性的），以減少不法違禁品之來源與需求。該局也對公共社區在防止毒品處遇及危險上提供教育與協助。

該局不但與聯邦調查局有競合管轄權，爲國內毒品政策執行之領導機構，且對協調與遂行美國在國外毒品調查有唯一責任，因此與各州及地方執法機構以及國際刑警組織（Interpol）密切合作（該局對毒品的取締是世界性的）[29]。1999 年開放在維吉尼亞州阿靈頓（Arlington）地方之博物館，2003 年在其法醫學辦公室內成立了一個數位證據實驗室。該局用了 10,800 名以上人員，其中有 5,500 名特別探員或調查員（special agent）。荷蘭政府與該局合作，曾被人批評在毒品調查方面侵害到荷蘭之主權 [30]。

---

[27] http://www.justice.gov/crs/ (revised 2012/10).

[28] ACHESON, op. cit., at 116; UNITED STATES GOVERNMENT MANUAL, 2009/2010, op. cit., at 263-64.

[29] UNITED STATES GOVERNMENT MANUAL, 2009/2010, op. cit., at 266.

[30] http://en.wikipedia.org/wiki/Drug_Enforcement_Administration (revised 2012/10); ACHESON, op. cit., at 124 et seq.

五、煙酒、武器及爆裂物管理局

煙酒、武器及爆裂物管理局（Bureau of Alcohol、Tobacco、Firearms & Explosives）乃爲保護公眾對抗犯罪、暴行及其他對公共安全之威脅，爲了防止恐怖主義、降低暴力犯罪、保障美國而設。該司人員踐履雙重責任：執行聯邦刑事法律與管制武器與爆裂物產業、調查與降低涉及武器與爆裂物之犯罪、縱火行爲及違法運送酒類及煙類物[31]。

該機構原爲財政部國稅局之一部，於 1886 年設立。在 2001 年 9 月 11 日世界貿易中心被恐怖攻擊後，布希總統將 2002 年之國土安全法（the Homeland Security Act of 2002）簽署成爲法律。除了成立國土安全部（Department of Homeland Security）外，該法將該機構自財政部移隸司法部。其責任包括調查與預防涉及不法使用、製造及持有武器、爆裂物、放火及丟炸彈，及不法運輸酒類及煙類之行爲。該局也對在州際通商買賣、持有及運輸武器、彈藥及爆裂物之行爲加以規範[32]。該機構有一個獨一無二之火研究實驗室，在馬里蘭州 Beltsville 地方。該司有近 5,000 人員工。

六、司法計畫署

司法計畫署（Office of Justice Programs）由 1984 年之司法協助法（Justice Assistance Act）所成立，在 1994 年又被授權提供聯邦領導、協調及協助，使全國司法制度在防止與控制犯罪上，更有效與更有效率。該署負責蒐集統計資料，並從事分析，找出刑事司法問題，研發與測試針對此等問題之方案，評估計畫結果，散布此等發現與其他資訊予各州及地方政府。該署包含下列局處：

---

[31] http://cabell.lib wvv.us/IR/profile_4755_htm (revised 2012/10).
[32] United States Government Manual, 2009/2010, op. cit., at 267-68.

(一) 司法協助局（Bureau of Justice Assistance）

該局對各州與地方政府提供資金、訓練及技術協助，來鎮壓暴力與毒品有關之犯罪，並協助改進刑事司法制度。

(二) 司法統計局（Bureau of Justice Statistics）

該局負責蒐集並分析犯罪、犯人、犯罪被害人及司法制度在各級政府營運之資料。

(三) 國家司法研究所（National Institute of Justice）

該所主辦研究發展計畫、從事創意性方法，來改進刑事司法、發展新刑事司法技術[33]。

(四) 青少年司法與犯罪預防處（Office of Juvenile Justice and Delinquency Prevention）

該處提供獎助與契約給各州，協助各州改進它們青少年司法制度，並主辦有創意性之研究、展示、評估、統計、技術協助及訓練計畫，以協助改進全國對青少年暴行與犯罪之瞭解與回應。

---

[33] 國家司法研究所（National Institute of Justice）前身為 1968 年依「全面控制犯罪與街頭安全法（the Omnibus Crime Control and Safe Streets Act of 1968）成立之「國家法律執行與刑事司法研究所」（National Institute of Law Enforcement & Criminal Justice），乃該部研究發展與評估之機構。該所集中在提升執法與矯正技術及犯罪學、刑事司法及相關社會科學研究。許多這種研究提供獎助予學術機構、非營利研究組織及其他法人。同時也與各州及地方政府合作。社會科學研究之領域包括防止對婦女暴行、矯正、犯罪預防及計畫評估等。該所已在許多領域定下優先研究目標，包括法律執行與監督、司法制度、判刑、法院、追訴辯護、矯正、調查與法醫學（包括 DNA）、反恐怖主義、犯罪預防、犯罪原因、暴行與被害、藥物、酒精與犯罪等。參照 http://en.wikipedia.org/wiki/national_institute_of_justice; http://www.answers.com/topic/national_institute_of_justice (revised 2012/10).

(五) 犯罪被害人處（Office of Victims of Crime）

該處管理被害人補償與協助獎助計畫，並對被害人服務機構、刑事司法機構及其他專業人士提供資助、訓練與技術協助，以改進美國對犯罪被害人之反應。

(六) 毒品法庭計畫處（Drug Courts Program Office）

該處經由對各州、地方或部落政府與法庭之技術協助與訓練，來改進所謂毒品法庭之運作。

(七) 矯正計畫處（Corrections Program Office）

該處提供各州與地方政府財政與技術協助，以推動有關矯正之計畫，包括矯正設施之興建，以及以矯正為基礎之毒品處遇計畫。

(八) 根除執行處（Executive Office for Weed and Seed）

該局由於推動斬除毒草策略，這是一種以社區為基礎及以科際整合鎮壓犯罪之方法，以協助社區建立更強大更安全之相鄰組織。

(九) 各州與地方國內及時支援處（Office for State and Local Domestic Preparedness Support）

該處乃負責提高各州與地方對化學與生物藥劑（agent）、放射性與爆裂性機械及其他破壞力巨大武器之事故之國內恐怖主義之準備與反應。

(十) 警察部隊與執法教育處（Office of the Police Corps and Law Enforcement Education）

該處對從事執法公共服務之人員提供就讀大學協助，並對因公殉職之執

法官員之家屬提供獎學金[34]。

七、美國假釋委員會

美國假釋委員會（U.S. Parole Commission）是負責人犯假釋之准駁並監督假釋人犯之單位。最早是在 1930 年成立獨立之假釋局（Board of Parole），後來立法將該局改置於司法部之下，於 1976 年國會通過立法改用現在名稱。依規定如人犯遵守監獄規則，釋放他不致危害公共安全，且不致減損犯罪嚴重性或助長對法律之不尊重時，該局可准予假釋。法律要求對假釋決定須有明白基準，駁回聲請須用書面及須設置上訴程序。在作決定前，須考慮正當處罰之需要、犯人再犯之風險、犯人在監之行為等。該委員會斟量來自不同來源之資訊，包括但不限於判刑前之報告（presentence report）、被害人、判罪法官、檢察官、監獄官員及犯人。犯人如不服委員會之決定，可向國家上訴局（National Appeals Board）上訴[35]。本來該委員會預定在 1992 年撤銷，但由不同立法加以延展，預定在 2022 年 11 月結束[36]。

八、聯邦法警長辦事處

聯邦法警長辦事處（U.S. Marshals Service）是聯邦最古老之執法單位，其職責在保障法院官員、律師、陪審員、證人、與建物之安全、犯罪證人及其家人在法庭外之安全，且負責監督陪審團（當陪審團被禁足時，要確保無人看到可能影響其公正之資訊，如報紙、無線電廣播、電視之新聞節目）、確保司法系統有效運作，押解人犯、送達逮捕令及逮捕逃犯等。在民間發生騷動時，他們被召喚恢復法律與秩序。聯邦法院系統分為 14 區，每區置有聯邦法警長（U.S. Marshal）。司長與各區法警長由總統任命，參議院同

---

[34] UNITED STATES GOVERNMENT MANUAL, 2009/2010, op. cit., at 266-67.

[35] http://www.momy.org/parole.htm (revised 2012/10).

[36] http://en.wikipedia.org/wiki/United-States-Parole-Commission.

意[37]。

九、國際刑警組織美國中央局

國際刑警組織美國中央局（International Criminal Police Organization-United States National Central Bureau）乃「美國國際刑警組織」之代表。按國際刑警組織（簡稱 Interpol）乃 182 個國家執法機構，爲防止與鎮壓國際犯罪之聯盟。因國際刑警組織並無逮捕、搜索、扣押之權力，須仰賴各會員國執法機構協助，故各會員國須設置一個中央局作爲主要聯繫中心。美國中央局作爲美國警察界與外國會員國之聯繫，同時擔任美國與歐洲警察署（European Police Office，簡稱 Europol，爲歐盟之執法機構）之聯絡中心。該局有永久性職員及來自許多聯邦執法機構之特別警探。內部分爲許多單位，其中一個負責協調國際刑警組織外國執法機構與設在美國各州及一些大都市一共 62 個聯絡處，以從事國際犯罪調查工作[38]。

十、社區警察服務處

社區警察服務處（Office of Community Oriented Policing Services）之目的在協助執法機構透過社區防衛策略，以提高公共安全。包括提供訓練、以提升執法官員解決問題與社區互動之技巧、增加直接與社區互動之執法人員數目、鼓勵執法人員與社區成員研發防止犯罪之構想，支援研發新技術，將執法重心轉變爲在社區內防止犯罪與騷動[39]。

十一、複審移民事務執行處

複審移民事務執行處（Executive Office for Immigration Review）之任

---

[37] ACHESON, op. cit. at 120-21.
[38] UNITED STATES GOVERNMENT MANUAL, 2009/2010, op. cit., at 265 et seq.
[39] Id. at 269 et seq.

務在裁奪在各種移民法規下三個行政法庭，即：(一) 移民上訴局（Board of Immigration Appeals）；(二) 首席移民法官辦公室（Office of the Chief Immigration Judge）；(三) 首席行政聽訟官辦公室（Office of the Chief Administrative Hearing Officer）之事務[40]。

十二、美國受託人計畫

美國受託人計畫（United States Trustee Program）乃司法部內負責監督破產案件及私人受託人之行政機構（28 U.S.C Section 586, 11 U.S.C. Section 101 et seq.），乃由 1978 年之破產改革法（Bankruptcy Reform Act of 1978）所設立，目的在找出並調查破產詐欺與濫用。除了全美有 21 個「聯邦受託人」（United States Trustee）外，2005 年之破產濫用防止與消費者保護法（Bankruptcy Abuse Prevention and Consumer Protection Act of 2005）更擴充該計畫之責任，與提供更多方法來打擊破產詐欺與濫用[41]。該計畫是由在華府及各地 95 個聯邦受託人行政處（Executive Office for U.S. Trustee）管理，聯邦受託人是負責在全美國執行民事破產法律的聯邦官員，通常司法部長在 21 個區域派一個美國受託人（U.S. Trustee），為期 5 年。

十三、防止對婦女施暴辦公處

防止對婦女施暴辦公處（Office on Violence against Women）在 2005 年成立，經由執行「防止對婦女施暴法」（Violence against Women Act），提供國家領導在發展國家減少對婦女暴行之能力，並提供全美各社區財務與技術支援、發展計畫、政策及作法、終止家暴、性侵害等。從開始到現在已經提供了大約 30 億美金的補助（grant）與合作合約（cooperative agreement）[42]。

---

[40] Id. at 268 et seq.

[41] Id. at 256.

[42] Id. at 267; http://en.wikipedia.org/wiki/office_on_violence_against_women (revised 2012/10).

十四、外國賠償處理委員會

外國賠償處理委員會（Foreign Claims Settlement Commission）是在司法部內準司法之獨立機關，裁判美國公民依照國會所授予特定管轄權或依照國際賠償請求協定控告外國政府賠償之案件。其前身爲戰爭賠償委員會（the War Claims Commission）及國際賠償委員會（the International Claims Commission）。該機構與其前身成功地完成 434 件賠償計畫，解決對不同國家之索賠，包括德國、蘇聯、古巴、中國、越南、義大利等；已判了 66 萬個賠償請求案，金額共數十億美元。委員會判決支付之資金是來自國會撥款、國際賠償和解金（settlement），或由司法部或國庫（treasury）清算美國在外國之資產[43]。

十五、赦免辦公處

赦免辦公處（Office of the Pardon Attorney）是與部長或其指定人會商後，協助美國總統行使憲法上行政赦免權之單位。

十六、職業責任處

職業責任處（Office of Professional Responsibility）負責調查該部所雇律師被控在職務上違法行爲或犯罪。該單位爲該部律師制定獨立倫理與犯罪行爲基準，而該部之總視察室（Office of the Inspector General）則對該部非律師之職員有管轄權。

十七、立法事務處

立法事務處（Office of Legislative Affairs）之職責在發展與執行策略，

---

[43] http://auw.justice.gov/fcsc/history.htm; http://en.wikipedia.org/wiki/foreign_claim_settlement_commission (revised 2012/10); UNITED STATES GOVERNMENT MANUAL, 2009/2010, op. cit., at 270.

以促進該部立法作業與其他國會有關之事務,也是司法部與國會間之橋樑。該處處長與其僚屬花了不少時間在國會山莊,對聯邦立法通過扮演重要角色[44],被稱爲總統之法律事務所(the President's law firm)。*News Week* 雜誌將該單位稱爲「你所聽到最重要之政府單位」[45]。

十八、其他單位

該部此外尚有其他單位,諸如「爭議解決處」(Office of Dispute Resolution)、「資訊與隱私處」(Office of Information & Privacy)、「公共事務處」(Office of Public Affairs)、「政府間與公共聯絡處」(Office of Intergovernmental & Public Liaison)、「法律政策處」(Office of Legal Policy)等,因限於篇幅,且較無太多特色,茲不一一贅述。

陸、若干單位之改隸或裁撤

一、移民局

司法部一向轄有移民歸化局(U. S. Immigration & Naturalization Service)[46],但移民歸化局自 2003 年 3 月 1 日起改制,不再存在。該局原來大部業務移屬新成立之國土安全部(Department of Homeland Security),三個新設機構如下:

(一) 美國公民歸化局(U. S. Citizenship & Immigration Services):該局管理移民利益之申請及歸化之申請,包含庇護案件。

(二) 美國海關與邊境保護局(U.S. Customs & Border Protection):掌管邊界入境檢查巡邏之相關工作。

---

[44] ACHESON, op. cit. at 11.

[45] UNITED STATES GOVERNMENT MANUAL, 2009/2010, op. cit., at 264.

[46] 該移民局最早在 1891 年設立,原隸屬於勞工部。1940 年改隸司法部。自該局之歷史反映出美國政策之根本改變,參照 ACHESON, op. cit., at 121 et seq.

(三) 美國移民與海關執法局（U.S. Immigration & Customs Enforcement）：
掌管移民與海關調查與執行工作，包括驅逐出境[47]。

二、法律執行協助局

　　探討美國司法部組織時，不能不稍提所謂「法律執行協助局」（Law
Enforcement Assistance Administration），其前身為「法律執行協助處」
（Office of Law Enforcement Assistance）。原來美國在 1960 年代面臨犯罪
與暴行嚴重上升，國會於是通過「全面犯罪防止法」，包括設立一個實驗
性機構，稱為「法律執行協助局」，目的在協助各州及地方政府加強與改
進它們執法與刑事司法。該局資助各州所提有創意之計畫，諸如購置警察
設備、執法人員再教育支出、提供犯罪被害人資金等[48]。該局雖於 1982 年
裁撤，但其努力值得稱道。該局後身為「司法協助研究與統計局」（Office
of Justice Assistance, Research & Statistics）及「司法計畫局」（Office
of Justice Programs）。該局原包括「全國法律執行與刑事司法研究所」
（National Institute of Law Enforcement & Criminal Justice），惟其功能由
於 1979 年通過之「司法制度改進法」（Justice System Improvement Act
of 1979），而被「全國刑事司法研究所」（National Institute of Criminal
Justice）所吸收。該法修改了上述「全面控制犯罪與街頭安全法」，同時成
立了「司法統計局」（Bureau of Justice Statistics）[49]。

柒、結語與感想

一、美國司法部管轄範圍極廣，包括環境與自然資源、國家安全、反獨占、
　　種族和諧、民權、人權保護、婦女防暴等，不一而足。將我國內政、經

---

[47] http://www.answers.com/topic/immigration_and_naturalization_service (revised 2012/10).
[48] ACHESON, op. cit., at 126-27.
[49] http://www.spiritis_temporis.com/law_enforcement_assistance_administration/ (revised 2012/10).

濟、財政各部若干業務囊括在內，遠比我國司法部廣泛得多，凡有關保障國家與國民利益（例如向外國索賠案件）之工作均有單位在處理，與我國司法部或其他部會之職掌不同，不可同日而語。可見美國對法治與制度化之重視，更可發現其政府對國民權益重視之一斑。

二、美國司法部設有稅務司，不似我國稅務行政只歸財政部管轄，如此較能兼顧租稅正義，不致過於偏重財稅收入之考慮，可供我國借鏡。

三、該部業務能配合社會與國家需要，不斷求新求變。例如，增設國土安全司、環境與自然資源司、社區關係局、毒品執法局之類，值得稱道。

四、將環境與自然資源納入司法部管轄，又如土地取得及徵收案件亦由司法部管轄，意義深長，彰顯國家對專業、法律與人民權益之重視。

五、該部在各司局之下，自其各科（section）之名稱，顯示其業務分工之精細與專業，更可發現其工作有前瞻性與時代性，絕不消極保守或墨守成規。

六、該部為保障國家利益，備置許多律師，代表美國政府從事訴訟，彰顯官民平等之民主與守法精神。

七、該部總律師長（solicitor general）經常須代表政府到最高法院出庭，甚至司法部長在重大案件也親身到最高法院出庭辯護，此點頗為難得。

八、該部重視研究發展，自其設有許多研發單位，可見一斑。

九、美國人事主計單位不似我國在機關內有獨立地位，且與其他業務單位平行。

美國法曹協會之傳奇──
組織、運作與貢獻

壹、緒言

美國法曹協會（American Bar Association, A.B.A.）或譯爲全美法曹協會[1]，爲美國規模最大之全國性法律職業團體，也是全世界最大的民間自願法律職業團體[2]，完全獨立於政府，司法部等行政部門對其並不具領導或監督關係。該協會、其領袖及其法律意見深受美國社會各界及政府之重視，不但對美國法學教育、立法與司法制度之改革、法治之推動，扮演極重要之角色，而且間接也對外國法制發生相當影響。

該協會於 1878 年 8 月在紐約州薩拉多加斯普林斯（Saratoga Springs）地方成立[3]，最初即以改進法律教育與司法，維護法治爲主要目的，其成員

---

[1] 此協會國內有譯爲美國全國律師公會者，但余以爲其成員不以律師爲限，還網羅民間與官方各種法律人，以譯爲法曹協會似較允洽。作者分別於民國 53 年受美國國務院安排（聯合國技術協助獎補金）及民國 67 年獲 American Council of Learned Societies 研究獎，曾兩度參訪美國法曹協會。

[2] 美國法曹協會今日會員人數已超過 41 萬人，爲美國最大法律人自願職業組織。反之，美國有許多州律師公會和此協會性質不同，是所謂「整體律師公會」（integrated bar），即所有律師一律強制參加之非自願的團體。按由於該協會之成立，刺激了美國更多地方性與州律師公會之組成。

[3] 當時美國很少有律師公會存在，只有紐約市律師公會於 1870 年設立，肯塔基州律師公會於 1871 年設立。當時律師通常是在學徒制下受訓練之單獨執業，當然更無全國性組織或全國性職業倫理規範。

按當時成立該協會之主要發起人爲 Simeon E. Baldwin 氏。他是康乃狄克州年輕之名律師和耶魯大學法學教授。在他邀請下，來自 21 個州和華盛頓特區之 100 名法律人〔包括第一任美國總律師長（solicitor general）及海斯總統時之國務卿等有名律師〕在紐約州 Saratoga Spring 開會成立美國第一個法律界的全國性協會。Baldwin 後來成爲康州州長及州最高法院院長。

略爲封閉，僅各地律師公會之領袖參加[4]，其後歷經無數次奮鬥與挑戰，不斷擴充改組，長久以來已成爲維護美國憲政與促進公益之巨大力量。

該協會總部設於芝加哥美國法曹中心大廈（American Bar Center），現擁有會員 41 餘萬人，幾達全國法律職業總數二分之一。其會員不似我國律師公會會員以律師爲限，全國律師、法官、法學教授泰半均加入爲該會會員。現今專任職員有 750 人以上。

按美國係聯邦國家，聯邦政府對於各州司法、立法以及法律教育等事務無法直接過問，而不能不委諸各州自治，由於缺少全國性中央機構負責督導推動，致各州各自爲政，難免發生步調不一、缺少聯繫等流弊。美國法曹協會雖係自願參加之民間團體，而非政府機構，對其會員僅有除名等權力，但由於其組織龐大嚴密、活動廣泛積極，加以其會員眾多，全國各地各種機構之重要成員，多隸屬於其旗下，以致成爲美國法律職業之總部，對於聯邦與各州司法行政、立法事業及法律教育等方面，都具有極其驚人之影響力，且作出極大貢獻，是故吾人在研究美國法律制度甚至政治運作時，對於該協會之組織與活動不可等閒視之。

貳、協會之目標

美國法曹協會有自己憲法作爲其基本法，規定內部組織及會員之權利義務。依該協會 1878 年之原始憲法，協會之目標有五：

一、促進法律學。

二、鼓勵統一州法。

三、加強司法行政。

四、維護法律職業之尊嚴。

五、鼓勵法曹協會會員間友好互動。

---

4 協會初期發起人大多是辦理公司事務之優秀律師（corporate lawyer）、白人，信基督新教，於本地出生，有英國姓，哈佛、耶魯、哥倫比亞等名校出身（被邀加入），但天主教徒、猶太人、婦女與黑人則自動排除在外。另參照 JAMES G. ROGERS, *History of the American Bar Association*, in GERHART ed. THE LAWYER'S TREASURY 252 et seq. (1963).

今日協會之目標爲了配合時代需要，已調整增加爲下列各種：

一、促進美國司法制度之改革。

二、對所有之人不問經濟或社會條件，促進律師代理及美國司法制度。

三、提供繼續領導，促進法律爲社會變遷之需要而服務。

四、增進公眾瞭解並尊重法律、法律程序及法律職業。

五、達到專業、有能力及合乎倫理行爲之最高標準。

六、作爲法律職業之全國代表。

七、提供利益、計畫及服務，促進職業成長與提高會員生活品質。

八、促進世界法治。

九、促進少數族裔與婦女在法律職業充分與平等之參與。

十、促進與提高法律職業作爲公共職業及貢獻公共事務之理想。

十一、維護法律職業與司法之獨立[5]。

參、協會之組織與運作

協會現有會員超過 41 萬人，職員 750 人以上。協會之法律學生部（Law Student Division）在許多大學法學院設有組織。

一、會員

只要美國一州或屬地律師公會會員，品行良好，並繳納規定會費即可參加。會員包括律師、法官、法院管理人員（court administrator）、法律圖書館館長、法學教授、不執業之法律人。

凡在任何州或美國屬地可執業之律師，可加入爲會員。無資格執業之律師，如對協會工作有興趣，亦可加入爲準會員（associate）。外國律師在美國未加入律師公會者，亦可成爲國際準會員（international associate）。

---

[5] http://www.abanet.org/about/history.html (revised 2012/10).

　　協會審查通過之法學院學生，亦可成為協會法律學生部（Law Student Division）會員，並繳納規定會費。

　　雖然協會是美國最重要之法律協會，但由於是自願職業團體，只有全國一半律師加入為其會員（該協會和許多基於族群或法律專業組成之許多其他協會競爭）。

二、代表大會（House of Delegates）

　　協會之決策機構為代表大會，截至 2010 年 1 月 1 日止，代表共 561 名，含 52 名各州與屬地代表、227 名各州法曹協會代表、81 名地方法曹協會代表、18 名一般代表、76 名現任與以前高級幹部與理事、72 名各組（section）、部（division）及會議（conference）代表、2 名當然職務上代表、28 名關係機構代表、1 名維京群島法曹協會代表、1 名關島／北馬利亞納群島代表、3 名一般代表。即該協會經由代表大會，由所有州法曹協會與許多大的地方法曹協會之代表所構成，使每個法曹協會在代表大會有代表參與，加強協會和各州協會間之關係。按在 1936 年協會治理上作了重大改變，以較寬廣更有代表性之代表大會（House of Delegates）及理事會（Board of Governors）（如今分別為 535 人和 37 人）取代以前小規模與較排他的執行評議會（Executive Council）。雖然法律職業受州政府和州法曹協會管理，但沒有正式權威的該協會卻能發揮其深遠之影響力。

　　代表大會 1 年開會 2 次。即年會和半年會（midyear meeting），高級幹部（offers），即會長、下屆會長（president-elect）[6]、代表大會主席、秘書長、財務長由半年會選出。下屆會長則由代表大會在年會選出，任期 1 年，於下一屆年會閉會時成為會長。代表大會主席任期 2 年，秘書長和財務長 3 年一任。還有執行長（executive director）為協會最高運作之職員。

6　下屆會長（president-elect）任期為一會期，履踐會長指定之事務，或在會長變成無能力不能視事或缺席時，代行會長職務。故實際上又兼具副會長性質。目的似在予以在職磨練，使其嫻熟事務，於下一屆擔任會長時，能得心應手。下屆秘書長與下屆財務長之性質亦同，此種傳承辦法在美國各機構似常採用，值得我國仿效。

協會舉行年會和半年會討論一定法律題目和協會有關事務。

三、理事會（Board of Governors）

理事會似與我國社團法人之理事會差可比擬。由理事 38 人組成，於符合代表大會先前行動範圍內，有權為協會行動及發言。理事會通常 1 年開 4 次會，主要係監督協會之一般運作和特別活動。理事會理事中有 18 名地方代表，其中 13 名為一般名額，包括 2 名年輕律師、1 名司法代表、6 名組代表、2 名婦女、2 名少數族群和 1 名無表決權之法律學生，以及以下 6 名高級幹部，職務上當然為理事。即會長、下屆會長、代表大會主席、秘書長、財務長、上屆理事主席及每 3 年有 1 名下屆秘書長及 1 名下屆財務長為當然理事，使理事會人數共達 40 人[7]。

四、會長（president）與代表大會主席

會長任期為一個會年，擔任理事會會議主席[8]，也是協會官方發言人，表述代表大會決定之協會政策。除另有規定外，有指派協會常任和特別委員會及理事會各委員會之主席（chair）及會員之權。代表大會主席任期 2 年，主持代表大會（1 年開 2 次）與提名委員會（nominating committee）。如會長缺席時，主持理事會會議。高級幹部（officers）及理事會理事由提名委員會員於半年會中提名，然後在年會由所有代表大會代表對被提名人投票，及對自薦之任何人投票選出。

理事會之下設有 5 個常任委員會，即執行、運作與聯繫、計畫評估及研

---

[7] http://www.americanbar.org/groups/leadership/board_of_governor.html (revised 2012/10).

[8] 在 1940 年代，協會有不少有名會長，包括美國總統及最高法院院長塔虎脫（William H. Taft）、最高法院院長休斯（Charles E. Hughes）、諾貝爾和平獎得獎人 Frank Kellogg 及 Elihu Root。前幾年且選出第一位非洲裔美國人擔任會長。據云擔任協會領導職務之律師在任職期間，不能從事律師職業，任職薪資由協會支付。如此更能表現公益性，避免濫權壟斷。參照舒梅律師在美國律師協會訪談錄 http://www.shumeilaw.com/News_view.aspok_NewsID=761 (revised 2012/10).

發、財務及俸給常任委員會。協會 1 年開會 2 次，在不同城市舉行 [9]。

在 21 世紀初，由於婦女與少數族裔會員人數增加，協會成為較多元之團體。近年來婦女與少數族裔不但主持代表大會，且有 2 名女性擔任協會會長。

五、組、常設和特別委員會

協會之重要工作和許多活動係由許多組（section）、常設和特別委員會（standing & special committees）辦理。協會目前有 23 個組、5 個部（division）、6 個講壇（forum）及許多小組（commission）、常設與特別委員會（committee）及專案小組（task force）。這些單位之會員自 2,300名至 7 萬名以上不等。它們正如獨立律師公會一樣運作，有自己之職員、會費、活動、出版物及委員會（committee），協會各單位出版無數期刊、快報、書籍，已成為世界上最大法律資訊出版商之一 [10]。

(一) 各組

係按法律專門領域劃分，會員可參加許多組之活動。各組研提許多建議，其後變成協會政策立場之建議，且作為制衡其他單位所建議之推薦案之用。各組可對於他們領域內未發展之協會政策之事務，直接經由委員按概括授權程序表達出來。

(二) 協會之委員會（committees）

成員由會長指派，有 1,000 名以上協會會員在這些委員會工作。常任和特別委員會和其他專案小組（task force）及小組（commission）會員人數較少，在 3 至 20 人間，通常集中特定指定題目或較小爭議。又協會不設政治

9　http://www.americanbar.org/utility/about_the_aba/history.html (revised 2012/10).

10　http://www.abanet.org/about/history.html (revised 2012/10).

行動委員會，且不作政治捐獻。據稱協會有大大小小共 3,500 個以上委員會（committees）。

(三) 講壇（forum）

講壇由代表大會設立，主要在教育協會目的範圍內和未另報名之特定領域之會員。

(四) 專案小組（task force）

專案小組有時由理事會設立，處理短期課題，於報告後結束。

(五) 會議群（conference group）

會議群係在代表大會贊助下成立。其成員分為協會會員和協會欲建立密切交流之別的職業或領域的成員。協會支持 4 個全國性會議群：律師和會計師、律師和公司受託人（corporate fiduciary）、律師和媒體代表、律師和科學家。

六、協會組織之詳情

(一) 各組

茲將各組名稱列舉如次：

行政法與規範實務（Administrative Law and Regulatory Practice）

反托拉斯法（Antitrust Law）

商法（Business Law）

刑事司法（Criminal Justice）

爭端解決（Dispute Resolution）

環境能源及資源（Environment, Energy, and Resources）

家事法（Family Law）

衛生法（Health Law）

個人權利及責任（Individual Rights and Responsibilities）

智慧財產權法（Intellectual Property Law）

國際法（International Law）

勞工與僱傭法（Labor and Employment Law）

執業實務管理（Law Practice Management）

法律教育與執業（Legal Education and Admissions to the Bar）

訴訟（Litigation）

公共契約法（Public Contract Law）

公用事業交通與運輸法（Public Utility, Communications and Transportation Law）

不動產、信託及遺產法（Real Property, Trust and Estate Law）

科技法（Science & Technology Law）

各州與地方政府法（State and Local Government Law）

稅法（Taxation）

侵權行為審判與保險實務（Tort Trial and Insurance Practice）

會員可加入特定課題之組（section）。每個組為會員出版各種快報（newsletter）和雜誌。第一份雜誌是 *Annual Bulletin of the Comparative Law Bureau*，為美國第一份比較法刊物（自 1908 年至 1914 年）。

各組也舉行自己會議，通常有一份出版品，包括快報、書籍（通常針對實務家）、學術性刊物，諸如《行政法評論》〔*Administrative Law Review*，由行政法和規範實務組和美利堅大學法學院（American University Washington College of Law）出版〕，《國際律師》（*The international Lawyer*，由國際法組和南美以美大學 Dedman 法學院出版）。

(二) 委員會（committees）

協會設有許多常設和特別（standing & special）委員會。常設委員會調

查研究有關協會繼續性或常發性事宜。特別委員會則調查研究有關協會立即或非常發性事宜。除由代表大會（House of Delegates）授權繼續外，特別委員會於其成立後第一個年會時結束。

特別委員會包括下列：

生物倫理和法律（Bioethics and the Law）

災難反應和準備（Disaster Response and Preparedness）

死刑犯之代理辯護（Death Penalty Representation）

常設委員會包括下列：

法庭之友狀（Amicus Curiae Briefs）

律師公會活動與服務（Bar Activities and Services）

當事人保護（Client Protection）

進修法律教育（Continuing Legal Education）

提供法律服務（Delivery of Legal Services）

選舉法（Election Law）

倫理與職業責任（Ethics and Professional Responsibility）

環境法（Environmental Law）

聯邦司法改革（Federal Judicial Improvements）

聯邦司法組織（Federal Judiciary）

嘉謨獎（Gavel Awards）

政府事務（Governmental Affairs）

團體與預付法律服務（Group and Prepaid Legal Services）

槍械暴行（Gun Violence）

司法獨立（Judicial Independence）

法律與國家安全（Law and National Security）

國會法律圖書館（Law Library of Congress）

律師推薦與資訊服務（Lawyer Referral and Information Service）

律師職業責任（Lawyers' Professional Liability）

法律扶助與貧困被告（Legal Aid and Indigent Defendants）

　　對軍職人員之法律協助（Legal Assistance for Military Personnel）

　　醫師職業責任（Medical Professional Liability）

　　會員（Membership）

　　法律助理（Paralegals）

　　公益與公眾服務（Pro Bono and Public Service）

　　職業紀律（Professional Discipline）

　　公眾教育（Public Education）

　　出版監督（Publishing Oversight）

　　專業化（Professionalism）

　　策略交流（Strategic Communications）

　　物資濫用（Substance Abuse）

　　技術與資訊系統（Technology and Information Systems）[11]

(三) 部（division）

　　協會有兩種部（division），一種是針對會員之專門團體，有些是內部單位。它們是著重特定法律或業務領域的專門團體，可對爭點、規章及全國趨勢作較深入之研討。各部也有自己的活動與出版品，但與各組不同係在於內部結構和成員。部可由代表大會決議定其權責，調查研究有關協會之目的或業務之特定事項，除由代表大會命其繼續外，於成立後第一個年會結束。

1. 各部名單如下：

　　一般執業、單獨執業及小事務所部（General Practice, Solo and Small Firm Division）

　　政府及公家機構律師部（Government and Public Sector Lawyers Division）

　　司法部（Judicial Division）

---

[11] http://www.americanbar.org/groups/committees.html (revised 2012/10).

　　法學院學生部（Law Student Division）

　　老年律師部（Senior Lawyers Division）：凡 55 歲以上或已加入律師公會 25 年以上屬之。

　　年輕律師部（Young Lawyers Division, YLD）：凡 36 歲以下，及加入律師公會 5 年未滿者，自動成為此部之會員。此部人數共約 1 萬 2,500 人。

2. 內部之部，分為下列：

　　法曹公會服務（Bar Services）

　　交通與媒體關係（Communications and Media Relations）

　　法律服務（Legal Services）

　　公眾教育（Public Education）

　　公眾服務（Public Services）[12]

(四) 小組（Commissions）及中心（Center）

1. 小組包括下列：

　　國內學校教育（Civic Education in the Nation's Schools）

　　家暴與性侵（Domestic & Sexual Violence）

　　倫理 20/20（Ethics 20/20）

　　西班牙裔法律權利與責任（Hispanic Legal Rights and Responsibilities）

　　流浪人與貧窮（Homelessness & Poverty）

　　移民（Immigration）

　　律師信託帳戶（Interest on Lawyers' Trust Accounts, IOLTA）

　　法律與老人（Law and Aging）

　　律師協助計畫（Lawyer Assistance Programs）

　　身心殘障法（Mental and Physical Disability Law）

　　職業中種族與族裔差異（Racial & Ethnic Diversity in the Profession）

---

[12] http://www.americanbar.org/groups/divisions.html; http://www.americanbar.org/groups/view_all_groups.html (revised 2012/10).

性傾向與性別（Sexual Orientation and Gender Identity）

職業婦女（Women in the Profession）

危險中之青少年（Youth at Risk）

2. 中心分為下列：

協會前途資源中心（ABA Career Resource Center）

協會進修法律教育（ABA-CLE〔Continuing Legal Education〕）

公益中心（Center for Pro Bono）

兒童和法律（Children and the Law）

人權（Human Rights）

司法中心（Justice Center）

法律技術資源中心（Legal Technology Resource Center）

職業責任（Professional Responsibility）

種族和族裔差距（Racial and Ethnic Diversity）[13]

(五) 講壇（Forum）

有下列六個：

房屋與社區發展法（Housing & Community Development Law）

航空法（Air & Space Law）

交通法（Communication Law）

建築業（Construction Industry）

娛樂與運動業（Entertainment and Sports Industries）

權利授權（Franchising）[14]

---

[13] http://www.Americanbar.org/groups/centers_commissions.html (revised 2012/10).

[14] http://www.americanbar.org/groups/forums.html (revised 2012/10).

六、其他單位

(一) 協會設有政府事務處（Government Affairs Office, GAO，有 170 名職員），在華府作爲各律師公會之耳目及聲音，從事遊說工作[15]。華府辦事處除了 GAO 對協會代表大會通過政策之各種重要問題作遊說工作外，還有無數支援職業和公共服務領域之各組合分子。該遊說群在國會作證，比任何其他同業公會爲多。對許多技術性爭議諸如稅制或反托拉斯立法，都提供詳盡的分析和資訊。

(二) 協會在芝加哥設有免費之法律博物館（Museum of Law）。

肆、協會之成就

一、職業道德

法律人必須遵守職業道德，雖無容疑，但因美國各州法律一般對其內容尚乏規定，以致難免發生疑義。協會最初針對律師制定了「法律倫理守則」（Canons of Legal Ethics）於 1908 年通過，爲大多數州當局所承認。嗣協會於 1969 年制定了新的「職業責任模範法」（Model Code of Professional Responsibility）予以取代。以後又於 1983 年推出更新穎之「職業行爲模範規則」（Model Rules of Professional Conduct），作爲律師倫理基準，已在 49 州及哥倫比亞特區採用[16]。

同樣在法官方面，司法守則（Canons of Judicial Ethics）在協會主持領導下，亦於 1924 年制定，該守則雖無法律上拘束力，但亦廣泛被司法界自行遵守。1972 年修改，改稱爲「司法行爲法典」（Code of Judicial

---

15 政府事務處專注於協會理事會自代表大會通過 1,000 個以上政策立場（policy position）名單中所挑選之每年立法與政府優先項目，做辯護工作。

16 http://www.Courts.ca.gov/documents/ca_code_judicial_ethics.pdf; http://en.wikipedia.org/American_Bar_Association (revised 2012/10/30).

Conduct）[17]。

　　近年來鑑於科技進步，法律人有在全球執業之趨勢，加以新技術之增多，包括跨越邊界爭議、法律人流動性及跨州法律人規則之差異等原因，協會正在研議修訂上開執業行為模範規則（Model Rules of Professional Conduct）及其他協會政策，包括擬放寬法律人之保密義務、利益衝突、多州執業及申請他州入會執業（admission by motion）之限制等[18]。

二、法律教育

　　協會一直為建立並維持美國法律教育之高度水準而努力。按在 19 世紀大多數律師是在學徒制下出身[19]，1900 年協會組織了美國法學院協會（Association of American Law Schools, AALS）。協會每年出版一個 *Official Guide to ABA-Approved Law Schools*，報導各法學院教師資料、入學要件、就業安置、通過律師考試及格率及其他資訊。

　　在協會和美國法學院協會努力下，在 20 世紀初，使美國各大學採用了 3 年法學院之模式，且成功地在法學院倡導了個案教學法[20]。

　　1923 年該協會訂定了加入法曹協會執業之法律教育之最低標準。由協會定期到各校視察，目前經該協會審查合格之全美法學院共 200 所，其中 1 所暫時合格[21]（此項審查有似我國教育部舉辦之大學評鑑）。是否審查及

---

[17] 協會雖不能懲戒違反協會倫理法典之律師，但可影響有此權力之州公會。

[18] http://www.abanow.org/2011/09/aba-commission-on-ethics-2020-recommends-amending-law (revised 2012/10).

[19] 在 1800 年代早期和中期作為所謂「傑克遜民主」（Jacksonian Democracy）之一表現，美國民眾對律師及其他專門職業人員反感升高。大眾當時流行之抱怨是幾乎任何人沒有什麼訓練，都可成為醫師或律師。例如 1851 年印第安那州憲法規定任何良好品德之公民與選舉人可執法律業。過去醫師需要執照，但此時也免了。當時社會輿論所強調的是平等，至少對白人男子如此。

[20] 關於美國法律教育之詳情，可參照本書第一章〈美國法律教育與法律職業〉。美國法學院稱為 school，即使它們是大學的一系，這是歷史成因。因在 19 世紀上半期法學院不是大學之一部，而是獨立職業性機構。參照 BURNHAM, INTRODUCTION TO THE LAW AND LEGAL SYSTEM OF THE UNITED STATES 128 (2006).

[21] http://www.americanbar.org/groups/legal_education/resources/aba_appr (revised 2012/10).

格，不但影響法學院之承認，且關係其畢業生能否在特定之州執業。尤其大
多數州明定，自協會合格法學院畢業爲參加該州律師考試及已執業律師申請
加入別州律師公會之要件。

又美國大學法律教育起步較晚。雖然哈佛大學在 1636 年立案，但直到
1817 年才有法科。最早美國法學院是由律師設立，在 19 世紀大多數私立與
公立大學漸漸地設立自己的法學院，終於成爲法律教育的主流，但仍有幾所
和任何大學無聯屬關係（獨立）的法學院。現今所有州均要求受過法學院教
育作爲律師執業之要件。

三、加入律師公會執業之標準

提高各州律師公會入會之素質亦係協會之努力目標。1898 年舉行第一
次各州律師考試委員全國會議，處理有關問題，爲目前律師考試委員全國會
議之先驅。後者於 1930 年設立，與協會法律教育組密切合作，提高了數州
律師公會之條件並標準化。1958 年該律師考試委員全國會議通過了協會推
薦之標準規則（Code of Recommended Standards for Bar Examiners）。今日
各州原則上只有經協會審查合格之法學院畢業生始有參加律師考試，加入律
師公會之資格。

四、未經允准執業

協會一直努力保護大眾和律師界，抑制不合格之外行人擅自執行律師業
務。協會繼續加強和改進律師之懲戒程序，即係體認必須維持職業道德之表
現。

五、全國法律職業總部

協會發起於 1954 年在芝加哥興建高五層大廈之美國法曹中心（American
Bar Center）作爲法律職業之全國總部。附屬建物於 1963 年完成，1957 年

華盛頓辦事處開張，與國會、最高法院等機構保持連繫。

協會對重要法案和規章的現狀，每 2 週透過所出版之華府簡訊（*Washington Summary*）通知各州和地方法律協會及協會的各組和委員會。每月出版之華府通訊（*Washington Letter*）以國會為中心，提供影響法律職業之主要政府活動和立法之較深度分析。它也對無數政府機構傳遞協會對範圍廣泛之各種爭議之看法。例如，在 108 期國會（1999-2000），協會對超過 110 個爭議，在 28 個國會聽證會作證，送出 185 封以上信件予國會、國會委員會及行政部門機構之成員，其中包括資助法律服務法人（Legal Services Corporation）及保障聯邦司法獨立。在 1996 年 GAO 成立了一個各州立法交換所（State Legislative Clearinghouse），即於聯邦領域之外，追蹤對全體律師公會有興趣之重要州立法之進展情形，由各州立法報導（The State Legislative Report）提供經常性州立法領域之發展情形之概略。無怪乎觀察家評論說「法律職業可視為一個巨人式邦聯，在其中心是美國法曹協會」。

協會每年出版了大約 100 本法律書，提供最佳實務訣竅和重點、格式樣本、法律指南。又在不同法律專門領域出版約 60 種雜誌、快報及刊物 [22]。

在 1996 年協會科技法律組經 4 年，10 幾個國家，70 多名法律人和技術專家的研究，公布了協會數位簽名基準（ABA digital signature guidelines）。這是第一個從法律觀點檢討在電子商務使用數位簽名和認證之原理和機制之結晶，已由佛羅里達、猶他等州採為立法之範本。協會後來在 2003 年又公布了公共主要基礎建設評估基準（Public Key Infrastructure Assessment Guidelines）[23]。

---

[22] http://www.americanbar.org/groups/legal_education/resources/aba_appr; http://www.americanbar.org/publications_cle/publications.html; http://www.americanbar.org/utility/about_the_aba/history.html (revised 2012/10).

[23] http://en.wikipedia.org/wiki/ABA_digital_signature_guidelines (revised 2012/10).

六、國際來賓計畫

自 1983 年後，協會為加強國際參與，創設了國際來賓計畫（professional program for international visitors），目的在和世界各地律師法官共同追求和平和正義。每個計畫皆個人化，參觀協會及芝加哥地區其他法律機構[24]。

協會須面對法律職業之新趨勢，研擬法律職業面臨各種問題之對策或表明協會之立場，諸如增加使用法律助理、資訊時代技術之影響，以及各種法律爭議，諸如墮胎、死刑、使人人能接近法律及訴訟。在 2000 年對協會與法律職業主要挑戰為促進法律之前人人平等之制度。在 2010 年年會通過正式決議，呼籲各州准許同性婚姻。

在國際方面，協會還對前蘇聯與其他國家出現的民主努力提供廣泛的指導，以加強當地法學教育、司法制度及法律之改革。

七、法律研究與出版

1952 年在協會資助下設立了非營利法人之美國法曹基金會（American Bar Foundation），進行各種法律及法律制度改進之研究工作。近來該基金會從事廣泛之法律研究計畫，範圍幾乎遍及各種法律部門。資金由美國法曹協會捐助基金會（American Bar Endowment）、私人基金會及政府機構對特定研究計畫之資金支援。由受法律、社會學、心理學、政治學、經濟學、歷史及人類學訓練之不同領域人員作跨領域研究，出版書刊甚多。

協會也是龐大出版社，有大約 90 種期刊出版，諸如每月發行美國法曹協會雜誌（American Bar Association Journal）及許多其他法律專業刊物[25]。

---

[24] http://www.americanbar.org/groups/leadership/office_of_the president/i (revised 2012/10).
[25] *The National Law Journal* 和 *The American Lawyer* 是協會對傳統法律期刊作了革命性改變的二大期刊。它們打破過去封閉的傳統，開始報導揭載律師事務所管理與財務之詳情，從此律師界才有相關資訊來比較，影響所及，甚至改變了律師事務所的營運與結構。

八、職業服務

　　協會重視對會員之職業服務，例如爲協助執業律師，印行一套有關律師之財務和營業狀況之叢書、推動執業律師進修工作、推動建立各項團體人壽保險計畫、協助會員在律師事務所、企業或政府機構就業，並協助雇主物色所需法律人才等，不勝枚舉。協會在歷史上一直爲捍衛會員之權益而奮鬥，甚至不惜抗拒有助於許多美國人之改革。

　　在 1990 年代協會設廣大網站，對會員及社會大眾提供許多服務。許多有關法律制度、法院案件、法律專業及其他相關項目的資訊，可上網查到。

　　在律師進修教育方面，協會除提供不同場地使律師在生涯中繼續接受進修法律外，也與美國法律學會（ALI）舉辦許多講習會，供有興趣之會員繼續受到專業教育。

　　此外還和非營利進修法律機構，諸如法律實務研究所（Practicing Law Institute），及營利機構，諸如西部法律教育中心（West Legal Ed Center）合作 [26]。

九、司法獨立

　　在羅斯福總統提議重組聯邦司法組織時，協會強烈加以反對，並反對這時期司法官罷免運動。爲司法獨立努力繼續成爲協會之標誌，尤以在 1937 年羅斯福總統計畫將政治上同路線的法官塞滿最高法院之所謂「court-packing」（經法院審自己人）爭議時，最爲突出。在水門事件過程中，協會亦採取堅強「法治」（rule of law）之立場。

　　近來協會推出各種方案，包括：(一) 司法乃政府事務（Justice is the Business of Government）；(二) 最不爲人知的部門方案（Least Understood Branch Project）；(三) 州法院評估方案（State Court Assessement Project）[27]。

---

[26] en.wikipedia.org/wiki/American_Bar_Association#Continuing_legal.... (revised 2012/10).

[27] www.americanbar.org/groups/justice_center/judicial_independence... (revised 2012/10).

十、法官之選任

協會倡導法官之選任須超出政黨，以提升司法效能，厥功至偉。依照協會之超黨派計畫，主張組織委員會，由州長指定法律人 3 名、非法律人 3 名及法官 1 名，以法官為主席。於法官出缺時，由委員會提出 3 個候選人名單，然後由州長自名單中擇一派充。該新任法官於就任後 1 年，必須參加沒有對手的留任選舉，即針對自己職務表現而競選。該計畫於 1940 年首先為密蘇里州所採用，故又稱為密蘇里計畫。換言之，密蘇里計畫乃所謂「實績選任」（merit selection），也是「超黨派法院計畫」（nonpartisan court plan）。今日美國至少有 19 個州上訴法院法官及 12 個州至少部分審判法院法官採用此方法[28]。

附帶一提，協會之「司法行為模範法」（Model Code of Judicial Conduct）禁止法官候選人就可能受理之案件或爭點作出與法官公平裁判任務不符之承諾，也可算是一種對政治介入法官民選之限制[29]。

十一、州與聯邦立法

協會對提議制定各州和聯邦各種法律扮演重要角色。州與聯邦政府已根據協會之建議通過不少法律。

1946 年規定聯邦行政機關程序基本要件之聯邦立法（原名 McCarran-Sunners Act）大都為協會行政法委員會之功績。1957 年該委員會於研討聯邦部會及其他機關之司法行政後，草擬了許多法律草案，向國會推薦，以改進行政機構之法律程序。它的建議很多，包括制定新行政程序法典、建立獨立之審理委員會制度、建立政府法務人員之職業服務、制定在聯邦行政機構出庭暨執行業務之監督方法、將稅務法庭改隸於司法部門、制定新立法以促進國防部法律事務有效率辦理等，後來不少被採納。

---

[28] 詳見本書第五章之論述，又 Porto, May It Please the Court-Judicial Processes and Politics In America 111 (2009).

[29] Id. at 106.

1898 年之破產法（Bankruptcy Act）係協會商法委員會 12 年以上研討之結晶。後來該法之修正，協會亦出了不少力量。

近年來協會積極支持在美國政治及政府前線數個主要立法優先項目。

十二、對聯邦司法組織及對法官任命之影響力

(一) 直到最近為止，協會的聯邦司法常設委員會（Standing Committee on Federal Judiciary）近 40 多年在聯邦法院法官選任過程也扮演特殊的角色。雖然沒有憲法或制定法的依據，但總統在提名法官前會諮詢該委員會，而參議院司法委員會也照例在行使同意權前徵詢該委員會的意見。該委員會由法律職業 15 名有聲望會員所組成，他們由美國法曹協會會長任命，任期 3 年。該委員會斟酌法官被提名人之年齡、從事法務年限、審判經驗、學術成就、個人性格，在徵詢律師或法學教授後，將被提名人列為「非常適任」（well qualified）、「適任」（qualified），或「不適任」（unqualified）三種。在最初選任（但在正式提名前）被提名人會填好協會的問卷，由委員會考慮被提名人，進行投票，然後送信給聯邦司法部及參院司法委員會說明評鑑的結果。這種程序可使總統和其顧問避免提名日後被認為不適任之人。由於協會受司法部及總統之請求，就法官之任命予以評鑑，且其意見往往為總統所採納，對於維持司法高度水準，有深遠之影響。

雖然協會之影響力因總統個人而增減，且與總統的關係經常因政黨而不同（民主黨通常對該協會的意見比共和黨較為敵視），但今日該協會的影響力已大為減弱，雖然仍繼續評鑑，但只在宣布提名人之後為之，且在參議院司法委員會聽證會中並無特殊地位 [30] 。

(二) 協會對聯邦司法組織之改革亦有不少貢獻。例如聯邦司法組織過去只

---

[30] 當然聯邦調查局也要查核該被提名人有無犯罪紀錄或安全有無風險。參照 NEUBAUER & MEINHOLD, JUDICIAL PROCESS, LAW, COURT, AND POLITICS IN THE UNITED STATES 178-79 (2007); PORTO, op. cit., at 119-26. 在雷根與柯林頓總統期間，協會固然進行法官評鑑。在 2001 年喬治布希政府宣布不再與協會在法官提名前合作後，協會仍繼續評鑑工作。

有地院與最高法院，而缺少中間上訴法院。協會積極推動設立特殊聯邦法院，以處理在抵達聯邦最高法院前之上訴案件。經 10 多年努力，終於在 1890 年左右，國會依該協會建議之基準，設置了聯邦上訴巡迴法院（U.S. Circuit Courts of Appeal），使聯邦法院建立了三級制[31]。

十三、刑法

美國自立國以來，大多數州的刑事制定法一直欠缺系統或被人忽略，協會支援成立之美國法律學會（American Law Institute）在研討與起草工作 10 年後，在 1962 年通過了「模範刑法典」（Model Penal Code），將各州刑法典統一和合理化。已有 40 個以上的州採用，或只作一些修改，而制定了新刑法典。因此對各州刑法之簡明化、合理化與現代化及司法行政之革新貢獻甚大[32]。

又協會重視刑事司法及刑事案件被告量刑問題，且作了不少努力[33]。協會也曾通過廣泛的刑事司法標準（Standards for Criminal Justice）。

十四、美國法律學會

協會和美國法律學會合作從事法曹進修、起草模範刑法典與統一商法典，以及編輯實體法之整編（Restatement）等有關工作，頗為成功，且影響深遠。

十五、司法行政

改進司法行政夙為協會主要目標之一。此外還舉辦教育和研究計畫，主辦專業會議，出版月刊，使法律服務能為全體公眾所利用。

---

[31] http://www.answers.com/topic/American-bar-association (revised 2012/10).

[32] BURNHAM, INTRODUCTION TO THE LAW AND LEGAL SYSTEM OF THE UNITED STATES 536 (2006).

[33] EDITORS OF ENCYCLOPAEDIA BRITANNICA, LAW IN AMERICA 232 (1979). 又協會也曾通過廣泛的刑事司法標準（Standards for Criminal Justice）。

　　協會和美國司法學社（American Judicature Society）及司法行政研究所（Institute of Judicial Administration）等機構合作，曾出版「司法行政之改進手冊」（*The Improvement of the Administration of Justice: A Handbook*）等書，並制定了司法行政之標準（standards）等。

　　在水門事件，協會採強力法治立場，其時前協會會長 Jaworski 擔任特別檢察官，扮演重要角色。在此時期協會面臨其他重要爭議，諸如律師廣告、侵權行為法改革、墮胎等，都表明其立場。

　　協會在 1973 年成立精神病人委員會（Commission on the Mentally Disabled），以因應為精神病人辯護之需要。在 1990 年由於通過美國殘障法（the Americans with Disabilities Act of 1990），協會擴大該委員會服務所有殘障人之任務，並改名為身心殘障法委員會（Commission on Mental & Physical Disability Law）。該委員會針對有關殘障之公共政策，殘障法律及殘障之律師與法律學生之職業需要，推動了許多計畫和活動。

　　自 2001 年 9 月 11 日美國遭受恐怖攻擊後，協會反對法律對移民取得公民權增加查證手續。鼓吹公民與以敵人戰鬥員為由被羈押之合法居留人，仍應享有正當法律程序之權。且主張授權軍事法庭審判嫌疑恐怖分子，只能用於有限情形；又反對移民官或國土安全部對恐怖嫌疑分子斷絕音信，羈押在不透露之地點。

十六、統一各州法律

　　協會在 1878 年成立時，即已覺察到有統一各州法律之需要。在 1889 年協會成立了統一州法委員會。統一各州法律工作早期雖不甚成功，但在 1880 年代早期 3 個州（明尼蘇達、密蘇里、新罕布夏）根據協會建議，通過了婚姻和離婚法。數州大多數公用事業立法亦以協會起草之統一公用事業法為藍本。雖然協會之模範商務公司法（Model Business Corporation Act）

已爲許多州所跟進，但因並無制定統一法之強烈要求，故未訂定統一法[34]。在協會提議聯邦法方面，1900 年前不久，國會通過之破產法（Bankruptcy Act）及今日經修正之破產法，幾乎全是協會工作之成果。

在該協會和紐約州領導下，於 1892 年組成了全國統一州法委員會議（National Conference of Commissioners on Uniform State Laws），從事研究起草與促進統一州法之制定。該委員會議由 300 名以上委員（commissioner）所組成，委員爲各州之代表，通常爲 3 人，由州長指派。唯一條件爲代表各州法曹協會會員，雖有些人爲各州的立法者，但大多爲實務家、法官及法學教授。在 1912 年所有州都正式參加了此會議。他們每年開會 1 週。

在 1892 年之後，該協會和上述全國統一州法委員會議一起開會。在 1900 年以後兩機構合作，建議數個各州採用之法律。如委員認爲有統一必要，則制定統一法，否則則起草模範法。在 1962 年前已推薦了 68 項統一法和 18 項模範法，至今已起草了 200 種統一法〔流通證券法（Negotiable Instruments Law）在 1924 年已由所有州採用〕。今日會議主要工作是在商法、家事法、遺囑驗證、衛生法及法律衝突等領域[35]。

當然最盛大最成功之工作是統一商法典（Uniform Commercial Code）之起草，於 1957 年完成，除路易斯安那外，爲所有州所採用[36]。

十七、法律扶助

協會一直領導支持擴大法律服務和民權計畫之運動，使所有公民不問財力如何，均可利用公共團體提供之法律服務（律師介紹計畫亦屬其中一環），使法律服務更能趨於大眾化和普遍化。

協會積極和美國法律扶助與辯護人協會（National Legal Aid and

---

[34] FARNSWORTH, AN INTRODUCTION TO THE LEGAL SYSTEM OF THE UNITED STATES 139 (1963).

[35] Id. at 68.

[36] BURNHAM, op. cit., at 405.

Defender Association）合作並加以支援 [37]。如 Jerold S. Auerbach 等批評家所說：「律師公會歷史上成立不公平正義的制度，富人能透過最好律師實現正義，而其他人很少能請得起律師。」該協會對此挑戰，多年來努力增加與增進對平民提供免費法律服務。

在 1981 年協會設立了私人律師公會參與計畫（Private Bar Involvement Project），現在改稱公益計畫（Pro Bono Project），作為全美各種公益計畫之資訊和資源之全國性交換所。在始期全國有 66 個組織化的大宗計畫，到了 1995 年已超過 950 個，已獲相當成功。

律師倫理規則規定律師應每年至少對資力有限或服務窮人之非營利機構提供 50 小時免費服務，協會之 Standards & Rules for Approval of Law School 要求法學院提供學生參與公益活動之機會。

協會在 1990 年代推動了幾百個不同計畫，題目自虐待兒童、律師業務管理、少年犯罪，至老人法律問題及司法昂貴支出等。

十八、美國公民權

協會多年對大眾灌輸憲法之基本原則，使他們更珍惜美國公民之權利。主要得力於協會之努力，國會通過法律，指定每年 9 月 17 日為公民節（Citizenship Day），又稱為憲法日（Constitution Day）[38]。今日聯邦法院外國人歸化為美國人之程序有尊嚴和含義深刻之儀式係協會成就之一。

1957 年協會發動於 5 月 1 日慶祝美國法律日（Law Day USA），使大眾體認法律係人類自由之源泉和保護者。在民主體制下，法律之前人人自由，而與共產主義下，個人從屬於國家，成了強烈對比。1958 年艾森豪總統設立第一個法律日，1961 年國會通過法律，規定法律日為永久國定紀念日。該節日不是為法律職業而設，而是讓美國公民對他們在法律之下個人自由的傳統有檢討和思考的機會。有些地方律師公會及其他團體慶祝法律週或

---

[37] FARNSWORTH, op. cit., at 32.

[38] http:// www. Google.com. tw/search_q=citizenship+Day&ie=UTF-8&oe=UT.... (revised 2012/10).

法律月[39]。

十九、與其他行業之關係

　　為解決律師界與其他有關行業之共同問題，協會與醫界、牙醫界、銀行業、保險業、會計業及其他職業團體建立了密切連繫。此種合作關係多由協會與其他團體之代表，以成立各種永久性全國「會議」或委員會之方式予以維持。

二十、世界和平

　　協會在經由法律實現世界和平方面，扮演世界領導者之責任。它於1957年成立「由法律實現世界和平特別委員會」。在其支援下，由律師、法官及法學教授組成之國際會議已於拉丁美洲、亞洲、非洲及歐洲各地舉行。1961年又在哥斯大黎加之聖約瑟、東京、奈及利亞之拉哥斯舉行。1962年在該年世界律師會議之前在羅馬舉行。以後每年在世界各地都舉行類似國際會議，目的無非欲實現在國際事務上，以法治取代暴力統治之理想。

　　1963年在雅典成立之「經由法律實現世界和平中心」（World Peace through Law Center）現稱為世界法學家協會（World Jurist Association, WJA）。成立和慶祝世界法律日（World Law Day）乃WJA另一成就，1965年華府首次慶祝世界法律日，並定為以後每2年慶祝一次[40]。

---

[39] http://www.americabar.org/groups/public_education/initiatives_awards/l...(revised 2012/10)；楊崇森，美國法曹協會之組織及其活動，法律世界，第 15 期，1976 年 3 月。

[40] http://www.worldjuristorg/; www.google.com.tw/search_q=citizenship+Day&ie=UTF-8&oe=UT...(revised 2012/10).

伍、關係與合作機構

一、協會之關係機構

包括：

(一) 美國法曹協會法律博物館（ABA Museum of Law）。

(二) 美國法曹協會捐助基金會（American Bar Endowment）。

(三) 美國法曹基金會（American Bar Foundation）。

(四) 美國智慧財產法協會（American Intellectual Property Law Association）。

(五) 國際律師協會（International Bar Association）。

(六) 全國州法院中心（National Center of State Courts）。

(七) 全國地方檢察官學院（National College of District Attorneys）。

(八) 全國法官學院（The National Judicial College）。

二、合作（affiliated）機構

包括：

(一) 美國司法學社（American Judicature Society）。

(二) 美國法律學會（The American Law Institute）。

(三) 美國法律學院協會（Association of American Law Schools）。

(四) 最高法院院長會議（Conference of Chief Justices）。

(五) 全國律師考試委員會議（National Conference of Bar Examiners）。

(六) 全國統一州法委員會議（National Conference of Commissioners on Uniform State Laws）。

(七) 全國法律扶助協會（National Legal Aid and Defender Association）[41]。

---

[41] http://www.americanbar.org/utility/about_the_aba/affiliated_related_orga.... (revised 2012/10).

陸、協會之主要競爭團體

一、National Bar Association。

二、National Lawyers Association。

三、Bar Association of National Lawyers。

柒、對協會之批評、挑戰與打擊

　　協會歷史上雖成績輝煌，作出無數大小貢獻，但不免遭受不少批評與挫折，包括下列：

一、協會被批評為會員過於代表白人男性之公司辯護律師。在 1925 年美國一些非洲裔律師因 ABA 未准許他們入會，成立了全國法曹協會（National Bar Association）。在小羅斯福總統執政之 1930 年代，協會反對新政（New Deal）的法律和計畫，導致較為自由派的法律人自行組成全國律師同業公會（National Lawyers Guild）。他們以為協會代表多係和大企業有關之律師，忽略較低層階級和少數民族在法律上之需求。又協會在 1990 年代初期決議確認婦女有權墮胎，雖然和 1973 年最高法院在 Roe v. Wade 一案判決一致，但也引起幾千名會員退會。因此自 1960 年代起，協會已增加了會員之多元性，使會員自全美律師百分之十一不到，增加至約占百分之五十[42]。

二、近年來協會被批評（主要為政治上保守派）對有爭議公共政策問題，如墮胎、槍枝管制之立場。該協會支持墮胎權利，導致有些律師成立較小之全國律師協會（National Lawyer Association）。

---

[42] 該協會雖聲稱為全體法律職業發言，但該會在歷史上幾乎都是白人男性基督徒的天下，到了 1940 年代仍有種族差別待遇（當時非洲裔美國人被排除，猶太人被懷疑）。由於會員屬性關係，過去協會似多支持保守派的理念，所採政策立場似亦較傾向大企業而非勞工，傾向共和黨而非民主黨，且大力反共，支持麥加錫參議員。從 1960 年代開始，該協會雖漸漸改變保守形象，但其會員似仍傾向於維護大型法律事務所的律師，尤其許多委員會受到一些（其主要當事人會受到委員會提議的立法影響）律師所主控。參照 Neubauer & Meinholt, op. cit., at 144.

三、許多州與實務家以爲協會對法學院所定要件爲不必要、太昂貴、過時及缺少創意。一些律師與學者以爲此要件加深了學費上升之問題。由於近年遣散律師之衝突，非頂級法學院畢業生工作難找及法學院繼續擴充，而發生了是否立案過程太鬆之疑問。

四、麻州法學院（Massachusetts School of Law）在 1993 年控告該協會，聲稱協會在處理法學院立案方面有失公平。過了幾年，協會被迫修改其立案計畫，以符合聯邦法律，並尊重大學訂定自己標準之權。又當聯邦參院司法委員會宣稱不問協會對法官人選意見如何，由它自己處理聯邦法官提名時，協會在提名法官之角色亦飽受攻擊。在 1995 年聯邦司法部追訴協會在法學院立案程序違反禁止獨占之休曼法（Sherman Act）第 1 條，結果以和解命令（consent decree）解決[43]。在 2006 年協會承認違反該和解命令，並繳納 18 萬 5,000 美元罰金。

協會也面臨可否贊成非律師或多領域之合夥（multi-disciplinary partnership），即律師可否與會計師、財稅企劃人員及其他專業人員成立合夥之問題，據云在歐洲與加拿大已有此趨勢（五大會計師事務所之諮詢部門合併法律事務所）。雖然若干美國律師贊成多領域執業，但有些人顧慮在此情形下與職業倫理可能衝突，因律師宣誓要保守當事人之祕密，而會計師須向政府報告財務問題，因此在 1999 年協會將此種合夥問題延擱投票。

捌、結論

自上述美國法曹協會之組織與活動，對其組織之龐大嚴密，目標包羅之廣博、勢力之雄厚、分工之細緻、工作之廣泛、注意力之深邃，及影響之深遠，在在令吾人爲之驚嘆。同時對於美國人自治精神與組織能力亦可得到更

---

[43] 所謂和解命令（consent decree）乃包含在法院裁判內之當事人雙方之和解，有似我國法院所作之和解筆錄。在美國多見於違反反托拉斯法追訴案件或集體訴訟等情形。在涉及企業之較複雜民事訴訟及政府控告企業違反行政法規之訴訟案件，此和解命令常是和解契約之一部，亦即常以和解收場。

深刻之體認。聯邦司法部、國會與最高法院等官方機構所無法推動或達成之工作，類皆由美國法曹協會糾合全國各地在朝與在野會員，予以推動，發為風潮，造成時勢，最後經官方之承認，以底於成。他山之石，可以攻玉，其改革之方向、組織之細節，所採立場與種種措施，可供我國朝野參採之處頗多，爰不厭其煩加以介紹。相信對瞭解美國之法律、社會及政治等層面有若干裨益，亦可供有識之士省思如何改進我國人民團體之組織與管理之參考。我國雖亦有中華民國律師公會全國聯合會之設，但與美國法曹協會相較，無論規模、活動與影響力均不可以道里計。尤其不久我國實施法曹一元化考試制度，未來法律界生態有不少變動，在如此巨大挑戰下，今後吾人宜如何強化我國法律職業團體之組織，推展其工作，加強幹部獻身公益之熱忱，進而使其發揚為社會服務之精神，克盡其弘揚民主法治之使命，誠為朝野之一大課題，希望可從美國法曹協會的經驗中得到若干啟示 [44]。

---

[44] 日本戰後「日辯連」，即日本律師連合會之組織和地位，亦受該協會之影響，乃獨立自治職業團體。主要不同在於律師及各地律師會當然為其會員。此外協會之政策措施和理念，也影響外國官方和民間，因其內部單位常邀外國來賓出席其所主辦之會議。例如其反托拉斯會議成為許多國家，包括我國競爭法主管機構首長出席之會議。又如 2010 年國際人權律師獎，協會主管單位頒給中國人權協會律師高智晟是。參照 http://blog.roo.com/spring day/ archives/13429287.html (revised 2012/10).

美國預審制度

壹、集中辯論主義與非集中辯論主義

美國預審制度又稱預審會議（pretrial conference）（日人譯爲準備手續），爲美國民事訴訟之特殊制度，有不少地方可供吾人參考。由於預審制度爲美國民事訴訟採用集中辯論主義（Konzentrationsmaxime）之必然歸結，爲期讀者對其制度有較清晰之瞭解起見，茲先就集中辯論主義與非集中辯論主義加以說明。

一、集中辯論主義

在集中辯論主義之下，當事人訴訟資料之提出、應集中於適當時機，而以言詞辯論行之，法院與當事人之訴訟行爲應集中於某特定期日，且須繼續進行，不使中斷。於言詞辯論前，當事人將應行於言詞辯論期日提出之訴訟資料，加以蒐集整理，同時將擬於言詞辯論時陳述之事項，以書面記載提給法院，預先將此等事項通知對造及法院（交換準備書狀），言詞辯論則限定準備程序之結果賡續爲之。在準備程序未陳述之事實，原則上不得於言詞辯論時陳述。似此在言詞辯論時，由於以在準備程序所提出之證據與攻擊防禦方法爲限，加以集中整理之故，案件可於較短期間終結，當事人事先之準備在言詞辯論期日不至歸於徒勞，而法院亦不至延展期日。故此項主義將法院與當事人之訴訟行爲集中繼續，對於訴訟之迅速與裁判之正確妥適，助益良多[1]。

---

[1] 參照日本民事訴訟法學會編著，民事訴訟法講座，第 2 卷，頁 397 以下。

二、非集中辯論主義

　　在此主義之下，訴訟之遂行，一任當事人之自由，訴訟資料之提出，亦無限制，在言詞辯論終結前，當事人可隨時提出攻擊防禦之方法，當事人於言詞辯論期日出庭時準備不完全，甚至完全無準備，聽了對造主張後才逐漸決定自己之態度，為了準備答辯或提出抗辯，要求法院續行辯論。如當事人主張有欠明瞭，由於法院行使闡明權之結果，主張者本身往往亦須調查一番，對造亦須俟其主張確定，才能決定自己之態度，一期日所為訴訟程序多局限於某一點，訴訟程序往往一點一滴在進行。又因辯論無準備之結果，當事人之主張或答辯之中，不克預先作必要調查與充分研究，或與對造之主張不易呼應，或對法院之闡明依其所想到的漫然陳述，因此爭點繁多，又其主張往往有不明甚至前後矛盾之處，法院之闡明與整理須耗費許多勞力與時間，以致言詞辯論鬆弛，有欠精彩，且往往一再續行，無法要求辯論之集中。此在證據調查方面亦同，法院無法等到當事人主張齊全後才行證據調查，所以儘管某部分爭點尚未確定，不能不先就其他部分調查證據。在另一方面，當事人在與證據調查同時，可能隨時提出新的事實上主張，或有關證據方法，對造亦提出反證。在此種情形下，證據調查每易流於零星散漫。其結果法院往往變更預定期日，以致法院之閱讀案卷勞而無功，法官在言詞辯論期日所為之訴訟行為歸於浪費。同時由於一再延展期日之故，法官預料不可能於言詞辯論期日將案件審理終結，因而儘管事實上無法就全部案件進行辯論，也把一大堆案件定在同一期日審理，於是更助長了延展期日之風氣。如此惡性循環之結果，法院對屢次審理之結果記憶淡薄，對於證人、鑑定人之陳述，勘驗之結果等，只有仰賴筆錄之記載。尤以法官更迭之場合，後任法官對前任法官審理之結果，只有透過筆錄才能獲悉，而筆錄只記載辯論之要領，如要依此瞭解案件之真相，殊有困難。如此由於無法為集中辯論集中審理之結果，致使本來為發現實質真實之工具——言詞審理主義，直接審理

主義——流於形式，無法謀求訴訟之迅速與裁判之正確妥適[2]。

貳、美國民事訴訟之集中辯論

美國民事訴訟採取當事人對立主義（adversary system），證據之調查、證人、鑑定人之詰問、交互詰問均由兩造律師行之；鑑定人、證人於審理庭（相當我言詞辯論）時，均由兩造律師帶同出庭，不必經由法院傳喚；訴訟之遂行，一任雙方律師為之，法官惟就雙方律師之詰問是否遵守證據法則與訴訟法則，以公正之公斷人身分，於雙方有爭執或程序有違法時予以裁決而已。因此其訴訟程序規定異常複雜，同時為了便於陪審團聽訟認定事實起見，對於證據法則設了許多限制規定（不似大陸法系採法官自由心證主義）在審理庭應為之訴訟行為頗多，耗費不少時間，在性質上必須集中辯論集中審理，以免一再延展期日，致陪審團及法官對案情及證據印象模糊。在另一方面，又因美國民事訴訟有許多案件須經陪審，陪審團係自許多不同行業之中，把當地社區許多外行人召集來法院，拋開他們的職業來審理案件。為保持陪審團裁決之公正，他們必須在調查證據時始終在場，且在下裁決前儘量與外界隔離，如果一庭不能終結，原陪審團不能繼續執行職務，必須解散，於下一期日另行組織，此際不但曠日持久，且浪費金錢時間。所以在此種制度下，延展期日與拖延訴訟乃無法容忍之事，必須儘量避免，這也是何以美國民事訴訟必須集中辯論集中審理之理由[3]。所以在美國審理庭係採嚴格的集中審理主義，審理庭為單一程序，與準備程序不同，在可能範圍內，必須連續不中斷。如果由於證人數目眾多或爭點複雜，而不得不延展期日時，也只是於翌日繼續審理。法官一旦開始某一案時，要把該案審理結束，才能進行別的案件：在言詞辯論後，隨即進行判決，不能拖延[4]。由於以上特殊情事，為了便於集中辯論集中審理，所以辦好準備程序，乃是必然的要求。必

---

[2] 同註1。

[3] KARLEN & ARSEL, CIVIL LITIGATION IN TURKEY 69 et seq.

[4] Ibid.

須在審理庭前，謹慎地把案件的爭點確定，把不必要或無爭執的事實或證據過濾，精簡訴訟資料，而不能於言詞辯論時，再聽其自然發展，然後慢慢特定。

參、美國民事訴訟上的預審制度

在美國未實施預審制度以前，由於實施集中辯論集中審理之結果，有些律師利用程序上之漏洞或技巧，常常隱匿某項事實或證據，直至審理庭上，才提出許多過去未主張之證據或攻擊防禦方法，使對造大為吃驚，無法及時應付。此種只靠智巧而非案件的真實及有無理由取勝，美國法學家龐德譏之為「司法競技之原理」（sporting theory of justice），無法實現公平裁判之理想[5]。為了避免上述流弊，且為便於集中審理，加速訴訟進行起見，嗣後乃有預審制度之採用。有人謂此項制度在大陸法與英國法有端緒可尋，但實際上對美國之發展，似無顯著影響。在美國此項制度似於 1926 年起源於底特律市[6]，1935 年為波士頓市所採用。最初律師界強烈反對，因為數世紀以來，許多人已習慣於利用訴訟法上的細節取巧，但由於對於簡化訴訟程序裨益甚大，1938 年美國聯邦民事訴訟規則（Federal Rules of Civil Procedure）採用此項制度，從此遂為各聯邦法院所採用，各州法院亦相繼仿行。現在至少有 40 個州強制實施，其中除少數州只在若干大城市法院實施外，其餘在各該州各種法院一律施行。而且此項制度為歷來聯邦與各州司法會議之主要研討課題，商討如何加以有效運用。按預審制度之目的，在精簡爭點，使法院在雙方律師協助下，有機會把所有無關及多餘之事項過濾，而深入爭訟之核心，以最有效之方式，使案件做好開庭前之準備工作。為了達成此項目的，另有所謂證據開示制度（discovery），與之相輔而行，即兩造律師不經法官參與，直接以言詞詰問對造及證人而取具證言（taking deposition）。

5　VANDERBILT, IMPROVING THE ADMINISTRATION OF JUSTICE 27 et seq.
6　1938A. B. A. Rep.

此種程序通常在律師事務所內行之，當事人及證人不但由發動詰問及需要情報之一方當事人之律師爲之，且由對造律師予以交互詰問。證人可由律師以傳票（subpoena）強制到場，一如法院傳喚到庭應訊一樣。同時並可以書面詢問對造或第三人，要求檢驗當事人身心狀況，要求對造或第三人提出文件物品以供勘驗抄錄，要求自白等。其目的主要在當事人爲審理庭作充分準備，於審理庭前切實明瞭他要利用之證據以及對造要使用之證據。此外此項制度尚有保全證據之功用，以免證人他日由於死亡、疾病、他遷或其他理由無法於審理庭到場。

預審會議依據上述聯邦民事訴訟規則第 16 條之規定，其主要目的與功能厥在考慮以下數點：一、簡化爭點；二、對起訴書與答辯書有無修正之必要；三、有無可能對事實或文件取得自認，以免不必要之舉證；四、限制鑑定人之人數；五、是否適於將若干爭點先交付專門技術人員審查，以便他日由陪審團審理時，採用其意見作爲證據；六、其他有助訴訟終結之事項。

預審爲審理庭以外訴訟程序最重要之一環，其技術與程序以及舉行之時間因人因地而異。可能由法官在公開法庭舉行，亦可在法官辦公室舉行，通常只有法官及兩造律師出席，有時也由當事人參加。依據上開聯邦民事訴訟規則，此項會議首先由原告律師就某案件敘述其所主張之事實，並提出其主張與聲明；然後被告律師敘述其主張之事實，並提出其主張與聲明；在不同敘述與聲明中，法院可以發現並擷取在審理庭必須裁判之案件之眞正爭點。倘發現一造律師之敘述或聲明須修正其訴之聲明（pleadings）時，採取適當步驟予以修改。然後討論各個特定事實以決定兩造可爲何種自認。以汽車肇禍之損害賠償案件爲例，某汽車是否爲被告所有，該汽車之駕駛人是否由其所有人授權駕駛等，當事人有無自認，如有自認則爭點可精簡不少。又審理庭上所需一切證物，應全部取來，除非有人爭執否認其證明力，馬上將它註明編號作爲證據之用，以免日後須再正式證明，或另行取具證人之證言以證明其爲眞正。然後命原告具體陳明至預審之日止各種個別損害，如損害之主要聲明乃對原告人身之傷害，而其汽車亦附帶受有損壞，或除保險公司代付費用外，原告自己另支出醫藥費等時，通常可由兩造會商確定其數目，以免

再傳喚證人，就此等細節加以證明。再次由兩造討論洽商限制各造鑑定人之人數，在某些案件，甚至可由雙方同意除雙方自己邀請之鑑定人外，另由法院選任公正之專家爲雙方作證，或委請法院決定鑑定人之人選。到了這時候兩造律師彼此攤牌結果，對該案之瞭解比以前大大增加，勝敗之數已相當明朗化，律師可能在法官協助下嘗試討論有無和解可能，此際法院有義務鼓勵，但不應施以壓力。以新澤西州爲例，此際法官必須把律師請到法官席前磋商，其談話公眾不能聽到。但法官不得強迫當事人和解，在預審裁定中亦不提及曾經試行和解。當兩造取得某種協議或合意時，通常由法官口授而由法院速記官（court reporter）打字記錄下來，成爲會議之紀錄摘要，最後據以寫成法官預審裁定（pretrial order），此項打字須馬上念出來，由法官與兩造律師簽名。此項裁定通常成爲該案官方案卷或紀錄之一部，而對審理庭之法官有拘束力。又此項預審多在預定審理庭期日 3 週左右以前舉行。

依據許多法院統計報告，有效率之預審程序，由於在審理庭前預先淨化爭點及處理準備事項結果，對審理訴訟案件，節省許多時間與精力。而且由於充分公開當事人雙方之立場主張及有關訴訟資料，各方大致可以預測到審理庭上辯論之結果。同時由於受到法官之鼓勵，以致雖然審理前之和解並非預審之主要目的，但由於經由預審而獲致和解之案件數目大有增加，故和解可謂係預審之副產物[7]。據稱律師愈忙碌能幹，在訴訟程序中愈早達成和解，據前新澤西州最高法院院長范得堡（Vanderbilt）之經驗，在審理前 4 個案件中約有 3 件經由預審成立和解。此外預審還有其他功用，即減少案件上訴數目，並消弭由於兩造律師經驗技巧不同對訴訟所產生之不公平結果，據云預審對年輕或無經驗之律師助益甚大[8]。爲期讀者進一步瞭解美國預審會議之實際運用情形起見，爰將汽車車禍損害賠償一案預審會議程序及預審裁定之範例加以選譯，作爲本文之附錄。

7　American Bar Association, The Improvement of the Administration of Justice 59 et seq.
8　Vanderbilt, op. cit., at 29.

肆、美國刑事訴訟上的預審制度

美國刑事訴訟採取彈劾主義而非糾問主義，檢察官與刑事被告立於平等對立地位（adversary system）[9]。為了簡化爭點，確定可採之證據自白，並期迅速結案起見，刑事訴訟亦有採用預審制度。美國聯邦司法會議（Judicial Conference of the United States）所採用之「繁冗案件審判程序手冊」（Handbook of Recommended Procedures for the Trial of Protracted Cases），對於繁雜刑事案件作了如下之建議：「在所有繁冗刑事案件，應舉行一次或更多的預審會議，由書記官在場，以闡明爭點，樹立處理許多書證之法則，解決程序問題，製造鼓勵自願協商之氣氛，以及採取其他足以簡化並加速審判該案之任何措施。」[10] 聯邦司法會議為新任聯邦地方法院法官所舉辦之討論會紀要一書，建議刑事預審會議，應儘量注意勿侵犯被告憲法上人權保障之規定，且應以完全自願之方式出之，同時除被告有律師陪同在場外，不應舉行此項預審會議[11]。

伍、我國可否採用美國預審制度

如上所述，預審制度乃美國實行集中辯論與集中審理主義下之產物，其主要目的，在求訴訟經濟，兼以濟集中辯論與集中審理主義之窮，近年來在美國更加重視，而發揮了莫大效能。當事人常由於舉行預審而成立和解[12]，我國民事訴訟法有關準備程序之規定，其精神與美國預審制度相彷彿，均在補救極端非集中辯論或非集中審理主義之失，以求案件速結而符訴訟經濟之要求。吾人應效法美國預審制度之精神，而不囿於其形式。況美國民事訴訟制度係採當事人對立主義，訴訟之進行由兩造為之，在準備程序兩造律師，

---

[9] Farnsworth, An Introduction to the Legal System of the United States 109.
[10] 25 F. R. D. 399-403.
[11] Seminars For Newly Appointed United States District Judges 58.
[12] 參照本書第八章。

如同我國法官一樣，有傳喚證人，要求提出物品文件，檢驗關係人身心狀
況，實行勘驗等權力，在言詞辯論期日由兩造律師詰問並交互詰問當事人、
證人、鑑定人。自訴訟程序之開始至終結，應嚴格遵循一定順序。易言之，
律師在訴訟法上有極其重要之主動的任務，法官只是消極的聽訟而已。在此
種訴訟構造之下，要使訴訟案件集中審理，言詞辯論進行迅速，儘速終結，
必須有美國型之準備程序（預審），使兩造律師對言詞辯論有充分準備之機
會。反之，在我國民事訴訟法雖亦有準備程序之規定，但實際上由於法官在
訴訟程序居於主動指揮之地位，由其調查證據，兩造律師並無調查證據方法
之權力，不能傳喚證人、鑑定人，亦不能實施勘驗或要求關係人提出物品文
件等，只是居於輔助法官之地位而已。此外在美國當事人在預審會議未提出
之證據或未提出之主張，以後即行確定，不能於審理庭提出，更不能於上訴
審提出。但我國情形則不同，由於第二審係第一審之續審，當事人往往於第
二審提出第一審準備程序所未提出之新證據，致使準備程序之功能打了折
扣。由於上述兩國訴訟制度基本構造之迴異，吾人如欲採用該項制度，則勢
非連帶的把我國民事訴訟基本構造通盤改造不可。

　　其次，我國民事訴訟基本上不承認集中辯論與集中審理主義，如案件
法官尚無心證，未便終結，可由法官延展期日。而實務上由於種種原因，案
件之審理動輒經過數庭不能終結，期日之延展乃尋常之現象。近年來民事訴
訟法修正雖參採美國集中審理之精神，但不容諱言，尚未充分發揮準備程序
制度之效能。因此為了發揮準備程序之效能，提升訴訟之效率起見，吾人應
效法其制度之精神，在現行民事訴訟基本構造上，更加設法妥加採用。本章
附錄一「預審會議程序舉隅」將預審會議進行之細節與微妙處描繪得淋漓盡
致，極其珍貴，故本書作者特將其選譯，希望讀者細心玩味，深入咀嚼，必
能有所助益。

　　抑有進者，誠如美國法曹協會司法行政小組研究報告所指出，預審制度
是否行之有效，而實現其制度預期之目的，端視預審法官是否願意與有無能
力妥為運用，兩造律師是否嫻熟預審程序，以及是否體認該制度之施行對彼
等有利等因素而定。如不具備此等條件，則預審程序可能流於單純煩累的例

行公事[13]。換言之，一個制度不管如何法良意美，苟無人為因素妥為配合，則施行後仍不免打了折扣。一般制度如此，外國制度尤不例外，這是吾人研究外國制度時，也要留意的一件事。

---

[13] AMERICAN BAR ASSOCIATION, op. cit., at 60.

附錄一、預審會議程序舉隅

　　各造律師於原定預審會議時間、地點全部出席，只有 Jane Doe 之律師例外。Jane Doe 的律師另有他事，由其合夥人律師（partner）代為出席，但該律師於數日前預料到自己屆時無法親自出席，已將本案情形詳細告知其事務所其他合夥人。每個律師將其陳述書狀（statement）交予審判法官（trial judge）。法官由於其書記官告以本案較一般案件繁複，已預先閱讀有關訴狀。現在法官大略看了律師們的書面陳述，然後進行會議如次：

法院：我以為本案屬於過失傷害案件。

律師們：是的。

法院：已結束所有證據開示（discovery）程序了嗎？

律師們：是。

法院：顯然地，如本案發現有侵權行為責任，則其損害賠償一定超過郡地方法院管轄範圍，所以我們不必考慮移轉案件至其他法院問題，對嗎？

律師們：是的。

法院：現在我自卷宗裡猜想有一些事實，大家意見可以很快趨於一致，X 公司與 Y 公司皆承認他們是事故發生時汽車之車主，當時車子分別由他們之受僱人 Jones 與 Rich 駕駛，又死者 Smith 與原告 Jane Doe 當時為 X 公司汽車之乘客，對嗎？

律師們：是的。

法院：被告仍舊否認兩個司機在邀請這二人並駕駛汽車一事係屬於這兩個司機的職務範圍？

律師們：是的。

法院：事故發生於白天什麼時候？

律師們：上午 8 時半。

法院：汽車碰撞之十字路口有什麼不尋常情狀嗎？

一造律師：沒有，是一個普通成直角的十字路口。

法院：有沒有人主張任何天候或道路情況而與事故之發生有所關聯？

律師：沒有，是日天氣晴朗，街道平整。

法院：當地有無紅綠燈或指示牌控制車輛來往？

律師：有，有紅綠燈在十字路口西南角與東北角（大家同意）。

法院：當時紅綠燈沒壞吧。

律師：沒壞。

法院：我想本案過失之基本聲明乃兩個司機之中有一人闖紅燈。

被告律師：是的，每個司機都指控另一個司機超速剎不住車以致闖了紅燈。

身體受傷原告之律師：我的當事人說她的司機前面是綠燈，但主張他與另一輛車子的司機皆有過失，因為如他好好看清楚，他可能看見 Rich 開車太快且不剎車，那麼他就能及時避免車禍，無論如何綠燈並不予司機絕對開車通過的權利。

死者之律師：我的當事人已經死了，但我指控兩個司機皆有過失，我擬傳二人於審理庭為證人，我要問律師們的司機屆時是否到庭，還是需要我發傳票傳他們來。

法院：先生們，你們以為如何？你們不願他們被票傳吧？

被告律師：不，我的當事人（司機）會到場。

法院：現在在我們開始討論各種抗辯以前，有無要放棄他們原來的抗辯？比如說 Jones 與其乘客間成立共同企業（joint or common enterprise）的抗辯？我們在 1,000 個案子裡找不出一個這種要陪審團裁決的問題的。

第一被告律師：嗯，我自所得證言同意不堅持此種抗辯，所以我要放棄這種抗辯。

第二被告律師：由我所得證言亦達同一結論，所以我也要撤回這抗辯。

法院：那麼與有過失之抗辯呢？

被告律師：我必須堅持這種抗辯。

法院：你有任何證據支持這種抗辯嗎？

被告律師：沒有，但我可以於審理庭交互訊問時發展出來，或由一些證人之

　　　　證言中找出來，而且顯然的，這些乘客能看到紅燈，警告他們的司機別的車子不會刹車。

第二被告律師：我的立場相同，也須強調這抗辯。

法院：好的。Jones的乘客受邀請之主張又如何呢？爲何被否認？

Jones與X公司之律師：關於Jones，他將來作何證言，沒有什麼祕密，原告們已經取具了他的證言。他認識死者與Doe小姐是因爲同事關係。過去在那個肇事的十字路口載他們好幾次去上班，但在每次（這次亦同）當他車子快到時，他們伸出大姆指表示要搭便車並叫他停車，他讓他們上車並要載他們去上班，儘管並不順路。那天他主管派他到綠林大道（Greenwood Ave.）去送貨，他必須在大大街（於肇事地點前一個街位）向右轉，但他沒在大街轉向，反而繼續往前開，直至事故發生，所以Jones說他的乘客是licensee〔譯者附註：美國法對於進入他人不動產或利用他人車子之人，因該不動產或車子之保管欠缺而發生損害時，該受害人對於所有人之賠償請求，因其身分究係明示或默示被邀請進入或利用之人（invitee）抑僅係單純被容忍其進入或利用之人（licensee）而異。在前者所有人之注意義務較高，反之，在後者其注意義務則較輕〕。

Jones的僱主X公司：先說Jones爲了載這些人上班已不按他正當的路線開，所以在事故發生時，他的開車已不是該公司在業務範圍內的輔助人，儘管他是載同事上班。這個被告又主張乘客並非公司的invitee，即使Jones先表示要載他們去上班，因爲Jones沒有被授權去載這些乘客，即使他們是他的同事。

法院：好，僱主是否知道Jones在過去也在早上載這些人去上班？

X公司律師：我必須說知道，Jones在證言中供出他過去作過這種事，且他也告訴過他的主管。他的主管Burke在證言中也承認Jones不但告訴過他，且他在別的場合看見這些人與Jones在早上坐車來上班而未表示反對，但我們以爲單純的容忍並不等於被公司所邀請。

法院：我注意到你的抗辯，你主張這些死亡與傷害之賠償請求，必須向勞工

賠償局提出，你的根據何在？

X 公司律師：你看，如果由於行為之情形，可認為 Jones 被授權邀請這些乘客坐我們的車子，而在雇主方面成立了讓其受僱人在十字路口免費載別人上班的習慣，則在坐車時乘客們可認為是在職務範圍內的受僱人，而半路上車禍必須認為係在僱傭關係中發生，所以他們的救濟必須根據勞工賠償的規定（譯者按：在美國如按勞工賠償法請求救濟，則被害人即使能得到救濟，其賠償額恐亦較主張一般侵權行為為低，且此項請求屬於勞工賠償機構主管，不屬普通法院管轄）。

法院對原告律師說：你承認或主張 X 公司已成立一經常習慣，每日把死者與受傷之原告自該街角載去上班？

原告律師：不，我們主張這是偶發的事情，還不到成立習慣或慣例的地步，所以在他們到達工廠前尚未開始僱傭關係。我們只說由於他們好幾次在這時間由同一人每天免費載送，且雇主又屬知情之結果，已構成了 Jones 是否被授權邀請他們上車之問題，而須由陪審團決定。

法院對 X 公司律師說：由我所聽到的陳述，我看不出你主張根據受僱人同事侵權行為原則（fellow servant doctrine）（譯者按：此為英美普通法所承認之原則，即受僱人因其他與其共事之受僱人之侵權行為所受之損害，僱用人可不負賠償責任）的任何根據，你要放棄這種抗辯嗎？

律師：我想你是對的，我撤回這一點。

法院：這似乎已包括了 Jones 與 X 公司的全部抗辯，有無其他我們還要做的事？

律師：沒有了，我的案子已全部明朗了。

法院：現在讓我們來看 Y 公司，大概不可能在一個案子有兩個雇主否認他們司機的代理關係吧。

Y 公司律師：但本案就是這麼一件案子。

法院：你的否認是根據什麼？

律師：如同 X 公司之情形，在我們司機 Rich 與其雇主間沒有爭執。事情經

　　　　過是這樣的：我們的正式司機是 Green，Rich 是他助手，他們被派去
　　　　開卡車送貨，而在中途發生車禍。但 Rich 無權駕駛該卡車，他並非
　　　　以司機身分被僱，公司對 Green 曾明白指示勿讓 Rich 或他人開車，
　　　　但 Rich 要求開車，Green 讓他開，當碰撞時，Rich 正在開車。

法院：當時 Green 也在車上？

律師：是的。

法院：Gonway 控 Pickering 一案之判旨在此處有無適用？

律師：因 Green 在卡車內按照送貨表整理貨物，故該案不適用。

法院對原告律師說：你知道這情況嗎？

原告律師：知道，我想 Conway 案，及 Wasserman 控 Schnoll 一案引起由陪
　　　　審團決定之事實問題。

法院對所有律師說：有無需要調查任何與這個被告案子有關的事情？

律師們：沒有。

法院：那麼如果我們首先研究死亡案子，我發見 Smith 於車禍當天死亡，對
　　　　於他是因車子相撞而死有無任何爭執？

被告律師們：沒有。

法院對被告律師們：你已由調查證據或別的方法發現他的年齡了嗎？

被告律師們：是的，原告律師給我們每人一份他的出生證（譯者按：此為美
　　　　國人持有其個人資料之最主要證件，有似我國之身分證）的影本。

法院：那麼你們承認他死亡時的年齡了？

被告律師們：是的，他 31 歲。

法院：你們兩人均有他可能生存期間的保險精算師的報告書？

被告律師們：沒有，我們同意以訴訟規則第四節附錄所印的統計表為根據，
　　　　我們同意這年齡男人平均可能生存期間為 39.36 歲。

法院：好的，這樣可以節省找精算師的費用。現在關於他所遺繼承人問題怎
　　　　樣呢？

原告律師：他未婚，與其父母同居，其父一半殘廢，偶爾工作，所以這男子是他們主要扶養的來源。這男子在工廠受僱，而他的收入數額不容爭執。

被告律師：我們承認他與父母同居，並部分扶養他們，但我們不能承認他們所主張贍養的數字。他似乎很會花錢以致無法做到父母要多少即給多少。我們承認他是 X 公司的受僱人，在他死亡前一年內每週薪水為 75 元。

其他律師：這點我們同意。

法院：那麼他父母生存期待期間問題又怎樣呢？我們能做些什麼？

律師們：是的，律師把他們的出生證給了我們。我們都同意其母於他死時為 57 歲，其父為 58 歲。其母生存期待期間為 20.97 年，其父為 17.05 年。又在其母之場合，以 1 元美金現值除以其生存期待期間而以投資可得三分利潤計算，則其商為 14 元 4 角，對其父言，其商為 12 元 1 角 3 分。

法院：你們全都同意了？

律師們：是。

被告律師：在另一方面我們也要原告同意其父於死者死亡時已患糖尿病 10 年，且不時需要醫療。

原告律師：同意。

法院：有沒有主張這死者有什麼特殊技能而要在審理庭提出的？

原告律師：有的，他是藝術家，常作油畫，我現有數幅在此，要把它們一一加註作為證據之用。

被告律師：我們已經看過這些畫，但我們以為它們需加以證明，我們不知道它們是誰畫的。

法院：好的。現在關於受傷原告之主張，你們有何意見？

原告律師：在她的情形，我們已經同意這些醫藥費帳單的數字是合理的，聖詹姆士醫院 350 元，X 光 50 元，但我們不能議定她所損失工資的數目。

被告律師：是這樣的。

原告律師：自從取具她的證言後，原告又自 Jones 醫生處診療 1 週 3 次，最後一次是在 2 天前，她的醫藥費又增加了 80 元，你們要不要接受這項陳述，以代替過去她對你們訊問所作的答覆？

律師們：可以。

法院：被告們討論財產損害賠償請求了沒有？

被告律師：有，我們的損害是 750 元，Y 公司是 850 元，這兩個場合評價人的報告是少了 100 元，我們已經同意 X 公司的損失為 700 元，Y 公司損失為 800 元，並將撤回因無法使用車子所受損失之賠償請求。

法院：好的。有沒有任何附件要提出的？

原告律師：有，我已準備了一份十字路口的地圖，律師們已經看過而且同意把它加上記號。

法院：本案有多少鑑定人？

律師：原告說她有 3 個醫生——一個看病的醫生、一個骨科醫生、一個神經科醫生，被告同意使用同一骨科醫生與神經醫生。

法院：你們可否同意不再傳喚其他鑑定人？

律師：好的。

法院：本案審理庭要開多久？

律師們：我們想需要 3 天吧，原告共有 8 個證人，各被告共有 8 個。

法院：有無和解可能？

原告律師：我們已經討論過這問題，但沒有希望，他們對其抗辯估價過高，但對死者的生命與 Doe 小姐的傷害又看得太輕，以致談判無法展開。

被告律師：在死亡的場合，原告堅持一個數字，毫不考慮到死者可能結婚而不再扶養其父母，或其父可能隨時因糖尿病死亡。另外死者之遺產管理人堅持把死者當作米開朗基羅看待，儘管他也承認死者從未賣掉一幅畫。在傷害情形，我們醫生指出她的傷害只是背部有時疼痛及頭痛，但她的律師卻聲稱她幾乎要終身躺在床上無法行動。

法院：好，現在各位先生，本案是通常十字路口車禍案件，其結果似乎看哪一個司機的前面是綠燈而定，自被告們觀點看，我想他們一定覺得陪審團可能找他們倆負責，自乘客們觀點看，他們可能決定只有他們的司機單獨負責。在任何情形下，對被告 1 人或 2 人不利裁決之可能性不應低估，原告們說要多少錢呢？

律師們：死亡案件 15 萬元，Jone Doe 7 萬 5,000 元。

法院：對造願出好多？

原告律師：死亡案件 1 萬 5,000 元，Jane Doe 2,500 元。

被告律師：本案還有政策上之限制問題。

原告律師：但是被告經營製造業很成功，不至給我們太多麻煩。

法院：你們能否坐下來進一步討論這件事？你們各人已把你們的案子展現無遺，可以推測如案子送去審理將冒何種風險了。

原告律師：如果被告表示要了結案子的意思，我們願意不會過分。

被告律師們：我們建議於下週左右再集會，我們一定設法把它解決。

法院：我想今天就到此為止，我要把裁定念下給速記官打字，如果我的陳述與你們合議的意思不一致時，請打斷告訴我。

附錄二、預審裁定範例

預 審 裁 定

由法官○○○預審

年 月 日

注意

　　按下列順序逐項具體敘述，並冠以各項號碼以資識別，如某項不須多贅，則於該項號碼下打「空欄」字樣。

1. 簡潔說明訴之性質。
2. 原告對於被告賠償責任之事實爭執。
3. 被告對於不負責任及抗辯之事實上主張。
4. 關於所主張訴之原因（causes of action）之自認或合意（stipulation）。
5. 對於損害賠償及損害範圍之一切主張及其自認或合意。
6. 在會議所為訴之變更或必須提出訴之變更之日期。
7. 指出審理庭須確定之法律上爭執。
8. 指出原來兩造所提但現已放棄之法律上爭點。
9. 將兩造合意作為證據之附件列為一覽表。
10. 如准將程序延展，用請求證人補充答覆訊問單（interrogatories）、證言（deposition）或他法繼續蒐集證據者，指出此事實及其限期（在此階段不希望准許此種要求，只有特殊場合始可准許）。
11. 對於鑑定人人數之限制。
12. 法院對於呈交法律意見之任何指示。
13. 在合併之訴（consolidated action）或第三人之訴、反訴、交互請求（cross-claim）或原被告有數人，且由律師個別代理之單一訴訟，對於陪審團為開始陳述及結束陳述（opening and closing to jury）如何定其順序。
14. 其他由兩造同意加速了結案件之事項。

15. 預計審理庭所需時間。

16.審理庭日期。

　　　　　　○○法院○○郡○○部

　　　　　　　原告○○○

　　　　　　　被告○○○

　　　　　　　　案號○○○

　　　原被告由其律師代理，在上開日期於預審會議到場，結果作了下列行為：

1. 本案為十字路口車禍之侵權行為損害賠償之訴，有一人死亡，一人身體受傷，有人財產遭受損失，且被告間互控他方為侵權行為。

2. 原告 Jane Doe 與死者 John Smith 之繼承人主張：此二人坐 X 公司所有之汽車，由公司受僱人 John Jones 駕駛，於 1954 年 12 月 6 日上午 8 時 30 分左右，在新澤西州 East Orange 城大街向西駕駛，與在 Grove 街向南開之被告 Y 公司之卡車（由其受僱人 James Rich 駕駛）在大街與 Grove 街之十字路口互撞。原告主張其司機 Jones 在十字路口前是綠燈，Rich 恰為紅燈，但聲稱儘管 Jones 前面是綠燈，Jones 還是與 Rich 一樣有過失，因為當他把車子開近十字路口時，如他合理的眼觀四周，他一定會看到 Rich 車開得太快，看到紅燈會來不及把車剎住，因此原告主張 Jones 與 Rich 兩車司機皆有過失。原告主張 Doe 與 Smith 在大街與 Z 街兩街之間的轉角處等候公共汽車，去他們工作的 X 公司工廠上班，當日上午與過去一樣，Jones 因為認識他們二人，當車子開近時將車子減速，問他們要不要搭便車去工廠。他們說要，於是 Jones 招呼他們上車。原告主張 Jones 不時免費載他們兩人一事，無論明示或暗示，都非他們僱傭契約內容之一部分，他倆人只不過是 invitee（譯者按意謂被邀坐車之人），直至向工廠簽到上班時才成為受僱人。

3. 司機 Jones 與 Rich 互控對方駕車超速並闖紅燈。被告 Jones 否認 Smith 與 Doe 於車禍發生時，為其汽車之 invitee。他聲稱該日早晨如同過去一樣，當他車子駛近時，Doe 與 Smith 伸出大姆指表示要搭便車。X 公司否認

Smith 與 Doe 當時為其 invitee，主張不問是否同事，Jones 無權邀請他人坐他便車。X 公司更聲稱：即使乘客係 invitee，當事故發生時，Jones 並非以該公司之代理人或使用人身分駕駛，因為他的開車路線逸出了規定駕車之路線，以致公司與司機之關係歸於停止。X 公司之主張為：Jones 奉其上司之命，往 East Orange 城 Greenwood 大道一個顧客處送貨，而必須在大街向東轉彎，開向 Greenwood 大道，這 Greenwood 大道是在車禍發生地點前一個街位（block）處。X 公司主張當 Jones 不向 Greenwood 大道轉去，卻繼續往前開，載這兩個客人去上班時，他已逾越了被授權開車的職務。X 公司又稱：如果該公司承認 Jones 讓這二人搭便車的習慣，而認為這二人是公司之 invitee，則這二人一進入車內，其執行職務之關係即行開始，其結果他們應按勞工賠償法請求救濟，所以本院對於本案無管轄權。Y 公司否認於車子互撞時，其卡車係由其有代理權之使用人駕駛。聲稱於事故當天早晨，該卡車係交由其正式司機 Green 去送貨，且明白指示 Green 勿讓 Rich 或別人開車。Y 公司又稱：在送貨過程中，Rich 問 Green 可否由其開車，經 Green 答應。當車禍發生時，該卡車正由 Rich 駕駛，Green 正在車內整理尚未發送完畢之貨物包裹。

各被告指控 Smith 與 Doe 與有過失。他們目前在這方面尚無特定資訊，但認為在審理庭由於訊問及交互訊問各證人之結果，可把有利證據發掘出來。

4. 原被告同意：事故於原告所陳述之時間與地點發生。當時天氣晴朗，街道平整又乾，路面並無任何特殊情狀足以導致車禍。各人同意大街與 Grove 街以直角相交，且十字路口有紅綠燈控制交通，一個燈裝在西南角，另一個在東北角。

Jones 承認：他、Smith 與 Doe 係 X 公司之受僱人，他看到他們站在大街與 Z 街之交叉口，等候公共汽車上班，他讓他們上了他的汽車去上班，因為過去他曾多次這麼做。Jones 承認在事故發生前他沒去 Greenwood 大道送貨。

X 公司承認：從未明白指示 Jones 勿給客人搭便車；Jones 的上司（X 公

司的職員）知道 Jones 好幾次載這兩個受僱人去上班，而他從未加以反對或勸阻。X 公司與 Y 公司承認：這兩部肇事汽車是他們所有，又 Jones、Green 及 Rich 為他們的受僱人，且同意於審理庭時帶他們到庭作證，不必以傳票（subpoena）傳喚他們。

5. 各造同意：Smith 於 1954 年 12 月 6 日由於此車禍喪生，其遺產管理人經埃塞郡遺囑驗證法院合法指定。當事人又議定：Smith 死時年 31 歲，該年齡男子平均生存期待期間為 39.36 歲；他未婚，與其父母同居，其父為部分殘廢，於其子死亡時已患糖尿病 10 年；於其子死亡時，其父為 58 歲，母 57 歲；58 歲男子之平均生存期待期間為 17.05 年，57 歲女子平均生存期待期間為 20.97 年：以 1 元美金現值除以其母生存期待期間，而以三分利潤投資計算，其商為 14.40 元；以美金 1 元現值除以其父生存期待期間，以三分利潤計算，其商為 12.13 元。同樣，當事人同意：死者於死亡前一年內平均週薪為 75 元。

所有被告更議定原告 Doe 之下列醫療費用為合理數額：

聖詹姆士醫院　350 元

X 光　50 元

Doe 已經被訊問過，對於其所受損害之明細表，她仍表示以前之答覆無訛，但主張自上次應訊後，又自 R. Jones 醫生處接受醫療 1 週 3 次，最後一次為本會議之二天前，她又花了 80 元。被告接受此項陳述，不請求法院再定期詳細訊問她。

被告 X 公司與 Y 公司議定他們的財產損害額如次：

X 公司　700 元

Y 公司　800 元

6. 空欄。

7. 在審理庭需要決定之法律爭點經修正後為下列各項：

(1) Smith 與 Doe 坐 X 公司汽車之身分。

(2) 司機有無過失？如有過失，一人或二人？

(3) X 公司司機不依公司規定路線行駛，對 X 公司賠償責任有何影響？

(4) 勞工賠償法對 X 公司有無適用？

(5) 對 Y 公司有無適用 respondent superior 之理論（譯者按：此項理論乃依據普通法，受僱人在執行職務範圍內為侵權行為而加損害於第三人時，由僱用人負代償責任）。

(6) Smith 與 Doe 是否與有過失。

(7) 損害賠償。

8. 兩造原來提起但現已放棄之法律爭點為下列各項：

(1) 所有被告之聯合或共同企業之抗辯（joint or common enterprise defense）。

(2) X 公司之受僱人同事侵權行為之抗辯（fellow servant negligence）。

(3) X 公司與 Y 公司因車禍無法使用車輛之賠償請求。

9. 由於各造之同意，十字路口之地圖經列為證據。

10. 空欄。

11. 當事人同意他們醫療鑑定人人數不得超過下列數目：

原告 2 人　3 人

全部被告　2 人

12. X 公司須於審理前 10 天將審判書狀（trial memo）送達於原告，並繳交承辦法官（Assignment Judge），該書狀須具體指陳下列各項：

(1) 於事故發生時，Smith 與 Doe 是否為其 invitee。

(2) Jones 被控不按規定路線行駛一節，有何法律效果。

(3) 如其乘客為本被告之 invitee，其不照規定路線行駛，對這兩個乘客身分有何影響？

(4) 勞工賠償法有無適用？

又原告之答辯狀（answering memo）須以同樣方式於審理前 5 天呈上。

Y 公司應於審理前 10 天以審理書狀（trial memo）送達於各原告並繳交承辦法官，說明依據 respondent superior 原則，Rich 擅自駕駛對該公司賠償責任有何影響。原告之答辯狀應於審理 5 天前以同樣方式提出。

13. 空欄。

14. 空欄。

15. 預計審理所需時日：3 天。

16. 本案定於 1955 年 6 月 24 日開庭。

法　　官　○○○

原告律師　○○○

　　　　　○○○

被告律師　○○○

　　　　　○○○

Chapter 9

美國陪審制度的最新發展

壹、美國陪審制度在上一世紀的變遷

美國的陪審制度近年來有不少變遷，首先其應用範圍已比過去擴大。按英國雖然號稱陪審制度之發祥地，但近年應用陪審制度之範圍已日漸縮小，甚至式微，反之美國則有有增無減之勢。事實上在 1938 年以前，美國最高法院解釋受陪審審判之權利只限於由傳統普通法所發生之損害賠償訴訟。但到了 1940 年至 1980 年期間，經由法院一系列判決，陪審審判之權利已被擴大到大多數由新的制定法（statute）所賦予的權利及許多尋求禁制令（injunctive relief）之案件。同時大多數州法院也擴大陪審審判對象，尤其在損害賠償條件，以致今日除了家事案件、遺產管理及破產案件外，在美國大多數民事訴訟當事人都可享有陪審審判之權利[1]。

在另一方面，近 30 年來美國陪審員之選任、管理與公信力方面亦有不少變遷與改進。例如聯邦政府已制定法律建立聯邦法院陪審員之統一資格，且規定不可因性別或種族而有差別待遇，隨時調整增加陪審員報酬、生活與交通費（subsistence mileage allowance），設法使其代表社區所有經濟與社會群眾，且儘量具備高水準之智慧、道德與常識，減少陪審費用等。事實上早在 1960 年美國聯邦「司法會議陪審制度運作委員會」（the Judicial Conference Committee on the Operation of the Jury System）對陪審制度各層面深入研究結果，認為陪審審判應予維持並予加強，而非取消或削弱。多年來該委員會對陪審制度有許多改進的建議，包括以下各點：

一、陪審員應是他們所居住社區之代表，所以選任之來源應包括社區內

---

[1] HAZARD & TARUFFO, AMERICAN CIVIL PROCEDURE, AN INTRODUCTION 207 (1993).

所有社會與經濟團體，且陪審員名單應代表陪審選任委員會（Jury Commission），利用公正選任方法，在各個社會與經濟團體選出人格、智慧與常識程度盡量高尚之人。

為了使選任能有代表性，在某社區內所有團體都應包括在產生名單之來源內。應拒絕自願擔任陪審工作之人。經濟與社會地位，包括種族與膚色，除為了防止差別待遇外，不應予以考慮。

二、任何人不可要求擔任大陪審團或小陪審團的陪審員超過 2 年一次，法律規定一個小陪審員如在 1 年內曾擔任陪審員者，可予剔除（challenge）。

三、所有陪審員關於他們將被要求踐履之任務之性質，應予以準確之指示。

四、為了決定考慮選任為陪審員之人是否具有所需之資格，如有可能，應要求他們對所提問題以問卷答覆。且如條件許可，應親自面談，除了自問卷表現觀之，顯然合格或不合格時，才可免除親自面談。

五、如故意對問卷所提問題不答覆或虛偽答覆，可以藐視法庭予以處罰。

六、需要處理案件之陪審員之數目，在法院指示或鼓勵下可作若干減少。

七、陪審員應在審判法官裁量下，准予記筆記，以便他們在斟酌法官向他們提示證據時使用，且當他們退庭評議（deliberation）時，可攜帶這些筆記。又當准許攜帶時，在作筆記之陪審員與其他陪審員之間，筆記應當作機密處理。

八、修訂陪審團名單：在大多數地區基本名單之編纂方法，基本上是來自電話簿，投票人名冊或類似來源，以及由關鍵人士（key men）所提供。須常修訂名單，以防止由於死亡、他遷、身體殘廢等變成不能或無資格擔任陪審員，並應將服務達一定年數之陪審員除名。因如無限期將一個人姓名列在陪審員名單，易於使這個人的觀點傾向於職業陪審員。又須注意隨時可用新近移居該地區之人擔任陪審員[2]。

2　以上參照 THE JURY SYSTEM IN THE FEDERAL COURTS, REPORT OF THE JUDICIAL CONFERENCE COMMITTEE ON THE OPERATION OF THE JURY SYSTEM (1960). 關於美國陪審制度之過去，又可參照 AMERICAN BAR ASSOCIATION COMMISSION ON STANDARDS OF JUDICIAL ADMINISTRATION, MANAGEMENT OF THE JURY SYSTEM (1975).

上述改進意見，其中許多已經實現，但也有若干未實現。本章之目的即根據最新資料，介紹美國近幾年來朝野對陪審審判觀念之變遷，及種種改進之努力與成果，以供關心人士之參考。

貳、最近陪審制度改革之方向

美國近年來已準備自不同角度來改進陪審制度，其最新發展方向如下。

一、努力設計使更多人能進入陪審員人才庫（jury pool），且使社區有代表性之人進入具體案件之陪審團

例如過去官員、醫師、律師、救火員等人可免於擔任陪審員之職務。由於紐約州在 1990 年代中葉，廢除了所有由於職業關係可免除擔任陪審員之規定，在 2001 年居然有一名上訴法院法官在某個刑事案件擔任陪審員。如今許多州為了編輯陪審員候選名單，除了參考一般選舉的選舉人登記名冊與駕駛執照外，甚至還仰賴社會福利與失業名單，由於自動化結果，使這種工作已比以前較易進行。有些州甚至設立專門法院來執行陪審團傳喚工作。

二、努力使陪審員知道他們在法庭做什麼，且更能評估證據與證言

因大家關切陪審員當面對較特殊語言與零碎片段的敘述時，如何能吸收與整理繁複的資訊，尤以在複雜之科技或法律問題時為然。由於陪審團在審理庭的角色甚為消極，其任務是聆聽兩造律師的演出，然後根據證據下判斷，通常他們不准問證人或法官任何問題，甚至不能將訴訟程序記筆記。不過這不是出自憲法或制定法的禁止，主要因為美國法院傳統之習慣使然。美國當事人對立主義（adversary system）之司法型態，要求律師在公判扮演主要角色，法官與陪審團只擔任冷靜的觀察員。在 2005 年 2 月美國法曹協會（American Bar Association，簡稱 ABA）代表大會（house of delegates）通過了「美國法曹協會關於陪審團與陪審審判之原則」（ABA Principles

Relating to Juries and Jury Trials，以下簡稱陪審團原則）一套 19 條[3]，將過去 10 年左右，不同州所出現之種種改革作法網羅彙整在內[4]。

上述陪審團原則提出不少啓發性的要求，包含下列各點：

(一) 准許陪審員在開庭時記筆記。

(二) 在民事案件准許陪審員發問；在刑事案件可准許，亦可不准。

(三) 恢復過去陪審團須有陪審員 12 人之規定。

(四) 陪審團的裁決須全體一致才能成立。

(五) 對陪審員表示更大注意與關懷，包括對他們的隱私加以保護[5]。

參、最近陪審制度改革之成果

一、准許陪審員記筆記

在晚近美國許多法官已准許陪審員在審理庭採取更積極參與的角色。芝加哥聯邦地院院長 John F. Grady 10 幾年來准許陪審員在他開庭時記筆記。他在辯論裡稱要求陪審員消極的吸收所有他們聽到的證據，「正如要求大學

---

[3] 參照 Terry Carter, *The Verdict on Juries*, ABA Journal, 42 (2005). 由於美國法曹協會乃美國全國性在野法曹與在朝法曹的龐大組織，影響力極大，在改革立法、司法與法律教育等方面一直扮演領導之角色，所以這些新原則所代表之意義不容忽視。關於美國法曹協會之組織與影響力之詳細介紹，參考本書第七章。

[4] 由於美國各州情形不同，這些新原則所要求之改革，有些州可簡單採行，有些州則須修改規則或透過州議會以立法方式，才能付諸施行。

[5] 負責研究美國各州法院司法行政的官方機構──在佛吉尼亞州威廉斯堡的「全國州法院中心」（National Center for State Courts）新近已與上述美國法曹協會之上述新原則同時進行各州陪審施行實況之調查，以製作全國性的陪審實務目錄。在紐約花 1 年之久，針對陪審員進行瞭解的先驅計畫（pilot project），研究對象包括紐約郡（曼哈頓）在內的 14 個郡的 112 件審判（68 件民事，44 件刑事），預定於 2005 年底完成。參與這些審判的有 26 名法官與 210 名律師及 926 名陪審員。依照此計畫，在每個審判，都用了下列一種或數種創新的方法：即准許陪審員記筆記、准許陪審員提問題、法官對陪審員評議之指示交付一份書面、在 voir dire（挑選並排除不合適陪審員之程序）由律師作簡短說明或簡短開場白辯護，在陪審開始時，對陪審團就案件實體作初步指示。並在這些案件審判結束後，提出詳盡的問卷，要求法官、律師與陪審員對他們所使用的改革性作法作答。自這種深入的調查分析初步調查結果顯示：所有創新作法都得到正面的評價。其中記筆記是最常用的（在 91 件審判）方法，其次是陪審員提問題（74 件審判）。參照 TERRY CARTER, op. cit., at 42 et seq.

生選一門課，不須任何筆記，然後靠記憶來參加期終考試一樣」。他又說：「設有陪審團審判案件的法官，絕不是坐著不做事——他們要記筆記，也要提出問題。」不過許多律師與法學者不同意他的作法。有些律師擔心陪審員的問話會使他們精心規劃的審理庭發生錯亂，而置長久的證據規則於不顧，或會將陪審員自中立之觀察員變成某一造的辯護人。如同密蘇里州肯薩斯市一個有名律師所說：「當你計算一個棒球比賽分數時，易於忽略球場上發生的事情[6]。」

在紐約州法院雖然已准許陪審員記筆記，但此種作法並不普遍。因為有些法官也擔心記筆記會使陪審員分心，但相反地此次「全國州法院中心」調查結果，發現如此陪審員更加專心，而且擔心陪審員提問題一點，也沒有根據。

依照美國法曹協會陪審團原則 13(A)：「陪審員應准其在審理中記筆記。1. 陪審員應於審理開始時，被諭知可准記筆記（但非必要）以協助其記憶證據，且提醒他們對記筆記與使用筆記應有適當之警覺。陪審員也應被指示在他們達成裁決後，將所有陪審員之筆記收齊並毀掉。」

據云此種作法並不普遍，只有在一半的法庭有做到。其原因不是法官不鼓勵，而是他們不積極諭知陪審員可以如此做，且不提供便條與筆。

也許比記筆記更重要的是，美國法曹協會建議應給陪審員審理庭筆錄，可能包含法院初步指示及若干附件與合約。這在給他們陪審團評議指示時一起給，有些法院已經這樣做[7]。

二、准許陪審員提出問題

在 19 條陪審團原則中，最有爭議的可能是 13(c) 規定：「在民事案件，通常應准許陪審員對證人提出書面問題。在決定是否准許陪審員在刑事案件提問題時，法院應考慮何以一些州法院不鼓勵陪審員發問之沿革上理由，及

6　Carp & Stidham, Judicial Process in America 178.

7　Terry Carter, op. cit., at 44.

在那些已經准許提問的州裡實行之經驗。應在審理開始時指示陪審員他們能對證人提出書面問題。」

在一些州若干一審法官已准許陪審員在審理庭採取相當積極的作法。例如威斯康辛州巡迴法院法官 Mark Frankel 喜歡回憶在一次審理庭由於 1 名陪審員的熱心，致將被告判罪。在該 1985 年案件，被告聲稱他是在自衛下刺傷被害人。地院檢察官拿出被害人染有血跡的夾克與衣服，在陪審員前指向被刀子刺進的裂痕。然後一個陪審員出於熱心，遞給 Frankel 法官一張紙條，請他命被害人穿上系爭衣服，並以不同姿勢旋轉身體。法官同意，結果該衣服上的裂痕只有當被害人彎曲雙腿，成爲一種自我防衛的彎腰姿態時，才完全成一直線，如此使人對被告辯稱他因自衛才刺殺被害人的辯詞起了大疑問，陪審團然後裁決被告有罪。Frankel法官的結論是該陪審員的建議「改變了該案的整個面貌」[8]。

不過關於是否准許陪審員提問題一點各州立場不一。有兩個州，即密西西比州與內布拉斯加州的最高法院已禁止陪審員在民事與刑事案件提出問題[9]。

德克薩斯、喬治亞及明尼蘇達州禁止陪審員在刑事審判中提問題，但在民事審判則加以准許。

在聯邦法院方面，在舊金山的第九聯邦上訴法院在其「陪審團程序手冊」（Jury Procedure Manual）規則（Rule）3.5 上明揭：「在審判中不應鼓勵或請求陪審員提問題。」

雖然美國准許陪審員提出問題的作法並不普遍，但大多數州都已以某種形式予以准許。已考慮此問題的 10 個聯邦巡迴法院亦同。

佛爾蒙州最高法院最近調查各州與聯邦巡迴區各種規則與法院裁示後，發覺准許陪審員提問題的大多數州，居然也不鼓勵陪審員發問[10]。

佛爾蒙州法院裁示應准許陪審員提出問題，此種裁示是針對一個辯論

---

[8] CARP & STIDHAM, op. cit., at 179.

[9] Wharton v. State, 734So.2d 985 (Miss. 1998); State v. Zima 468 N. W.2d 377 (Feb. 1991).

[10] State v. Doleszny, 844 A.2d 773 (2004).

反對陪審員提問的刑事案件。反對人士聲稱美國司法制度是採當事人對立主義，陪審員提出問題會使自己變成對立之一方，以致他們可能協助檢方來踐履其舉證責任。現在科羅拉多州最高法院自 2003 年 7 月 1 日起，已通過規則，准許陪審員在刑事案件提出問題。在此之前，該法院已通過規則，准許陪審員在民事案件問問題。研究顯示：科羅拉多州法官與律師在刑事案件作了讓陪審員提問題之試驗後，喜歡此種作法。支持提問題之人說，提問題常可幫助法律人瞭解陪審員的心在想什麼。

今日「陪審團自由化」活動雖尚在實驗階段，但有名公法學者晚近所作數個研究，強烈建議陪審團積極作為的優點超過缺點，甚至一些參與這些研究的律師也承認陪審員若提出問題，可以協助律師發揮他們的演出。因此讓陪審員在審理庭扮演更重要角色的運動已日益發展 [11]。

三、希望恢復陪審團由 12 人構成，且裁決須全體一致之傳統

此種深植人心之觀念在 20 年前雖已被修正放寬，但目下學者與研究結果想把它恢復，此點值得注意。

按反對裁決須全體一致之主要論點是：如此一來會增加裁決懸而不決（hung juries）與再審（retrial）的數字。而近年來較常利用人數較少陪審團之動機，主要在於節省費用。美國聯邦最高法院在 1970 年代初期有 2 件案件支持陪審團無須由 12 個公民構成之觀念。該法院在一個州刑事案件（Williams v. Florida, 399 U.S. 78 (1970)）宣示「普通法上之陪審團由剛好 12 人構成乃歷史事件，並非為達到陪審制度目的所必需，且除了迷思外毫無意義。一個 6 人陪審團不違反被告在聯邦憲法增修第 6 條所定的權利」，且指出憲法並未指定人數。

過了 3 年，該法院對聯邦法院民事案件作出類似裁判。認為 6 人陪審團並不違反聯邦憲法增修第 7 條訴訟當事人之權利，且認為針對使用 12 名或

---

[11] CARP & STIDHAM, op. cit., at 179.

6 名陪審員之 6 件民事審判案件進行調查結果,發現:由二種不同人數之陪審團所下結果並無明顯區別。但該法院於 1978 年在一件刑事案件裁示:由 5 人組成陪審團,乃侵犯被告憲法增修第 6 條與第 14 條的權利(Ballew v. Georgia, 435 U.S. 223)。

聯邦最高法院在認為陪審團人數不可少於 6 人之 Ballew 案,於 1 年後裁示,在刑事案件,陪審團非全員一致之裁決,乃侵犯被告憲法增修第 6 條與第 14 條所定之權利。該院認為關心審判稽延與法院預算雖屬重要,但究不足作為少於全體一致裁決之理由。

大多數研究顯示:人數較少的陪審團,較不能代表社區的意見,且此種陪審團比起 12 人陪審團更可能出現與證言、證據及法律不一致的裁決。

迪堡(De Paul)大學法學院教授 Stephan Landsman 也說:如不回歸 12 人且全體一致的陪審團,會使陪審審判之「真正利益」打了折扣。同樣意見的出入,也發生在陪審團裁決是否須全體一致,或只須特定數目之多數的辯論上。新澤西高等法院在某案挑剔新近准許全體四分之三通過裁決(諸如 8 個陪審員中有 6 人投票一致)之立法,以別於州憲法規定須六分之五通過之裁決,並要求「法院之友」(friend of the court)提出意見書(briefs)[12]。

美國法曹協會針對上述新陪審團原則,要求在大多數情形應有 12 名陪審員,在民事案件如有可能,裁決應全體一致,而在所有刑事案件,則硬性要求須全體一致,尤以在重罪案件為然。

現在作法是透過這些新穎的陪審團原則,試圖把陪審團的人數與裁決成立人數的制度,拉回到使陪審審判成為司法制度持久與有價值一環之基本路線。雖知並非一蹴可幾,但希望把它扭轉過來。

---

[12] TERRY CARTER, op. cit., at 45, 關於法院之友(friend of the court 又稱 amicus curiae)乃美國司法上之特殊制度,對於影響重大之案件,政府機關或民間團體可向上級法院提出其意見,使法院就該案訴訟結果對社會之影響獲得較廣泛之情報,供法院裁判之參考,其詳可參照本書第三章。又參照 LaManna v. Performance Insurance Co. 837 A. 2d 384 (2003).

四、擔任陪審團之族群之比例須大致等同於該社區之人口百分比

華盛頓郵報最近一個專欄作者寫出他參與華盛頓特區之高等法院陪審團的經驗。他抱怨律師透過不具理由之剔除（peremptory challenge）[13]，不讓他不喜歡的種族與族群的人進來擔任陪審員。聯邦最高法院在 1986 年裁示：當一名檢察官在審理一名黑人被告案件，剔除 4 名黑人充任陪審員，以致陪審團成員清一色是白人，乃違反該被告憲法增修第 6 條公平裁判權利與增修第 14 條平等保護之權利（Batson v. Kentucky, 476 U.S. 79）。

在休士頓的 Vinson & Elkins 律師事務所，最近找到建立該事務所之合夥人文森氏（William Vinson）在 60 幾年前他義務處理的一宗案件（即 1 名黑人被判強姦案，Smith v. Texaco 311 U.S. 128 (1940)）所留下的最高法院勝利的檔案。起訴該黑人被告的大陪審團陪審員全是白人，而判他死刑的小陪審團陪審員也全是白人。文森用統計證據說服法院：德克薩斯州選擇陪審員的法律違反了聯邦憲法增修第 14 條，即法律上被告所享有正當法律程序的權利。因他發現雖然在 Harris 郡人口中黑人占了百分之二十二，但在大陪審及小陪審之陪審員，黑人所占比例竟少於百分之三。該案布勒克休哥大法官在撰寫法院多數意見書說：「使用陪審團為司法制度之既成傳統之一部，是陪審團須真正能代表社區。」[14]

Vinson & Elkins 事務所最近觀察在 Harris 郡（即休士頓）與達拉斯（Dallas）郡包括死刑案件之 24 件以上重罪審理之後，發現拉丁裔在陪審團構成上，代表性有嚴重欠缺。該事務所向德克薩斯州法院提出人身保護狀，辯護稱：「在死刑案件，被告與社區都因該州對陪審團候選名簿與陪審團傳喚的法律未達到 3 個大族群（拉丁裔、年輕成年人與低收入戶）的適當百分

---

[13] TERRY CARTER, op. cit., at 46. 所謂不具理由之剔除，乃檢辯（或原被告）雙方可將陪審團候選人中雖無明顯有偏見，但可能對他們這一造不利之人，不附理由排除其擔任具體案件之陪審員，但有一定人數限制。此種剔除與「附理由剔除」不同。附理由剔除之理由包含對被告或被害人有偏見，或具有親屬關係或自新聞媒體對該案案情知悉太多等，人數不限。按英國其刑事案件於上一世紀已廢止不附理由之剔除。參照 BURNHAM, INTRODUCTION TO THE LAW AND LEGAL SYSTEM OF THE UNITED STATES 90 note 52.

[14] TERRY CARTER, op. cit., at 46.

比，以致被告與社區都被否定了正義。」（State v. Prible, No.921126-A）協辦該案之某氏說：「想到歷史上過去是有系統的刻意排除若干族群，現在雖然是非故意的排除，但其影響並無不同，因為一旦削減了那些族群的人，刑事被告就沒有他們同儕的陪審團了。」因此之故，美國法曹協會陪審團原則11(F)5 建議「法院如有必要，應依職權論知當事人此種剔除（challenge）不被許可」，且律師須表明不是出於「差別待遇」，但仍有被傳喚充任陪審員之族群是否足以代表社區之問題。美國法曹協會陪審團原則規定：法院應使用兩種以上來源名單（source list），且應經常更新。又原則 10 規定：在此等名單與陪審人才庫之「群體」應大致等同於他們在社區的百分比。

五、陪審團之報酬

據云將來比較棘手的是陪審團報酬，現在自德克薩斯州 1 天 6 美元至康乃狄克州 1 天 50 美元，不夠陪審員在長達 1 個月馬拉松式審理期中養家活口。亞利桑那州最近制定立法，對民事起訴課以小額之費用（surcharges），目的在成立一個審判基金，來減輕公家對陪審員之財政負擔。雖然現在只針對民事案件，不過此種計算收入之公式要到審理第 10 天才開始，而大多數審理庭平均只有 4 天。有一名陪審員在 2004 年一宗 2 個月審理案件，領了 7,000 美元以上報酬 [15]。

---

[15] Id. at 42.

美國大陪審制度之功能與運作

壹、緒言

　　美國法制除有一般之陪審〔即所謂小陪審（petit jury）〕外，在刑事案件尚有大陪審（grand jury）制度，不過一般法學書籍多語焉不詳，至國內討論小陪審之文獻雖多，但有關大陪審之論著似更付闕如。鑑於大陪審乃美國之特殊制度，富於特色，且可幫助瞭解美國司法制度與刑事訴訟制度之運作，頗富參考價值。爰特努力蒐集資料，草此小文，以便作爲國人瞭解英美法制之一助。

　　大陪審制度據說大約在 12 世紀起源於英國，當時社區在某種意義上負責追訴犯人，而追訴之陪審團變成現代大陪審團，乃早期刑事程序之產物[1]。最初作爲訴追犯罪之機關，主要任務在認定當地的犯人與所犯之罪名，後來由於追訴犯罪變成檢察官的工作，於是大陪審團開始以不公開方式聽取證人的證言，而演變成介於民眾與國家之間的緩衝。

　　不過在 12 世紀，英國並不要求犯人在大陪審團面前受審，到了 16 世紀英國才建立了重罪（felony）經由大陪審追訴之慣例，但此種作法並未在所有殖民地生根[2]，且事實上英國也已於 1933 年廢止大陪審制度[3]。今日美國採大陪審團制度，在各國法制中相當獨特，這是基於聯邦憲法增修第

---

[1] ROLAND YOUNG, AMERICAN LAW AND POLITICS 93 (1967). 關於大陪審起源與教會法之關係，參照楊崇森，教會法之興衰及對現代世界之影響，軍法專刊，第56卷第6期，頁13，2010年12月。

[2] Id. at 222.

[3] DELMAR KARLEN, ANGLO-AMERICAN CRIMINAL JUSTICE 149 (1967).

5 條之明文保障，當獨立革命時爲了防止不當刑事追訴而設[4]。該條規定：「任何人除基於大陪審團之控告（presentment）或起訴（indictment）外，不需對死罪或其他不名譽之犯罪答覆訊問。」（no person shall be held to answer for a capital or otherwise infamous crime, unless on a presentment or indictment of a grand jury.）。所謂「不名譽之犯罪」已被解釋爲與「重罪」涵義相同，以致憲法要求只在重罪才須經大陪審。又憲法並未要求各州刑事訴追也要有大陪審，且各州所採作法亦不一致[5]。

　　按在美國將刑事被告起訴之方式有二，其一爲由檢察官自己起訴，稱爲 information；另一種較爲複雜，稱爲 indictment，是在檢察官主持下，由大陪審團起訴。美國聯邦刑事訴訟規則第 7 條（Federal Rules of Criminal Procedure rule 7）准許除死罪外，其他犯罪案件如被告放棄由大陪審起訴時，可以 information 方式起訴。由於此種放棄頗爲常見，致聯邦法院甚至將大多數重罪以 information 方式起訴[6]。在各州方面，Hurtado v. California（1884）一案，最高法院判決表示各州政府可選擇使用 indictment 或 information 之方式，其結果大陪審變成只在 19 個州啓動所有重罪（felony）追訴之專門方法，在其他一些州只有死罪（capital offenses）才需要大陪審起訴，在其餘各州大陪審只是選擇性而非強制性的調查機構[7]，惟大約共有一半的州使用大陪審團。

貳、大陪審機制之目的

　　美國現代大陪審團之主要功用在審查檢察官所提被告犯罪之證據，並決定被告是否有「可能犯罪之理由」（probable cause），以便起訴。原本大陪審團之目的是作爲偵查機構，及作爲國王（與其檢察官）與公民間之

---

[4]　von Mehren & Murray, Law in the United States, 197 (2007).
[5]　ROLAND YOUNG, op. cit., at 222.
[6]　THE EDITORS OF ENCYCROPEDIA BRITANNICA, LAW IN AMERICA-HOW AND WHY IT WORKS 109 (1979).
[7]　NEUBAUER & MEINHOLD, JUDICIAL PROCESS-LAW, COURTS, AND POLITICS IN THE UNITED STATES 256 (2007).

緩衝。批評家以為此種緩衝角色已經褪色，現在大陪審只是檢察官之橡皮圖章，由於大陪審團之任務只是決定被告是否有「可能犯罪之理由」，因此不必聽取所有證據或甚至互相矛盾之證據（而讓檢察官以善意提出相矛盾之證據）。

聯邦憲法增修第 5 條要求聯邦刑事訴追要有大陪審的起訴（indictment）。如下所述，大陪審團有非常強大調查權，此種廣泛無所不包，幾乎沒有限制之權力，引起許多批評，不過此種權力是在檢察官完全控制之下，而有賴其善意進行。

參、大陪審之職權

大陪審與小陪審職權大不相同，大陪審雖也負責審查證據，但只能審查刑事案件，不管民事案件，與小陪審民刑事案件都管不同。而且大陪審只決定是否將刑事被告起訴（presentment）[8]，而不能如小陪審就被告有無犯罪下裁決。不過美國大陪審並非完全只管犯罪之調查，在許多州也有權調查郡政府的一些事務，諸如監獄行政與管理、郡庫、貧民窟及法院。在一些州尤其加州，範圍更廣，幾乎包羅地方政府之全面事務。即使在一些對通常刑事案件不再使用大陪審的州裡，仍繼續有此方面之職權[9]。

肆、大陪審團之人數

大陪審團人數自 12 人到 23 人不等，但通常為 23 人。在 23 人組成之大陪審團，成立起訴須有 16 人出席與 12 人（多數決）通過[10]。

8　presentment 是大陪審對被告所下之真正控訴（charge），該 presentment 一詞係美國聯邦憲法增修第 5 條所用之詞彙。
9　KARLEN, op. cit., at 152.
10　據 Karlen 教授記載，亦有若干州人數少到 5 人者，參照 KARLEN, op. cit., at 150.

伍、大陪審員之資格

　　大陪審員須符合一定資格，諸如成年人、美國公民、對英文有充分知識、各種感官知覺不缺、判斷力健全與品德良好、無犯罪前科、非民選公務員、非在其他法院擔任審判之陪審員等。在法庭或陪審員聽訟室不可戴帽、看報、嚼口香糖或吸煙，美國政府印有「聯邦大陪審員手冊」，指導大陪審員瞭解如何踐履相關職務[11]。

陸、大陪審員之選任

　　過去在一些地區，大陪審團的陪審員由法官自他們所認識或以前陪審員推薦之名單中選任。不過今日在大多數州，大陪審團與小陪審團一樣，自相同陪審員名冊（pool）以相同隨機的方式抽出，由法官主持宣誓就職。這名冊通常自不同資料庫（諸如全國選舉人名冊、汽車駕駛執照名冊及公用事業名冊）的名錄彙集而成。

　　關於有無任何人過濾大陪審員偏見或其他不正因素？在大陪審不似通常負責審判之小陪審員之候選人，在組成陪審團前有所謂過濾（voir dire）之程序[12]，大陪審並無過濾可能有偏見或其他不適合人選進入陪審團之機制，此點也是與小陪審不同之處[13]。

11　http://americangrandjury.org/grand-jury-forms-and-etiquette (revised 2012/10).

12　關於英美陪審制度運作之情形，可參照本書第九章〈美國陪審制度的最新發展〉及附錄一〈英國陪審制度的新發展〉。

13　在過去新聞媒體喧騰甚久之足球明星辛普森（O. J. Simpson）殺人案件，當檢察官正要要求大陪審起訴辛普森謀殺 Nicole Brown Simpson 與 Ronald Goldman 二人時，被告律師向法官提出聲請（motion）說：大陪審員對本案由於看了太多電視與報紙，對案情知道太多，無法公正審究對辛普森之不利證據，結果說服了法官而同意其要求。不過這是罕見的情形，通常被告律師聲稱大陪審偏見時會失敗，因被告日後仍可在審理（trial）時證明其無辜之故。但該案加州檢察官不再組織新大陪審團重新聽取證據，而用別的方法起訴辛普森謀殺罪。參照 http://en.wikipedia.org/wiki/O. J. Simpson murder (revised 2012/10).

柒、大陪審之服務期間

與小陪審團不同，大陪審不是每天開庭[14]，但開庭期間往往較長，通常工作 3 到 18 個月，但多為 3 個月。在聯邦法院，大陪審可能長達 3 年。幾乎每個聯邦巡迴區至少每天有一個大陪審團在開庭。大多數聯邦犯罪之起訴大陪審團 1 週開 5 天，為期 1 個月，複雜須長期調查（諸如組織犯罪，通謀販毒或貪污）之案件，則須組成長期之大陪審團，此時每週開庭日數較少，而任期可每次延 6 個月，但最長不超過 3 年。時間安排，因州而不同。特別的大陪審可能 1 個月、6 個月或甚至 1 年。

捌、須在大陪審出庭之人

一、檢察官可取得傳票（subpoena）強制任何人在大陪審作證，不必表明可能犯罪之理由，在大多數州甚至被傳之人不知大陪審程序之存在[15]。在聯邦系統檢察官不須指出證言有任何關聯性。被傳作證之人除非可主張特定拒絕透露之特權，諸如婚姻關係特權、律師與當事人關係之特權或禁止使自己受牽累之特權[16] 外，將被強制答覆所訊問之問題。

二、被告可否不出席應訊？

出席大陪審可能很冒險，尤其在所有證據似乎指向被告有罪時為然。被告有權不出庭，不出庭不致對他不利。且如出席大陪審，他的律師不准在場[17]。但也有一說，以為證人如於大陪審團不出庭，可能有被發傳票要他作證之法院認為藐視法庭之危險；如無法律上正當理由，可能在

---

[14] 大陪審團不像小陪審並不每天開庭，例如在 1998 年夏天，華盛頓特區特別檢察官為了調查柯林頓總統與白宮實習生李文斯基（Monica Lewinsky）的桃色案件，所組成之大陪審團，竟 1 週 2 天開庭。許多聯邦大陪審 1 星期只開 1 天，有些 1 個月只開 2 次庭。各州作法不同，有些 1 個月開 2 次庭，或 1 個月只開 1 次。有時不開，除非檢察官有案件要大陪審聽取，而要求開。

[15] VON MEHREN & MURRAY, LAW IN THE UNITED STATES, 197 (2007).

[16] 聯邦憲法增修第 5 條規定：「…nor shall be compelled in any criminal case to be a witness against himself, … 」，即在刑事案件不能被迫作證，使自己受牽累，詳如後述。

[17] READER DIGEST, YOU AND THE LAW 176 (1973).

該大陪審團所餘任期內被監禁[18]。又作僞證之證人可能因僞證被另外追訴。

三、律師可否被傳對其當事人作證？

律師可能被傳，但律師基於他與當事人間之特權，可拒絕透露他與當事人之間談話，亦即可拒絕作證，不受強制，除非該談話與正在進行或將來之犯罪或當事人之詐欺有關。

在聯邦系統之下，證人不可由律師陪同出席大陪審，惟證人可中斷證言，離開大陪審室，與其律師諮商。有一些州准許律師陪同證人出席，一些州准許律師對其當事人提供意見，有的州只准律師旁觀程序之進行。

四、賦予免責權或豁免權（grant of immunity）之問題。

如上所述，美國聯邦憲法增修第 5 條規定：被告在刑事案件被訊問時，受到不使自己受牽累權利（protection against self-incrimination）之保障，亦即如作證可能會使他被認爲成立某種犯罪時，可拒絕作證[19]。但證人被法院以傳票傳訊出席大陪審時，可自檢察官取得免責權或豁免權，來交換他作證。即檢察官允諾以後不能用證人自己證言或來自證言之任何證據對付該證人，包含起訴發現他所犯之罪。如證人獲得此種免責權或豁免權後，就不能引用憲法增修第 5 條來拒絕提供證言，否則可能被票傳之法院認爲成立藐視法庭。換言之，對大陪審證人賦予免責權，可克服證人主張不使自己受牽累之特權，於是該證人必須作證。惟檢察官被禁止利用該證言或自證言導致對該證人提起追訴。如日後提起訴追，檢察官要負舉證責任，證明所有證據並非來自該免責之證言，而是以其他方法獨立獲得。在實務上要成功追訴一些人在免責的證言所討論的犯罪活動很困難，除非檢方在賦予免責權前，對該案件已完全準備好。

---

[18] http:\\www.abanet.org/media/faqjury.html (revised 2012/10).
[19] 楊崇森，美國法制研究，頁 26，漢苑出版社，1976 年。

許多州賦予證人「交易的免責權」（transactional immunity），即禁止對在被免責之證言中討論之一種交易行為加以追訴，而不問是否有獨立之證據來源。

五、大陪審調查之對象除非被傳喚，大多無權出席作證，亦無強制大陪審聽取他所提對他有利證人或證據之權利。不過如請求給他作證之機會時，檢察官常會准許，但不賦予他免責（immunity）之權利。檢察官可拒絕向大陪審提出由某調查對象所呈送之證據。在聯邦大陪審，免責之證據不必提出。但許多州須呈送免責之證據，供大陪審斟酌。檢察官有權在聯邦大陪審提出傳聞證據，及以其他方法利用在正規審理庭（trial）不能採用（admissible）之證據。

六、被大陪審調查之對象之人，對於向大陪審說謊之證人或使用違反憲法規定獲得之證據，在大陪審團程序中並無救濟方法，其唯一救濟方法是在審理庭對此種證據加以攻擊。

玖、訊問程序

一、在大陪審程序，法律對一般刑事被告的許多保障並無適用

大陪審只聽由檢察官交來的案件，由檢察官決定傳喚哪些證人，及決定哪個證人獲得免責權（immunity）。基本的訊問由檢察官進行，大陪審員自己很少訊問被告，而且通常在證人證言結束時才提出問題。檢察官通常決定是否已有足夠證據來起訴。有時大陪審員被問是否要聽別的證人作證，但由於他們的任務只是判斷檢察官所提供之證據，所以很少要求再聽別的證人作證。

二、在大陪審證人作證言時，並無法官在場

通常證據法則不適用於大陪審團之調查，法官通常只對發生是否享有不作證言之特權或是否藐視法庭問題之爭議時，才需要在場。

　　檢察官會在大陪審開庭時在場，他有機會廣泛地詰問被告，被告須在宣誓後作證，且證言被速記加以記錄。凡此可予檢察官機會準備，於審理時對被告不利，被告在審理時須再重複同一程序。被告所述二種版本會有很大細節不一致之危險。

　　聯邦憲法增修第 5 條爲了免於刑事受牽累可拒絕作證之規定，現在亦適用於大陪審程序[20]，且可取得免責權而作證，已如上述。但依另一說 *You and the Law* 一書，出席大陪審之被告須簽署所謂「拋棄免責權書面」（waiver of immunity），如在出庭期中發現被告已犯任何其他罪名之事實時，則可能被追訴該犯罪。聯邦憲法增修第 5 條雖規定無人可被迫作證，使他自己受牽累或入罪，而這種免責權由於出庭大陪審而拋棄云云[21]。

三、大陪審程序要祕密進行，不能公開，且須保密

(一) 大陪審開庭不公開，此點亦與小陪審不同

　　聯邦刑事訴訟規則第 6(e) 條禁止檢察官、大陪審員及大陪審速記員透露在大陪審所發生之事，除非是在某司法程序被命令作此透露。保密之原始目的是避免大陪審員受到不正當的壓力。現代之理由則是避免對該案之進行有所不利。事實上包括：防止可能被起訴之人脫逃、在日後審理前收買證人僞證或串供、鼓勵對某犯罪有資訊之人自由發言，確保大陪審自由之評議，不受外在的壓力等，當然也避免無辜之被告被人透露被調查之事實有失公平，因檢察官自證人所得證言未經交互詰問，案情尙未澄清之故[22]。

20　Young, op. cit., at 225.

21　Reader Digest, op. cit., at 176.

22　美國柯林頓總統夫人希拉蕊在其所著自傳《活歷史》（*Living History*）一書，對其夫因涉及桃色案件受大陪審團訊問及大陪審程序有異常深刻與詳細的描述。她特別強調依法大陪審程序須保密，但其夫訊問經過居然被特別檢察官 Starr 違規將大陪審團未經交互訊問自證人所取得證言編纂而成之報告透露予公眾，導致參議院後來對其夫提起彈劾。有一次特別檢察官 Starr 傳柯林頓出庭，爲免他作爲第一個現任總統被傳訊出現在大陪審面前受辱，經白宮交涉結果，Starr 同意撤回傳票（subpoena），不在法院訊問，而改在白宮之地圖室（map room）對柯林頓作了 4 小時之聽證，證言被錄影透過閉路電視傳給大陪審團。參照 Hillary Clinton,

有些州甚至規定洩密要受到刑罰制裁。法院曾經判認如告密人洩密，可能受到藐視法庭的處罰（惟實際很少被提起），但此時並不影響起訴的效力。因為保密原則的目的在有利於檢警而非被告。檢察官在大陪審出席，並不認為是保密原則的例外，因為檢察官被認為是大陪審機制的一環，他要主持證人的訊問。這種慣例是淵源於古老英國的程序法，當時大陪審在詰問證人時，可請告訴人的出庭律師（solicitor）出席[23]。

當大陪審評議或投票時，其他之人不可在場，法院可指示在被告被羈押或交保前，起訴要保密[24]。

(二) 對大陪審保密之例外

在聯邦法院，證人本身並不宣誓保密，故並無保密義務[25]而可對他人透露。證人免責之理由，是由於認為要求證人保密乃不切實際，同時准許證人反駁有關他證言的謠言。不過在美國對證人不須保密亦有反對意見。

有一時期刑事審理之被告不能看到導致起訴之證人在大陪審之證言。在1980 年代在大多數州，如在大陪審作證之證人在最後審理被傳作證時，會給被告一份證人在大陪審之證言，俾可作為彈劾證人之用。有些州也給被告一份在大陪審作證之證人名單，或一份所有相關大陪審證言的完整筆錄。但在聯邦系統並不提供此種名單，只給被告替檢察官在審理作證之人在大陪審之筆錄。

四、不啻檢察官之橡皮圖章

大陪審只關切官方的證據，被告律師在大陪審開庭時甚至不能在場，更無權交互詰問證人或提出辯護，因為大陪審開庭之目的在防止被告或證人受

LIVING HISTORY 453,467 (2003).
[23] 關於英國律師制度之介紹與討論，可參照本書附錄二〈英國大律師與小律師之過去與現在〉。
[24] YOUNG, op. cit., at 222.
[25] Ibid.

到檢察官或警察擅斷行動之害。大陪審理論上獨立行使職權，雖然對大陪審所作的指示，會告訴他們須用自己的判斷，但實際則與此有所出入。檢察官常對大陪審概括說明案情，並要求起訴，大陪審通常對檢察官建議的罪名加以通過，因此大陪審團有時被稱為檢察官的橡皮圖章[26]。

檢察官起草罪名的原稿，並唸給大陪審聽，法令並不要求要就法律問題念任何指示給大陪審團聽，且很少作此種指示。這點似也與小陪審不同。

拾、起訴之程序

大陪審如要起訴被告，則送控告書（presentment）（這是對被告所下正式之控訴）予法院，由法院將其變為正式起訴書（indictment），將被告案件送去審判，由法官審判在 presentment 或 indictment 上列名之被告。但另有一說，主張如大陪審認為被告犯罪，則製作起訴書（indictment），這是控訴該罪名之法律文件。該起訴書會於另一個程序（arraignment，即由法院問被告是否認罪之程序）正式送交一個治安法官（magistrate）或刑庭法官[27]。

如大陪審拒絕起訴時，不適用一事不再理（禁止 double jeopardy）之原則，不過實務上很少檢察官於起訴失效後，在無良好理由之情形下，要再試行追訴。聯邦司法部要求檢察官在再提出該案件時，要經刑事司司長（Criminal Division Assistant Attorney General）之同意。

拾壹、大陪審與檢察官

一、大陪審之工作型態受到與檢察官獨特關係之影響，雖然在理論上檢察官只作為大陪審團之顧問，但在實務上檢察官居於主導地位，大陪審只聽檢察官傳喚來之證人，而且由於是外行人，會受到檢察官法律意見之

---

[26] BECKMAN, LAW ENFORCEMENT IN A DEMOCRATIC SOCIETY-AN INTRODUCTION 118-119 (1980).

[27] READER'S DIGEST, op. cit., at 176.

深刻影響 [28]。雖然程序之祕密性令人很難瞭解大陪審進行之實際情況。但已有調查發現：大陪審團有時駁回起訴（在紐約大約有百分之十案件發生此情形），而將許多罪名自重罪降爲輕罪。他方認定不起訴常來自檢察官之暗示或建議，尤其在大陪審團沒時間眞正熟悉案情之例行案件爲然。又即使在深入調查之案件，亦有檢察官指揮大陪審團運作之趨勢 [29]。

德克薩州的休士頓（Harris 郡）的一個研究發現：大陪審員平均每案只花 5 分鐘，只討論百分之二十案件，很少表示不同意見，幾乎通過檢察官所有建議。同樣在最近有一年，聯邦大陪審團起訴 1 萬 7,000 件，但不起訴只有 68 件。總之大陪審團起訴檢察官想要起訴的任何人，而且很少投票不起訴 [30]。

二、美國檢察官對刑事訴訟之進行握有龐大之權限，在預審（preliminary hearing）或大陪審程序，他幾乎有不起訴之完全裁量權，無人會挑戰他以爲證據不足不繼續進行之案件。但在英國並無類似裁量權，一旦開始程序，便不能依職權停止程序。在美國許多刑事案件由檢察官終止（辦結），而大致欠缺正式審核檢察官終止裁量權之機制 [31]。

理由之一可能是英國警察移送法院之案件比美國審愼。另一理由可能是英國在大多數案件由於治安法官（magistrate）有簡易審判（summary trial），致不需要訴諸非司法之方法來過濾，更重要之解釋似乎是英國並無專業檢察官 [32]。

---

[28] NEUBAUER & MEINHOLD, op. cit., at 258.

[29] KARLEN, op. cit., p. 152.

[30] NEUBAUER & MEINHOLD, op. cit., p. 258.

[31] KARLEN, op. cit., p. 155.

[32] KARLEN 教授以爲因英國檢方由地方警察之小律師（solicitor）或檢察長（attorney-general）就個案說明案情，他們並無約束要對所追訴之罪名（或任何較輕犯罪）獲得有罪判決。不像美國檢察官將可能會輸的案件移送審理，心中會有疙瘩。參照 KARLEN, op. cit., at 154.

拾貳、大陪審之評價

　　大陪審常被人批評手續煩瑣，耗費時間與昂貴支出，且大部分工作可以由預審（preliminary examination）取代，對被告也一樣會有效率，可能更為公平。主要由於此種原因，英國在 1933 年將大陪審廢除。但也有支持大陪審的主張，其理由如下：

一、大陪審發揮了過濾欠缺根據追訴的功能，而不使被告曝光，為公眾所知悉。

二、大陪審調查貪瀆或違法行為案件的廣大權限，可以有效與公正地維持純淨的公共行政。在英國這種功能可以由「皇家委員會與調查法庭」（Royal Commissions and Tribunals of Enquiry）充分踐履，但在美國代替性的機制雖可由立法委員會從事調查，但其效果畢竟不彰。

三、大陪審是以祕密方式取得不合作證人宣誓證言的方法，對組織犯罪與大規模經濟犯罪案件特別有用。如果沒有大陪審，則警察與檢察官無法在開審理庭以前強制證人作證[33]。

拾參、結語

　　由上所述，可見美國大陪審制度之運作頗有特色，但甚為複雜，它是人民參與國家司法之一種機制，雖然有人批評透過大陪審審查證據決定是否起訴被告，程序繁雜，耗費時間與費用，而效果未必太大，但因受到聯邦憲法明文保障，故與英國不同，今後仍會維持，距離廢除之日尚屬渺不可期。

---

[33] 在 1964 年英國發生大規模詐欺，即職業足球隊員收受賄賂，逃避警察探查，被某家報社發現，後來其中一人抖出個中經過。似此情形，可由大陪審調查，使官方調查人員對發現真相獲得進展。參照 KARLEN, op. cit., at 153.

仲裁程序證據調查面面觀

壹、前言

　　民事訴訟乃基於國家司法權之發動，為使法院在審理民事案件時能獲致公正正確裁判，國家對法院賦予公權力，可對關係人加以一定強制，以調查蒐集證據，對不從其命令之人可予以種種制裁。例如法院可傳喚證人到場，且任何人均有作證義務。如不服從法院之傳喚，拒不到場，法院可以拘提之方法強制其到場；如其到場而不具結或拒絕證言，則可予以罰金之處罰；如到場但作不實證言，更可能受到偽證罪之追訴。但在仲裁，因仲裁庭之權限並非來自國家之主權，而是出於當事人之協議，故通例國家對仲裁並不賦予與法院蒐集或調查證據之同樣權力。仲裁制度在許多方面對當事人而言，遠較訴訟為優[1]，但在調查證據方面不如法院訴訟程序，則無可否認。由於證據調查關係判斷結果之正確至為深巨，究竟仲裁庭應如何調查證據，對所遇困難如何克服，在仲裁之理論或實務上均極重要。於仲裁法第 52 條規定：「法院關於仲裁案件之程序，除本法另有規定外，適用非訟事件法，非訟事件法未規定者，準用民事訴訟法。」此係對法院之適用法律予以規定，而非對仲裁庭之適用法律加以規定。至仲裁庭關於仲裁程序在當事人無約定，且仲裁法無規定時，如何適用？於仲裁法第 19 條規定此時仲裁庭得準用民事訴訟法或依其認為適當之程序進行，但準用民事訴訟法至何程度，在理論與實務上仍多疑義。由於我仲裁法對證據調查方面之條文僅寥寥兩條，且均極為簡略，故產生不少疑義與困擾。即使當事人成立仲裁合意，但事實上不可

---

[1] 關於仲裁制度之優點，可參照楊崇森等，仲裁法新論，第一章，中華民國仲裁協會出版，1999 年；楊崇森，商務仲裁之理論與實務，第一章，中央文物供應社出版，1984 年。

能預先就證據調查方法協議，定其詳細手續。至於當事人預先協議，按某仲裁機構仲裁之情形，雖可解釋爲當事人有按該仲裁機構之仲裁規則進行仲裁程序之合意，但常設仲裁機構之仲裁規則就證據調查亦未必有詳盡之規定，且難超越仲裁法之規定。因此仲裁程序上證據調查之基準，實際係在仲裁程序開始後，由仲裁庭斟酌加以處理[2]，但在實務上仍有不少困擾與疑義，有待解決。由於國內外有關仲裁之論著雖多，而此方面論述則頗欠缺。爰就手邊國內外資料所及，試加整理，間附己意，以就正於賢達。

貳、仲裁程序證據調查現狀之一瞥

在仲裁程序仲裁人與法官相似，有認定事實而爲公正判斷之任務。仲裁人必須調查證據，故爲探知事實，常須通知證人或鑑定人到場應詢（仲裁法第 26 條本文）[3]、調查或勘驗文書。惟仲裁人雖可要求當事人、證人、鑑定人到場，但不能對其加以拘提，或對不到場之人加以強制。又雖可要求當事人與第三人提出文書，但不能課以此種義務，且不能加以扣押，及對不遵其要求提出之人予以制裁。對到場之證人、鑑定人雖可詢問，但不能對拒絕陳述加以制裁，且不可使證人、鑑定人具結（同法第 26 條但書）。證據調查亦可由仲裁庭中一仲裁人行之。證據調查須讓當事人在場，並就證據調查結果予以陳述意見之機會，至當事人是否利用此種機會在所不問。如當事人無正當理由於期日不到庭者，不得以未受詢問爲理由，對仲裁判斷聲明不服。

2　古田與大河內二氏以爲此時多按仲裁當事人之合意或仲裁庭之判斷加以處理，見二氏，仲裁手續における證據蒐集，JCA ジャーナル，第 53 卷第 5 號，頁 8，2006 年。但予以爲按仲裁當事人合意之情形事實上恐難存在，似多委由仲裁庭裁量，故實際上仍多發生法律問題，惟學者較少對此等問題深入探討罷了。

3　我仲裁法對於仲裁庭開庭稱爲「詢問」（第 21 條）；要求證人、鑑定人到場，稱爲「通知」，而不用舊民事訴訟法之「傳喚」；證人、鑑定人到場應訊稱爲「應詢」，而不用民訴法之「訊問」，以示仲裁與訴訟有別。仲裁法第 26 條規定：「仲裁庭得通知證人或鑑定人到場應詢。但不得令其具結。證人無正當理由而不到者，仲裁庭得聲請法院命其到場。」即對不到場之證人有進一步聲請法院命其到場之規定。惟條文既規定聲請法院命其到場，須證人不到場，無正當理由，故如證人不到場有正當理由，例如未受合法送達，或因疾病、出國等，則尚不得聲請法院命其到場。

至未出庭之事實對判斷予以何種影響，則委諸仲裁人之自由心證。以上似爲今日仲裁程序調查證據之一般作法。

按民事訴訟法對證據調查有許多規定，內容極爲細緻，包括舉證責任之分配（第 277 條）、證人之作證義務（第 302 條）、證人拒絕證言（第 307 條）與不得拒絕（第 308 條）之事由及處罰（第 311 條）、證人不到場之處罰（第 303 條）、具結義務（第 312 條）、拒絕具結之處罰（第 311、315 條）、命他造或第三人提出文書（第 342 條以下）、當事人不從提出文書之命者，法院得認他造關於該文書之主張或依該文書應證之事證爲眞實（第 345 條）、第三人不從提出文書之命令者，法院得處以罰鍰等處分（第 349 條）。鑑定人之鑑定（第 324 條以下）、向機關或公務員、法院調取文書之勘驗（第 364 條以下）、證據保全（第 368 條以下）、職權調查與囑託調查（第 288 條以下）等。此等規定對仲裁程序是否適用或準用，不無疑義。由於外國或著名仲裁機構之仲裁規則之規定頗有參考價值，以下擬分別就有關問題選譯整理各重要國家及重要國際仲裁機構之仲裁法或仲裁規則相關規定，加以對照比較，並略加分析，突顯出問題所在與多數國家的作法，期對我仲裁法有關問題之解釋與他日仲裁法之修正，有若干助益。

參、證據

由於現行仲裁法關於證據方面規定過於簡略，以下特蒐集列舉各國有關規定加以分析，以供解釋我國有關問題之參考。

一、證據之許容性（admissibility）、相關性（relevancy）、主要性（materiality）及其證據力如何決定？又證據是否須符合證據之法律原則？

(一) 聯合國國際貿易法委員會國際仲裁模範法規定：證據之許容性、相關性、主要性及其證據力由仲裁法庭決定之（第 25 條第 6 項）。

(二) 美國仲裁協會商務仲裁規則規定：「……仲裁人應就所提證據之是否相關，是否重要加以判斷，至證據是否符合證據之法律原則並非重要[4]。……」（第30條）。

(三) 英國1996年仲裁法：傳統見解以為英國仲裁人須適用英國法院適用之嚴格證據法，但即使在1996年仲裁法以前此見解亦受到著名法學家之嚴重質疑。

在英國1996年仲裁法之下，如當事人在仲裁契約未同意捨棄嚴格之證據法則時，仲裁庭亦可不遵守（sec. 34(2)(f)）。

(四) 小結：仲裁庭不必嚴格遵守民事訴訟法所定之證據規則。

二、舉證責任之分配

(一) 聯合國仲裁模範法規定：「當事人就其請求或答辯事項負有舉證責任。」（第24條第1項）。

(二) 美國仲裁協會商務仲裁規則規定：「……當事人得提出其所欲提出之證據，並應提出仲裁人為瞭解及判斷該爭端所需之其他證據。……仲裁人應就所提證據之是否相關、是否重要加以判斷，至證據是否符合證據之法律原則並非必要。」（第30條）[5]。

---

[4]　依據美國仲裁協會仲裁人手冊之說明，在審理開始，許多證言提出後，仲裁人可能被要求對證據之可否採用加以裁定。一般法庭證據規則不適用於仲裁程序。但在當事人一方提出異議時，仲裁人應就是否讓該證人繼續他的證言加以決定。因如仲裁人拒絕聽取主要的證言時，其所下的仲裁判斷可能會遭受攻擊，所以仲裁人通常對有疑問的資訊，接受其認為有價值的部分，而不採信不相干及不實的證據。此並不意指仲裁人須接受當事人所提的任何證據。當對證據可否採用（admissibility）有所懷疑，或當事人一方對某證言提出異議時，在雙方當事人提出辯論前，仲裁人可對程序問題暫緩決定。當一方提出異議理由，而他方答辯時，仲裁人可決定該證言可否提出。即使准許提出在關聯性方面有問題的證據，仲裁人也未必對該證據賦予舉證當事人所希望的證明力。仲裁人是唯一決定何種證據可提出的人，也是唯一決定證據證明力之人。參照楊崇森，英美商務仲裁制度，頁78，司法行政部印，1973年。

[5]　依據美國仲裁協會手冊的說明，在仲裁開庭時，雖然當事人可自己出庭，但通常都由律師代理。不論在何種情況，當事人「把案件交付仲裁人」，提出他們認為適當的證據與辯護理由。作為一個專家，仲裁人可能覺得直接詢問證人，更易闡明爭點，但許多有經驗的仲裁人都認為最好保持忍耐，讓雙方當事人或他們的律師以他們自己的方式把案情展開，然後於必要時發問，或要求提出其他證據。有時當事人可能重複陳述，或把握不住重點而扯得太遠，此時仲裁人便可堅持當事人迅速陳明。要求當事人就不爭的事實成立協議，通常是節省時間，闡明爭點的一種有效方法。又同註4，頁77。

(三) 小結：舉證責任應適用民事訴訟法之原則。

三、當事人本人可否作證人？

(一) 國際商會仲裁規則（以下簡稱 ICC 仲裁規則）就當事人本人之證據調查並無特別規定。

(二) 社團法人日本商事仲裁協會商事仲裁規則（以下簡稱 JCAA 商事仲裁規則）亦與 ICC 相同。但此並非否定以本人作為證據方法之意，而係訊問本人乃以與通常證人訊問同一手續為前提[6]。

(三) 國際法曹聯盟國際商事仲裁證據蒐集之 IBA 規則（以下簡稱 IBA 證據規則）明定，當事人本人亦按與證人同一之規則行證據調查（IBA 證據規則第 4.2 條）。

(四) 在日本仲裁法訊問當事人本人排除在法院實施證據調查（日仲裁法第 35 條第 1 項）之對象之外。此可解為「聽取當事人陳述，得由仲裁庭實施，難於想像當事人拒絕在仲裁庭面前陳述之故」。

(五) 小結：當事人似可與一般證人訊問適用同一程序。

四、仲裁人可否傳喚證人或命當事人或第三人提出文書？

(一) 美國仲裁協會商務仲裁規則規定：「……當仲裁人由法律授權傳喚（subpoena）證人或命提出文件時，得依職權或基於任何當事人之請求為之。……」（第 30 條）。

(二) 美國統一仲裁法規定：「仲裁人得簽發（或使他人簽發）傳票命證人出庭，命關係人提出書籍、紀錄、文件及其他證據，且有權主持宣誓。簽發之傳票應行送達。」「所有法律強制被傳喚作證之人之規定適用之。」「證人出庭之費用與證人在高等法院（Superior Court）出庭相同。」「且因一方當事人或仲裁人之向法院聲請，應依法律所定送達與

6　同註 2。

執行民事訴訟之傳票方式予以執行。……所有法律強制被傳喚之人作證之規定適用之。……」（第 7 條）。

(三) 美國聯邦仲裁法規定：「所選之仲裁人，得以書面傳喚任何人在仲裁庭或任何仲裁人前作證，且在適當情形攜帶該案可作為證據之任何簿冊、紀錄、文件。證人出庭之費用與證人在聯邦法院法官助理（masters）前作證之費用同。此傳票應以仲裁人之一人或全體或大多數人之名義由全體或大多數仲裁人簽發，且應以與法院傳喚出庭作證之同一方式送達。如任何被傳喚作證之人拒絕或疏於遵守傳票，此仲裁庭或大多數仲裁人開庭所在地之聯邦地方法院，得基於申請強制該人在該仲裁人或仲裁庭前到場作證，或以蔑視法庭處罰，其方式與法律強制證人在聯邦法院出庭，或疏於或拒絕出庭之處罰相同。」（第 7 條）。

(四) 英國 1996 年仲裁法：除當事人另有約定外，仲裁庭有裁量權命當事人提出其認為相關之文件（34(2)(d)），且亦可對某證據是否基於法律、職業或其他特權之理由而不能透露之爭點加以決定。

(五) 聯合國仲裁模範法規定：「當事人之一方經適當通知提出書證，而在指定期間怠於提出，且未表明充分原因時，仲裁庭得依據現有證據下判斷。」（第 28 條第 3 項）。

(六) ICC 仲裁規則規定：「仲裁庭在仲裁程序中得隨時傳喚當事人提出更多證據。」（第 20 條第 5 項）。故可解為仲裁庭可基於此規定命當事人提出文書。惟對當事人不從提出文書命令之效果並無規定。由於證據之評估由仲裁庭自由判斷，故此時仲裁庭可能對拒絕提出之一方為不利益之推認[7]。

(七) 日本仲裁法：仲裁庭並無強制傳喚第三人為證人之權限，故第三人拒絕作證時，仲裁當事人或仲裁庭得向管轄地方法院聲請要求實施證人訊問（第 35 條第 1 項）。

7　同註 2，頁 3。

證人無正當理由於法院所定證據調查期日不出庭，或拒絕宣誓、證言時，法院可課以罰鍰、罰金等之制裁，亦可拘提之（日民訴第 194 條第 1 項）[8]。

仲裁當事人或仲裁庭可向該管地方法院申請對他方當事人或第三人發出提出文書之命令（日仲裁法第 35 條第 1 項、民訴第 219 條以下）。但對仲裁相對人所持有之文書，一般仲裁庭可命其提出，當事人不從此命令時，可推認他方當事人之主張爲眞實，故一般欠缺對法院申請提出文書命令之必要（即使法院對當事人發提出文書命令時，違反命令之效果亦係推認爲眞實，日民訴第 224 條參照）。

(八) 日本 JCAA 商業仲裁規則規定：「當事人對仲裁庭得申請命相對人提出其持有之文書。」（第 37 條第 4 項）「仲裁庭在有前項申請時，於聽取相對人意見後，認爲有調查必要時，除依法律有拒絕提出之正當理由外，可命其提出。」（第 37 條第 5 項）即對文書提出命令有明文規定，但當事人不遵文書提出命令時，其效果如何，亦無規定。

(九) IBA 證據規則設有各當事人在仲裁庭指定期間內，得聲請仲裁庭命他造提出文書之規定（第 3.2 條以下），且就不提出之效果有所規定。即某當事人不從仲裁庭之文書提出命令，而就其理由不爲充分說明時，仲裁庭得推認（infer）該文書對該當事人爲不利（第 9.4 條）。又某當事人不提供仲裁庭所命證人或其他證據，而就理由不爲充分說明時，仲裁庭得推認該證據對該當事人爲不利（第 9.5 條）。又 IBA 證據規則規定：仲裁庭除例外閱讀該文書爲不適當之情形者外，得使獨立公正之第三人閱讀該文書，並就異議之當否提出報告（第 3.7 條）。

(十) 小結：仲裁庭宜可傳喚證人，或命當事人或第三人提出文書，如第三人拒絕作證或提出文書時，仲裁庭或仲裁當事人得向該管法院聲請協助。

---

[8] 對證人之訊問，依日本民事訴訟法第 202 條，原則上以交互訊問之方式行之。但管轄法院所行之證人訊問與受託法官證人訊問相同，一般以爲不須公開，即以非公開之方式行之。此際仲裁庭得於證人訊問時在場，並對人爲訊問（日仲裁法第 35 條第 5 項）。

五、可否採取不能被傳喚或無法出庭之證人之證言，即證人之證據可否以書面陳述之方式爲之？

　　例如證人在遙遠的城市，而且如要該證人出庭作證，須費周折及花費很多金錢時，當事人可否請求仲裁人接受以書面作成的證言（affidavits 宣誓書）。

(一) 聯合國國際貿易法委員會模範法規定：「證人之證據亦得以其簽名之書面提出方式提出之。」（第 25 條第 5 項）。

(二) 美國統一仲裁法規定：「因一方當事人之聲請，且爲充證據之用，仲裁人可依其所定之方式與條件，許可採取不能被傳喚或無法出庭證人之證言。」（第 7 條 (b) 項）。

(三) 英國 1968 年至 1972 年民事證據法適用於仲裁，如證人在外國，准許以證人之書面陳述作爲證據，而不須證人出庭供交互詰問；且 1995 年民事證據法廢除英國民法下之傳聞證據原則[9]。

(四) 美國商務仲裁協會商務仲裁規則規定：「仲裁人應收受並考慮證人以具結書方式所提出之證據，但所賦予之證明力，僅以對該證據之採用所提出之任何異議，經考慮認爲適當者爲限。凡證據於開庭時未提交仲裁人，但於審理時所安排，或當事人嗣後以契約安排者，應送交本協會轉致仲裁人。所有當事人應有機會檢查此項文件。」（第 31 條）。
　　亦即如仲裁人認爲上述當事人之請求有足夠理由時，可接受此項請求。但若他方當事人反對時，仲裁人在未決定前，應聽取雙方之辯論。在對宣誓書評定其證明力時，仲裁人必須考慮到此時證人與他們親自出庭應訊時不同，不能接受交互詰問（cross examination）。

(五) 小結：對有正當理由不能出庭之特殊情形，准許證人之證據可以書面爲之，但其證明力亦應與出庭接受交互詰問不同。

---

[9]　參照 V.V. VEEDER QC. 所撰有關 England 之仲裁文，頁 41。該文爲 Martin Hunter, *International Handbook on Commercial Arbitration: Supplement 23 (England)*, 13 Arbitration International 3, 340-42 (1997) 所收。

六、仲裁庭可否命證人宣誓或具結？

(一) 依據美國仲裁協會商務仲裁規則之規定，仲裁人得命證人在任何適格人員主持下宣誓，然後作證。如法律有規定，或一方當事人要求時，應命證人於宣誓後作證（第 26 條）。宣誓由美國仲裁協會主持，其內容爲：「你鄭重宣誓，在本仲裁，你所要提出之證據屬實，且全屬眞實嗎？」

(二) 依英國 1996 年仲裁法，仲裁庭有權命證人或當事人於宣誓後加以訊問。仲裁庭自己有權對證人主持宣誓（sec. 38(5)）。

但我商務仲裁條例第 15 條僅規定：「仲裁人得詢問證人或鑑定人。但不得命其具結。」仲裁法改爲「仲裁庭得通知證人或鑑定人到場應詢，但不得令其具結」，又增列第 2 項「證人無正當理由而不到場者，仲裁庭得聲請法院命其到場」之規定（第 26 條），其內容雖已較舊法略爲完備，但仍無得令證人具結之規定。其原因當係因仲裁並非國家司法機關之故，證人既不具結，如有僞證時，能否構成刑法上僞證罪，殊有疑問。又如此規定結果，是否影響證人眞實陳述，有無影響其證明力、有無影響仲裁庭判斷之準確性，非無問題。

(三) 小結：仲裁庭宜有命證人宣誓或具結之規定，由於牽涉較廣，有待於仲裁法加以修正。

七、當事人可否交互詰問證人？

(一) 紐約州仲裁法規定：「……當事人有權出庭應訊，提出證據並交互詰問證人。……」（7506(c)）。

(二) 英國 1996 年仲裁法規定，如有口頭證據時，准許對他方證人予以交互詰問；仲裁人可控制交互詰問之性質、範圍及長度（34(1)(f) & (h)），但須符合公平等要件。

(三) 小結：當事人應可交互詰問證人，但仲裁庭在公平原則下，可控制交互詰問之性質、範圍與時間。

八、相對人對其支配下之證人有無命其到場之義務？

　　一般仲裁庭並無強制傳喚第三人為證人之權限，此在該第三人為相對人支配下之情形（例如該人為相對人之作業員）亦同。仲裁庭可否對相對人命在其支配下之第三人到場為證人？ICC 仲裁規則與 JCAA 商事仲裁規則就此點並無明文規定。但仲裁庭對相對人命在其支配下之第三人為證人並命其到場，相對人無正當理由而不聽從時，可以此為理由，形成對相對人不利之心證，為一般所容許。依 IBA 證據規則，仲裁庭得依職權對當事人命證人於訊問期日到場（第 4.11 條）。

　　在我國亦宜與 ICC 仲裁規則為相同解釋，原則上可以此為理由，形成對相對人不利之心證。

九、證據之採用是否須雙方當事人在場？

(一) 美國仲裁協會商務仲裁規則規定「……所有證據之採用，應於所有仲裁人及所有當事人在場時為之，但任何當事人無理由缺席或拋棄其出庭之權利者，不在此限。」（第 30 條）。

(二) 日本新仲裁法規定：仲裁庭為聽取意見或檢查物品或文書而行言詞審理時，應在相當期間前，將該言詞審理之日時及場所通知當事人。
　　又當事人向仲裁庭提供主張之書面、證據書類及其他紀錄時，應採取使他方當事人能知悉其內容之措施（第 32 條）。

(三) 小結：可見證據之採用原則上須雙方當事人在場，除非當事人無正當理由缺席或拋棄出庭之權利。

肆、鑑定人

一、鑑定人由仲裁法庭指定抑由當事人自行指定？

(一) 依聯合國仲裁模範法之規定，仲裁法庭得指定 1 名或 1 名以上之鑑定人，就仲裁法庭指定之特定爭議提出書面鑑定報告。一份由仲裁庭製作之鑑定條款說明書（term of reference）應送達兩造。當事人應交付有關資訊或交付鑑定人所要求之任何相關文書或物品供鑑定人檢視。鑑定人與一方當事人對於所要求資訊或提供物品是否有相關性發生爭執時，應移送仲裁法庭裁決之。仲裁法庭於接到鑑定報告後，應將報告影本分送兩造，並予兩造以書面表示意見之機會。當事人應有權檢查鑑定人在其報告所依賴之任何文件（第 27 條第 1、2、3、4 項）。在報告交付後，基於任何一方當事人之請求，得在審理中詢問鑑定人，雙方當事人應有機會到場且詰問該鑑定人。在此審理，各方當事人得提出鑑定人，對爭議各點作證。第 25 條規定於此程序適用之。

(二) 英國：在傳統英國仲裁之對立制度下，仲裁庭如同英國法院一樣，不依職權指派鑑定人。1996 年仲裁法有意打破此種程序上的缺點，規定除當事人另有不同書面約定外，仲裁庭可基於一造當事人之申請或依職權，委派任何專家，包括任何法律顧問或評估人（assessor）。該人之報酬與費用視為仲裁庭之費用，可由當事人補償（此乃強制規定）。仲裁庭得准許此種人出席仲裁程序。在行使此權力時，仲裁人須讓雙方當事人有機會就該人對仲裁庭所提之任何資訊、意見或建議，以言詞或書面加以評論，且須符合公平之強制（mandatory）條件。當然仲裁人與當事人就是否指派一個專家，以及如指派專家，其條件及鑑定內容如何加以磋商協議，乃最佳作法。如雙方當事人從其自己鑑定人取證時，仲裁庭可控制證據，在雙方當事人間交換及向仲裁庭提出之時間、方式與型態（34(2)(f)）。一個仲裁人可在系爭領域仰賴他自己之專業智識或經驗，這也是特定仲裁人被任命擔任仲裁人之理由。在

另一方面，仲裁人應對雙方當事人透露他特殊科學或技術專業之特殊知識，且請他們表示意見，否則可能構成該法第 33 條（sec. 33）強行規定之違反。

(三) 日本新仲裁法第 34 條規定，除當事人另有合意外，仲裁庭得選任鑑定人 1 人或 2 人以上，命就必要事項予以鑑定，並命以文書或言詞報告其結果。在此情形，仲裁庭得要求當事人提供鑑定人為鑑定所必要之資訊，並將鑑定所必要之文書及其他物品提交鑑定人，或使鑑定人檢查。

(四) 小結：仲裁庭得選任鑑定人，命提出鑑定報告，且得命當事人提供鑑定人鑑定必要之資訊、文書及物品。

二、仲裁庭鑑定是否須與當事人協議？

我仲裁法未設鑑定之規定。

(一) 依 ICC 仲裁規則：「仲裁庭於諮詢當事人後，得指派一名或數名鑑定人，訂定鑑定內容並接受他們之報告。」（第 20 條第 4 項）。即仲裁庭可實施鑑定，但須徵詢當事人意見[10]。

(二) 依日本 JCAA 商事仲裁規則，解為仲裁庭可實施鑑定，但不須與當事人協議（第 38 條第 1 項）。

(三) 依日本仲裁法，仲裁庭得選任鑑定人已如上述，但不須與當事人協議（第 34 條 (16)）。

(四) 1BA 證據規則設有詳細鑑定人（expert）之規定（第 5、6 條）。仲裁庭指定之鑑定人，在與當事人協議後予以任用（第 6.1 條）。

(五) 小結：仲裁庭在與當事人協議後選任鑑定人。

---

[10] 同註 9。

三、鑑定人可否出庭作證？當事人可否加以詰問？

(一) ICC 仲裁規則規定：「基於一造當事人之請求，應予當事人雙方在審理中有機會詰問仲裁庭指派之鑑定人。」（第 20 條第 4 項）。

(二) 聯合國仲裁模範法規定：「鑑定報告提出後，鑑定人因任何當事人之請求，得出庭作證，當事人有權到庭並詰問鑑定人。在此項審理中當事人並得提出鑑定人，就該系爭之點作證。有關證人訊問之 25 條規定於此鑑定人之訊問程序適用之。」（第 27 條第 4 項）。

(三) 日本仲裁法第 34 條規定：「除當事人另有合意外，於當事人請求，或仲裁庭認為必要時，鑑定人應於報告後，在言詞審理期日到場。」當事人在言詞審理期日，得詢問鑑定人及使自己所委任有專門知識之人就該鑑定相關事項為陳述。

(四) IBA 證據規則規定當事人指定之鑑定人不出庭時，仲裁庭原則上應無視鑑定意見書（第 5.5 條）。鑑定人在仲裁庭指定之審理期日不出庭時，仲裁庭不能以該報告作為仲裁判斷之基礎，若仲裁庭以該報告作為仲裁判斷之基礎時，可解為構成仲裁判斷撤銷之理由 [11]。

(五) 小結：若一造當事人有請求，或仲裁庭認為有必要時，當事人雙方應有機會詰問鑑定人，且得使自己委任之鑑定人就鑑定報告陳述意見。如鑑定人不出庭時，不能以鑑定人之鑑定報告作為仲裁判斷之基礎。

伍、外國證據如何調查？

一、可否由仲裁庭調查證據？

仲裁庭調查證據並非國家主權之發動，故對於在外國之文書及證人，仲裁庭即使欲調查證據，亦不生國家主權在域外行使之問題 [12]。

---

[11] 同註 2，頁 7。
[12] 同註 2。

　　仲裁庭證據調查一般對第三人無強制力，故第三人對證據調查不協力時，證據調查無法實施。此時似只有囑託該第三人所在法域之官署（似為該外國之法院）為之 [13]。

二、可否由外國官署調查證據？

　　仲裁程序之當事人或仲裁庭，可否聲請該管地方法院，囑託外國官署調查證據？日本仲裁法第 35 條第 1 項規定，並不明確。然自該條充分保障闡明與訴訟同等重要爭議之精神觀之，該國學者以為似無否定聲請囑託外國官署調查證據（日民訴第 184 條第 1 項）之理由 [14]。又仲裁程序之當事人或仲裁庭可否直接聲請外國法院囑託證據調查，視該外國之法制如何而定。

　　至文書、勘驗標的物、證人等證據方法在當事人支配下時，即使該證據方法係在外國，亦可透過該當事人設法蒐集證據。

陸、仲裁庭可否依職權調查證據？

　　我仲裁法並未規定。

一、ICC 仲裁規則規定：「即使在當事人未請求之情形，仲裁庭亦得依職權進行訊問雙方當事人。」（第 20 條第 2 項）。惟仲裁庭雖可依職權進行訊問，但似難解為亦可依職權調查證據。

二、日本舊仲裁法（即所謂「有關公示催告之手續及仲裁手續之法律」）第 794 條第 1 項規定：「仲裁人在仲裁判斷前審理當事人，且以必要為限，應探知爭議原因之事件關係。」此乃為防止當事人提出之證據方法不能充分認定事實時，規定補充的職權探知 [15]。在新仲裁法第 26 條第 2 項規定：「無前項合意時，仲裁庭如不違反本法規定，可以認為適當之

13　同註 2。
14　同註 2。
15　小山昇，仲裁法新論，頁 173，1983 年。

方法實施仲裁程序。」基於此規定,仲裁庭認為必要時,似可在聽取當事人意見後,依職權調查證據[16]。

三、JCAA 商事仲裁規則規定:「仲裁庭認為有必要時,得調查當事人未申請之證據。」(JCAA 商事仲裁規則第 37 條第 2 項),即准許依職權調查證據。

四、IBA 證據規則設有依職權調查證據之規定〔1BA 證據規則 3.9(文書提出命令),4.11(證人),7(勘驗)〕。

五、小結:仲裁庭於必要時,應可依職權調查證據。

柒、證據保全

一、仲裁程序申請前,當事人可否對該管法院聲請證據保全?

關於此點我仲裁法無明文規定。日本仲裁法關於此點雖無明文規定,惟其第 15 條規定:「仲裁合意之當事人關於成為該仲裁合意對象之民事上訟爭,於仲裁程序開始前或進行中,不妨對法院為保全處分之申請。受其申請之法院不妨命保全處分。」該條所稱「保全處分」係指依該國民事保全法之假扣押與假處分,與日本民事訴訟法第 239 條乃至第 242 條所定證據保全程序係以蒐集訴訟證據為前提有別。但在提起訴訟前保全證據之必要(例如證據有滅失、竄改之虞),在仲裁前亦同樣存在。況仲裁判斷又與法院確定判決有同一效力,故該國學者以為就本案之解決有仲裁合意時,應認為已符合日本民訴法第 235 條第 2 項「提起訴訟前」之要件,當事人在聲請仲裁前,可向管轄法院申請證據保全[17]。我仲裁法在申請仲裁程序前,當事人應可對該管法院聲請證據保全。

---

16 同註 2。

17 古田、大河內二氏以為:如本案紛爭已有仲裁合意,即使解為對管轄法院不能聲請證據保全,但如法院無視仲裁合意之存在,仍實施證據保全時,法院由此所得之證據資料之證據能力無妨加以肯定。又二氏以為一般證據保全,法院不訊問相對人,即為證據保全之裁定,在證據調查前不久(通常為數小時前)傳喚相對人,因此相對人在證據保全實施前,並無主張仲裁合意存在之機會,法院現實上可發生實施證據調查之事態,同註 2,頁 5-6。

二、仲裁申請後，當事人可否對該管法院聲請證據保全？

仲裁申請後，仲裁庭可否為證據保全？

(一) 聯合國模範法有規定：仲裁聲請後，當事人或仲裁庭對管轄法院可聲請證據保全。即「基於任何一造當事人之聲請，仲裁庭得就系爭之標的採取任何暫時措施，包括系爭標的物之保存措施，諸如命令寄託第三人或出售易於毀敗之物」（第26條第1項）。

(二) ICC仲裁規則規定：「除當事人另有約定外，仲裁庭一旦收到檔案，得基於一造當事人之聲請，命任何其認為適當之暫時措施或保全措施……」（第23條第1項）。

(三) 日本仲裁法雖無有關證據保全之明文規定，但其第24條第1項規定：「仲裁庭除當事人另有合意外，得基於其一方之聲明，對任何當事人，就紛爭之對象命採取仲裁庭認為必要之暫定措施或保全措施。」所謂「暫定措施或保全措施」，該國學者以為解釋為包含證據保全，並非不可能[18]。

按在日本新仲裁法施行前，其舊仲裁法第791條亦有規定，但舊法下可實施之證據調查範圍在解釋上有爭議。故新仲裁法第35條第1項明定「依民事訴訟法規定囑託調查、證人訊問、鑑定、書證（除當事人提出文書者外）及勘驗（除當事人提示勘驗標的物者外），仲裁庭認為必要者，得向法院要求其實施之聲請」。此乃將原仲裁庭不能實施之證據調查改為可實施之意。又關於證據調查之必要性，應依仲裁庭之判斷，此點法院不能於判斷後予以駁回[19]。

惟茲有應注意者，日本新仲裁法明定仲裁人在法院實施證據調查時，除閱讀文書，勘驗勘驗之標的物外，亦可訊問證人及鑑定人（日新仲裁法第35條第5項），因最終的心證形成乃在仲裁人，為使仲裁人易於取

---

[18] 同註2，頁5。

[19] 近藤昌昭、片岡智美，仲裁法の概要，JCA ジャーナル，第50卷第10號，頁13，2003年10月。

得心證，故俾與仲裁人此種權限。由於此時究係法院之程序，訴訟指揮權在審判長，故訊問證人或鑑定人，應經法院之許可。但在仲裁程序保全證據之必要性（例如證據有滅失竄改之虞）與訴訟之情形並無二致，鑑於仲裁判斷與法院確定判決有同一效力（日仲裁法第45條第1項），仲裁程序中應認爲可爲證據保全。

易言之，在就本案之爭議已申請仲裁之情形，仍解爲相當於日本民訴法第235條第2項之「訴提起前」，此時可基於民事訴訟法之規定申請證據保全（日本學者以爲日仲裁法第35條第1項未列舉證據保全，似係因即使仲裁法未設特別規定，基於民事訴訟法亦可實施證據保全之故）。

(四) 小結：在仲裁程序申請後，仲裁庭得聲請法院爲證據保全。

捌、勘驗及其他命令

在訴訟，法官爲瞭解事實，可在法庭內或法庭外勘驗，仲裁比訴訟更適於解決事實問題所引起之爭議，所以勘驗在仲裁程序更爲重要。

一、仲裁人可否至現場勘驗？

(一) ICC 仲裁規則與 JCAA 商事仲裁規則對仲裁庭所爲勘驗並無特別規定，但此並非否定實施勘驗之意。IBA 證據規則第 7 條有勘驗規定。仲裁庭以按 IBA 證據規則第 9.2 條爲條件，可依當事人之申請或依職權對現場、物品、機械及其他有體物乃至過程或文書從事勘驗，或由仲裁庭指定之專家證人爲勘驗。各當事人及其代理人有到場會同勘驗之權利。

(二) 依據美國仲裁協會之作法，當仲裁人是某一工藝或專門職業的專家，而該爭議的爭點有賴專家之判斷，或涉及手藝之優劣或貨品之質料

時，仲裁人可前往現場檢驗該貨品，而不限於聽取當事人之敘述[20]。

(三) 日本新仲裁法並無明文規定仲裁庭對當事人得實施勘驗。勘驗手續準用書證之規定（日民訴第 232 條），但解釋上仲裁庭可發勘驗物提示命令。當事人不從仲裁庭勘驗物提示命令時，一般可爲該當事人不利益之推認，故仲裁庭似無向法院申請實施勘驗之必要[21]。惟如勘驗之標的物在第三人支配下時，仲裁庭對該第三人不能強制提示勘驗物。故第三人如不提示勘驗物時，仲裁庭或仲裁當事人在日本可依其仲裁法第 35 條第 1 項之規定，向管轄地方法院申請提示勘驗物之命令（日民訴第 232 條第 1 項）。如該第三人無正當事由，拒絕遵從法院所發提示勘驗物之命令時，可科以罰鍰之制裁（日民訴第 232 條第 2 項）。

二、仲裁庭可否爲其他指示？

英國 1996 年新仲裁法規定，仲裁庭有權對任何仲裁程序之標的或涉及仲裁程序發生之任何問題而就一造所有或在其持有下之任何財產作指示（sec. 3814）。這些指示可包括仲裁庭、一個專家或他人對任何系爭財產之最廣義之檢查、照相、維護、保管或扣押（不問在美國國內或國外），例如易於毀敗之物品或外國港口之船隻。仲裁人亦可命取樣，進行試驗及命保護

---

[20] 依據美國仲裁協會仲裁人手冊之說明，仲裁人對於貨品在雙方當事人出席的法庭（hearing room）中從事檢查，固然最爲理想，但如須視察建築物的基地，或前往倉庫查看貨品之類時，仲裁人須注意，除雙方當事人知情外，仲裁人不可爲任何調查行動。因現場調查是開庭審理的延續，正如仲裁人不能接受片面的證言，致對方沒有機會出席檢驗或加以評論一樣。仲裁人亦不能在審理的法庭外面收取任何證據，以公平保護雙方當事人的權益。仲裁人若需查看與仲裁有關的不動產時，必須將從事勘驗或調查之時間、地點以及目的通知雙方當事人。在作成此項決定時，如不在開庭期間，須透過美國仲裁協會通知雙方，俾雙方當事人有到場之機會。如屬時有任何一方未到場，以後該當事人便無權提出異議。仲裁人從事勘驗時，不可逾越當事人陳述的目的範圍。例如，如仲裁人前往倉庫只是爲了驗貨，則不可同時訊問證人，除非雙方當事人亦同時在場。如當事人無法於仲裁人在庭外勘驗時到場，則仲裁人必須將其調查所得告知雙方當事人。在此情形，通常須再召開審查庭，俾雙方當事人有評論機會。我仲裁法關於上述種種問題並未規定，但上述美國之實務作法可供吾人解釋有關問題之參考。又同註 4，頁 79。

[21] 同註 2，頁 5。

該書證。故仲裁庭之權限甚爲廣泛[22]。

三、小結

仲裁人應有權依聲請或依職權至現場實施勘驗，至宜否如英國仲裁庭擁有廣泛權限，則有待進一步研討。

玖、仲裁庭可否囑託調查或囑託送達文書？

我仲裁法就此點並無規定。

一、ICC 仲裁規則、JCAA 商事仲裁規則及 IBA 證據規則並無明文規定對第三人囑託調查或囑託文書送達，但此似非否定仲裁庭對第三人囑託調查或囑託送達文書之旨趣。惟仲裁庭對第三人囑託調查或囑託送達文書時，該第三人並無服從之義務，故其實效有限。

二、日本新仲裁法第 35 條第 1 項就法院所爲囑託調查與囑託送達文書設有規定。此乃法院所爲囑託調查與囑託送達文書課第三人國法上之義務[23]，比起仲裁庭所行囑託調查與囑託送達文書事實上可期待更高實效之故。但第三人即使違反此種國法上義務，因法律未設定特定制裁，故其實效仍屬有限。

三、小結：仲裁庭可透過該管法院囑託調查或囑託送達文書。

拾、法院對仲裁庭之協助

在仲裁程序中，仲裁人是否可如法院一樣，爲一切必要行爲？抑有所限制？如有所限制，如何聲請法院之協助？在此方面各國立法例並不一致，英

---

22 參照 V.V. VEEDER QC. 所撰有關 England 之仲裁文，頁 42。文爲 Martin Hunter, *International Handbook on Commercial Arbitration: Supplement 23 (England)*, 13Arbitration International 3, 340-42 (1997) 所收。
23 同註 2，頁 6。

美各國似傾向於賦予仲裁人較大之權力。例如美國統一仲裁法第 7 條規定：「(a) 仲裁人得簽發（或使他人簽發）傳票，命證人出庭，命關係人提出書籍、紀錄、文件及其他證據，且有權主持宣誓。簽發之傳票應行送達。……(c) 所有法律強制被傳喚之人作證之規定適用之。……」美國仲裁法（The United States Arbitration Act）第 7 條亦規定：仲裁人可以書面傳喚任何人出庭作證，且可於適當時機命其提出該案重要證據之簿冊、紀錄、文件、文書。如被傳喚作證之人拒絕或怠於遵守傳喚時，聯邦法院可基於聲請，強制該人到庭或加以處罰。英國 1950 年仲裁法（Arbitration Act, 1950）第 12 條亦規定：「(1) 除當事人另有明白相反之意思外，每個仲裁契約視爲包含一條條文，即當事人與所有可經由他們主張權利之人，除法律上可提異議外，可由仲裁人或審判員（umpire）於宣誓後，關於爭議事項加以訊問，或命其提出在其占有或控制下之所有文件，及在程序中踐履仲裁人或審判員所要求之一切其他行爲。(2) 除當事人另有明白相反之意思外，每個仲裁契約視爲含有一條條文，即仲裁人或審判員於認爲適當時，得對證人於其宣誓後加以訊問……。」

英國 1996 年新仲裁法規定：仲裁庭有權命證人或一造於宣誓後陳述，及命當事人提出書證。仲裁人雖無強制證人出庭之權力，但進一步規定英國法院得基於一造當事人與仲裁庭之准許或他造之書面同意，協助強制證人在英國出庭作證或提出文件或其他證據（第 43 條）。此種強制可由法院藐視法庭之權力予以加強。法院亦有權命訊問證人，或要求在英國國外訊問證人及保全證據，且法院有權並可准許暫時禁止命令（interim injunction）強制任何人不得將資產移出境外以協助仲裁（44(2)(a), (b), (e) & (3)）[24]。

反之，在德國與日本民事訴訟法則與上述英美立法例不同，對仲裁人之職權加以不少限制，其理由殆因仲裁人並非國家之權力機關之故，而規定有許多行爲非法院不得爲之，仲裁人如認有必要，須透過法院之協助。惟茲有

---

[24] 參照 V.V. VEEDER QC. 所撰有關 England 之仲裁文，頁 39。文爲 Martin Hunter, *International Handbook on Commercial Arbitration: Supplement 23 (England)*, 13 Arbitration International 3, 340-42 (1997) 所收。

應注意者，德日民事訴訟法規定，在此情形，須有當事人之聲請，始可請求法院協助（德民訴第1036條、日本「關於公示催告手續及仲裁手續之法律」第796條）。亦即在德國、日本，雖仲裁人認爲進行仲裁所必要之行爲，仲裁人仍不可逕行請求法院協助，而須迂迴透過當事人之聲請，法院始可加以協助。德、日各國仲裁制度不如英美發達，此諒屬原因之一[25]。我前商務仲裁條例則大體仿德、日民訴法之立法例，惟加以簡化，而於第16條規定：「仲裁人認爲必要之行爲，非法院不得爲之者，得請求法院爲之。(2) 受請求之法院，關於證據調查，有受訴法院之權。」嗣經仲裁法略加修正，而規定：「仲裁庭爲進行仲裁，必要時得請求法院或其他機關協助。受請求之法院關於證據調查有受訴法院之權。」（第28條）。即仲裁人需要法院或其他機關協助之行爲，如有必要，得自行請求法院或其他機關爲之，不必假當事人之名，如此自較德日制度之下迅捷，惟與英美立法例相較，仍感限制重重。倘受訴法院不瞭解案情，對仲裁人之聲請加以批駁或稽延，則仲裁人不免有無力感或挫折感之嘆。在此種情形下，可能使原來當事人欲透過仲裁速行解決爭端之目的打了折扣。

由於我新法第28條第1項規定爲：「仲裁庭爲進行仲裁之必要，得請求法院或其他機關協助。」乍觀之，因非如舊商務仲裁條例限定「非法院不得爲之行爲」，似比舊法範圍爲廣，但實際上意涵似無實質不同。究竟仲裁庭得請求法院協助之種類與範圍如何，由於條文文義不甚明瞭，不無疑義。在德國民事訴訟法解釋上係包括公示送達、對證人、鑑定人之強制力之行使、使證人、鑑定人、當事人宣誓（第1036條）、對官署證書送達之囑託（第432條）等[26]。在日本則包括命證人、鑑定人到場，命陳述證言或鑑定意見、命提出文書、命具結、囑託官署調查、囑託送達於外國等[27]。在我國

---

[25] 日本在2003年新仲裁法頒布以前，其仲裁法乃稱爲「關於公示催告及仲裁手續之法律」（明治23年所頒），內容頗爲簡陋，據云乃制定其舊民訴法之際，將1877年制定之德國民事訴訟法第10篇（仲裁手續）幾乎不加修正翻譯繼受，作爲其舊民訴法第8篇。同註18，頁8。
[26] 參照松浦馨，西ドイツにおける仲裁，法律時報，第54卷第8號，頁54。
[27] 參照小山昇，調停法、仲裁法，頁85。

現行法下似亦可作類似之解釋。至於請求其他機關協助之行為理論上似可包括向政府各級行政機關（含地政、戶政、稅務、教育、衛生等）查詢索取不動產登記、戶籍、關稅、出國、學歷等文獻資料，或囑託外交部或駐外使領館送達開庭通知書、仲裁判斷書等。至管轄法院如仲裁契約有約定時，從其約定，如仲裁契約未約定時，雖多依仲裁程序舉行地定其管轄，但亦有依爭議標的物所在地之土地管轄以及其他事物管轄者[28]。

在我現行法下，仲裁庭如有上述聲請時，法院應審理其聲請之適當與否及理由之有無[29]，並以裁定之手續審理。對於駁回聲請之裁定，可以抗告[30]（但於仲裁判斷後，抗告之利益歸於消滅）。如法院准許仲裁人之聲請時，應以裁判（例如命具結之裁判）或事實行為（例如囑託調查）而為必要之行為[31]。同時在證據調查方面，法院亦可自行為必要之行為（例如聽取證言等）。在此種證據調查，仲裁人與當事人有在場之權利。

法院所行證據調查，如無特別規定，準用民事訴訟法所定之程序。證據調查之程序及結果應記載於筆錄，並送達於仲裁人，其內容作為仲裁人判斷之資料。由於管轄法院對於該仲裁案件並不瞭解案情與爭點所在，故對於提出文書命令之必要並無獨自判斷之餘地，易言之，對於上述證據調查結果之評價，並非通常法院之權限，而委諸仲裁人之自由心證。法院於上述調查證據時，如行為有瑕疵，其本身並不構成仲裁判斷撤銷之事由[32]。

於茲附帶一提者，日本於 2003 年重修新訂頒行「仲裁法」，增列不少進步與明確規定，對仲裁庭權限亦有所擴大，有利於仲裁程序之進行與目的之達成，尤其第 35 條明定：「凡仲裁庭或當事人依民事訴訟法規定所為之調查囑託、證人訊問、鑑定、書證（除當事人所提出文書外）、及勘驗（除當事人提示勘驗之標的物外），仲裁庭認為必要者，除當事人另有合意外，

---

28 參照倉田寬吉，民事訴訟法「仲裁手續」の解說，頁 73。
29 參照楊崇森，商務仲裁之理論與實際，頁 60。
30 此時在日本新仲裁法只有仲裁庭有抗告權，仲裁當事人不能抗告。
31 例如在仲裁庭聲請對第三人發提出文書命令之情形，如法院准許聲請時，只有該第三人有抗告權（仲裁當事人不能抗告）。
32 同註 27，頁 85。

得向法院[33]申請其實施[34]，且當事人亦得向法院為聲請，惟應經仲裁庭之同意。」又對於法院就此等聲請之裁定，得為即時抗告。且規定法院依此等聲請於實施該證據調查時，仲裁人得閱讀文書、勘驗勘驗之標的，或經法院審判長許可後，得訊問證人或鑑定人，堪稱一大進步，值得我國他日修正仲裁法或解釋仲裁法之參考。

---

[33] 第 1 項聲請所涉之案件，不問第 5 條第 1 項規定，專屬於下列法院管轄：1. 第 5 條第 1 項第 2 款所定之法院（按即管轄仲裁地地方法院）；2. 管轄應受訊問之人或持有文書之人之住所或居所或勘驗標的所在地之地方法院；3. 管轄聲請人或被聲請人之普通審判籍之所在地之地方法院（限於無前二種所揭法院之場合）。

[34] 在日本，據云法院在證據調查對仲裁當事人援助之案例，截至 2004 年 9 月 9 日，日本最高裁判所尚無統計數字。惟經該作者自己打聽結果，2005 年 9 月左右，東京地院似有援助證人之例。同註 2，頁 9。

英美嘲弄法律人的諺語與笑話給法律人之省思

　　任何行業都有笑話，法律人亦不例外。在英美澳洲等英語國家，自古評論與嘲弄律師的諺語與笑話特別多，可能與盎格魯薩克遜民族幽默感有關。近年來美國開律師的玩笑大幅增加，理由之一是人們較不欲說政治上不正確的笑話，也避免說有關族群或性別的笑話。其結果，律師變成揶揄的好對象，因為攻擊或取笑律師並不構成政治上不正當的行為。許多有關族裔的老笑話已變成以律師來取代過去的主角。諸如把律師自火車丟出去的笑話，在過去常用來描繪許多外國移民，例如美國的墨西哥人、德國的土耳其人等等[1]。第二理由是律師咎由自取，因為法律人看來自大、不敏感、心中只有金錢、乏味、不通人情、缺乏幽默、彎彎曲曲、不可靠。律師也可能被認為在英美社會的保守力量，協助維持社會上不公平的制度或現象。

壹、歷史上法律人的笑話

　　在歷史上法律人就是有爭議。古代雅典在公元前 5 世紀後半期和公元前 4 世紀前半期之間，有所謂雄辯家（orator）稱為 synegoros，為訴訟當事人或被告代言，同時也有所謂友人（syndic）在當事人本人說一些話之後，由他進行案件的答辯。不過 synegoros 和 syndic 之間界線難於劃分。這些雄辯家是從本人的好友、親戚或鄰居等人中挑選，不但提出事實和辯解，而且也對當事人本人之誠實及品德表達他個人的看法。所以他們是辯護人兼當事人

1　Ross, The Jokes on Lawyers 4 (2005).

的品德證人。除非他們確信當事人的辯解，否則不會接案。而且法律規定這些辯護人不能收受金錢報酬，如有收錢，則對當事人與辯護人都不名譽。他們的角色是出於公民責任的要求。直到蘇格拉底時期，才廣泛出現了規避法律的不同型態的報酬，於是律師開始有了不好名聲[2]。

在古代羅馬，當時法律職業已開始發展，雄辯家（orator）或辯護人（advocate）在審判案件扮演主要角色。他們出庭由非法律家構成之法庭審理案件之法律和事實。而 juris consult（熟諳法律之專家）在審判案件不扮演積極角色，只為當事人就法律提供意見。西賽羅（Cicero）是那時代傑出的辯護人。他的講演和著作反映出他對哲學、邏輯及政治學的功力，即使時至今日，其格調和理論仍基本正確，為人所稱道[3]。

又據說在羅馬的律師是以炫耀他們的修辭能力聞名，常作對當事人不利的無關評論[4]。

對法律人的抱怨並非最近才有，據說柏拉圖、耶穌曾批評過法律人。自 12 世紀開始，英國有莎士比亞、蒙太奇（Montaigne）、Swift 及狄更斯等人對法律人批評的記載[5]。有些固然是針對法律人而發，但有些可能與一般

---

[2]　Id. at 9-10.

[3]　參照 LUSK, BUSINESS LAW, PRINCIPLES AND CASES 10 (1963).

[4]　Id. at 11.

[5]　如上所述，可知歐洲在希臘羅馬時代已有律師制度。莎士比亞名著《威尼斯商人》敘述男主角威尼斯商人安東尼仗義幫要結婚的好友籌錢，向放高利貸的猶太人夏洛克借錢，借據上載明如屆期不還，要他身上一磅肉。不意安東尼因船貨遇風遲到，沒錢還債。夏洛克告到法庭，要割他的肉。辯護人說借據只提到一磅肉，並沒說也要他的血，致阻止了悲劇的發生，更可見歐洲很早在希臘羅馬時期已有律師制度。在我國古代可能重人治禮治的結果，法律職業不發達，所以很少有諺語或笑話嘲弄法律人。雖然法家被批評為刻薄寡恩，到了漢代以後，更獨尊儒術，但孟子說：「入無法家拂士，出無敵國外患者國恆亡。」宋代蘇軾亦說過「讀書萬卷不讀律，致君堯舜終無術」，都強調讀法律和法律人的重要。過去地方官兼理司法，英明的官不太多，加以下面的胥吏往往因緣為奸，致有「閻王易見，小鬼難當」、「衙門八字開，有理無錢莫進來」、「屈打成招」、「冤沉海底」、「官官相護」、「清官難斷家務事」以及朱柏廬先生治家格言所謂「居家戒爭訟，訟則終凶」的諺語。我國古代沒有律師出庭辯護的制度，現代律師制度是受到領事裁判權影響，晚清才起步。過去只有私下為人撰寫書狀的訟師，「一字入公門，九牛拖不出」，挑撥生事或包攬訴訟的被視為訟棍。明清時期協助地方官辦理民刑事務的幕僚稱為刑名師爺，以浙江紹興的師爺最為有名，有刀筆吏的稱號，因為追隨主官，吏的職務沒有保障，所以主官去職，也隨著失業，所以有「樹倒猢猻散」的諺語。關於我國若干相關諺語，可參照楊崇森，中外尊重法治的故事—領導人守法

人不喜歡或不信賴法律或司法有關。

在莎士比亞大著《亨利第七》第二部有句名言，至今仍常被人引用，他說：「我們要作的第一件事，就是讓我們殺死所有法律人。」（The first thing we do, let's kill all the lawyers）[6]。

在《聖經新約》（Luke 11: 45-46, 52）聖路加曾說律師是虛偽、造成複雜、未解決問題、對所產生損害不負責任，雖然協助當事人平反，但對正義沒什麼興趣云云。不過進一步瞭解後，才知事實上耶穌是談論宗教領袖猶太教的牧師（rabbis），而非針對法律人而發。有人指出法律人在早期基督時代有好名聲，保羅徒弟之一 Zenas 也是法律人。他在希臘東正教會成為聖人，此外也有其他法律人成為聖人[7]。

不過在 12 到 17 世紀，英國的大律師（barrister）真的不是普通人。他們通常是貴族子弟，講的和寫的是不同語文。最初他們像僧侶一樣說拉丁文，後來說他們自己階級的話──諾曼－法文（Norman-French），這是他們連同專門法律用語發展出來，為外人看不懂的文字[8]。

在 17、18 及 19 世紀，英國社會對法律人的攻擊更為明顯。他們的不滿，主要是針對腐化的法律人。許多小說家諸如狄更斯與特洛勒普（Trollope）把律師描繪為「起鬨的群眾」（rabble）。美國總統傑佛遜在 19 世紀之初，對他同世代的法律人有如下的敘述：「It is the trade of lawyers to question everything, yield nothing, and talk by the hour.」[9]

19 世紀之初在美國有廢除法律職業的運動，但未成功[10]（當時 18 世紀

之重要，全國律師，2008 年 4 月號；又楊崇森，瘦的仲裁勝過肥的判決，仲裁報，第 7 期，2008 年 5 月。

6　不過如仔細閱讀上下文，即知這只是喜劇式的消遣，不必認真。在伊利莎白時代，有人出版了三冊稱為莎士比亞笑話集（Shakespeare Jest-Books），但都不是莎翁所作。這書涵蓋公眾對律師的抱怨，惟內容大體類似，包括不合道德行為、費用超收、制作複雜而漫長的文件，及對民眾的需要欠缺敏感。不過對律師笑話只占此書一小部分，數百個笑話中只有 6 則。絕大部分笑話是針對僧侶，尤其羅馬天主教僧侶。參照 Ross, op. cit., at 12.

7　參照 Ross, op. cit., at 12.

8　Id. at 13; 關於英國的大律師詳情，參照本書附錄二。

9　Id. at 14.

10　Id. at.15.

美國在所謂傑克遜式民主浪潮之下，任何人不必受嚴格學校和正規訓練，只要跟有經驗的律師當學徒，即可取得律師資格，例如林肯總統即其著例）。

　　甚至有一個虛構的律師祈禱文：「主啊，我祈求人們相衝突，使你忠心的僕人能興旺。」（Dear Lord, let there be strife among the people, so that your loyal servant may prosper.）[11]。

　　依據美國所作社會調查：在大眾心目中，律師比大多數專門職業人士較不受歡迎。教師有百分之八十四的讚許率，醫師有百分之七十一，通常位居首位。律師只有百分之四十，高於證券經紀商和政客，這二者都是百分之二十四。在美國人之中，和律師及法律制度接觸最多之人（例如商業人士和曾擔任過陪審員之人）不如沒有接觸律師且教育有限之人受歡迎[12]。不過調查報告提到當事人相當滿意律師所作服務，雖然抱怨服務太貴。當事人認為律師相當有能力解決問題，而大眾則認為律師一般是聰明、會說話和有野心的人。

　　我國現今重視律師職業倫理，不但現行律師法詳細規定律師有哪些行為可為，哪些行為不可為，此外又有律師倫理規範。新出爐的三合一司法考試更將法律倫理列為必考科目，可見政府和社會重視律師職業道德之一斑。因此，作者特別將外國嘲弄律師的諺語笑話選譯較有代表性或趣味性數則，與讀者分享。它們大多富於幽默感或寓意深長，更可供關心人士作為對法律制度、立法政策、立法技術、司法制度、法律教育、訴訟及執行制度、執法態度，進一步省思和檢討的資料。

　　當然其中也有些諺語與笑話十分過火或令人不快，但請讀者留意，記錄在此主要出於學術研究目的，並無他意。此外也請法律人朋友瞭解，在英美也有不少強調法律重要及對律師正面評價的諺語。無論如何，作者願在此與法律人朋友共勉，笑話所反映的缺點或問題，有則改之，無則加勉。

11　Cramton, *What Do lawyer Jokes Tell Us About Lawyers And Lawyering?* 23 Cornell Law Forum 1, 3-9 (1996).
12　Id. at 416.

貳、對律師的笑話在英國澳洲都有，但大部分是來自美國

這些笑話大約可分爲以下數種：

一、律師被金錢縛住，收費高；不問有無理由，爲出錢高的當事人利益效
力。

二、律師是拐彎抹角，不可信賴及不道德的人。

三、律師是技術士、難於理解、使用技術性複雜用語，使人迷惑。沒有人情
味、自大、無趣，缺乏幽默感和沒有用處。

四、律師是可恨與可輕視之人，須予以清除。

五、律師人數過多，超過社會需要[13]。

參、為何英美大眾不大信賴律師？

一、媒體常過度報導富有的律師和刑事審理庭的律師，尤其刑事辯護律師的
角色。這些律師替人緣不佳的當事人辯護，導致人們心中產生律師替任
何人，尤其壞人，任何事情都做的觀念[14]。

二、律師賺高收入，被新聞媒體描繪爲不道德及沒良心，以及由律師爲有錢
當事人之利益，操弄複雜的法律。

全世界複雜的立法和文件都由法律人起草，以致有時他們被批評爲工作
雖有結果，卻沒有什麼用，或常常令人難以理解。

一些立法起草得很好玩。例如非洲加納國由英國殖民政府所通過的制定
法規定：任何人在太陽下山後，以塗黑的臉出現在公共場所成立重罪。這法
律是從一個印度殖民地刑事制定法抄過來，而這制定法又是抄自英國的一個

---

[13] 美國女大法官 Sandra Day O'Connor 說：「看到我們社會對法律人的尊敬降低，頗爲傷心。
這職業須回復謙恭。」（I have watched with great sadness the decline in the esteem held by our
society of lawyers. There must be a rediscovery of civility in the profession.）

[14] 其實律師並非爲當事人做任何事，大多數律師也許和一般人一樣誠實，而且也許更小心避免
惹起麻煩。但在美國流行的對立主義下（adversarial system），被大眾以爲其角色過度偏袒
一造當事人（overrepresentation），且過分熱心。

制定法。原來這法條是英國在中世紀用於逮捕把臉塗黑，可能行竊的人。

當然這些印象未必正確。誠如 Gerald F. Lieberman 所說：「相信所有關於法律人的壞話是不公平的，其中有些可能不正確。」（It is unfair to believe everything we hear about lawyers, some of it might not be true.）

當然法律人有時因工作不勝任或怠忽任務[15]，未能贏得訴訟，有時與對造和解，使當事人心生不滿。更有些不好或貪心的法律人不但欠缺道德，健訴濫訟，而且知法犯法。

以下特將英美對法律人的嘲弄或諷刺的諺語及故事，分類如次。

一、對法律和司法的不信賴和恐懼（法律不等於正義）

有下列諺語，例如：

(一) 一枝鵝毛筆比一頭獅子的爪危險（A goose-quill is more dangerous than a lion's claw.）[16]。

(二) 地獄和衡平法院的門永遠是開著（Hell and Chancery are always open.）。

(三) 訴諸法律等於捉狼，只抓住耳朵（He that goes to law holds a wolf by the ears.）。

(四) 法律人花很多時間在挖掘虛渺的煙霧。年輕人，本院是法律法院，不是正義法院（Lawyers spend a great deal of time shoveling smoke. This is a court of law, young man, not a court of justice.——Oliver Wendell Holmes 1809-1894）。

(五) 帶正義找神，帶錢找法官（Go before God with justice, before the judge with money.）。

---

15 法律性質上不像護士或牧師屬於快速有形幫助性的（helping）職業，何況大多數律師以爲他們是理性的問題解決者、用左邊頭腦的人。不喜歡情緒性、個人過於涉入，所以不易引起當事人的愛戴。在另一方面有些當事人有時不免情緒化、對律師要求高、和有不合理期待的情形。參照 CRAMTON, op. cit., at 417.

16 BOND, *The Law and Lawyer in English Proverb*, in EUGENE C. GERHART ed. THE LAWYER'S TREASURY 113 (1956).

(六) 陪審團是被選出決定哪一造有較好律師的 12 個人（A jury consists of twelve persons chosen to decide who has the better lawyer.——Robert Frost 1874-1963）。

(七) 我不想知道法律怎麼規定，只想知道法官是誰（I don't want to know what the law is, I want to know who the judge is.——Roy Cohn）。

(八) 在英國正義對大家開放，正如亞都麗緻飯店一樣（In England, justice is open to all, like the Ritz Hotel.——Lord Darling [Robert Charles Henry Darling] 1849-1936）。

　　下面是相關的笑話：在一個政治貪瀆案件的審判高潮，檢察官攻擊一名證人，他吼著問：「你是不是真的收了 5,000 元把這案件擺平？」證人凝視窗外，彷彿沒有聽到。檢察官再問他：「你是不是真的收了 5,000 元把這案件擺平？」證人仍舊沒有回答。最後法官把身體向前傾著，說：「先生，請回答問題。」吃驚的證人說：「噢，我還以為他是在問你呢。」

二、法律之無力感或欠缺確定性

　　有下列諺語：

(一) 聰明的法律人絕不自己訴諸法律（A wise lawyer never goes to law himself.）。

(二) 法律是無底洞（The law is a bottomless pit.）。

(三) 法律最糟之處是一個訴訟卻滋生了 20 個（The worst of law is that one suit breeds twenty.）。

(四) 法令愈多，犯人亦愈多（the more laws the more offenders.）[17]。

(五) 朝令夕改（The law is not the same at morning and at night.）。

(六) 每個領土有它自己的法律（Every land has its own law.）。

(七) 有多少國，就有多少法律（So many countries, so many laws.）。

---

[17] BOND, op. cit., at 114.

(八) 有新領主，就有新法律（New lords, new laws.）。

(九) 爲了一隻羊訴諸法律，反而輸掉一頭牛（Go to law for a sheep and lose a cow.）。

(十) 除讀法律外，別無更好實施想像力的方法。藝術家解釋自然，從來不像法律人解釋法律那麼自由（There is no better way to exercise the imagination than the study of the law. No artist ever interpreted nature as freely as a lawyer interpreters the law.──Jean Giraudoux）。

三、法律與司法偏頗

有下列諺語：

(一) 有法官父親的人，可安心接受審判（He whose father is judge goes safe to his trial.）。是老諺語，引用在 17 世紀唐吉訶德一書的英文譯本，以後被英人編入英文諺語彙編內。

(二) 法律、邏輯和瑞士人可被僱用，爲任何人打仗（Law, logic and Switzers may be hired to fight for anybody.）[18]。

(三) 給我看是什麼人，我就讓你看法律（Show me the man and I'll show you the law.）。

(四) 可能有很多法律站在你這一邊，但衡平卻很少在你這一邊（You may have much law on your side, but little equity.）[19]。

(五) 人由於有朋友，法律就完蛋了（As a man is friended, so the law is ended.）。

(六) 法律對富人是一套，對窮人又是一套〔One law for the rich and one for the poor.──Marcus Tillius Cicero（西塞羅）106-143 BC〕，在 19 世紀常見到此諺語 [20]。

---

[18] Ibid.
[19] Ibid.
[20] Id. at 115.

(七) 法律愈多，正義愈少〔The more laws, the less justice. ── Marcus Tillius Cicero（西塞羅）106-143 BC〕。

(八) 法律如同蛛網，只捉小蒼蠅卻讓大小黃蜂破網飛走（Laws are like cobwebs, which may catch small flies, but let wasps and hornets break through. ── Jonathon Swift）。在司法不確實性之諺語中，歷史最久遠的是將法律和蜘蛛網相比擬，它只捉小蒼蠅，卻讓大尾的蟲穿越逃走。

四、訴訟昂貴稽延，可能得不償失

有下列諺語：

(一) 不交費，就沒法律可言（No fee, no law.）。

(二) 沒錢就沒法律（Little money, little law.）。

(三) 一個不好的合約勝過好的判決（An ill agreement is better than a good judgment.）。

(四) 使人後悔的合約勝過好的法律訴訟（A sorry agreement is better than a good suit in law.）[21]。

(五) 瘦的仲裁勝過肥的判決（A lean arbitration is better than a fat judgment.）[22]。

(六) 訴訟：一隻豬進去，變成香腸出來的機器（Litigation: A machine which you go into as a pig and come out of as a sausage. ── Ambrose Bierce, The Devil's Dictionary）。

(七) 遲來之正義，乃正義之否定（Justice delayed, justice denied.）。按針對訴訟稽延而發。

---

[21] BOND, op. cit., at 113.
[22] Ibid.

五、法律人是機靈的動物，靠技巧地操弄一半眞實而發財

有下列諺語：

(一) 老醫師，年輕律師（An old physician, a young lawyer.）。表達律師之經驗不如天生機靈來得重要之想法。

(二) 律師少有善終，醫生少有悠閒（Few lawyers die well, few physicians live well.）。

(三) 一個拿公事包的律師所偷的錢多於 1,000 個帶槍的人（A lawyer with a briefcase can steal more than a thousand men with guns.──Mario Puzo）。

(四) 如果沒有壞人，就沒有好律師〔If there were no bad people there would be no good lawyers.──狄更斯（Charles Dickens）〕。

(五) 稅務律師是對數字擅長，卻沒有足夠成爲會計師人格的人。

(六) 大眾很不信任法律人。他們以爲法律人比一般人聰明，但智慧用在歧途。人們錯了，通常他們並不比較聰明（The public regards lawyers with great distrust. They think lawyers are smarter than the average guy but use their intelligence deviously. Well, they're wrong. Usually they're not smarter.──F. Lee Bailey）。

也有以下帶嘲謔性的問答[23]：

(一) 問：躺在馬路當中的死律師和躺在馬路中間的死蛇有什麼不同？
答：在蛇的前面有刹車痕跡。

(二) 問：爲什麼鯊魚不攻擊律師？
答：基於專業的禮數。

(三) 問：你怎樣把律師自樹上拉下來？
答：剪斷繩子。

---

[23] 參照 T. Overton, *Lawyers, Light Bulbs, and Dead Snakes: The Lawyer Joke as Societal Text*, 42 UCLA Law Review 1069, 1073 appendix (1995).

(四) 問：你怎樣救一個溺水的律師？

　　答：把腳從他的頭拿開。

(五) 有一個女律師與一個朋友說：「當人們發現我是律師時，馬上不喜歡我，為什麼呢？」

　　她朋友說：「這樣省時間呀。」

(六) 問：律師和公雞有什麼不同？

　　答：當公雞早上醒來，它主要的衝動是咯咯地要挑戰。

(七) 問：律師和鯰魚有什麼不同？

　　答：一個是住在底層的吃垃圾的生物，另一個是一條魚。

　　對律師有下列笑話：

(一) 律師事務所兩名合夥人正在吃午餐，突然其中一人自位子跳起來，說：「我必須回辦公室，我忘了鎖保險箱。」另一個說：「你擔心什麼！我們兩個都在這裡！」

(二) 有一個人去賣頭腦的店舖買頭腦作晚餐。他看到這專門店有一塊提到專門職業人頭腦品質的牌子，所以問屠夫：「工程師頭腦多少錢？」「一盎斯3元。」「別的職業人的頭腦多少錢？」「4元一盎斯。」「律師的頭腦呢？」「100元一盎斯。」「為什麼律師頭腦貴這麼多？」「你知道要殺多少律師才弄到一盎斯的腦。」

　　事實上不僅英美，在其他東西方國家也有對律師嘲弄或跡近侮蔑的諺語，例如：

(一) 只有律師和畫家能把白變成黑（Only lawyers and painters can turn white to black.）──日本諺語。

(二) 上帝想要懲罰人類，所以他懲罰律師（God wanted to chastise mankind, so he lawyers.）──俄國諺語。

(三) 傻瓜和頑固的人才能成為有錢的律師（Fools and obstinate men make rich lawyers.）──西班牙諺語。

六、律師很貪婪，對金錢計較

有下列諺語：

(一) 律師的房子建築在傻瓜的頭上（Lawyers' houses are built on the heads of fools.）。

(二) 律師的長袍充滿當事人任性的條紋（Lawyers' gowns are lined with the willfulness of their clients'.）。

(三) 猶太人錢花在逾越節，摩爾人花在結婚上，基督徒花在打官司（The Jews spend their money at the Passover, the Moors at marriages, the Christians in suits of law.）[24]。

(四) 鴇母和律師像壁爐鐵製柴架，一個抓住柴，另一個抓住他們當事人直到燒光才罷休（Bawds and attorneys are like andirons, the one holds the wood, the other their clients till they consume.）。

(五) 在真人之島沒有僧侶、律師或狐狸（The Isle of Wight has no monks, lawyers, or foxes.）。

以下舉出幾個有關的笑話：

(一) 一名新當事人諮詢一名有名律師。當事人問「你能告訴我你怎麼收費嗎？」律師回答說：「當然可以，我回答3個問題，收200元。」「噢，那不是偏高些嗎？」律師回答說：「那你第三個問題是什麼？」[25]

(二) 約翰·格雷有3個子女和超過50年的美滿婚姻，因病發過世。他的寡婦知道大衛史密斯是小律師，也是約翰從小最好的朋友，要做遺囑執行人。到了要分配約翰價值數百萬元遺產之日，3個子女和寡妻齊集在大衛事務所看遺囑。這遺囑明白記載：「當大衛你在念此文件時，諒我已過世。你是我多年好友，且為我所深愛，在此遺囑無法把你忽略。我也愛我妻愛麗斯和子女。顯然他們須加照顧。大衛，我知道由於我

---

[24] BOND, op. cit., at 113.

[25] brainden.com/lawyer-jokes.htm.

們長久的友誼，你一定會妥善照顧我的家屬。因此我指示你去將你想要的給我家人，其餘留給你自己（give what you want to my family and keep the rest for yourself.）。」大衛大喜，看著遺囑人的家屬說：「依照約翰的指示，我拿10萬元給你們全體，其餘歸我。」家屬對大衛的決定大怒。愛麗斯說：「我們有美滿的婚姻，且我丈夫不可能要這種結果。」她和子女對遺囑提出異議。法院開庭那一天，當法官聽取雙方證據後，作成裁決：「我賞遺產10萬元予大衛史密斯，其餘一半歸愛麗斯所有，另一半由3名子女平均分配。」家人對判決感到滿意。但大衛聽完後十分困惑。他不相信表達這麼清楚的遺囑竟可以由法官作這樣解釋。「法官大人，您怎樣達到這樣判決？約翰遺囑的意思十分明白。我要大部分遺產！請您解釋您判決的理由。」法官回答說：「史密斯先生，約翰格雷終生認識你，他也知道你是律師。他要給你一些錢，表示感謝。但他也要家屬得到照顧。所以他擬了這份遺囑。但你誤解他的指示。約翰知道律師是怎麼樣的人，所以心目中以家屬利益為念，他並未說『把你想給的給我家屬，其餘留給你自己』（give what you want to my family and keep the rest for yourself.）。不是的，約翰講的是『把你想要的給我家屬，其餘留給你自己』（Give what "you" want to "my family" and keep the rest for yourself.）。」[26]

(三) 一個女律師過世，靈魂到了天庭的珍珠門（Pearly Gates），發現已經有一大堆人在她前面排隊，在等著謁見聖彼得。當聖彼得離開大門座位，走向長隊伍，在她面前停下，熱烈招呼她時，她既高興又驚訝。接著聖彼得叫一個助手來，兩個人牽著女律師的手，溫和且小心地帶她到隊伍前面。他們給她舒服的椅子，請她坐在聖彼得座位旁邊。女律師問聖彼得：「感謝您這麼關照我，為什麼在好幾千個靈魂中選上我，對我這麼特別呢？」聖彼得答道：「我助手告訴我，他們已經把妳

---

[26] Ross, op. cit., at 30.

給當事人帳單的鐘點加起來，依照他們的計算，妳一定是 182 歲！」[27]

(四) 一個新近過世的律師，對聖彼得抗議說，他才 52 歲，死得太年輕。聖彼得回答道：「這奇怪了，依照你送當事人的鐘點費計算，你已經 89 歲了。」

(五) 一名醫生和一名律師參加一個酒會，有個人問醫生怎樣處理他的胃潰瘍。醫生說了一些意見，然後問律師：「你怎樣處理在社交場合被人問意見？」律師回答：「只要寄帳單給他就好了。」[28] 第二天早上醫生發給被胃潰瘍所苦的人 50 元帳單。但當天下午他收到了律師寄來的 100 元帳單。

(六) 一個臨終的老人認為他能駁倒死不帶去的諺語。他清理所有資產，共有現金 150 萬元。然後找他的牧師、醫師及律師到他醫院的床前。他告訴他們：「我要把這錢帶走。我為了這件事忙了好久。我要和我的現金埋葬在一起。你們是我最親近的 3 個人。我們的關係是基於信賴。我要你們去做的是：我給你們每人各 50 萬元現金。當我死時，在他們封棺材前，我要你們把錢放到我棺材裡。」沒多久，他便過世。在葬禮後，牧師、醫師和律師一在附近酒吧一起喝飲料。牧師說：「我必須承認我們教室久需更新，而且需要一幢牧師及其家眷的新宅。我知道我們的友人會瞭解且要奉獻，所以我放了 40 萬元現金在棺材裡。」醫師說：「噢，我實在高興你有勇氣承認，因為我必須告訴你們，我一生努力工作，醫治別人，但我沒有賺到我認為該有的那麼多錢。我想要一幢渡假別墅和一艘遊艇已經好久了，我知道我們的友人不會對我吝惜這些東西，所以我放了 30 萬現金到棺材裡。」接著輪到律師。他對牧師和醫師說：「各位先生，我對你們欠缺誠實感到震驚，我要你們知道我已經用自己的支票放了 50 萬元到棺材裡了[29]！」

---

27 Ross, op. cit., at 31 et seq.

28 www.workjoke.com/lawyer-jokes.html.

29 Ross, op. cit., at 37; www.workjoke.

七、律師不道德、說謊，一般人鬥不過律師

有下列諺語：

(一) 好律師一定是偉大的騙子（A good lawyer must be a great liar.）[30]。

(二) 律師是精於迴避法律之人（LAWYER…One skilled in the circumvention of the law. — Ambrose Bierce）。

(三) 法律人：去偽裝事情的職業（Lawyers--a profession it is to disguise matters. — St. Thomas More，英國 15 世紀大法官）。

(四) 魔鬼的聖誕派是用書記的手指和律師的舌頭所造成（The devil makes his Christmas pies of clerks' fingers and lawyers' tongues.）[31]。

(五) 當事人與他大小兩律師（指英國大律師和小律師[32]）角力，有似一隻鵝和兩頭狐角力（A client 'twist his attorney and counselor is like a goose' twist two foxes.）。

(六) 寧可是貓口中的老鼠，而不要是律師手裡的人（It is better to be a mouse in a cat's mouth than a man in a lawyer's hands.）。

(七) 法律人像犀牛：皮厚、短視，老在準備攻擊（Lawyers are like rhinoceroses: thick skinned, short-sighted, and always ready to charge. — David Mellor, British Conservative politician）。

以下舉出幾個有關的笑話：

(一) 有一個律師進到天國，但對他的住宿不滿意，因此對聖彼得抱怨。聖彼得告訴他，他唯一的辦法是對他的分配提起上訴。律師立即表示要上訴，但被告知他上訴案要等 3 年才會審理。律師抗議說，這 3 年等待毫無天理，但他的話被當做馬耳東風，沒人理會。不久撒旦來找這律師，告訴他，如他願意搬家到地獄，那麼撒旦能安排在幾天後審理他的上訴案。當這律師問為什麼上訴案在地獄會快這麼多時，撒旦對他

---

[30] BOND, op. cit., at 115.

[31] Ibid.

[32] 關於英國大律師和小律師之詳細介紹，參照本書附錄二。

說：「所有法官都在我們這裡。」

(二) 一個醫師、一個牧師和一個律師站在天堂的門前，等待分配他們的住處。聖彼得給醫師一間有日照的臥室，分一間茅屋給牧師，而給律師充滿美麗舞孃的宮殿式邸第。醫師和牧師回去找聖彼得，想知道其中緣故。聖彼得答道：「噢，因為他是我們找上來的頭一個律師。」

八、律師挑剔、計較、拐彎抹角、不可靠、不好相處、和不道德

有下列諺語：

(一) 好律師，壞鄰居（A good lawyer, an evil neighbor.）。美國開國元勛，也是科學家與作家的班傑明・佛蘭克林也說過：「好律師，壞鄰居」（A good lawyer, a bad neighbor.）[33]。

(二) 從未自學校畢業的人可能偷貨車的東西，但上大學畢業的律師可能偷整個鐵路（A man who never graduated from school might steal from a freight car. But a man who attends college and graduates as a lawyer might steal the whole railroad. ── Theodore Roosevelt）。

(三) 你是律師，你的義務是說謊、隱瞞和歪曲任何事情，並誹謗所有的人（You are an attorney. It's your duty to lie, conceal and distort everything, and slander everybody. ── Jean Giraudoux）。

以下舉出幾個有關的笑話：

(一) 有人問一名主婦、一名會計師和一名律師「2 加 2 等於多少？」主婦答「4」。會計師說，「我想不是 3 就是 4。讓我把這些數字在我桌巾上再跑一次。」律師拉起布幕使光線暗些，然後悄悄問：「你想要它是多少？」

(二) 一名陪審員被人聽到他對另一個陪審員說：「你會發現檢察官和被告律師都不宣誓說真話。」

---

[33] BOND, op. cit., at 115.

(三) 半夜在澳洲新南威爾斯鄉下僻路，一名開 Volvo 的醫生和開一部新 BMW 的出庭律師發生車禍。出庭律師似乎有錯，因爲他的車子有點超過馬路中央的白線。雖然雙方都沒受傷，但車子有不少損壞。

雙方走出車外，醫生發現對方是出庭律師，有點慌亂。出庭律師對他的驚訝很友善，並且說也許是他的錯，但最好讓警察做一個報告。出庭律師用他的手機打電話給警察，警察說 15 分鐘內會到。這是寒冷大風之夜，兩個人都冷得發抖，出庭律師走回他的車內，帶來一瓶威士忌。他說「在我們等警察時，和我喝酒吧。」醫生接受了，喝了一大口，把它交回出庭律師，律師把它放回他車內。醫生問「你怎麼不喝呢？」律師回答說：「等警察來了以後再喝。」[34]

九、認爲法律欠缺人情，尤其不能將愛和法律對比 [35]

有下列諺語：

(一) 一個本尼威特（1.555 克）重的愛等於 1 磅重的法律（A pennyweight of love is worth a pound of law）。

(二) 在 1,000 磅重的法律裡，找不到 1 盎斯重的愛（In a thousand pounds of law there's not an ounce of love.）。

(三) 不自法律回頭是愚人（Men are never wise but returning from law.）。

十、律師太機械化、不通人情、無趣、難以理解和無用

有下列諺語：

(一) 律師的意見除非有付費，否則沒有價值（A Lawyer's opinion is worth nothing unless paid for.）。

---

[34] Id. at 45.

[35] 人性不喜過於講法律。例如英國有諺語：對別人的事都愛正義（Everyone loves justice in the affairs of another.）（意謂人性對自己的事，往往偏袒自己，因此也影響大眾對法律人的觀感和印象）。

(二) 在莎士比亞的名著《李爾王》裡，愚人反諷說：「那麼這像沒付費的律師的一口氣，你什麼也沒給我。」（Then 'tis like the breath of an unfee'd lawyer; you gave me nothing for it.）

(三) 當你看一些你不懂的文件時，你幾乎可確定它是律師起草的（The minute you read something you can't understand, you can almost be sure it was drawn up by a lawyer. —— Will Rogers）[36]。

有下列相關笑話：

(一) 費爾和馬克坐熱汽球橫越澳洲上空。在雲上面飄盪 30 小時後，費爾說：「馬克，我們最好下降一些，來看看能不能決定我們的所在地方。」馬克放掉了一些熱氣，讓熱氣球下降到雲層下面。費爾說：「我還不知道我們的位置，讓我們問地面上那個人吧。」所以馬克大聲喊：「請問我們在那兒？」地面上的人喊回來：「你們在熱汽球內，大概在空中 30 米高。」費爾對馬克說：「這個人一定是法律人。」馬克說：「你怎麼知道？」費爾說：「因為他說的是百分之百正確，但卻完全沒有用。」[37]

(二) 想像如果由法律人來撰寫十誡，那麼上訴、少數意見和修正案不知會有多少！—— Harry Bander。

十一、律師是可恨與可輕視之人，而須予以清除

有下列諺語：

(一) 很少法律人有好死（Few lawyers die well.）[38]。

(二) 律師上天堂速度之慢如同每個耶穌受難節走一英吋（An inch every Good Friday , the rate lawyers go to Heaven.）。

(三) 律師和驢子都是橫死（Lawyers and asses always die in their shoes.）[39]。

---

[36] Ross, op. cit., at 70.

[37] Id. at 71.

[38] Bond, op. cit., at 116.

[39] Ibid.

(四) 法律的麻煩來自於法律人（The trouble with law is lawyers.──Clarence Darrow）。

有下列相關笑話：

(一) 一個神父和一個律師在一個派對聊天。神父問：「如果你在一個案件犯了錯，你怎麼辦？」律師答道：「如果大的錯，試著改，如果不重要那就算了。你怎麼辦呢？」神父答道：「噢，大小一樣辦。讓我舉個例子，有一天我想講『魔鬼是說謊人的父親』，卻說成『魔鬼是律師的父親』所以我就算了。」[40]

(二) 上帝決定要告魔鬼，並且要請公正無私的法官一次就徹底解決他們間的爭議。當撒旦收到傳票後，他笑著說：「你想到哪裡找律師，並且你想訴訟會在哪裡進行？」

(三) 3 個醫生在一起聊哪種病人最好動手術。第一個醫生說是德國人，因為身體內的東西都乾淨且排列整齊。第二個說是日本病人，因為打開他們身體，裡面都是可轉換的電路版。第三個醫生說：「不，不，你們都錯了。律師才是最容易開刀的人，他們沒有腸，他們所有的唯一器官是嘴巴和屁股眼，而且這些是可互相轉換的。」

(四) 律師事務所接待小姐，在事務所資深合夥人意外往生後的早上接到電話。電話那邊當事人問：「史密斯先生在嗎？」接線生答道：「抱歉，史密斯先生昨天晚上過世了。」當事人又問：「史密斯先生在嗎？」接線生有點惱火答道：「夫人，你懂我的話嗎，史密斯先生死了。」當事人嘆氣說：「我完全懂，我只是愛聽你這麼說而已。」[41]

十二、律師人數過多

有下列相關笑話：

---

[40] Ross, op. cit., at 86.

[41] Ross, op. cit., at 84 et seq.

(一) 問：需要多少個律師換電燈泡？

　　答案 1：要 35 個人。18 個人去告電力公司怠於防止引起燈泡燒掉的電力，10 個人去告裝配房子電線的電工，7 個人去告燈泡公司。

　　答案 2：要 3 個人，1 個去爬梯子，1 個去搖梯子，1 個去告梯子公司。

　　答案 3：要 3 個人，1 個換燈泡，2 個站起來不斷的叫「異議」（objection）[42]。

　　答案 4：看你請得起幾個人。

(二) 1 個俄國人、1 個古巴人、1 個美國人和 1 個律師同坐火車。俄國人帶 1 瓶最好的伏特加酒，倒一些在杯子喝下，說：俄國有世界最好的伏特加，別處找不到我們出產那麼好的伏特加，我們有太多的伏特加了，我可以丟掉它。然後打開窗戶把剩下的酒倒出去，另外 3 個人見狀大為嘆服。

古巴人取出 1 包哈瓦那雪茄，點燃一支抽起來，說：在古巴我們有世界最好的雪茄，哈瓦那牌這麼好，我們有太多了，我可以丟掉它。他一說完，就把這包雪茄丟出窗外。大家又大為佩服。

最後那個美國人，站了起來，打開窗戶，把那個律師推了出去[43]。

(三) 在一個生物科學家大會，一個研究員對另一個說：「你可知道在我們實驗室我們已將老鼠換成律師作實驗了？」另一個答道：「真的？為什麼要換呢？」「實驗室助手變成對小白鼠捨不得，情緒上糾結影響研究的進行。律師繁殖比較快，比較不花錢照顧，而且人道社會不管你研究什麼，不會跳到你身上，此外又有老鼠不幹的事。不過有時很難把我們測試結果用在人類上。」

(四) 問：如何解決和日本的貿易逆差？

　　答：對進口到美國的每部日本汽車，我們就出口一個美國律師到日本[44]。

---

[42] Id. at 50.

[43] Ross, op. cit., at 99 et seq.

[44] 暗示執行律師業是寄生性的活動，對美國經濟造成重大支出，而沒有產生相對應的利益。在

十三、律師好訟、兜攬訴訟或提起太多小題大做的訴訟

(一) 問：為什麼這麼多律師鼻子破了？

答：因為去追趕停止的救護車（ambulance-chasing）[45]。

(二) 我不是追逐救護車的人，我通常比救護車更早到（I'm not an ambulance chaser. I'm usually there before the ambulance. ── Melvin Belli）。

十四、在英美諺語中固然多諷刺律師，但也有對律師正面，以及強烈表達法律知識重要的諺語

(一) 對律師讚許之諺語

1. 作自己的律師，是把當事人當傻瓜（He who is his own lawyer, has a fool for his client.）。

2. 不要隱瞞你的神父、醫師和律師（Hide nothing from thy minister, physician, and lawyer.）。

3. 好律師不缺當事人（Good counselors lack no clients. ── 莎士比亞）[46]。

4. 治安法官的職務不是造人，而是發現這人有什麼鐵器（本質之意）（Magistracy makes not the man, but discovers what metal is in him.）。

5. 當獨裁者和暴君要催毀人的自由時，他們第一個目標是法律職業，然後法治（When dictators and tyrants seek to destroy the freedoms of men, their first target is the legal profession and through it the rule of law. ── Leon Jaworski）。

6. 法律一結束，暴政就開始（Whenever Law ends, Tyranny begins. ── Leon Jaworski）。

日本俗話說工程師把餅做大，而律師只幫助把餅分掉。因此美國比起別個國家是較欠缺生產性社會，因為律師交易支出太大。參照 Cramton, *What Do lawyer Jokes Tell Us About Lawyers And Lawyering?* 23 Cornell Law Forum 1, 3-9 (1996).

[45] 所謂「追逐救護車」（ambulance-chasing）是美國過去媒體諷刺律師透過廣告爭取案件所創造的用語。最初可能自車禍現場或醫院拉案而來。

[46] BOND, op. cit., at 115.

(二) 不知法律之危險的諺語

1. 對知識和法律而言，無知是最大的敵人（To learning and law, there's no greater foe ,than they that nothing know.）。

2. 國王能成為一名警官，但不能成為律師（The king can make a sergeant, but not a lawyer.），此為 18 世紀諺語 [47]。

3. 微薄的規費是懶散書記的合適報酬（A lean fee is a fit reward for a lazy clerk.），流傳自 16 世紀。

4. 你活著不能沒有律師，你死更不能沒有律師（You cannot live without the lawyers, and certainly you cannot die without them.──Joseph H. Choate）。

5. 律師是拿掉誘惑，保護我們免於強盜的人（Lawyer: One who protects us from robbers by taking away the temptation.──Henry Lewis Mencken）[48]。

肆、結語

　　以上已大體將英美自古以來所流傳的法律人的笑話及諺語加以介紹，有人問律師的笑話有什麼不對？有人答：律師們不認為有趣，而別人不認為它們是笑話（What's wrong with lawyer jokes? Lawyers don't think they're funny, and nobody else thinks they are jokes.）。在 1993 年美國法曹協會作了民意調查，以認定大眾對法律人的印象如何。結果發現前 5 個對法律人的抱怨是：1. 收費太高（17%）；2. 對錢財貪心（11%）；3. 不誠實（9%）；4. 太多律師（5%）；5. 只顧自己，不關心當事人（5%）。美國法曹協會在

---

[47] Ibid.

[48] 有人有下列名言，描述數個重要國家法律基本態度之差異：
　　在美國法律不禁止的任何事都可以做。
　　在德國法律未允許的任何事都不可以做。
　　在法國即使法律有禁止的任何事仍可以做。
　　在瑞士法律不禁止的任何事都該做。

1993 年也推動公共關係運動，由媒體專家帶頭來改進法律人的形象，效果如何，只有時間才能告訴答案[49]。不過對法律制度不完全瞭解，可能是對法律人不滿之根源。

　　過去美國有些人主張應將律師笑話作為懷恨言論（hate speech）予以禁止，理由是可能引起對法律人之暴行。但對律師笑話加以限制，可能增加對律師之暴行，而非減少。因為人們講律師笑話以為是以社會可接受方式，對律師表達「攻擊性衝動」（aggressive impulse），如封閉此種出路，則人們可能採取別的途徑，有些可能訴諸暴行[50]。

　　不過美國有學者以為：法律人笑話不問原因如何，並非無害的幽默，雖然反映出社會大眾可對自己嘲笑是健康的社會，然而法律人是法律的監護人，是制定執行法律之人，一個社會如對法律職業失去尊敬，則會很快對法律失去尊敬。在今日犯罪率上升、對投票冷感及對民選政府普遍揶揄的時代，不能否認兩者之間沒有關聯，而值得法律人警惕[51]。對我國而論，這些笑話有的正確，有的不正確或過甚其詞，何況英美國情與習俗與我國不同，尤其律師索取高額談話費一點，對我國更不適用。不過上述諺語和笑話基本上都可作為我們法律人警惕和反躬自省的素材[52]。因此今後如何使法制的訂定和執行儘量符合正義的要求，如何提升法律人的道德水準，縮短所謂「當為」（Sollen）和「存在」（Sein）之間的差距，並實現大多數人的最大幸福，恐怕是我們所有法律人，不論在朝或在野，責無旁貸的使命吧。

---

[49] Overton, op. cit., at 1069 et seq.

[50] Ibid. 美國近年來有處罰因對某種族裔、膚色、宗教、祖先、出身國、殘疾、性別有偏見所引起之犯罪〔即所謂懷恨罪（hate crimes）〕之刑事法律。其詳，參照楊崇森，美國法理論與實務析論，第六章。在 1993 年，當時加州律師公會會長 Harvey Saferstein 呼籲公眾不再說律師笑話，並建議修改加州懷恨罪制定法，規定律師的特別追訴。他的要求不僅導致更多有關律師的笑話，同時也引起人們對他的敵意，結果他須僱用保鑣。參照 Ross, op. cit., at 7-8.

[51] J.T. Knight, Humor and the Law (1993).

[52] Overton, op. cit., at 1073.

英國陪審制度的新發展

　　英國為英美法系之源頭與陪審制度之發源地，但有關英國法制介紹之文獻，國內甚難見到，例如其陪審制之起源如何？後來實施之對象與範圍如何？陪審團如何選擇陪審員？有何得失？制度與實務是否與美國相同？又近來有何變遷或改革，國人可能比對美國情形更為隔膜。作者有鑑及此，爰勉力蒐集較新資訊，對此等問題加以剖析，以供關心人士之參考。

壹、英國陪審之歷史

　　陪審制度之起源眾說紛紜，惟似多認為在法國大約西元 829 年 Louis the Pious 統治時代，已有使用陪審之證據。在諾曼人 1066 年入侵後，才傳入英倫。不過早期它的功能與今日迥異。最初陪審員是做證人，提供當地情況的資訊[1]，且大都用在行政行為。到了 15 世紀，大約英王亨利二世，陪審團才開始扮演重要司法的角色，自報告他們所瞭解案件，變為對爭議的雙方當事人所提供的證據加以判斷。後來更演變為陪審員對其審理案件的事實應於裁決前儘量少知道，以致變成慣例，直到今日。在英國陪審團歷史並非一開始就上軌道，早期法官試著去欺壓陪審團來認定被告有罪，尤其在含有政治色彩的罪名時為然。但法院在 1670 年之 Bushell 一案是主要的里程碑，而樹立了良好慣例，即只有陪審團才是事實問題的裁判者，有權依照他們的良心來下裁決，而不能因為對事實採與法官相反看法而被處罰。此種權力在

---

[1] 參照 Burnam, Introduction to the Law and Legal System of the United States 83 (1999). 又參照 Jerome Frank, Court on Trial, Myth and Reality in American Justice 108 et seq. (1950). 又參照楊崇森，伊斯蘭法系介述，法令月刊，第 60 卷第 4 期，頁 19，2009 年 4 月所引資料。

現代的重要意義在於陪審團可認定被告無罪，即使在法律要求有罪裁決時亦然[2]。

今日陪審團被認爲英國法律制度重要之一環，雖然只有有限案件由陪審團審理。目前規範陪審審判的主要法律是 1974 年的陪審法（the Juries Act 1974）。

貳、英國司法制度簡介

爲了瞭解英國陪審制度的運作情況，必須就該國法院組織情況作一簡單介紹。

英國法院系統異常複雜，有如以下二圖所示。

在刑事方面，簡易案件由治安法院審理，比較重大案件諸如殺人、過失殺人、強姦、強盜則由王冠法院（Crown Court）審理。王冠法院爲治安法院之直接上級法院，相當於我國地方法院，惟只管轄刑事案件。治安法院通常由 3 名非法律人，且不領正式薪水之治安法官組織合議庭審理，就法律與程序問題接受法律專業之書記官長或一名專業助理協助，提供諮詢意見。全國大約有 450 個治安法院，有大約 2 萬 8,000 名此種治安法官。在城市地區又有若干專職受法律訓練，稱爲有給（stipendiary）之治安法官，採獨任審理，在 1992 年英格蘭與威爾斯共有 76 名。王冠法院設在 90 個地區，只有王冠法院才有陪審，治安法院不發生陪審問題。

在民事案件治安法院只有有限管轄權，主要法院是審理輕微案件的郡法院（county courts）與審理比較重大案件的高等法院（high court）。

在倫敦之上訴法院（Court of Appeal）有刑事部與民事部分別處理王冠法院之刑事上訴案件以及郡法院與高等法院之民事上訴案件。在法院系統之頂端是貴族院（House of Lords），除了是立法機關外，又是整個不列顛民事案件之終審與英格蘭、威爾斯及北愛爾蘭刑事案件之終審法院，但只處理

---

[2] ELLIOTT & QUINN, ENGLISH LEGAL SYSTEM 122 (1996).

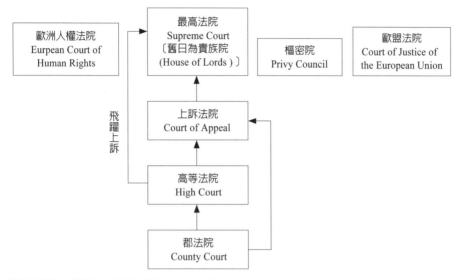

ELLIOTT & QUINN, ENGLISH LEGAL SYSTEM p. 523 (2012).

英國民事法院系統圖

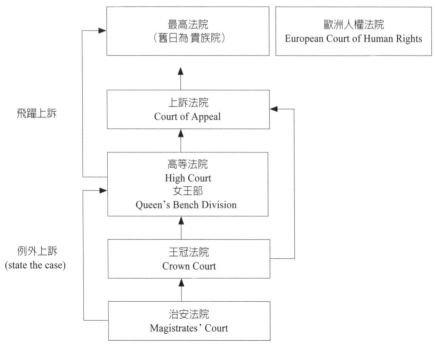

ELLIOTT & QUINN, ENGLISH LEGAL SYSTEM p.429 (2012)

英國刑事法院系統圖

涉及重大公共法律問題之案件[3]。

參、陪審團之功能與應用對象

一、英國陪審團的功能

基本上與美國相同，陪審團負責評估證據，並決定案件之事實，即發生之真相。法官對陪審團指示相關法律知識，然後陪審團須將法律適用於事實，然後下裁決。在刑事案件，陪審團下了有罪裁決後，由法官決定適當之刑罰，在民事案件則由陪審團決定損害賠償之數額。

二、刑事案件

所有在王冠法院（Crown Court）第一審審判之案件須由陪審團審理，理論上陪審團用於重大刑事案件，但晚近立法趨勢是將更多案件自陪審審判取走。因此雖然陪審在英國刑事司法制度上有象徵意義，但今日陪審團實際上審理極其有限的案件，只占刑事法院（即王冠法院）的百分之五刑事案件，而且在 1993 年這些被告中有百分之六十五聲稱有罪，在其餘案件中，有些被法官命令無罪釋放，或改變「答辯」（plea），因此陪審團裁決只占刑事案件，即 3 萬件左右的百分之一[4]。

---

[3]　Central Office of Information, BRITAIN'S LEGAL SYSTEMS 15 et seq. (1993).

[4]　ELLIOTT & QUINN, op. cit., at 123. 向來有許多提議，即特定種類案件耗時長久，且複雜之詐欺案件，不適合用陪審審理。2003 年之刑事司法法（Criminal Justice Act 2003）第七節規定審判可不需陪審。即檢方可申請進行嚴重或複雜詐欺案件，而不需陪審團在場。其次，如有真正與現存勾串陪審團之危險時，法官自己可進行審理，亦不用陪審。又由於陪審團受人勾串，致被法官解散時，法官可繼續審理而不用陪審團。雖然該法自 2006 年生效，但到 2010 年，法院才第一次使用權力，不用陪審團而舉行刑事審判。參照 PARTINGTON, INTRODUCTION TO THE ENGLISH LEGAL SYSTEM 2011-2012 132 et seq. (2011). 今日刑事案件最主要使用陪審團的場所，是決定被告是否犯罪之王冠法院。在所有刑事審判案件中，不到百分之一經陪審審判，因刑事審判百分之九十七由治安法院處理，而治安法院並無陪審，至於送到王冠法院之案件中，大致每 3 名被告中有 2 人答稱有罪，因此也不需陪審審判。參照 SLAPPER & KELLY, ENGLISHLEGAL SYSTEM 2003-2004 113 (2003). 1981 年藐視法院法（the Contempt of Court Act 1981）第 8 條規定透露陪審室發生之事，構成藐視法庭之犯罪，以防報社為了取得故事，付

三、民事案件

在過去英國大多數民事案件係由陪審團審理，但在今日民事案件由陪審團審理已幾乎絕跡。事實上民事案件利用陪審團似乎自 19 世紀中葉開始已逐漸式微，法官在若干情形，抗拒該案件由陪審團審理，並堅持由獨任法官審理。

據云現在英國民事案件由陪審團審理的數目不到百分之一[5]。依 1981 年最高法院法（the Supreme Court Act 1981），只有下列四種民事案件賦予人民有限度陪審審判之權利：

(一) 妨害名譽（libel and slander）。

(二) 惡意追訴（malicious prosecution）。

(三) 非法監禁（false imprisonment）。

(四) 詐欺（fraud）。

至於其他種類案件，人民並無請求由陪審團審判之權利。在上述這四類案件，法官應准許陪審審判，除非認為審判須經文件或帳目之漫長勘驗，或需經科學或現場調查，而不能輕易由陪審團辦理。今日行使陪審權利在妨害名譽案件最為常見，在其他所有案件，陪審審判之權利並非絕對，而由法院加以裁量。例如在 Ward v. James（1966）一案，上訴法院（Court of Appeal）（相當我高等法院）宣示：在人身傷害案件（為民事訴訟的大多數），其審理應由法官單獨任之，除非有特殊考慮。又在 Singh v. London Underground（1990）一案，在 1987 年 11 月因 King's Cross 地方地下道起火所生的人身傷害賠償案件，當事人雖申請由陪審團審理，但被法院駁回，理由是涉及此種廣泛爭議與技術問題的案件，不適合由陪審團處理[6]。

大錢予陪審員。

[5] 法院決定是否准許陪審審判的標準是：法官評估標的是否技術性，或案件是否耗時長久，其結果法官可認為陪審團不適於評估系爭案件的複雜法律爭點或技術性資訊。在實際上，1981 年最高法院法已導致民事案件除了非常少數外，消滅陪審審判的結果。至 1998 年止，在英格蘭與威爾斯，民事審判案件不到百分之一由陪審團審理，且這些主要是妨害名譽案件。

[6] Id. at 124. 如有人在監獄或警察拘留中，或在執行警察任務時亡故，或其它故影響公共衛生或安全時，驗屍官應傳陪審團來訊問（inquest）。

肆、陪審員之積極與消極資格

一、英國在 1972 年以前，陪審員之資格僅限於有財產之人

即當時只有擁有一幢一定價值房屋的人，才可擔任陪審員。在 1965 年 Morris 委員會估計若依此標準，則選舉人名簿上所列之人中有百分之七十八，不符陪審員資格，因為他們住在出租的房屋，或只是財產所有人的妻子或其他親屬。該委員會建議擔任陪審員之權利應與選舉權一致，結果引進了 1972 年之刑事司法法（Criminal Justice Act 1972）。現今相關之法律為 1974 年之陪審團法（修正版）。該法現在規定下列人士可擔任陪審員：
(一) 年滿 18 歲至 70 歲。
(二) 列名在選舉人名簿上。
(三) 自 13 歲起為英國、Channel 群島或男人島（Isle of Man）之居民滿 5 年以上。
不過在符合上述條件人士中，仍有若干類人被排除或豁免。

二、資格不合之人

凡被判刑入獄或入少年犯機構或類似矯正機構之人，視刑期多久與距今多久，可能不能擔任陪審員。例如，受到緩刑（probation）宣告之人 10 年內不能擔任陪審員[7]。

三、免除職務（discharge）

如對潛在陪審員擔任陪審之能力，例如由於耳聾、語言問題或生病有疑

---

[7] 下列之人，終身不能擔任陪審員：1. 被判無期徒刑者；2. 為保護公眾，被監禁者；3. 被判徒刑或監禁 5 年或以上者。下列之人在 10 年內不能擔任陪審員：1. 被判徒刑或緩刑者；2. 被判 5 年以下徒刑或監禁者；3. 受社區處罰或保安處分（treatment）命令者。當下在刑事訴訟交保之人不能擔任。如不合格之人，怠於透露不能擔任之事實而來擔任，可處罰金 5,000 英鎊以下。參照 Jury in England and Walesen, wikipedia.org/wiki/Juries_in_England_and_Wales#Eligibility_for_jury_service (revised 2012/10).

問時，法官可決定是否免除其擔任陪審員職務。1994 年刑事司法與公共秩序法（Criminal Justice and Public Order Act 1994）第 41 條規定：法官如依其意見，某人由於身體殘障，不能有效擔任陪審員者，可將該陪審員之職務免除[8]。

四、不適擔任（ineligible）陪審之人

下列五類人不適於擔任陪審員：

(一) 司法人員。

(二) 與司法行政有關之人，諸如出庭律師（即所謂大律師）、撰狀律師（即所謂小律師）、監所職員、警察人員，甚至為檢察院（Crown Prosecution Service）工作之秘書。

(三) 傳教士[9]。

(四) 精神病人。

(五) 刑事程序中交保之人[10]。

五、有豁免權利之人

所擔任之職責認為比陪審工作更重要之人，可選擇是否接受擔任。包括國會議員（MPs），貴族院議員、軍人與醫生、護士。又 65 歲以上之人亦有權豁免。依據 1994 年刑事司法與公共秩序法第 42 條之規定，宗教團體之人員如其信仰與陪審工作不合者，亦可豁免履踐此種工作[11]。

---

[8] Id. at 124. 陪審團只服務 2 週，不致過勞，因不可能審理超過 3 或 4 件。如過去 2 年已作過陪審，或有正當理由或無能力者，可免擔任。

[9] Central Office of Information, Britain 1994, An Official Handbook 87 (HMSO). 不過 Runciman 委員會（commission）認為此種例外並無合理理由，而建議將其廢止。

[10] 此種無資格係在 Runciman 委員會建議後，由 1994 年刑事司法與公共秩序法第 40 條所引進。

[11] 在 2004 年 4 月前若干必需職業，諸如醫師藥師，如不欲擔任，有權免除陪審職務，但 2003 年刑事司法法（Criminal Justice Act 2003）已將此類人刪除。其他律師、法官、警官原有權不擔任，現已不能拒絕擔任，但可申請所謂裁量性豁免。
http://en.wikipedia.org/wiki/Juries_in_England_and_Wales#Eligibility_for_jury_service; http://www.essayscam.org/Forum/11/paper-jury-system-England-wales-909/ (revised 2012/10).

六、裁量豁免

　　如釋明正當理由，諸如須照顧小孩、已訂好渡假，與陪審工作衝突、涉及該案之人或良心反對（conscientious objection）之人，可由法官裁量予以豁免。惟如情形適當，可將陪審服務延期，而非完全豁免。

七、英國過去規定年齡在 21 歲與 60 歲之間選民，是一家之長或財產所有人才可充任陪審員

　　婦女雖不排除在外，但因通常夫是一家之主，故較少婦女符合陪審員之資格。又與父母同住之年輕人，住在旅館、寄宿舍（rooming house）之人等亦同。其他更重要因素，諸如智力、身心能力、良好品行之類，則並未定為陪審員之資格條件，但間接被定為免於陪審服務之一種理由，因為貴族（peers）、國會議員、法官、神職人員與許多其他人有權主張免除擔任陪審員。其結果依照 Lord Durbin 的講法是：英國陪審團「基本上是男性、中年人、中間心態與中產階級」[12]。

八、英國與美國制度之不同

　　英國除了不似美國陪審由憲法明文保障外，關於選任陪審員之方法，英美兩國亦有明顯不同，在英國似乎除了要符合陪審員之法定資格外，對其他問題不大注意。

　　美國選擇陪審團的方法比英國作法細緻許多。雖然各州對陪審員的資格與豁免及選擇機制有所出入，但仍可尋繹出一般模式。一般而論，任何被傳喚服務的司法區（judicial district）的公民與住民，都可擔任陪審員，除非被判處嚴重犯罪或不能讀、寫、說及瞭解英文，或基於心理或身體疾病，不能有效提供陪審服務。任何州不可有系統與故意基於種族、膚色、宗教或及

---

[12] KARLEN, ANGLO-AMERICAN CRIMINAL JUSTICE 180 (1967).

他不合理差別待遇，排除智能上、身體上合格之人擔任陪審員。

在一些社區作成合格陪審員名單的技巧，並非深思熟慮而甚為偶然（haphazard），即由法院書記官只傳他們偶然認識並認為合格的人，有些地區則謹慎與有系統得多，由特別指派之陪審團委員（jury commissioner），並透過廣泛之行政機制，包括利用問卷與親自面談來執行。

除了規定陪審員的資格外，大多州也規定豁免（exempt），即允許原來合格之人免於擔任陪審義務。即正常工作不應被陪審服務中斷（例如救火員），或一些不被律師接受之人（例如別的律師），或已踐履特別社區工作之人，俾免於以擔任陪審作為報償〔例如國民兵（National Guard）〕。在任何州名單可能是涵蓋各種不同種類的人士。不巧許多擁有國內最好智慧之人常無法擔任陪審員，當然幾乎同樣情形也在英國發生[13]。

伍、陪審團之傳喚

由法院官員用電腦自選舉人登記名簿隨機產生陪審員候選名單後，以傳票〔在 2001 年成立「中央陪審員傳喚局」（Central Juror Summoning Bureau）負責全國陪審員傳喚事宜〕[14]，附上回信（例稿）請他確認不屬於任何無資格或不適合擔任之人後，自剩餘名單產生陪審名單（jury panel）。這名單是對兩造公開，可在即將來臨的案件加以檢查，雖然只表明姓名與地址（在 1977 年以前也列陪審員之職業），所謂陪審團背景調查（vetting）可在此階段實施。即查閱警察、特務部門（Special Branch）及安全單位之紀錄，以確定在陪審員之候選人中，並無不適於聽訟的「極端分子」（extremists）[15]。

陪審員也收到一套稍微解釋陪審服務程序與陪審員功能的說明書。

---

[13] KARLEN, op. cit., at 181-82.

[14] ELLIOTT & QUINN, ENGLISH LEGAL SYSTEM p. 236 (2012).

[15] 此點須經檢察總長（Attorney General）之授權，惟因在法律上並無根據，故容有爭議。有人主張正當之作法是由控方在公開法庭以「有故剔除」方式，將此種人予以排除。但也有人以為在若干特殊案件，諸如恐怖暴力分子案件及涉及國家安全案件，可能有此必要。

　　陪審服務對所有並非無資格、不適合或豁免之人乃強制性，怠於於特定日期出席，或由於飲酒或藥物致不適於服務之人，乃藐視法庭，可科以罰金。

　　特定案件之陪審員是在公開法庭以隨機抽籤方式選出，書記官長將各陪審團（panel）的成員姓名列在一張張卡片上，將所有卡片洗牌，叫出前 12 人的姓名。除非有人被剔除（challenge），否則這 12 個人將宣誓就職。在刑事案件通常為 12 名陪審員，但不可少於 9 名。在郡法院（county court）民事案件則為 8 名陪審員。

陸、陪審員之剔除（challenge）

一、剔除之種類

　　在候選之陪審員被點呼後，宣誓就職前，兩造可以下列二種方法之一予以剔除：

(一) 有故剔除（challenge for cause）：兩造均可行使此種權利，即須基於同儕（peerage）特權、不合格、不適合或懷有偏見等理由予以剔除。由於在被挑剔來確定是否有不適擔任之理由前，不可訊問該候選人，因此有故剔除事實上只有當兩造自己認識陪審員，或已對陪審員作背景調查（vetting）之後，才可能成功。如欲作此種剔除時，係由法官來審理。

(二) 暫緩服務（stand by）：在英國尚有一種特殊的機制，而為美國所無，稱為暫緩服務（stand by），其實與有故剔除幾乎相同。惟須注意只有控方才可要求陪審員暫緩服務。雖定有特定原因，但在實務上不須附上理由，通常陪審員背景調查不妥之人多用此方法予以排除。

　　今日上述使用暫緩服務之權限，已以檢察總長發布之基準（guideline）加以限制，即具體指出由於廢除無故剔除（perempery challenge），致暫緩服務（stand by）之權限，只能用在陪審員背景審查結果不妥，或

陪審員顯不適任，及辯方同意實施此權限之情形。

(三) 在 1988 年前尚有另一種剔除，即不附理由之剔除（perempery challenge，無故剔除），惟只有辯方才能行使。此乃意謂辯方可剔除至多 3 名陪審員，而不必表明理由，這略等於上述檢方讓某陪審員暫緩服務（stand by）的權力。惟此種剔除已基於 Roskill 委員會對詐欺案件審判之建議，在許多反對聲中予以廢止。理由是此種無故剔除，會干擾到隨機選出陪審員的程序，且讓辯方律師以可能同情他的當事人之人充斥於陪審團。尤其當有數名被告可將他們無故剔除的權力合作使用時，則問題尤為可慮 [16] 。

二、英國與美國制度之比較

在美國陪審員選擇程序的中心而為英國欠缺的是所謂 voir dire（乃發現真實之意）檢測程序。這是由兩造律師（或檢察官）詢問候選之陪審員，以決定他們是否適於擔任該案審判工作之程序。目的是為有故剔除與無故剔除奠定基礎。在詢問之初先告知陪審員該案一些案情，即當事人是誰、該案是何種案件、律師是誰、要解決的是何種事實爭點等。律師做此說明後，提出問題，使陪審團傾向於他們的觀點。

但英國並無如美國之 voir dire 的檢測制度，即兩造律師不能對候選之陪審員發問，來決定他們是否適於擔任陪審員。在英國如發現有可提「有故剔除」（challenge for cause）之表面證據時，理論上該案之陪審員可在 voir dire 檢測，但事實上「有故剔除」幾乎已被遺忘，主要因為並無有效機制來發現陪審員是否有偏見等情事。至「無故剔除」或不附理由之剔除

---

16 不附理由剔除，以前在英國為法院所准許，且在若干國家仍很普遍。在英國有一度辯方可提 25 人，但在 1925 年減為 12 人，1948 年減為 7 人，1977 年減為 3 人，在 1988 年完全廢止。按在蘇格蘭檢方或兩造可無故剔除陪審員至 3 名。在北愛爾蘭每個被告有權不附理由剔除至 12 名。參照 BRITAIN 1994, at 86. 此外法官可剔除任何陪審員，甚至整個陪審團，以防止醜聞發生或司法發生失控。過去有一案，一個陪審員每天早上以汽車載送被告至法院，被認為是解免該陪審員之理由。

（peremptory challenge）雖然過去亦有此制度，但已非常少用到。據云在一些使用不問原因剔除之場合，可能基於一個預感而非依據知識。例如，某案一個高大寬肩膀的成年人，被辯方以他以前可能擔任警察爲由加以剔除。雖然兩造都有權閱覽陪審員名單上的姓名、地址與職業，但很少實施。一般說來，雙方律師的作法是對陪審員之候選人不問問題，就接受進入陪審團包廂的前 12 個人，因此有時會發生擔任陪審員的人不懂英文，甚至有前科之情事[17]。

按遴選陪審員乃審判程序之重要步驟，在美國許多律師認爲在遴選階段，案件勝負已分。不過該程序也可能失控，例如 1971 年康乃狄克州審理 Bobby Seale 謀殺一案，組成陪審團花了 4 個月之久，法院傳了共有 1,525 名候選陪審員之人，且訊問了 1,035 人。選擇陪審員花費法院好多時間，尤其美國大約有 2 萬名陪審員，每年審理無數案子。不過陪審員之人數及對刑事被告定罪需陪審團全體一致之要求，自 1960 年中葉起已有重大變遷。最高法院已裁定各州陪審團人數可以少於 12 人，且在非死刑案件，定罪不必全體一致。不過聯邦陪審團仍需 12 人，且需全體一致裁決。又美國暢銷法律小說作家 John Grisham 著名法律小說《The Runaway Jury》（可譯爲「失控之陪審團」，已改編成電影，並在臺灣上映），雖屬虛構，但有興趣之讀者也許可閱該書，對瞭解陪審制度之運作當有一助。

柒、陪審制度之優點

一、歷史悠久

英國爲現代陪審制度之發祥地，陪審團在刑事程序，可追溯至 13 世紀，且爲英國整個當事人對立審判制度（adversarial trial system）之基礎。

---

[17] KARLEN, op. cit., at 180-81. 不附理由剔除，以前在英國爲法院所准許，且在若干國家仍很普遍。有在英國一度辯方可提 25 人，但在 1925 年減爲 12 人，1948 年減爲 7 人，1977 年減爲 3 人，在 1988 年完全廢止。

二、公眾參與國家司法

陪審團讓普通公民參與國家之司法行政，使法院之裁決被認為是社會所下的裁決，而非單純司法機關的裁決，符合當事人由同儕判決的憲法傳統。Lord Denning 指出：擔任陪審員對普通公民言，是上了「最佳一課」。不過也有人指出，雖然陪審團具有此種象徵意義，但該制度仍受到法官與治安法官（magistrates）[18]的統制。只有一小比例的案件由陪審團審理，但即使在這些案件，法官仍可發揮相當大的影響力。

三、使法律增加確實性

陪審團可使法律增加確定性，因它下一個不致發生誤解的一般裁決。在一個刑事案件陪審團只宣示被告有罪或無罪，而不附理由，因此判決不致招致爭議。

四、可對抗國家之壓制

陪審團被認為是保有人民對抗國家壓迫性法律的堡壘，因有權依照良心宣告被告無罪，即使法律要求判罪亦然。在英國陪審團運用此種權力的有名例子是 Clive Ponting 案。該案被告是一名公務員，他把美國一條潛艇在 1982 年福克蘭戰爭期中把阿根廷戰艦（the General Belgians）擊沉的文件，交給一個國會議員。這些文件顯然為 1911 年職務機密法（Official Secret Act 1911）第 2 條規定禁止的標的。法官指示陪審團：依第 2 條規定，Ponting 無權將文件交給國會議員之類之人，且其行為並無其他合理理由，但仍被陪審團裁決無罪釋放。

更近的例子是 1991 年一個陪審團將 2 名被控協助蘇俄間諜喬治伯勒克

---

[18] 所謂治安法官（亦稱 justices of the peace）主要審判簡易刑事案件，也處理若干行政事務，基本上不需法律專業。年齡在 60 歲以下，無犯罪前科之人，可由選任委員會報請大法官（Lord Chancellor）任命，惟須經短期訓練。此外英國尚有領薪之治安法官（stipendiary magistrate）。

（George Blake）在 1966 年自 Wormwood Scrubs 的監獄逃脫之人宣告無罪，即使被告已承認此事實，且法官亦已指示陪審團，被告並無抗辯理由。

　　不過英國今日陪審團此種權力，在若干程度由於法律將涉及國家法益的一些犯罪，改為簡易犯罪（summary offence）而受到沖淡，因此不須再將這些案件送交陪審團審理。這些罪名包含若干被控示威與罷工的案件，而此事在 1984 年英國的礦工罷工事件曾引起世人的特別關切。當然由於陪審團之自由，也迫使若干法制進行了改革[19]。

五、欠缺有力代替方案

　　雖然有許多批評及取代陪審的建議，但所有方案本身未盡妥適，似都難取代陪審制度。

捌、陪審制度之缺點

一、陪審員欠缺審理事實所需之技術

　　美國著名之 Jerome Frank 法官在其名著曾引用一名陪審員的話：「我們弄不明楚案件的首尾，也聽不懂律師的話。反正我們沒有人相信任何一邊證人的話，所以我們決定不管兩造的證據如何，而對案件實體下決定[20]。」

　　Denning 爵士在〈法律的下一步是什麼？〉（What Next in the Law）一文聲稱：陪審員的選任範圍過於廣泛，以致陪審員不能勝任工作。他聲稱：1972 年之修法使得被傳喚的陪審員聰慧或教育程度不足以正確履踐他們的

---

[19] 例如在 19 世紀初葉，所有重罪在理論上都可處以死刑，當時偷竊物品或金錢超過價值 1 先令也是重罪。但由於陪審團常認定財產價值低於 1 先令，而避免對被告科以死刑。於是不滿之壓力要求政府修改法律。更近的例子是：由於陪審團不欲將摩托車騎士車禍認定為過失殺人，於是法律創設了危險駕駛導致死亡（manslaughter）的罪名。參照 Elliott & Quinn, op. cit., at 133.

[20] Jerome Frank, Courts on Trial, Myth and Reality in American Justice (1950).

任務。Denning 氏提議：陪審員應與治安法官（magistrate）[21]，以幾乎同樣方式（即須經面談及自諮詢名單（references）選出。但如此又產生數種問題：較為複雜的選任程序耗時與昂貴，物色願意參與的足夠人數可能都有困難，何況智慧與教育水準高的陪審團可能有成見，而且如來自一個狹窄的社會圈時，更可能如此。

又一般陪審團對複雜詐欺案件究竟有多少瞭解，亦備受人們的關切。Roskill 委員會調查結論是：在此等案件，由於許多陪審員深度關係，由隨便挑選之陪審團審理，並非達到正義的滿意方式。Ingman 氏指出：由於陪審員的無經驗與無知，可能過分依賴律師告訴他們的話，而忽略了真正的爭點。不過 Roskill 委員會在複雜詐欺案件找不出比起別種案件有更多判無罪的比例。

Smith 與 Bailey 氏（1992）建議律師應該為陪審團將案件更加簡化，法官也應該能對這點更加注意，而非專注於他們對陪審團所做的綜結說明（summings up）不要受上訴攻擊（appeal-proof）。Levi 氏（1988）的結論是：如在證據及其評估方法方面，能對陪審團的指示更加注意，陪審團的表現會大有改進。他以為聰明的外行人至少與法律人一樣能決定公平合理及不誠實的爭點，又他們的存在能改正職業法官過度注意技術細節的缺點[22]。

二、陪審團的裁決往往違反證據，尤以無罪釋放之情形為然

英國前首都警察廳廳長 Robert Mark 爵士，是對陪審團提出這種指控的人之一。他聲稱：陪審團所審理的被告中有一半被無罪釋放。該國內政部研考單位（Home Office Research and Planning Unit）暗示陪審團裁決無罪的數目，可能為治安法院（magistrate）決定無罪的兩倍。

不過這是難以調查或研究的領域，因為 1981 年之藐視法庭法（Contempt of Court Act 1981）禁止向陪審員詢問他們何以到達這種裁決。

---

[21] 所謂治安法官（magistrate），請參照註 17。
[22] ELLIOT & QUINN, op. cit., at 134.

對陪審團所作的研究，一般只能將眞正陪審團裁決，與在該案旁聽並下他們自己決定的法律專家或影子陪審團所下的裁決，加以比較。

對審理詐欺案件的駱斯基委員會（Roskill Committee on Fraud Trial）的研究結論是：陪審員在詐欺追訴案件，對複雜爭點的瞭解有困難，而較可能裁決被告無罪。他們暗示陪審員是因爲自己「搞糊塗」（confusion），而認爲是一種「合理的懷疑」，以致下了被告無罪之裁決[23]。

Baldwin 與 McConville 兩氏在 1979 年所作的陪審團研究（Jury Trials），對判了罪與判無罪的 500 個案件作研究，發現有問題的無罪裁決數目達百分之二十五，又判罪的百分之五也有問題，其結論是：鑑於有關案件之嚴重性，此乃一個問題。他們將陪審團的審判說成「獨斷與不能預測之事」。

三、陪審團不夠客觀

陪審團可能對一定 group 有偏見，包括支持或反對。例如可能偏袒美貌之異性，或對警察在惡意追訴或非法監禁（false imprisonment）之案件有偏見，當然若干陪審員可能對警察或其他政府機構，例如海關人員之類也有偏見。

陪審團似乎在妨害名譽案件成見最深。因爲過去對新聞媒體有偏見之陪審團，下了巨額的損害賠償，顯然用以懲罰而非單純補償被害人[24]。

23　Ibid. 雖然有些人以爲陪審團傾向於認定被告無罪，但實際上由法官審判認定無罪的更多。又 Cheryl Thomas 教授想了解，陪審團統計上在刑事法庭偏多之黑人與少數族群之被告是否公平，研究結果沒有發現陪審團偏見之證據。該研究報告亦澄清了世人有關陪審團裁決之誤解。例如在強暴案件，與一般想法及以前政府報告不同，陪審團眞正認定有罪的，比無罪爲多。其他嚴重犯罪（謀殺未遂、過失殺人、嚴重身體傷害）則判罪率比強姦爲低。參照 PARTINGTON, op. cit., at 131.

24　此類事例甚多，包括在 1987 年判給 Jeffrey Archer 的 50 萬英鎊，一年後判給 Koo Stark 的 30 萬英鎊及 Sutcliffe v. Pressdram Ltd. (1990) 一案，該案 Private Eye 被判支付與 Yuhshire Ripper 之妻 60 萬英鎊。在後一案件 Lord Donaldson 認爲裁決不合理，而建議法官應對陪審團就所判的數額予以更多指點——不是提到以前案件或特定數額，而是請陪審團考慮金錢的眞正價值（諸如該本金會產生什麼收益，或以該數額之金錢可買到何種物品）。

四、陪審團易受人以不正手段干擾

在英國干擾陪審團之事件不少，此點似與美國不同。此問題導致英國法院對北愛爾蘭恐怖分子的犯罪停止陪審審判，且在一些其他案件的審判也引起問題。在 1982 年數個 Old Bailey 審判，因有人企圖干擾而必須停止陪審審理[25]。

英國在 1994 年刑事司法與公共秩序法之下，已創設一種新罪名，對陪審團賦予更多保護。該法第 51 條規定以身體或財務恐嚇（intimidate）或威脅涉及審判之若干人員，包括陪審員，其行為構成犯罪。至原來普通法下所處罰之任何犯罪則仍予保持。

刑事程序與調查法草案，如成為法律，將是一項重大的改革。因該法案規定：一個人即使被宣告無罪後，如日後犯干擾或恐嚇該案任一名陪審員或證人時，高等法院亦可撤銷該無罪判決，而將該人重審[26]。這是與傳統法院發展趨勢截然不同的例外，因為傳統觀念是被告一經宣告無罪釋放後，不可再行撤銷[27]。依傳統觀點，在無罪後重審是違反基本人權。贊成此種變更的理由是首先它可減少陪審團受人干擾。

五、陪審團之裁決[28]難於上訴

當法官自己審理時，其判決包含詳盡與明白之事實認定。反之在陪

---

25 該案停止程序達 7 個月之久。該問題後來變成非常嚴重，以致陪審團須在公共迴廊（gallery）看不見的地方聽訟。又法院門户的窗子須貼上棕色紙張，陪審員被警告避免去當地 pub 與咖啡廳，只能在他們自己的賣店用餐。1984 年在審判 Brinks-Mat 一案，審判的陪審員到法院來回須倚賴警察保護，他們電話被人截取。而在 1994 年 4 月一個在 Southwark 王冠法院（Crown Court）長達 4 個月的詐欺案審判，陪審團對法官指示之一個問題，在交出裁決後，不得不放棄。

26 有故剔除陪審員的程序在美國非常重視，可能花好幾天組成一個陪審團，尤其案件在審判前經新聞媒體報導時為然。

27 如陪審團認為被告無罪，控方無權上訴，且不能對被告就同一犯罪再為審判，但如被告被判有罪，則被告可上訴。參照 BRITAIN 1994, at 86.

28 在裁決方面，陪審團可下無罪、有罪、及無罪但犯類似較不嚴重之罪。例如他們可認定被告不犯謀殺，但犯過失殺人。不過在高度叛逆案，不可下此種裁決。例外情形才用特別裁決（special verdict）。

審，陪審團只下對一造有利之裁決，但不說明理由。法官判決之事實認定與推論，較易受到上訴法院的審查，但對陪審團的裁決，如上訴法院認為導致裁決之證據看來是合理時，則須支持該裁決，不可加以推翻。

六、陪審員之工作並非出於自願

陪審員的工作由於出於法律的強制，常不受人歡迎，但因拒絕擔任陪審員構成藐視法庭，不得不勉為其難。不滿之陪審員可能下了不令人滿意之決定。尤其陪審員為了儘速交差，可能不問自己是否同意，單純附和大多數人所說的意見 [29]。

七、由於制度演變之結果，降低陪審團之需要

今日英國在民事案件陪審制度已幾乎絕跡，而無負面主張。又由於認為法官須獨立於國家與其他部門利益之外，以致贊同陪審團的理由失去不少力道。

不過也許可辯稱在刑事審判涉及重要爭點，以有陪審團為宜，因法官不見得像他們外觀那樣獨立。

玖、陪審團之保密問題

陪審團一旦退庭後，即進行評議（考慮如何下裁決），在交出裁決前，陪審員除法官及一個指定之法院職員外，不准與任何人接觸或交通。而且英國後來 1981 年藐視法庭法（the Contempt of Court Act 1981）還禁止透露陪審團在評議期中所說或所做的任何事情。對於陪審團應否保密有正反兩種意見，贊成保密之理由如下：
一、可確保在陪審團內討論的自由。

---

29 關於陪審制之批判，又可參照 DIPERNA, JURIES ON TRIAL (1984).

二、可使陪審員不受外在之影響與困擾。

三、如公眾知道陪審團如何達到裁決時，他們可能降低對判決的尊敬。

四、如不保密，則民眾可能不願擔任陪審員。

五、可確保裁決的終局性（finality）。

六、可使陪審員有勇氣作出不受世俗歡迎的裁決。

七、可防止陪審員透露不可靠訊息，且可防止人們對裁決的誤會[30]。

　　至反對保密，即贊成透露的理由如下：

一、可使陪審團較為負責認真。

二、較易追究判認有罪的可靠性，與可對裁決之不公平予以補救。

三、可顯示何處需要改革。

四、教育大眾。

五、確保各陪審員意見的自由[31]。

　　過去對陪審團所做的研究，一直受到保密要求的影響，不易進行。Runciman 委員會已建議將上述 1981 年藐視法庭法加以修改，俾人們對陪審團如何達成裁決的有效研究得以進行[32]。

拾、陪審團代表社區人口之問題

　　在重大刑事案件，陪審團 12 名陪審員需任意選出，理論上不應只包含代表整個人口中的一群人。在使用電腦挑選陪審員以前，是由一名官員從選舉人名簿挑出陪審員的姓名。但 Balldwin 與 McConville（July Trials 1979）二氏以為此種作法可導致差別待遇的結果。他們發現當時在伯明罕地方，陪審員只有百分之一是亞裔或西印度裔，百分之三點六是愛爾蘭裔，而且亞裔與西印度裔在英國整個人口比例中高居百分之十二與百分之十，語文困難只是部分理由。他們也發現在陪審團婦女人數不足，部分原因是因為照顧兒

30　此為麥克休大法官（Mr. Justice McHugh）之說法，參照 ELLIOT & QUINN, op. cit., at 130.

31　Id. at 131.

32　Ibid.

童，以致被法院豁免，且因當地慣例（現在已停止），傳喚男人人數爲女人之兩倍。

後來性別與種族均衡問題似乎已經有所改善，但英國的「種族平等委員會」（Commission for Racial Equality）一直主張對特定案件陪審團的結構需考慮種族的平衡。他們建議如某一案涉及種族因素，而辯方合理以爲被告不能從一個全部屬於白人的陪審團得到公平審判時，則法官應該有權命陪審員中須有 3 名來自與被告或被害人同一少數的族群。此外黑人律師協會也向「倫希曼委員會」（Runciman Commission）要求應該有權受到由多種族組成的陪審團的審判，且應恢復無故剔除的制度、以及在有一個黑人被告之案件，應該由黑人人口甚高地區的法院審理 [33]。

如上所述，無故剔除在英國已被廢止，因爲據說會干擾到隨機選出陪審員之原則，尤其在被告有多人之審判案件。不過 Vennard 與 Riley 二氏之研究發現：無故剔除只有在百分之二十二案件應用，且無故剔除並無廣泛集中運用之證據。又國王檢察院（Crown Prosecution Service）在 1987 年所做的研究顯示：使用無故剔除制度，對被告無罪釋放率並沒有重大的影響。事實上無故剔除之應用，可使陪審團在種族與性別的分布上比較平衡 [34]。

拾壹、英國陪審團裁決所需票數之變遷

理想的陪審團應該全體一致，但在 1967 年英國引進了 10 票對 2 票（或

---

[33] 最近在美國洛杉磯有名的 Rodney King 一案，一名警察被控傷害一名黑人機車騎士。儘管事件的錄影帶顯示警察有此暴行，但陪審團卻認定並無傷害行爲，又雖然該案發生在黑人人口高的地區，但卻在白人人口比例非常高的地區審理。不過在 R v. Ford（1989）一案，法院判決仍維持陪審團無須在種族上保持平衡之原則。

[34] Smith 與 Bailey（1988 年）二氏指出：在英國現行制度下，由於實施沒有資格擔任陪審員、不合適擔任陪審員與豁免擔任陪審員資格的規則，以及使用陪審團審查制度的結果，使得許多非常優秀的人被排除在陪審團之外。這也表示陪審團很難說能代表整個社區。他們以爲陪審員應該有服務的能力，比起隨機挑選更爲重要。近年來，英國另一問題是人們爲了逃避繳納人口稅（poll tax），設法避免姓名登在選舉人名簿（Electoral Register）上，事實上自從英國人口稅制度建立後，已有 180 萬人，從選舉人名冊上消失。參照 ELLIOT & QUINN, op. cit., at 130.

9 票對 1 票，如陪審團在審判期中人數減少）之大多數裁決制度[35]，現在已在 1974 年陪審團法（Juries Act）加以規定。當陪審團退庭評議如何下裁決時，法官需告知他們要達到全體一致之裁決。惟如陪審團在法官認為按照該案之複雜性，評議已過了合理之時間（不少於 2 小時），仍然不能達到一致之裁決時，法官可指示陪審團：可以大多數票通過，成立裁決。

　　陪審團的主席（foreman）需在公開法庭陳述：對該裁決同意與不同意的陪審員的人數。大多數票通過之裁決，是用來防止陪審團受人為影響（對陪審員賄賂或威脅施壓，要以特定方式投票），也為了防止有極端或頑固觀點的陪審員，堅持己見，且可減少昂貴與耗時的再審（retrial）之需要。不過 Brown & Neal 二氏在 1988 年之調查發現：引進只須大多數票之裁決，並未顯著影響拖延不決的陪審團（hung juries）以及事後再審的數目。Freeman（1981 年）氏建議：大多數陪審員同意即可成立裁決之機制，沖淡了證據需「無合理疑慮」（proof beyond reasonable doubt）之觀念。因為如某一陪審員不滿意裁決，則表示該案事證尚有疑問存在。如此一來會削弱防止判無辜之人有罪之危險，當然也削弱了大眾對陪審制度之信賴[36]。

拾貳、英國陪審制度之改革

　　在英國近來已採取種種改革陪審團的措施，包括讓所有陪審員看錄影帶，以便瞭解訴訟程序及對他們所提出之證據。有人建議法官應該與陪審團一起退庭，以確保陪審團能按證據判斷。雖然此種構想可能限制陪審團之自由，賦予職業法官過多之影響，但准許一名法官在陪審團評議時在場，目的

---

[35] KRITZER, COURTS, *Justice, and Politics in England*, in JACOB, BLANKENBURG, KRITZER, PROVINE & SANDERS ed. COURT, LAW & POLITICS IN COMPARATIVE PERSPECTIVE 105. 目下如在審判中有一陪審員它故或解任，如陪審人數不低於 9 人，則可繼續審理。The Juries Act 1974 准許不必全體一致下裁決。在王冠法院或高等法院如 11 人中有 10 人，或 10 人中有 9 人同意，亦可下裁決。在郡法院案件，8 人中須有 7 人同意。

[36] 按在蘇格蘭，陪審團是由 15 名陪審員所構成，且有罪裁決可基於單純多數而成立。參照 ELLIOTT & QUINN, op. cit., at 131.

不是影響陪審員或參與裁決，而只是在陪審團做決定時，讓法官對於哪些應該考慮與哪些不應考慮，向陪審團提供諮詢意見而已。其他改革構想包括：一、將民事賠償額之爭議不由陪審團，而改由法官決定；二、讓更多刑事犯罪案件之陪審團只做簡易（summary）裁判；三、增加陪審團待遇，以減少人們覺得陪審員的強制服務是一種負擔。英國 Faulks 委員會在 1974 年建議，在妨礙名譽案件，當事人不再當然有權接受陪審審判，因為他們認為：一、職業法官實際上並不如一般人想像那樣，與現實生活脫節；二、法官下判決需附理由，而陪審團之裁決則不附理由；三、陪審團認定複雜的案件事實上有困難、欠缺可預測性；四、陪審審判耗時，花費較多等。Roskill委員會建議在複雜刑事詐欺案件的陪審審判應該廢除，而以一個由一名法官與兩名百姓所組成的所謂「詐欺審判法院」（Fraud Trials Tribunal）來取代[37]。

拾參、結論

如上所述，讀者也許以為英國是陪審制度的發源地，今日陪審制度應該還很盛行，但事實並非如此，而有越來越受到限制之勢。其情形與美國不同，美國陪審制度所以盛行，在刑事方面乃因被告接受陪審之權利、受到聯邦憲法明文保障。可見英美雖然都是海洋法系的國家，但由於國情不同，使得兩國類似制度在運用上也產生不少差異。同時英國陪審制度配套措施不如美國周延，尤其欠缺 voir dire 的制度，所以實施成效並不彰顯。希望本文能對國人在思考將來如何使民眾參與司法，究竟採用陪審制度還是參審制度，其得失利弊及如何抉擇等問題時，能得到一些助益。

又英國最高法院已於 2009 年 10 月初正式設立，取代傳統國會上議院（貴族院）上訴委員會行使職權，成為英國最高法律機構。可見英國人雖然重視傳統，但仍不斷配合時代變遷，在法制上更張。此點特別提出，希望讀者留意。

---

[37] Id. at 139. 如依此建議，則此詐欺審判法院之組織似接近德國之參審制。

英國大律師與小律師制度之過去與現在

壹、前言

英國是尊重傳統的國家，法律制度甚為複雜，其律師制度亦然。與其他國家只有一種律師不同，英國律師分為兩類，即 barrister 與 solicitor [1]。我國過去一般人將 barrister 翻譯為大律師，將 solicitor 翻譯為小律師；也有人將 barrister 翻譯為出庭律師，將 solicitor 翻譯為撰狀律師或事務律師。其實這些名稱並不恰當或過分簡化，但本文為便於讀者閱讀，只好以國人比較熟悉的大律師與小律師來稱呼他們。事實上這兩種職業都做辯護、代理當事人出庭及處理法律文書工作，包括起草法律文件與提供書面意見，但比例不同，大律師一般比較多的時間花在法院出庭。此外若干種工作，傳統上只有一種律師能做，例如不動產產權移轉（conveyancing）由小律師處理，在上級法院辯護由大律師獨占。又大律師通常不能直接由當事人委任，但當事人最初接觸的對象通常是小律師，必要時才由小律師代當事人聘請大律師。

大律師與小律師兩種職業的分立，是自 19 世紀開始，當時大律師團體（bar）同意把所有不動產產權移轉工作與所有直接接觸當事人之機會交給小律師，換取大律師專屬在上級法院出庭與專屬成為資深法官的權利。但是自 1960 年代後期開始，小律師團體（Law Society）發動一連串的運作，要打破這種差別的局面，所以這種區別已經開始淡化，兩者的界線逐漸模糊，

---

[1] 在蘇格蘭律師與英格蘭一樣也是二元化，但用語並不一樣，除 solicitor 不變外，barrister 則稱為 advocate，參照 HECTOR L MACQUEEN, STUDYING SCOTS LAW 26 (1993).

此種新趨勢值得注意，詳如後述[2]。

貳、英國法院組織簡介

由於大小律師出庭等業務牽涉到法院的制度，爲便於讀者大略瞭解英國法院審級制度起見，必須先就該國法院組織與運作情況略作介紹。英國法院系統異常複雜，且名稱亦很特別，基本上按民事對刑事，以及較輕微／簡易對較重大／複雜案件加以區分。刑事法院分爲治安法院（Magistrates' Court）與王冠法院（Crown Court）二級。民事法院分爲郡法院（County Court）與高等法院（High Court）兩級。不過不同法院之間界線並非筆直的，因爲下級法院常爲上級法院處理初步（preliminary）事務，而婚姻、認領、頒發酒類執照等業務則由治安法院處理，另外治安法院亦處理簡易刑事案件。至於上訴審法院有兩級，即上訴法院（Court of Appeal）乃一級上訴審法院，如有不服，在嚴格條件下，向貴族院（國會之上院）之司法委員會（Judicial Committee）上訴，換言之，貴族院係終審法院[3]。

近年英國依 2005 年之憲法改革法（Constitutional Reform Act）對其司法制度作了巨大變革。依該法第三章設立了「最高法院」（Supreme Court），並於 2009 年 10 月 1 日開始運作。該院取得原貴族院（由 Lords of Appeal in Ordinary 通稱 Law Lords 所組成）之司法功能，也管轄樞密院司法委員會（Judicial Committee of the Privy Council）之原有權利義務。換言之，該院主要任務除了在審理英格蘭與威爾斯、北愛爾蘭及蘇格蘭 3 個法律系統下法院上訴案件外，也決定北愛爾蘭行政立法、蘇格蘭行政議會及威爾斯行政與議會權力之法律程序。惟事實上該院只選擇攸關影響公益重大法律問題之案件。該院共有 12 名大法官，但並不全體審理所有案件，通常案件由 5 名法官組成合議庭審理，有時 3 人、7 人或 9 人。所有 12 名

---

[2] ELLIOTT & QUINN, ENGLISH LEGAL SYSTEM 101 (1996).

[3] HERBERT M. KRITZER, *Courts, Justice and Politics in England*, in JACOB, BLANKENBURG, KRITZER PROVINE & SANDERS, COURTS, LAW & POLITICS IN COMPARATIVE PERSPECTIVE 87 et seq. (1995).

法官也是樞密院司法委員會委員，在該資格也花上一些時間。舊制司法、立法與行政三權混在一起，使人迷惑，有了最高法院，首次在司法、立法與行政三權之間有了明白分立。不過由於英國立法至上，該院司法審查權有所限制，不似美國可宣布國會通過的法律無效。另英國於 2007 年 5 月成立司法部（Ministry of Justice）負責刑事司法、監所與刑事政策〔以前歸內政部（Home Office）〕及法院服務與法律扶助〔以前歸憲政部（Department of Constitutional Affairs）〕。另設英國司法機構總管理處（Directorate of the Judicial Offices of England）。自 2006 年 4 月 3 日起最高法院首席法官（Lord Chief Justice），以前他是僅次於大法官（Lord Chancellor）的官員〕成為整個司法體系之首長，大法官基於上述憲法改革法，原則上失去司法功能。他雖不再是法官，但仍與最高法院首席法官對法官共同行使懲戒權，同時在任命法官方面仍有參與[4]。

　　目前英格蘭與威爾斯共有 650 所法院，其中約有 400 個治安法院（magistrates' courts），約有 2 萬名司法工作（HMCS）人員，1,500 名法官，約 3 萬名治安法官（magistrates）及約 2,250 名兼任付費之人員。

　　為便於讀者易於瞭解英國法院系統，特再製作英國法院系統圖如下：

4　http://wikipedia.org/wiki/Supreme_Court_of_the_United_Kingdom#cite_ref-10 (revised 2012/10).

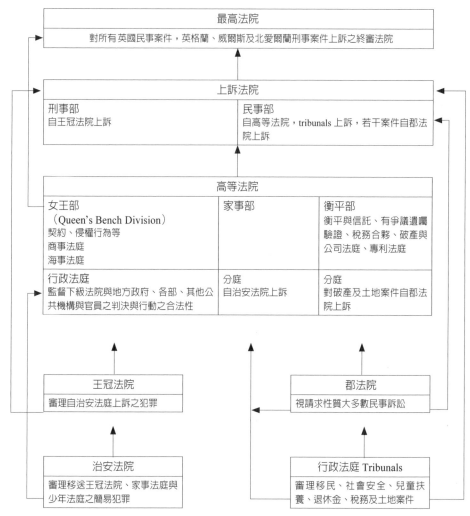

最高法院
對所有英國民事案件，英格蘭、威爾斯及北愛爾蘭刑事案件上訴之終審法院

上訴法院

刑事部
自王冠法院上訴

民事部
自高等法院，tribunals 上訴，若干案件自郡法院上訴

高等法院

女王部
（Queen's Bench Division）
契約、侵權行為等
商事法庭
海事法庭

家事部

衡平部
衡平與信託、有爭議遺囑驗證、稅務合夥、破產與公司法庭、專利法庭

行政法庭
監督下級法院與地方政府、各部、其他公共機構與官員之判決與行動之合法性

分庭
自治安法院上訴

分庭
對破產及土地案件自郡法院上訴

王冠法院
審理自治安法庭上訴之犯罪

郡法院
視請求性質大多數民事訴訟

治安法院
審理移送王冠法院、家事法庭與少年法庭之簡易犯罪

行政法庭 Tribunals
審理移民、社會安全、兒童扶養、退休金、稅務及土地案件

最新英國法院組織圖

參照HM Court Service 2009, http://www.hmcourts-service.gov.uk/docs/court_structure.pdf (revised 2012/10/30); PARTINGTON, INTRODUCTION TO THE ENGLISH LEGAL SYSTEM 2011-2012, 60 (2011).

參、小律師

一、業務與權限

小律師爲當事人處理通常法律事務，包括初步訴訟與許多非訟事務，諸如土地與房屋產權移轉、起草契約與遺囑、對各種事務（從家事到影響公共之事務）提供書面與口頭法律意見。此類文書工作占去大多數小律師大部分時間[5]。

小律師爲個人或公司處理事務，而大律師對透過小律師交來之法律問題提供意見並在上級法院出庭。

小律師傳統上只能在治安法院（Magistrates' Court）與郡法院（County Court）[6]出庭辯護，但在高等法院（High Court）通常則不可。

一般而論，一個小律師通常所作辯護工作比起大律師爲少，而且許多人根本沒做，雖然也有例外，且由於愈來愈多小律師獲得完整出庭辯護權，詳如後述，此等例外可能增加。惟無論如何，小律師整體而言，比大律師做較多辯護工作，因刑事案件百分之九十九係由治安法院審理，在那裡通常係由小律師擔任辯護人[7]。

當事人直接找他遴選的小律師，小律師可決定是否要接辦。機構諸如「小律師家庭法協會」（Solicitor's Family Law Association）備有專門特定領域小律師的名簿。又志工團體，諸如公民諮詢局（Citizens Advice Bureaus）也對當事人提供在當地可找什麼人的意見。

小律師可以且常常與別的小律師組成合夥。他們與任何以事務所爲基礎

---

[5] 在 1985 年由小律師團體（Law Society）所委託之調查顯示：小律師的收入來自下列來源：國內不動產移轉案件占百分之二十九，公司與商事案件占百分之二十五，遺囑驗證與遺囑案件占百分之九，婚姻事件占百分之七，犯罪案件占百分之五，其他案件占百分之二十五。

[6] 英國所謂郡法院只是指散在各郡之法院，以別於傳統在倫敦之高等法院。又郡法院之轄區與各郡之疆界無關。

[7] 而且由於 1990 年「法院與法律服務法」一個條文之規定，許多契約與侵權行爲案件自高等法院（High Court）移歸郡法院管轄之結果，小律師所做辯護工作之數量也可能成長。參照 ELLIOTT & QUINN, op. cit., at 102.

之企業一樣，通常與其他同業在辦公室一起上班，有共同支援的助手。且在整個英格蘭與威爾斯及所有都市設有事務所。其規模自只處理大公司事務，以倫敦爲根據地之巨大聯合事務所（firm）起，至處理不動產移轉、遺囑、離婚與城鎮輕微犯罪之小城的小合夥或單獨執業不等。有些小律師在法律中心（Law Centers）與其他諮詢機構、政府部門、私人企業與教育界工作，而不自行執業。

二、資格、訓練與出路

想成爲小律師之人，須經（小律師團體 Law Society，是一個立案的法人，作爲小律師的職業團體）之主管委員會審查通過。在通過後，他們須與一個執業 5 年以上的小律師訂定訓練契約，他們在契約期中除了實習、接受訓練外，須通過該 Law Society 所規定的職業考試[8]。

在入會後，小律師可在一個聯合法律事務所當合夥人或領薪水的助手，但不可以單獨主人身分執業，他們也可加入僱用全職法律上合格人員的大型機構，包括政府機構。小律師也可爲地方政府做事，通常小律師資格爲任命爲市鎮之書記（town clerk）或執行長（chief executive）所必需。在大約 7 萬人小律師中，約 5 萬 7,000 名係在英格蘭與威爾斯執業，其中有 1 萬 4,000 名以上女性與大約 1,000 名少數族裔[9]。

在執行法律業務（legal practice）考試及格後，要去做小律師的人須找一個職缺，通常在法律事務所，當 2 年學徒。爲了爭取這些職缺，可能競爭激烈，尤其在經濟困難，法律事務所不欲在訓練投資時爲然。

沒有大學學位的人可以完成 1 年「小律師初試課程」（Solicitors First Examination Course）及「法律實務課程」（the Legal Practice Course），並花 5 年時間當學徒（articles）後，變成小律師。法律行政助理（legal executive）有時也以這種方法進修，取得小律師資格。

---

[8]　Central Office of Information, Britain's Legal System 56 (1993).

[9]　Id. at 57.

小律師的出路與大律師不同，不久以前小律師只能成爲巡迴法官（circuit judge）（在郡法院與中級王冠法院審案之法官）而不能成爲上級法院的法官，但 1990 年法院與法律服務法已經解除此種限制，今後他們也可以成爲上級法院的法官了。

三、陳訴與懲戒

小律師乃法院官員，在理論上如有不法行爲，要受法官之直接懲戒（不似大律師一直享有完全超然地位），但在實務上對小律師的陳訴係由「小律師陳訴局」（Solicitors' Complaints Bureau）受理並進行調查。該局是獨立機構，試著調解當事人與小律師間之爭議，如調解不成功，該局可將案件轉送到上訴法院院長（稱爲 Master of the Rolls）所派之「小律師懲戒法庭」（Solicitors' Disciplinary Tribunal）。該法庭調查不當行爲之指控，且可對小律師加以制裁或種種處置，包括命其退費予當事人等 [10]。對其裁判如有不服，可上訴至「高等法院」，由事務管轄最大之一個部，稱爲「女王部」之一部（Divisional Court）處理 [11]。且如經該法院准許，可更上訴至上訴法院之民事部（Civil Division of the Court of Appeal），然後再上訴至貴族院。

1990 年「法院與法律服務法」成立一個法律服務護民官（Legal Services Ombudsman）[12]，處理對小律師與大律師之陳訴。小律師亦可因業務過失被人告到法院去，在 1994 年一個全國消費者評議會（National Consumer Council）批評上述小律師陳訴局有稽延與運作上問題 [13]。

---

10 ELLIOTT & QUINN, op. cit., at 104.
11 高等法院有三個部，即家事部（the Family Division）、衡平部（the Chancery Division）及女王部（the Queen's Bench Division）。
12 護民官（ombudsman）制度係源自北歐，後傳至英國、澳洲、紐西蘭等國，係接受民眾陳訴政府官員不當行政措施之機構，對民眾陳訴有加以調查並向有關機構建議適當救濟等權限，惟各國制度內容有不少出入。
13 同註 2。

肆、大律師

一、業務內容

　　大律師主要工作是辯護，大部分時間花在出庭辯護或準備出庭工作，在法院與法律服務法修正前，除了若干例外以外，大律師是唯一可在上級法院，包括貴族院（House of Lords）、上訴法院（Court of Appeal）、高等法院（High Court）、皇家法院（Crown Court）及僱傭上訴法院（Employment Appeal Tribunal）辯護之人。

　　大律師也從事若干撰寫工作、起草法律文件，以及對小律師及其當事人就法律問題（包括非常技術性與專門性之法律爭點）提供專業法律意見或作法律顧問（包括在人身傷害案件、評估損害數額等之類）[14]，有些人甚至大部分時間從事這一類工作。大律師多專精某個法律領域（如刑法或婚姻法之類），通常由一個小律師替某一當事人僱用他，在小律師指示（instruction）下行動。而且依照所謂「類似計程車原則」（cab rank rule），如果不是當時已經被別人聘用，如被提供合理公費，不能拒絕受理任何屬於他聲稱專業領域的案件。不過在實務上替大律師管理登記的書記（clerk）可能迴避此原則，使大律師能夠不接他不想辦的案件。大律師可在上一案為一原告出庭，而在下一案為被告出庭，而不問當事人是哪一邊（原告或被告），也不問大律師對當事人案件之感受如何，其結果大律師不像小律師可能偏向特定種類之當事人，而可能偏向法院[15]。又大律師也可直接被若干專業的人，如會計師所僱用。

　　傳統上大律師除了在最基層的民事、刑事法院外，在其他各級法院有專屬的出庭辯護權，稱為 right of audience，不過這些限制已正在消失中，詳如後述[16]。

14　HERBERT M. KRITZER, op. cit., at 85.
15　Id. at 86.
16　BRITAIN'S LEGAL SYSTEM, at 54.

二、管理

　　管理大律師的團體是大律師評議會（General Council of the Bar，也稱為 Bar Council），像小律師團體（Law Society）一樣，作為一種職業公會，保護大律師之利益，且規範大律師的訓練與活動[17]。可見英國所謂 Bar 與美國不同，係專指大律師之全體而言，此點亦值得注意。

　　大律師沒有雇主，須自己營生，且依律師的規則，不能組織合夥，不過通常與其他大律師（通常為 15 人）共用事務所，稱為 chambers。所有在特定 chamber 的大律師共用一個書記，他是一種商業管理人，負責安排大律師與當事人會晤，且磋商大律師之收費。在執業的大律師中，約百分之七十在倫敦執業，（他們亦可至各省法院出庭），此外則在其餘大都市執業。所有大律師並非都擔任辯護工作，像小律師一樣，有些被「法律中心」與其他諮詢機構、政府部門或私人企業所僱用，有些則擔任教書工作，有些人則在執業後一段時間，參加此等工作，有些人則從不執行律師業務。

三、資格、訓練與出路

　　大律師與小律師不但工作種類有別，而且歷史上兩種出身也有不同。大律師多半來自中產階級的上層與貴族家庭，而小律師則通常來自中產階級的下層與勞動階級。大律師通常是念私立學校與牛津劍橋之類好的大學，而小律師往往來自公立中學與地方性的大學[18]。

　　所有大律師與想取得此種資格之學生必須是加入四個律師學院（Inns of Court），即 Inner Temple、Middle Temple、Gray's Inn 與 Lincoln's Inn（這四個都在倫敦）的成員，而且須在 Inns of Court School of Law 讀 1 年書。

---

17 該評議會係由大律師選出會員所構成，其功能包括維持公會之水準與獨立，調查陳訴與懲戒事務，促進與維護公會之服務，在對外關係與有關影響司法行政事務，代表公會，同時也對法律教育評議會（Council of Legal Education）之政策負責。參照 HERBERT M. KRITZER, op. cit., at 55-56.

18 英國律師與法律學生主要來自中產階級的家庭，部分原因是有人想受法律訓練，但欠缺財政上的支援，不是小康家庭的子弟很難符合資格，尤其是大律師。

課程包括口頭練習，面談技巧及談判技巧，而且有似小律師訓練，近年來較重視此等實務方面。每個學院（Inn）由其資深會員選出之主事官〔Masters of the Bench（Benchers）〕加以管理[19]。

詳言之，律師學院的學生通常有大學或技術學院（polytechnic）的法律學位，在其他領域有取得學位，想成為大律師的人，可成為一個學院的學生會員。想成為大律師在英格蘭與威爾斯及歐盟的法院執業的人，需參加律師學院法學院（School of Law）之專業課程，非法律系畢業生需先完成提供法律學術基礎之普通執業考試（Common Professional Examination）課程，為期 1 年。不想在獨立 Bar 執業（例如想在海外執業）之人，可在許多獨立學院（College）之一修習所謂「律師期終課程」（Bar Finals Course）。

在此階段學生也須在他們的學院（Inn）用晚餐 18 次（原為 24 次，最近才改）。此種較老式的習慣係來自學生如在用餐時間坐在前輩之間聽取他們談話，會自他們的智慧與經驗獲益（包括學習辯護藝術）之想法而來。雖然這種作法近來可能已變成沒什麼教育價值，且無法提高職業之現代形象，但律師公會仍不願放棄此種傳統[20]，以後學生取得「加入公會」（called to the Bar）之資格，但需在一個資深大律師處完成 1 年實習（pupil age）後才能獨立執行辯護人業務[21]。

約 7,000 名大律師在英格蘭與威爾斯執業，其集體名稱為 Bar，其中約 1,270 名女性及約 350 名少數民族。大律師有四分之三在倫敦執業，在所有執業大律師中，約十分之一是所謂「女王律師」（Queen's Counsel，簡稱 QC），這是女王基於大法官（Lord Chancellor）[22]的推薦，而賦予若干資深大律師的頭銜。女王律師由於可穿絲製法袍，而非其他質料（或毛料）的法

---

[19] BRITAIN'S LEGAL SYSTEM, at 55.

[20] ELLIOTT & QUINN, op. cit., at 106.

[21] BRITAIN'S LEGAL SYSTEM, at 55.

[22] 所謂大法官（Lord Chancellor）的職務相當特殊且重要，他是英國司法組織之首腦，有權任命所有其他法官，同時也是最高法院院長（包含高等法院、王冠法院及上訴法院），且名義上為衡平部（Chancery Division）之首長。大法官之任命乃政治性，通常他也是內閣之部長及貴族院（The House of Lord）之議長（Speaker），名義上他由女王任命，實則如同其他部長一樣，由首相（Prime Mister）遴選並免職，過去所有大法官都是大律師出身。

袍，所以也叫做「絲袍」（silk）。這通常表示他們會被交辦報酬較高之案件，且可做較少初步撰寫工作。不是女王律師的大律師也叫做「資淺律師」（juniors），而不問他們年齡多大。這種女王律師的頭銜可能申請好幾次才能通過。資淺律師可協助「女王律師」辦理大案，亦可單獨執業。

　　關於出路，大律師比小律師爲佳，凡有適當經驗之大律師可被任命擔任各種司法職務。大多數審判法院的法官（trial judge）係由大律師擔任，所有上級法官亦然。大律師公會（Bar）與政府及政治有長期聯繫，若干重要政府職位，如大法官（Lord Chancellor）、檢察總長（Attorney-General）及辯護總長（Solicitor-General）只能由大律師出任[23]。據說目前大多數法官都曾擔任過大律師。

四、業務過失與陳訴

　　大律師不可由於在法院辦案之過失行爲被起訴，亦不可因預審階段準備有過失而被訴，此爲 Rondel v. Worsley（1969）一案所定下之原則。如當事人對大律師不滿，第一步作法是向大律師評議會（Bar Council）陳訴。該評議會可對該大律師採懲戒行動，不過此舉對當事人並無直接幫助。

　　當事人如對評議會陳訴之處理不滿，可向法律服務護民官（Legal Services Ombudsman）申訴，由該護民官對其處理加以調查，且可建議對該大律師予以懲戒或補償。如評議會不遵從其建議時，則須公布理由[24]。

伍、支持與反對兩種職業分立的主張

　　在英國律師分爲大律師與小律師，其利弊得失如何，有不同見解：

---

[23] 據說因爲大多數大律師以倫敦爲根據地，反之大多數小律師係在倫敦以外城市、鄉鎮工作，以致大律師容易身兼國會與律師工作，且國會傳統上在下午與晚上開會（在晚餐後處理重要事務），使大律師可在上午與下午的前半段出庭。參照 Herbert M. Kritzer, op. cit., at 87.

[24] 許多有資格之非法律人也能做律師工作，一如專業法律人，有時且更有效率，一個明顯例子是在公民諮詢局（Citizens Advice Bureau）許多志工及受僱之非法律人顧問（lay adviser）對民眾提供低廉與不複雜服務，來處理法律與其他問題。

一、反對分立的理由

(一) 當事人耗費太多

由於律師分為兩種，當事人常常需要支付一個小律師與一個大律師之報酬，有時除了一個小律師之外，還要另外委任兩名大律師。

(二) 欠缺效率

雙重律師的制度顯示他們在工作有不必要的重複。有人以為小律師準備案件，從出庭辯論的大律師並沒有得到什麼回饋。而且案件常常到了最後才找大律師，以致重要之點常常被忽略甚至誤解。

(三) 浪費人才

要做律師的人，需要早日決定要從事何種職業，如果做小律師後，發現更適合擔任辯護工作時，可能已失去充分發揮的機會。

(四) 此制度為英國所特有

別的國家，包括大陸法系國家，甚至其他英美法系國家，都不像英國對法律職業有如此區別。

二、支持分立的理由

(一) 專業化

兩種職業可以各做不同的工作，而比由一種職業做兩種工作為優。

(二) 獨立性

大律師團體（bar）傳統上辯稱他的類似計程車（cab rank）之原則，可以擔保法律職業的獨立，使被告不至於沒有人替他辯護。

(三) 良好辯護之重要性

英國訴訟採當事人對立主義，表示提出口頭證據非常重要，而法官對事實沒有調查權，必須仰賴律師好好展現（present）他對案件的說法。如果兩種職業合併，會導致辯護品質的低落。雖然許多小律師在治安法院與郡法院辯護，但在陪審團辯護需要不同的技巧與更高的專業能力，如果擴大小律師的權限，則許多小律師不可能獲得發揮這些能力的足夠實務經驗。

(四) 利用大律師

反對兩種職業合併的人聲稱：兩種職業的合併可能導致許多一流的大律師加入商務小律師的大事務所，使得大律師專業的技巧不易為一般人所利用，而且小律師因為擔心永遠失去當事人，而不想將當事人介紹給大事務所。此外事務所的大量大事務所化，會使國內小律師分配不均的情況更加惡化。

(五) 影響司法品質

兩職業的合併會減少專家辯護人的數目，會使大法官（Lord Chancellor）比較難於物色適當的人擔任法官。

陸、晚近大小律師制度之變遷與界線之式微

自 1960 年代後期，英國有一連串運動，主要是來自小律師團體，要打破大律師與小律師之區別。

小律師傳統上只能在治安法院（Magistiates' Court）與郡法院（County Court）出庭辯護，但通常不可在高等法院（High Court）出庭，因為在上級法院出庭是大律師獨占的權利。惟此種情況晚近已由於「法院與法律服務

法」（1990 Courts and Legal Services Act, CLSA）之頒布實施而被改變 [25]。
現在有適當資格之小律師與大律師一樣，可在任何法院獲得所謂出庭辯護
權。即使未取得完整出庭辯護權之小律師，亦可出席高等法院之破產程序。
如案件是自治安法院上訴，或被送至王冠法院來處刑，且如該小律師在治安
法院為同一案件出庭時，可在皇家法院出庭。他們亦可在上訴法院獨任法官
前出庭及在高等法院的法官辦公室舉行之程序出庭。

　　1990 年 the Access to Justice Act（姑譯為「司法親近法」）又進一步作
了變革，茲僅就與大小律師有關之規定而論，包括：一、所有大小律師有
權在每個法院所有訴訟程序出庭；二、由法律服務委員會（Legal Services
Commission）或其所設機構聘用之辯護人可直接對公眾提供服務，無需透
過小律師或其他代理當事人之人接受指示；三、大律師由一個職業團體（例
如 Bar Council）賦予出庭辯護權後，如他變成小律師時，仍舊保留此種權
利；四、由小律師聯合事務所所聘之大律師可與小律師在同一基礎上行動。
學者以為使大律師與小律師區別模糊最大改變是：過去只有大律師專有被任
命最高司法職務之機會，近來制定法改採將最高司法職務開放予大小律師之
原則，以在 1999 年任命商事有名小律師 Laurence Collins，女王律師擔任高
等法院法官首開紀錄 [26]。

　　到了 1995 年中期，200 多個小律師在較高級法院已贏得出庭辯護權，
且其數目在快速增加中。惟贏得此出庭辯護權是一回事，能否贏得社會的接

---

[25] 該法之目的在增進法律服務品質，其主要規定包括：
　　一、若干專業當事人可直接找大律師辦案。
　　二、小律師可擔任較高層次之司法官。
　　三、准許成立多領域之合夥，但須受法律職業團體規約之限制。按傳統上小律師或大律師都
　　　　不准與另一種法律職業的成員成立合夥，但該法已無此種法律上之障礙，不過也不阻止
　　　　小律師團體與／或大律師團體制定規則禁止成立此種合夥。
　　四、在所有法院之出庭辯護權，不限於大律師或小律師，而擴大至適當合格之人，目的在
　　　　使民眾對提供法律服務之人有較大之選擇空間。又出庭辯護與訴訟之權利應只決於
　　　　由有效規範之專業團體之教育、訓練與會籍〔一般認為會計師、財產估價師（property
　　　　surveyors）與賦稅專家也可能取得法院之出庭辯護權〕。參照 ELLIOTT & QUINN, op. cit.,
　　　　at 113.
[26] 參照 PARTINGTON, op. cit., at 246, 254.

受又是另一回事。有一些小律師表示不願行使此種出庭辯護權，尤其在高等法院，因擔心法官對小律師辯護有偏見，可能對他代理的當事人不利。

所有在 1982 年以後加入執業的小律師，現在在執業期間都需參加進修教育。且在 1998 年此種計畫還被擴大，而包括所有小律師，不問他們已有執業資格多久。他們 1 年之內須進修 16 小時，進修所包括課目視各個人興趣或需要之領域而定。所參加之課程須留記錄[27]。

惟須注意，近來傳統大律師的業務固然受到小律師的侵蝕，但在另一方面小律師的業務也部分被其他非法律人加以侵蝕。在 1985 年以前，小律師乃唯一能做不動產移轉業務之人，但如今已不復如此，因不同職業之人現在也能取得從事這方面業務的執照，且銀行與建設公會常會提供此種服務。又遺囑驗證工作（probate work）現在也可由銀行、營造公會、保險公司及法律行政人員（legal executives）來做，以致小律師所做業務之比重也正在變化中[28]。

柒、將來發展趨勢

由於上述改變，尤其「法院與法律服務法」之修改，已引起英國社會許多有關兩種職業是否最終要融合成為單一制度之討論。有人認為該法乃政府計畫以立法融合兩職業之第一步。因大小律師兩種職業之原始區別是來自該二職業本身，而非由政府訂定。但在 1985 年以後，將小律師不動產移轉專屬權拿走，乃政府主要干預兩職業自主的第一步，又法院與法律服務法被認為係出於政府，而非律師界本身對兩種職業進一步之規範。

有人以為如大批小律師取得擴充之出庭辯護權時，大律師可能被擠得沒有業務，於是不必政府干預，也會發生兩種職業的融合。因小律師仍有第一步與大多數當事人接觸之專屬權，因此取得辯護證書後之小律師可選擇是否

---

[27] Id. at 104.
[28] Id. at 102; 又參照 BRITAIN, AN OFFICIAL BOOK 99 (1994).

把當事人交給一個大律師，還是留給自己做該案的所有工作。

又即使不發生兩種職業的融合，出庭辯護權之變遷也會影響到律師職業之結構，而且即使大律師仍行存在，業務也一定會萎縮。有人討論大律師的那些業務領域受打擊最深，由於目前大律師大體可分為兩類，第一是專門於商事領域（諸如公司法、稅法與專利），另一種是一般普通法執業，即處理範圍相當廣泛之普通法業務，諸如犯罪、住宅問題及家庭法。有人以為處理專門商事之大律師會存在，因為他們具有小律師不能提供之專門知識，不過也有人持相反意見[29]。

有人以為如果放寬大律師團體的多領域訓練的實務（multi-disciplinary practices）之規則，則許多年輕大律師會被吸引加入小律師的聯合事務所，而不想奮鬥去單獨執業，而且這種運動也可能導致大律師團體目前的型態消滅或縮小規模[30]。

捌、結論

英國是英美法系的發源地，過去又是強大的日不落國，一向對世界各國在政治、經濟、文化上有深刻的影響。其政治制度包含司法制度均異常複雜，所用名稱亦異常特別，其律師制度在世界上更獨樹一幟，富有特色。由於國內對英國政治與法律制度不甚注重，有關律師制度之文獻更加欠缺，以致難免以訛傳訛，未能把握其真相。筆者有鑑於此，爰蒐集資料，將英國大小律師的業務、訓練、資格、管理、出路以及晚近的變遷加以析述，俾讀者能夠把握兩種職業的特色與異同，並藉此希望能引起國人對英國法制的重視。

當然英國律師制度將來如何演變，目前尚難斷言，惟鑑於該國提升法律服務之品質與擴大社會大眾運用法律服務機會之趨勢，今後大律師職業逐漸沒落，且大律師與小律師制度更日趨融合，甚至可能與其他國家一樣，成為單一律師制度。

---

[29] Id. at 104.
[30] Id. at 115.

國家圖書館出版品預行編目資料

美國法制的實務與運作／楊崇森著. －－初
版. －－臺北市：五南圖書出版股份有限公
司，2024.01
　　面；　公分
ISBN 978-626-366-972-7（平裝）

1.CST: 法律　2.CST: 美國

583.52　　　　　　　　　　112022915

1QPF

美國法制的實務與運作

作　　　者 ― 楊崇森（311.7）

發 行 人 ― 楊榮川

總 經 理 ― 楊士清

總 編 輯 ― 楊秀麗

副總編輯 ― 劉靜芬

責任編輯 ― 林佳瑩

封面設計 ― 封怡彤

出 版 者 ― 五南圖書出版股份有限公司

地　　　址：106台北市大安區和平東路二段339號4樓

電　　　話：(02)2705-5066　　傳　　真：(02)2706-6100

網　　　址：https://www.wunan.com.tw

電子郵件：wunan@wunan.com.tw

劃撥帳號：01068953

戶　　　名：五南圖書出版股份有限公司

法律顧問　林勝安律師

出版日期　2024年1月初版一刷

定　　　價　新臺幣550元

經典永恆・名著常在

五十週年的獻禮——經典名著文庫

五南，五十年了，半個世紀，人生旅程的一大半，走過來了。

思索著，邁向百年的未來歷程，能為知識界、文化學術界作些什麼？

在速食文化的生態下，有什麼值得讓人雋永品味的？

歷代經典・當今名著，經過時間的洗禮，千錘百鍊，流傳至今，光芒耀人；

不僅使我們能領悟前人的智慧，同時也增深加廣我們思考的深度與視野。

我們決心投入巨資，有計畫的系統梳選，成立「經典名著文庫」，

希望收入古今中外思想性的、充滿睿智與獨見的經典、名著。

這是一項理想性的、永續性的巨大出版工程。

不在意讀者的眾寡，只考慮它的學術價值，力求完整展現先哲思想的軌跡；

為知識界開啟一片智慧之窗，營造一座百花綻放的世界文明公園，

任君遨遊、取菁吸蜜、嘉惠學子！